"十二五"职业教育国家规划教材
经全国职业教育教材审定委员会审定
高职高专汽车类课程改革系列教材

汽车美容装饰与钣金修复

第2版

主　编　周　燕
副主编　高月敏　陈　勇
参　编　燕　寒
主　审　罗小青

机 械 工 业 出 版 社

本书内容基本覆盖了专业相关职业岗位（群）的任职要求，并注意兼顾学生可持续发展需要，内容包括汽车美容认识、汽车漆面修复美容、汽车装饰美容、汽车美容店经营和汽车钣金修复五个模块。

本书可供高职院校汽车、交通及有关专业的学生使用，也可供从事汽车美容工作的研究和业务人员参考或作为进行业务培训的教材使用。

本书配有电子课件习题答案、试卷等，**凡使用本书作为教材的教师**可登录机械工业出版社教育服务网 www. cmpedu. com 注册后下载。咨询邮箱：cmpgaozhi@ sina. com。咨询电话：010-88379375。

图书在版编目（CIP）数据

汽车美容装饰与钣金修复/周燕主编. —2 版. —北京：机械工业出版社，2014. 10（2023. 1 重印）

“十二五”职业教育国家规划教材　高职高专汽车类课程改革系列教材

ISBN 978-7-111-49112-5

Ⅰ. ①汽…　Ⅱ. ①周…　Ⅲ. ①汽车－车辆保养－高等职业教育－教材 ②汽车－钣金工－高等职业教育－教材　Ⅳ. ①U472

中国版本图书馆 CIP 数据核字（2015）第 002676 号

机械工业出版社（北京市百万庄大街 22 号　邮政编码 100037）

策划编辑：葛晓慧　　责任编辑：葛晓慧　贺贵梅

责任校对：赵　蕊　　封面设计：马精明

责任印制：郜　敏

北京中科印刷有限公司印刷

2023 年 1 月第 2 版第 5 次印刷

184mm × 260mm · 23. 25 印张 · 573 千字

标准书号：ISBN 978-7-111-49112-5

定价：55. 00 元

电话服务	网络服务
客服电话：010-88361066	机　工　官　网：www. cmpbook. com
010-88379833	机　工　官　博：weibo. com/cmp1952
010-68326294	金　书　网：www. golden-book. com
封底无防伪标均为盗版	机工教育服务网：www. cmpedu. com

第2版前言

汽车行业专家预测：当汽车制造业投入1元钱时，将带动汽车售后消费24～34元，一辆中档轿车用在装饰美容上的费用就达5 000～6 000元。根据汽车服务业的统计，平均每500辆汽车就需要一个美容店（面积在200～300m^2），按照这种测算方法，现有美容养护店的数量远远不能满足市场需求。汽车美容业中蕴藏着的巨大商机，给汽车美容与装饰提供了广阔的市场空间，同时也对汽车美容业从业人员的素质和人才培养提出了更高的要求。汽车美容知识的普及对汽车消费者正确选择和鉴别汽车美容与装饰产品，正确选择汽车美容店养护、装潢和改装汽车提供了帮助。因此，汽车美容业不仅成为我国服务业的一个新兴支柱产业，而且也成为渴望勤劳致富者的黄金产业。

第2版特色：本书将创业教育植入课程教学环节中，增加了汽车美容店创业及美容店经营管理知识，为学生从事汽车精品销售等相关服务工作及自主创业开设汽车美容店打下扎实的理论基础。本书以专项能力培养为单元确定了知识目标和能力目标，使培养过程实现"知行合一"；通过"理论知识学习—指导性模拟训练—综合实训"等项目的开展，真正做到了"教、学、练、做"一体化，从而不断提高学生的职业技能和职业素养。为了体现项目教学的课程教学理念，每个单元都包含知识学习和能力运用，将任务要求、任务内容、工具、任务实施及技术标准和工作组织方式有机结合。

本书是以任务驱动项目化教学教材，以基础知识理念引导，以典型岗位任务分模块设计学习内容。一是采用大量的可视化的表格和图形，帮助学生能够有条理地、简便地了解主要的知识点；二是每单元内容采用全新的编排模式，即首先说明学习目标，然后给出案例引导任务、准备好任务完成的知识，再根据任务实施引导展现教材内容，并且增加了汽车美容小贴士、知识链接、案例引导和技能拓展课堂，以达到提升学生综合能力的学习目标。

本书内容基本覆盖了专业相关职业岗位（群）的任职要求，并注意兼顾学生可持续发展需要，注重学生职业能力的培养，注重课程与企业的关联度，注重课程设计的开放性，紧跟汽车后市场服务领域的发展趋势，依据汽车美容装饰与钣金修复活动类型选取内容，针对学生未来的就业岗位需要安排教材实训内容任务，体现对职业能力的支撑作用。为培养学生自主创业能力，在具备汽车美容装饰基本知识及简单改装技能的基础上增加了培养汽车专业学生美容店经营管理与开店创业能力的内容。

本书由周燕担任主编，高月敏、陈勇担任副主编，罗小青担任主审。周燕负责全书统稿。其中，南京交通职业技术学院周燕编写模块1、模块3和模块4，北京交通运输职业学院高月敏编写模块2，南京交通职业技术学院陈勇编写模块5，南京交通职业技术学院燕寒参与编写并制作了全书多媒体课件。

在本书编写过程中，参考了国内外有关的大量资料和文献，在此向原作者一并表示诚挚的谢意。

由于编者水平有限，书中难免会有疏漏和不足之处，恳请读者和业内专家批评指正。

编 者

第 1 版前言

在汽车工业快速发展和竞争激烈的今天，汽车制造商们为了提高各自汽车的市场占有率，不断推出性能优良、款式新、色泽艳丽的汽车，以满足人们对新、奇、特的追求，符合人们不断进步的消费时尚。为了不使追新族的爱车贬值、落伍，在新车消费和二手车市场之间，应运而生了汽车美容业，从而达到了新车保值、旧车变新的目的。可以说，汽车美容业是汽车技术高速发展、消费观念的更新及汽车文化深入人心的必然产物。现代汽车美容是在继承传统汽车美容的基础上，完善和发展起来的高技术汽车护理。而现代新材料、新技术等领域也为汽车美容提供了崭新的工艺和丰富的内容。

随着我国汽车保有量的急剧增加，随之而来的汽车碰撞事故也呈快速上升的趋势。根据对汽车维修市场的调查统计数据可知，目前汽车维修作业中，车身修复作业占整个汽车维修作业的比例达 35% 以上。汽车车身钣金和喷涂是车辆维修过程中最常见的两个服务项目。汽车钣金喷漆修理看似简单的手工工艺，实际上，整个修复过程都需要有训练有素的人员和专业的设备。其中，钣金是一个技术含量要求较高且流程颇多的维修项目，它要求维修工作规范、细致，使用专门开发的钣金修复工具，由专业钣金技师按照科学的维修作业标准进行维修，能够让客户车辆的碰撞部位光滑如初，尽力恢复到原厂水平。

本书符合国家对技能型人才培养、培训工作的要求，注重以就业为导向，以能力为本位，面向市场、面向社会，为经济结构调整和科技进步服务的原则，体现了职业教育的特色，满足了汽车运用技术领域高素质专业实用人才培养的需要，是集汽车美容、装饰、漆面修复、钣金修复技术为一体的综合性教材。

本书系统介绍了专业人才培养目标及职业岗位群需要的基本专业知识、基本技能和基本素质要求，着重对汽车美容装饰与钣金修复的工艺内容、工艺规程及相关美容、装饰、养护产品的运用进行了介绍，注重实用性和可操作性，使本书能够贴近市场，解决一些实际问题。它打破了传统技术学科教材编写模式，并按照汽车美容、装饰与钣金修复的实际工艺过程和工作情景编写，是具有与技术应用密切联系的综合性和案例性的特色课程教材。

本书由周燕任主编并负责全书统稿，高月敏任副主编，广西交通职业技术学院罗小青任主审。其中，南京交通职业技术学院周燕编写：第一篇汽车美容与装饰基础篇，第三篇汽车美容装饰篇；北京交通运输职业学校高月敏编写：第二篇汽车漆面美容修复篇、第四篇汽车车身钣金修复篇中第十一、十二、十三单元；北京交通运输职业学校王怡南编写第四篇汽车车身钣金修复篇中第九、十单元。

本书的编写参考了国内外有关的大量资料和文献，在此向原作者一并表示诚挚的谢意。

由于编者水平有限，书中难免会有疏漏和不足之处，恳请读者和业内专家批评指正。

编　者

目 录

模块3 汽车装饰美容

模块4 汽车美容店经营

模块5 汽车钣金修复

模块1

汽车美容认识

项目1

汽车美容概述

汽车大规模地进入家庭，为汽车美容、养护及汽车服务行业开辟了更广阔的市场。根据对汽车拥有量的数据分析，以2012年每辆轿车平均年美容及养护支出为6 000元、每辆商用车平均年美容及养护支出为3 900元计算，仅在2012年，我国汽车美容行业的年产值达4 100亿元。汽车后市场的平均利润率可以高达40%～50%，如图1-1所示。

在一个成熟的市场中，汽车的销售利润在整个汽车业的利润构成中仅占20%，零部件供应的利润占20%，而50%～60%的利润是从汽车服务业中产生的。在欧美，汽车美容装饰及服务业一年的产值就有数千亿美元，而我国这一行业才刚刚起步，远远没有达到饱和状态，这为民间投资者进入这个行业提供了机会。据统计，我国一辆中低档的家用轿车，每年用于车辆清洁和维护的费用最低在2 000元以上，中高档车的各项护理费用远远超过这一数字，每年落入“擦车族”手中的擦车费就有3亿元。由此可见，汽车美容及服务业在我国有着相当大的市场发展空间。

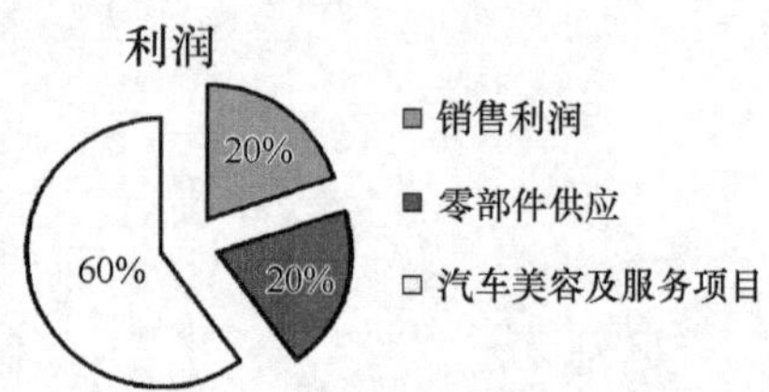

图1-1　汽车后市场盈利比例

在今天这个顾客导向的市场上，在各汽车品牌竞争日趋激烈的形势下，汽车售后服务行业作为汽车产业链中利润最丰厚、收入最稳定的环节，正显示出其巨大的诱惑力。汽车售后服务业蕴藏着巨大的增长空间，占据了整个汽车业利润50%～60%的汽车售后服务则更是凸显了售后服务创新在当今市场竞争中的意义。顾客满意永远是企业追求的目标，超越顾客满意的服务是在向顾客提供的产品和劳务中增加额外的利益，使得顾客不仅感到满意，而且令顾客愉悦。汽车美容与装饰可以为车主添加出乎意料的惊喜，它超越了顾客的期望。一个愉悦的顾客是高度满意的顾客，进而成为持久忠诚的顾客，应当说这是汽车后服务市场经营所追求的最高境界。

任务1　认识汽车美容

汽车美容是20世纪90年代中后期才发展起来的一种全新的服务模式，它具有严格的系统性、规范性和专业性。汽车行业专家预测，当汽车制造业投入1元钱时，将带动售后消费24～34元，一辆中档轿车用在美容装饰上的费用就达5 000～6 000元。根据汽车服务业的统计，平均每500辆汽车就需要一个美容养护店（面积在200～300m^2），按照这种测算方法，现有美容养护店的数量远远不能满足市场需求。汽车美容业中蕴藏着的巨大商机给汽车美容与装饰提供了广阔的市场空间，同时也对汽车美容业从业人员的素质和人才培养提出了更高的要求。汽车美容知识的普及对汽车消费者正确选择和鉴别汽车美容与装饰产品，正确选择汽车美容店养护、装潢和改装汽车提供了帮助。

【学习目标】

知识目标：

1. 理解现代汽车美容的概念。
2. 了解汽车美容的现状和发展趋势。
3. 了解汽车美容的功能与作用。

能力目标：

1. 掌握专业汽车美容的基本内容。
2. 会识别自理性美容与专业美容项目内容。

【知识准备】

一、汽车美容介绍

汽车美容源于西方发达国家，英文名称为“Car Beauty”或“Car Care”。西方国家的汽车美容业随着整个汽车产业的发展，已经达到非常完善的地步，这一行业被形容为“汽车保姆”（Car Care Center）。所谓“保姆”，顾名思义，是涵盖了对汽车生产、销售、维修和养护的全过程的照料、服务而言的。

现代汽车美容是在继承传统汽车美容的基础上，完善和发展起来的高技术汽车护理。而现代新材料、新技术等领域也为汽车美容提供了崭新的工艺和丰富的内容。

目前我国大部分地区的城镇居民正在进入汽车消费时代，已经开始从汽车代步时代向享受汽车文化的时代迈进。汽车已不再是人们身份和地位的象征，正成为汽车消费者对个性化、多元化文化取向的集中体现。汽车大规模地进入家庭为汽车美容养护行业开辟了更广阔的市场。汽车内装饰、外装饰、汽车防盗内饰件、保养品甚至汽车改装业务将变得异常红火。仅车载导航系统2006年在我国就销售了80万台，品牌超过200个。2008年GPS市场增长将近4倍，达到300万台。另外，全国有200万辆左右的音响改装汽车，整个影像后装市场的份额有140亿元，每年的增长率在20%左右。汽车娱乐系统包括音响系统、电视接收系统和DVD系统等，其营业额可能超过汽车本身。2013年每辆轿车平均每年美容及养护支出为6000元，每辆商用车2012年平均年美容及养护支出为4000元。

二、现代汽车美容与传统汽车养护的区别

汽车美容可以界定分为三个层面。最基本的一层是自理性养护。国外车主对汽车的熟悉程度普遍较高，车辆最简单的养护基本都由自己完成。第二层是**浅性服务**。诸如太阳膜、犀牛皮等的张贴，大包围、防盗装置等的安装，内饰品（包括真皮座椅和桃木内饰等）的改装、使用和划痕处理、抛光翻新等一些主要汽车美容项目，则需要依赖快修店。这种快修店一般只进行车辆内、外装备设施的养护，而不涉及发动机等车辆中心结构的护理工作。第三层是**专业服务**。这是技术含量较高的服务种类，属于**美容施工深度处理**，也是整个汽车美容

最深入的养护。

汽车美容业发展至今已有近百年的历史，而我国汽车美容的起步相对较晚，因此许多消费者对汽车美容这个充满科技含量和人文意蕴的舶来品缺乏认识。在国内，有些所谓的“汽车美容中心”大多数还停留在“洗车—打蜡—交车”这样一个低水平的层次上。

洗车时，所用清洁剂多数是洗衣粉、肥皂和洗涤灵等通用型的而非专用型的产品。此类产品的 pH 值一般在 10.3～10.9 之间，而**汽车油漆耐酸、碱的承受力为 pH 值 8.0 以下**，故长期使用 pH 值 8.0 以上的清洁剂，虽洗去了车辆表面的灰尘，却对漆面造成了损害，轻者失去光泽，重者严重腐蚀，如图 1-2 所示。打蜡时所用的蜡一般为硬质蜡，车体在打蜡 20h 左右后才能进行抛光，在这约 20h 内，蜡膜会吸附大量的灰尘与沙粒，抛光时它们会划伤漆面，产生大量划痕，严重影响光泽度。由此可见，一般的洗车，名为护车，实则毁车；至于漆面的静电吸附氧化发黑与丝痕累累，一般的洗车打蜡作业是束手无策，也更谈不上对汽车其他部位的彻底清洁与养护了。即便是在某些看似正规的汽车专业美容店里，“良莠难辨”的困惑也足以让消费者“花钱毁面子”。更有些汽车美容店为了敷衍顾客，用过硬的抛磨轮和含金刚砂粗蜡进行打磨，虽然车身马上有了亮的感觉，但实际上，由于工具和粗蜡的切削力强，很容易将车漆打薄，如果再用力，那么就会打穿车漆，露出底色。

图 1-2 洗衣粉毁车容

汽车美容是一个全新的概念，不只是简单的汽车打蜡、除渍、除臭、吸尘及车内外的清洁服务等常规美容护理，还包括利用专业美容系列产品和高科技设备，采用特殊的工艺和方法，对漆面增光、打蜡、镀膜及深、浅划痕处理，全车漆面美容，底盘防腐涂胶自理和发动机表面翻新等一系列养车技术。

专业汽车美容与众不同之处，在于其自身的**系统性、规范性和专业性**。所谓**系统性**，就是**着眼于汽车的自身特点，由表及里地进行全面而细致的养护**；所谓**规范性**，就是**每一道工序都有标准而规范的技术要求**；所谓**专业性**，就是**严格按照工序要求采用专业工具、专业产品和专业手段进行操作**。汽车美容应使用专业优质的养护产品，针对汽车各部位材质进行有针对性的养护、美容和翻新，使汽车经过专业美容后外观洁亮如新、漆面亮光保持长久，以达到“旧车变新，新车保值，延寿增益”。

三、汽车美容的功能

1. 能保持车体的健康、靓丽

汽车美容护理集清洁、打蜡、除尘、翻新及漆面处理于一身，可以及时清除车表尘土、酸雨、沥青等污染物，保持车表清洁，防止漆面及车身其他部件受到腐蚀和损害。汽车打蜡不但能给车身以光彩亮丽的视觉效果，其防紫外线、防酸雨、抗高温及防静电功能还能给予车辆无微不至的“呵护”。车室美容在除尘和清洁的同时，施以特殊的工艺，进行必要的上光保护、翻新修补、杀菌及空气净化，使车辆得到更好的保护，如图1-3所示。

图1-3　防晒车衣

2. 能显露车主的高雅、尊荣

汽车美容也是车主形象的映照，如同对现代个人的包装。人以整洁、得体和不同档次的服饰表征个人某些内在的意识、个性气质乃至生活观念和生活态度，而作为汽车的拥有者和使用者，汽车早已成为车主形象表征的重要组成部分，汽车美容可协助车主塑造一个全新的自我。

3. 能增添城市道路的现代风采

随着我国国民经济的不断发展、科学技术的不断进步以及人们生活水平的不断提高，道路上行驶的各种颜色的汽车装扮着城市的各条道路，形成一条条亮丽的风景线，对城市和道路环境起着美化作用，给人们以美的享受。这些成果的得来与我国汽车美容业的兴起是分不开的。如果没有汽车美容，那么道路上行驶的汽车就会车身灰尘、污垢堆积，漆面色彩单调、色泽暗淡，甚至锈迹斑斑，这样将形成与美丽的城市建筑极不协调的景象。因此，美化城市环境离不开汽车美容。

任务2　认识汽车美容装饰类型及项目

【学习目标】

知识目标：

1. 掌握汽车美容的分类。
2. 了解专业汽车美容应具备的条件。
3. 了解汽车美容延伸项目内容。
4. 掌握汽车美容养护原则。

能力目标：

1. 会正确选择汽车美容作业项目。

2. 会为车主正确制订汽车美容养护方案。

【知识准备】

一、汽车美容分类

1. 根据汽车的服务部位分

汽车美容根据汽车的服务部位可分为**车身美容、内饰美容和漆面美容**。

(1) 车身美容 车身美容服务项目不仅包括高压洗车，去除沥青、焦油等污物，上蜡增艳与镜面处理，新车开蜡，轮毂、轮胎、保险杠翻新与底盘防腐涂胶处理等，还包括车身的外部装饰，如对汽车顶盖、车窗、车身周围及车轮等部位进行装饰。

(2) 内饰美容 内饰美容服务项目可分为汽车内室美容、发动机美容及行李箱清洁等项目。其中，车室美容包括仪表台、顶棚、地毯、脚垫、座椅、座套和车门内饰的吸尘清洁保护，以及蒸汽杀菌、冷暖风口除臭、室内空气净化等项目。发动机美容包括发动机冲洗清洁、喷上光保护剂、作翻新处理以及三滤、散热器、蓄电池等的清洁、检查和维护项目，还包括对汽车驾驶室和乘客室进行装饰。

(3) 漆面美容 漆面美容服务项目可分为氧化膜、飞漆、酸雨处理，漆面深、浅划痕处理，漆面部分板面破损处理及整车喷漆。

2. 根据汽车的实际美容程度分

汽车美容根据汽车的实际美容程度分可分为**护理美容、修复美容和专业美容**。

(1) 护理美容 护理美容是指对汽车漆面和内室表面进行美容护理，其中包括对汽车外表漆面、总成表面和内室物件表面进行清洗除污，对汽车漆面上蜡、抛光、研磨及对新车开蜡等作业。护理美容可增加车身表面的光亮度，起到了粗浅的“美容”作用。

护理美容作业项目主要包括以下内容：

1) 新车开蜡。汽车生产厂家为防止汽车在储运过程中漆膜受损，确保汽车到用户手中时漆膜完好如新，汽车总装的最后一道工序是在检查合格后，对整车进行喷蜡处理，即在车身外表面喷涂封漆蜡。封漆蜡没有光泽，严重影响汽车美观，且易黏附灰尘。汽车销售商在汽车出售前就对汽车进行除蜡处理，用户购车后必须除掉封漆蜡——俗称开蜡。

2) 汽车清洗。为使汽车保持干净、整洁的外观，应定期或不定期地对汽车进行清洗。汽车清洗是汽车美容的首要环节，同时也是一个重要环节。它既是一项基础性的工作，也是一种经常性的护理作业。按汽车部位的不同，清洗作业可分为车身外表面清洗、内室清洗和行走部分清洗。

对车身漆面的清洗可分为**不脱蜡清洗**和**脱蜡清洗**两种。**不脱蜡清洗**是指车身表面有蜡，但是不想把它去掉，只是洗掉灰尘、污迹。清洗方法主要是通过清水和普通清洗剂，采用人工或机械清洗。**脱蜡清洗**是一种除掉车漆表面原有车蜡的清洗作业。有些汽车原先打过蜡，现在需要重新打蜡上光，在这种情况下，必须在洗车的同时将原车蜡除净，然后打新蜡。**脱蜡洗车使用脱蜡清洗剂**，该清洗剂可有效地去除车蜡。用脱蜡清洗剂洗完之后，需用清水将车身表面冲洗干净。

3) 漆面研磨。漆面研磨是去除漆膜表面氧化层、轻微划痕等缺陷所进行的作业。该作业虽具有修复美容的性质，但由于所修复的缺陷非常轻微，只要配合其他护理作业便可消除缺陷，所以把它列为护理美容的范围。漆面研磨与后面的抛光、还原是三道连续作业的工序，研磨是漆面轻微缺陷修复的第一道工序。漆面研磨需使用专用研磨剂，通过研磨/抛光机进行作业。

4）漆面抛光。漆面抛光是紧接着研磨的第二道工序。车漆表面经研磨后会留下细微的研磨痕迹，漆面抛光就是去除这些痕迹所进行的护理作业。漆面抛光需使用专用抛光剂，通过研磨/抛光机进行作业。

5）漆面还原。漆面还原是研磨、抛光之后的第三道工序，它是通过还原剂将车漆表面还原到“新车”般的状况。还原剂也称为“密封剂”，它对车漆起密封作用，以避免空气中污染物直接侵蚀车漆。还原剂有两种，一种称作还原剂，另一种称作增光剂。增光剂在还原作用的基础上还有增亮的作用。

6）打蜡。打蜡是在车漆表面涂上一层蜡质保护层，并将蜡抛出光泽的护理作业。打蜡的目的：一是改善车身表面的光亮程度，增添靓丽的光彩；二是防止腐蚀性物质的侵蚀，对车漆进行保护；三是消除或减小静电影响，使车身保持整洁；四是降低紫外线和高温对车漆的侵害，防止和减缓漆膜老化。汽车打蜡可通过人工或打蜡机进行作业。

7）内室护理。汽车内室护理是对汽车控制台、操纵件、座椅、座套、顶棚、地毯和脚垫等部件进行的清洁、上光等美容作业，还包括对汽车内室定期进行杀菌、除臭等净化空气作业。汽车内室部件种类很多，外层面料也各不相同，在护理中应分别使用不同的专用护理用品，确保护理质量。

（2）修复美容 修复美容是指**对车身漆膜**有损伤的部位和内饰物出现的**破损部位进行恢复性作业**，其中包括**对涂膜表面的缺陷、损伤和内室物件的破损进行修补处理等作业内容**。修复美容一般先进行漆膜修复，然后进行美容。这种美容的工艺过程：砂子划痕—涂快干原子灰—研磨—涂快干底漆—涂底色漆—涂罩光漆—清除接口。

修复美容必须在正规的汽车美容中心进行，它需要必要的设备和工具，必须有一定的修复美容工艺，才能满足汽车美容的基本要求。但是，这种美容并非很完善，对整车而言，只是对车身的漆膜部分进行了养护。

修复美容作业项目主要包括以下内容：

1）漆膜病态处理。漆膜病态是指漆膜质量与规定的技术指标相比所存在的缺陷。漆膜病态有上百种，按病态产生时机的不同，可分为涂装中出现的病态和使用中出现的病态两大类。对于不同的漆膜病态，应分析原因并采取有效措施积极防治。

2）漆面划痕处理。漆面划痕是因刮擦、碰撞等原因造成的漆膜损伤。当漆面出现划痕时，应根据划痕的深浅程度采取不同的工艺进行修复处理，如图1-4所示。

3）漆面斑点处理。漆面斑点是指漆面接触了柏油、飞漆、焦油和鸟粪等污物，在漆面上留下的污迹。对斑点的处理应根据斑点在漆膜中渗透的深度不同，采取不同的工艺。

4）汽车涂层局部修补。汽车涂层局部修补是指当汽车漆面出现局部失光、变色、粉化、起泡、龟裂和脱落等严重老化现象，或因交通事故导致涂层局部破损时，所进行的局部修补涂装作业。汽车涂层局部修补虽作业面积较小，但要使修补漆面与原漆面的漆膜外观、光泽和颜色达到基本一致，需要操作人员具有丰富的经验和高超的技术水平。

5）汽车涂层整体翻修。汽车涂层整体翻修是当全车漆膜出现严重老化时所进行的全车翻新涂装作业，其作业内容主要有清除旧漆膜、金属表面除锈、底漆和腻子施工、面漆喷

图1-4 漆膜修复美容作业

涂、补漆修饰及抛光上蜡等。

(3) 专业美容 专业美容不仅包括对汽车的清洗、打蜡，更主要的是根据汽车实际需要进行维护，另外还包括对汽车护理用品的正确选择与使用、汽车漆膜的护理（如对各类漆膜缺陷的处理、划痕的修复美容等）、汽车装饰和精品选装等内容。典型的是免拆洗的汽车美容养护，如图1-5所示。

图1-5 专业美容内容

采用全新方式免拆洗养护的轿车，不但可以免除频繁修理的麻烦，而且可以节省大量的维修费用和时间，可使用户在享受开车舒畅的同时，实现“买得起车也养得起车”的理想，获得较好的经济效益。免拆洗的汽车美容养护项目包括以下内容：

1）润滑系统养护，用于发动机的润滑、抗磨、清洗和密封等。

2）燃油系统养护，用于积炭控制、清洗、防冻和除水等。

3）传动系统养护，用于润滑、抗磨、清洁和止漏等。

4）冷却系统养护，用于助冷、清洗和止漏等。

5）空调系统养护，用于降噪、润滑、清洗和杀菌等。

此外，还包括底盘系统、转向系统和点火系统等部分的养护。

轿车发动机在工作状态是靠机油泵供油润滑的，而在发动机停止工作后，供油便停止。

当发动机再次起动时，各摩擦部位需要经过一定时间才能恢复供油润滑。在这段时间内，发动机的各摩擦面处于一种无润滑的干摩擦状态。据统计，这种干摩擦会使发动机的使用寿命降低3/5。而摩擦界面如果有了优质养护剂的保护，就会防止这种损害，因为高品质的添加剂能在摩擦界面形成一层坚固的干性润滑膜层，能使轿车发动机时时处于一种良好的润滑状态，发动机的磨损率将因此降至最低，而且耐高温、抗腐蚀。有了这层干性润滑膜，轿车发动机的功率将提高10%，机械温度将降低5%～8%，轿车尾气排放达标，减小了对环境的不良影响。轿车长期使用优质的免拆洗养护用品可免去发动机、变速器等部件的大修，极大地延长了发动机的使用寿命。

专业美容作业项目主要包含以下内容：

1）整车细部全面、彻底的清洗。

2）去静电、油污、飞漆和污物的清洗处理。

3）玻璃抛光增亮翻新，玻璃清洁、防雾处理、加装防冻清洁剂。

4）漆面胶油、沥青和鸟粪等杂物的处理，尘粒和橘皮等漆膜缺陷的砂平处理。

5）漆膜粗研磨处理。

6）漆膜细磨抛光处理。

7）漆膜增艳处理。

8）漆膜抗氧化保护处理。

9）漆膜镜面处理。

10）全车的除锈、防腐蚀处理。

11）轮毂、轮胎、保险杠和底盘等养护。

12）室内各部位及主要配置的养护，车内室去异味、杀菌处理。

13）发动机系统的美容护理等。

14）新车开蜡，深度清洗。

15）全车灯光及左、右倒车镜清洁抛光翻新。

16）轮毂飞漆、焦油、氧化层的去除，增光翻新。

17）轮胎清洁增黑，上光护理。

18）全车电路系统清洁、防潮、防老化护理，如图1-6所示。

专业美容后的效果：

1）车身漆膜应达到艳丽的新车效果并能长久保持，应具有防静电、防酸雨和防紫外线的“三防”功能。

2）发动机的清洗翻新使发动机表面形成光亮的保护膜并能长久保持。发动机系统经过免拆卸清洗后，可提高整个系统的性能，并延长其使用寿命。

3）风窗玻璃的修复抛光使开裂发黑的玻璃变得清晰明亮，完好如初。

4）轮毂、轮胎经美容护理后，具有艳丽光泽并能延长使用寿命。

5）室内、行李箱内经美容处理后更显得洁净华贵。

6）金属裸露部分经除锈、防锈处理后，具有金属光泽，不再生锈，延长其使用寿命。

专业美容的基本条件：

1）应有最起码的美容操作工作室，工作室应与外界隔离，设有漆膜维修处理工作室、干燥室、清洗室和美容护理室，且最好互不干扰但又有一定的联系。露天操作是不能进行汽

图1-6 汽车美容项目及内容

车美容的。

2）各工作室应有相应的设备、工具及能源，可供施工所用，见表1-1。现代汽车美容的主要内容见表1-2。

表1-1 现代汽车美容的常用设备及用品

序号	美容项目	具体作业项目	设备及用品	选用要点
1	车表美容	汽车清洗	龙门滚刷清洗机、小型高压清洗机、麂皮、毛巾、板刷、清洗护理二合一清洗剂、水系清洗剂、玻璃清洗剂、柏油沥青清洁剂、轮胎清洗保护剂、黑镀清洗保护剂、银镀清洁保护剂、清洁上光剂等	1）小型美容企业宜选用小型高压清洗机 2）北方冬季宜选用调温式清洗机 3）不宜选用碱性清洗剂洗车
		汽车打蜡	打蜡机、打蜡海绵、无纺布毛巾及各种保护蜡、上光蜡、防静电蜡、镜面釉等	1）根据汽车漆面性质、产品性能及汽车运行环境选用车蜡 2）镜面釉是非蜡质保护剂
2	车饰美容	车室美容	吸尘器、高温蒸汽杀菌器、喷壶、毛巾、真皮、塑料、纤维织物清洁保护剂、真皮上光保护剂、真皮与塑料上光翻新保护剂、地毯清洁剂等	1）不宜用碱性清洁剂进行车室清洁 2）纤维织物清洁剂一般可用于地毯清洁
		发动机美容	喷壶、毛巾、发动机表面活性清洗剂、机头光亮保护剂、清洁油等	不宜用酸碱类清洁剂
3	漆面美容	浅划痕及漆面失光处理	抛光机、不同粒度的抛光剂、还原剂、漆面增艳剂、漆面保护剂	抛光后必须进行还原处理
		深划痕处理	与喷漆施工相同	
		喷漆	喷漆间、烤漆房、空压机、喷枪、砂纸、刮板、底漆、腻子、中涂漆和面漆	1）宜选用喷漆、烤漆两用房 2）修补施工宜选用快干型涂料

表1-2 现代汽车美容主要内容

<table>
<tr><th colspan="5">汽车美容的主要内容</th></tr>
<tr><td rowspan="9">护理美容</td><td rowspan="5">车身护理</td><td>常规护理</td><td>清洗打蜡</td><td>1）新车开蜡
2）在用车清洁</td></tr>
<tr><td rowspan="4">深度护理</td><td>漆面</td><td>1）漆面锈蚀
2）漆面失光
3）漆面浅划痕
4）漆面深划痕</td></tr>
<tr><td colspan="2">塑料件</td></tr>
<tr><td>风窗玻璃</td><td>1）伤痕抚平
2）炸点修补</td></tr>
<tr><td colspan="2">镀铬件</td></tr>
<tr><td rowspan="3">内饰护理</td><td>车室护理</td><td colspan="2">1）除尘清洗
2）蒸汽清毒
3）修补
4）上光
5）空气清洁</td></tr>
<tr><td>行李箱护理</td><td colspan="2">除尘清洁</td></tr>
<tr><td>发动机护理</td><td colspan="2">外部护理：
1）清洗
2）上光
内部护理：
1）燃油喷射
2）润滑系统
3）冷却系统
4）空调
5）蓄电池</td></tr>
<tr><td>底盘护理</td><td colspan="3">1）底盘锈蚀护理
2）四轮定位护理
3）轮胎平衡护理</td></tr>
<tr><td rowspan="6">装饰美容</td><td>车身装饰</td><td colspan="3">1）车窗贴膜装饰
2）个性贴花装饰
3）大包围装饰</td></tr>
<tr><td>箱内装饰</td><td colspan="3">1）汽车顶衬装饰
2）车门内衬装饰
3）桃木装饰
4）车内饰品装饰
5）座椅装饰
6）地毯装饰</td></tr>
<tr><td colspan="4">视听装饰</td></tr>
<tr><td colspan="4">通信装饰</td></tr>
<tr><td colspan="4">隔声降噪</td></tr>
<tr><td colspan="4">汽车安全防护与控制装饰</td></tr>
</table>

3）所有的施工人员必须是经过专业技术培训，取得上岗证书者。

4）汽车美容用品及有关材料必须是正规厂家生产的合格品。

5）有完善的售后服务。售后服务是对专业美容的补充，当出现一些质量问题时可进行补救处理，既可保证汽车美容企业的良好服务形象，也是对消费者权益的保证。

二、汽车美容延伸项目

1. 汽车防护

汽车防护的服务项目有贴防爆太阳膜，安装防盗器、静电放电器和汽车语音报警装置等。

2. 汽车精品

汽车精品是能使汽车美容服务更加贴身贴心、体现人性化的服务。作为汽车美容服务的延伸项目，汽车精品能满足驾驶人及乘员对汽车内部附属装饰、便捷服务的需求，如车用香水、蜡掸、剃须刀、护目镜、脚垫、座套和把套等的配置。在4S店，汽车精品项目经营及装饰美容选装状况排名情况如图1-7和图1-8所示。

4S店精品选择排名调查

精品营销管理

排序	产品	4S店选择比例	销售情况
第1位	防爆膜	87.62%	热销或畅销
第2位	汽车安防产品	69.52%	
第3位	倒车雷达	56.19%	
第4位	GPS	48.57%	
第5位	底盘装甲	46.67%	
第6位	汽车地毯	42.86%	
第7位	汽车真皮	41.90%	
第8位	汽车音响改装用品(含DVD、喇叭等)	40%	
第9位	汽车香水	32.38%	一般
第10位	小装饰品	32.38%	
第11位	汽车清洁用品	26.67%	
第12位	转向盘套	25.71%	
第13位	凉垫	24.76%	
第14位	汽车座套	24.76%	
第15位	电子狗	21.90%	
第16位	氙气前照灯系统	20%	
第17位	迎宾踏板	17.14%	较差
第18位	羊毛坐垫	16.19%	
第19位	汽车改装品(定风翼、贴纸等)	14.29%	
第20位	车蜡	10.48%	
第21位	合金车轮	9.52%	
第22位	其他	0.95%	

图1-7 汽车美容装饰项目选择状况

一般认为，汽车专业美容是通过先进的设备和数百种用品，经过几十道工序，从车身、内室、发动机、轮毂、轮胎、底盘、保险杠、油路、电路、空调系统、冷却系统、进/排气系统等各部位进行彻底的清洗和维护，使旧车变为新车并保持长久，使整车焕然一新。这样的汽车美容才是真正的汽车专业美容。

三、汽车美容作业项目的选用

汽车美容应根据车型、车况、使用环境及使用条件等因素，有针对性地、合理地安排美

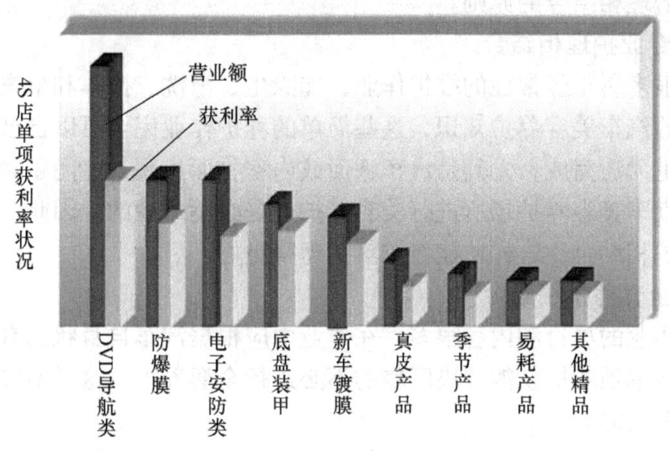

图1-8 汽车美容精品营销状况

容作业的时机及项目。

1. 因车型而异

由于汽车美容项目、内容及使用的用品不同，其价位也不一样。对汽车进行美容不仅要考虑到效果，同时也要考虑费用问题。因此，不同档次的汽车所采取的美容作业及使用的美容用品应有所不同。对于高档轿车，应主要考虑美容效果；而对于一般汽车，则只要进行常规的美容作业就可以了。

2. 因车况而异

汽车美容作业应根据汽车漆膜及内饰物面状况有针对性地进行。车主或驾驶人应经常对汽车表面进行检查，发现异变现象要及时处理。例如，车漆表面出现划痕，尤其是较深的划痕，若处理不及时，则会导致金属锈蚀，这就增大了处理的难度。

3. 因环境而异

汽车行驶的地域和道路不同，对汽车进行美容作业的时机和项目也不同。例如，汽车经常在污染较重的工业区使用，应缩短汽车清洗周期，经常检查漆面有无污染色素沉积，并采取积极的预防措施；汽车在沿海地区使用，由于当地空气潮湿，且大气中含盐分较多，一旦漆面出现划痕，应立即采取处理措施，否则很快就会造成内部金属锈蚀；汽车在西北地区使用，由于当地风沙较大，漆面易失去光泽，应缩短打蜡的周期。

4. 因季节而异

随着季节、气温和气候的变化，对汽车车表和内饰环境有不同的影响。例如，汽车在夏季使用时，由于高温漆膜易老化，在冬季使用时，由于严寒漆膜易冻裂，均应进行必要的预防护理作业。另外，冬、夏两季车内经常使用空调，车窗紧闭，汽车内饰使车内出现异味，应定期进行杀菌和除臭作业。

四、汽车美容养护原则

1. 预防与治理相结合

汽车美容养护要以预防为主，即在汽车漆膜及其他物面出现损伤之前进行必要的养护作业，预防损伤的发生。一旦出现损伤，应及时进行治理，恢复原来的状态。因此，汽车美容养护应坚持预防与治理相结合的原则。

2. 车主护理与专业护理相结合

汽车美容养护很多属于经常性的维护作业，如除尘、清洗、擦车和检查等，只要车主或驾驶人掌握了一定的汽车美容养护知识，这些简单的养护作业完全可以自己完成。由于有很多美容养护项目车主无法完成，尤其是汽车漆面或内室物面出现某些问题时，必须进行专业养护。定期到专业汽车美容养护场所进行美容养护也是必不可少的，因此，车主或驾驶人护理一定要与专业养护相结合，这样才能将车辆护理得更好。

3. 单项养护与全套养护相结合

汽车美容养护作业的项目和内容很多，在作业中应根据汽车自身状况有针对性地选择项目和内容，进行某些单项养护就能解决问题的不必进行全套养护，这样不仅能节省费用，同时对汽车本身也是有利的。

例如，汽车漆膜的厚度是一定的，如果每次美容都进行全套养护，即每次都要研磨、抛光，那么漆膜厚度很快就会变薄，当磨透车漆时，就必须进行重新喷漆，这就得不偿失了。在需要时对汽车进行全面养护也是必要的，关键是要根据不同情况具体对待。

4. 局部养护与全车养护相结合

汽车漆膜局部出现损伤时，只要对局部进行处理即可；只有在全车漆膜绝大部分出现损伤时，才能进行全车漆膜处理。在实际工作中，应根据需要决定养护的面积。

五、汽车装饰的类型及项目

汽车装饰是指通过增加一些附属的物品，提高汽车表面和内室的美观性。其中，所增加的附属物品称作装饰品。

1. 汽车装饰的分类

根据汽车被装饰的部位分类，汽车装饰可分为**汽车外部装饰**和**汽车内部装饰**。

（1）汽车外部装饰 汽车外部装饰主要是对汽车顶盖、车窗、车身周围及车轮等部位进行装饰，其主要项目有：

1）汽车漆面的特种喷涂装饰。

2）彩条及保护膜装饰。

3）前阻风板和后翼板装饰。

4）车顶开天窗装饰。

5）汽车风窗装饰。

6）车身大包围装饰。

7）车身局部装饰。

8）车轮装饰。

9）底盘喷塑保护装饰等。

（2）汽车内部装饰 汽车内部装饰主要是对汽车驾驶室和乘客室进行装饰，其主要项目有：

1）汽车顶棚内衬装饰。

2）侧门内护板和门内护板的装饰。

3）仪表板的装饰。

4）座椅的装饰。

5）地板的装饰。

6）内室精品装饰。

【思考与练习】

一、填空题

1. 现代汽车美容根据汽车的服务部位的不同可分为________、________和________，根据汽车的实际美容程度可分为________、________和________。

2. 汽车修复美容是指________有损伤的部位和内饰物出现的________，其中包括____________等。

二、判断题（正确的画√，错误的画×）

1. 汽车油漆耐酸、碱的承受力为 pH 值 8.0 以上。（ ）

2. 专业汽车美容是指洗车—打蜡—交车。（ ）

三、问答题

1. 简述汽车专业美容包含的主要项目和内容。

2. 汽车专业美容应具备的基本条件有哪些？

3. 汽车美容作业的依据是什么？

4. 汽车美容服务的延伸项目有哪些？

四、综合训练

1. 根据实车现状制订出汽车维护美容计划一份。

2. 根据实训现车状况正确写出美容操作所需用设备及美容护理用品。

项目 2 汽车清洁美容

汽车是人们日常生活中的交通工具，行驶在不同的环境中。即使车身漆面质量再好，经过长时间的风化、酸雨侵蚀、太阳的强光照射，如果未能及时护理，也容易使车身漆面褪色，失去光泽，形成氧化层。车辆在行驶过程中，由于摩擦而产生强烈的静电层对灰尘和油污的吸附能力很强，时间久了就会形成一层坚硬的交通膜薄膜，使原来亮丽的车身变得暗淡无光。此外，汽车在行驶时容易粘上灰尘、泥土、焦油和沥青等污物，尤其是下雨天，底盘部位很容易粘上泥水，如果不及时清洁护理，容易形成锈渍，影响到汽车的行驶性能。因此，汽车要定期进行车表美容。车表美容的服务项目一般包括车身的清洗、车身的研磨抛光与打蜡、发动机与底盘部分的清洁护理等。

汽车各部位的清洗养护是汽车美容的重要组成部分，也是后续美容的基础。从基本理论上讲，用清洗剂洗车是一个复杂的化学现象和物理现象相互作用的过程。现代高档轿车多采用电子喷射式燃料供给系统及其他电子控制部件，这些部位的电子器件对清洗剂的要求较高。如果不加区分对发动机的机械部分和电器部分都使用水基型清洗剂，那么就可能损坏电器部分的电子器件而使发动机不能正常工作，这时必须采用易挥发的电子设备专用清洗剂或具有绝缘性的电子器件清洗剂来清洗电子器件部位。从事汽车美容的人员如果对汽车清洗养护不当，那么就有可能导致对汽车“伤筋动骨”。不注意严把清洗养护用品的选用质量关，就等于给用户提供的是劣质服务。因此，要学会正确地选用汽车清洗养护用品。

任务 1　汽车清洁美容护理用品及设备选用

【学习目标】

知识目标：

1. 了解汽车清洁美容护理用品的分类。
2. 掌握清洗剂的特性及除垢机理。
3. 掌握汽车美容工具与设备的基本知识。
4. 了解免拆卸清洗设备的结构原理。

能力目标：

1. 能正确选用汽车清洁美容护理用品。
2. 能正确使用和维护工具、设备。

【知识准备】

一、汽车清洁美容护理用品的分类

汽车美容护理用品按其用途可分为漆面研磨抛光系列、清洁美容护理系列、玻璃清洁护理系列、仪表板及内饰清洁护理系列、玻璃遮阳隔热系列、轮辋及金属饰件护理系列、发动机清洁及免拆护理系列、底盘护理系列、燃油系统护理系列等。

二、清洗剂的特性与除垢机理

汽车表面污垢主要分为以下两类：

第一类为水溶性污垢，主要包括泥土、沙粒和灰尘等。这类污垢能溶于水中，因此很容易用水将其冲洗掉。

第二类是水不溶性污垢，主要包括炭烟、矿物油、油脂、胶质物、铁锈和废气凝结物等。这类污垢不溶于水，一般应用清洗剂清洗。

清洗第二类污垢的清洗剂应具备以下特性：①表面活性，即在汽车表面清洗过程中，清洗剂应能使固体污垢形成悬浮液，使液体污垢形成乳浊液，以便于将其从汽车表面上冲洗掉；②分散性，即要具有使固体污垢的颗粒在水等介质中分散成细小质点或胶状液体的能力；③湿润性，即要具有对污垢的湿润能力，使固体污垢容易被水浸湿形成浓稠的泡沫，增强清洗效果。

清洗剂由多种表面活性剂配制而成，有很强的分解能力，能有效去除车身表面的油污和沾染很深的污垢，独特的表面活性剂成分能去除车身携带的静电和防止交通膜的形成，性质温和，不腐蚀汽车漆面，液体浓缩、泡沫丰富，使用便捷经济，是洗车必备的佳品。

1. 清洗剂的成分

（1）具有表面活性物质　表面活性物质也称为表面活性剂或界面活性剂，是一类能显著降低液体表面张力的物质，是清洗剂中不可缺少的成分。汽车清洗剂中的表面活性物质主要是软肥皂和合成清洗剂。

（2）水玻璃　水玻璃在清洗剂中的主要作用是使溶液的 pH 值几乎维持不变。在清洗过程中，酸性污垢必定耗用碱盐，水玻璃维持溶液碱性的缓冲效果约为其他碱盐的 2 倍，因此能降低清洗剂的消耗。水玻璃具有很好的悬浮能力，或稳定悬浮系统的能力。这一能力是水玻璃和活性物质同时使用时能提高去污能力的重要原因。

（3）磷酸盐　在清洗剂配方中，以缩合磷酸盐最重要。磷酸三钠又称为正磷酸钠，其 1% 溶液在室温时的 pH 值为 12，由于其碱性太强，在清洗剂中用料不能太多。在配方中，磷酸盐能增加清洗剂溶液的润湿能力，有一定的乳化能力，但其主要作用是软水作用。

（4）具有碱性物质　附着在金属表面的油脂，大体上可分为动、植物油脂和矿物油脂两大类。前者是脂肪，与苛性钠一起被加热时会发生皂化反应，结果生成肥皂和甘油，这些产物都溶于水。此时，生成的碱皂是极性分子，极性端被水所吸引，非极性端被油所吸引。因此溶剂的表面张力降低，油和溶液完全接触，溶液可以渗透到油的内部。油脂膨胀并被溶液润湿，从而使其与金属间的附着力减小，最后发生乳化变成微小的颗粒而分散在溶液中。

（5）溶剂　溶剂是表面清洗剂的主体，它连同表面活性剂等添加剂一起对污垢起化学反应，达到清洗、除垢的目的。溶剂主要有水基溶剂和油基溶剂两种，水基溶剂主要是水，油基溶剂主要有汽油、煤油和松节油等。

（6）摩擦剂　摩擦剂是增加与清洗表面接触、摩擦的物质，如硅藻土等。

2. 清洗剂的除垢机理

清洗剂除垢包括润湿、吸附、溶解、悬浮和去污五个过程。

（1）润湿　由于清洗剂溶液对汽车表面上污垢质点有很强的润湿力，使被清洗物的表面很容易被清洗剂溶液润湿，并促使它们之间有充分的接触。清洗剂溶液不仅能润湿污垢质点表面，而且能深入到污垢聚集体的细小空隙中，使污垢与被清洗表面结合力减弱、松动。

（2）吸附　清洗汽车外表面时，即有物理吸附（分子间相互吸引）又有化学吸附（类似化学键的相互吸引）。清洗剂溶液中的电解质形成的无机离子吸附在污垢质点上，能改变对污垢质点的静电吸引力，并可防止污垢再沉积。

（3）溶解　使污垢溶解在清洗剂溶液中。

（4）悬浮　清洗剂溶液中的表面活性物质能在污垢质点表面形成定向排列的分子层，使污垢质点和周围的水溶液牢固地联结在一起，使憎水性污垢具有亲水性质，表面上的污垢脱落后悬浮于清洗剂中。这样进一步增加了去污作用。

（5）去污　用高压水枪将污垢冲掉。通过这种润湿—吸附—溶解—悬浮—去污的过程，不断循环，或综合起作用，便可将汽车表面上的污垢清除掉。

三、清洗剂的正确选用

进行车身表面清洗时，由于现代车身漆面的特点，**无论什么样的车身漆面都不能用洗衣粉、洗洁精等含碱性成分较大的普通洗涤用品**。长期使用这些洗涤用品洗车会使车身漆面失去光泽，严重的会使车漆干裂，造成不可挽回的损失。因此，一定要使用专用的清洁液或清洁香波。

专业的洗车香波均含有界面活性剂、功能性高分子材料，具有较强的渗透能力和增溶能力，可大大降低界面间的张力，既能有效去除车体表面的各类顽固污垢，同时具有除雾、防锈功能，并且不含有害物质，长期使用不会损伤车体表面及皮肤。在进口汽车美容用品中，有汽车清洗香波、清洗及上蜡香波，其 **pH 值为 7.0，均属于专业汽车美容用品**。汽车各部位的清洗按材质的不同均使用不同的专业清洗剂。这些清洗剂都是根据现代汽车技术的要求，按照独特的配方和生产工艺而制造出来的，是一般民用清洗剂所不能替代的专用清洗剂。越高档的汽车，越应注意清洗剂的选择，以免不小心损伤了漆面。

四、清洗系列用品简介

由于汽车污垢具有多样性，为了有针对性地清涂污垢，清洗剂的产品也是多种多样。使用时，应根据清洗剂的种类、特性及功能等因素合理进行选择。

1. 汽车清洗剂的种类

（1）水性清洗剂　对于水溶性污垢，采用水性清洗剂即可达到较好的清洗效果。这种清洗剂一般由多种表面活性剂配制而成，有很强的浸润和分散能力，且配方中基本不含碱性盐类，不仅能有效清除一般性污垢，而且对漆面原有的光泽具有保护作用。

（2）有机清洗剂　对于水不溶性油污，应采用有机清洗剂进行清洗。这种清洗剂主要用于去除车身表面的油脂类污垢，其主要成分是有机溶剂，国内产品中的有机溶剂主要有汽油、煤油、甲苯和二甲苯等。有机清洗剂在使用中应尽量避免接触到塑料、橡胶部件，以免造成老化。

（3）油脂清洗剂　油脂清洗剂又称为**去油剂，具有极强的去油功能，主要用于发动机、轮毂等油污较重部位的清洗**。目前市场上的油脂清洗剂有三类，即①水喷去油剂；②石化溶剂型去油剂；③天然溶剂型去油剂。

2. 车身表面多功能清洗剂

车身表面多功能清洗剂主要用于清洗汽车表面灰尘、油污等，且在清洗的同时进行漆面护理。此类清洗剂不仅能去除一般性污垢，而且具有增亮、上光、柔顺、杀菌及防静电、抗老化等作用。

（1）多功能清洗剂品种

1）二合一清洗剂。二合一清洗剂将清洁、护理合二为一，既有清洗功能，又有上蜡功能，可以满足快速清洗兼打蜡的要求。例如，上光洗车液主要由表面活性剂配制而成，上蜡成分是一种具有独特配方的水蜡，它可以在清洗作业中在漆面形成一层蜡膜，增加车身鲜艳程度，有效保护车漆。本品使用非常方便，可以用作汽车的日常护理用品，**适合刚做过专业美容**的汽车或者**只愿花较低费用洗车打蜡的汽车**。这种洗车液不易燃，属生物降解型，对环境无污染。

2）香波类清洗剂。香波类清洗剂主要有汽车香波及清洁香波等品种，具有性质温和、不破坏蜡膜、不腐蚀漆面、液体浓缩、泡沫丰富和使用成本低等产品性能。香波类清洗剂含有表面活性剂，有很强的分解能力，能有效去除车身表面的尘土和油污。有的产品含有阳离子表面活性剂成分，能去除车身携带的静电和防止交通膜的形成。

3）脱蜡清洗剂。脱蜡清洗剂含柔和性溶剂，具有较强的溶解功能，不仅可去除车身油垢，而且能把原有车蜡洗掉，主要**适用于重新打蜡前的车身清洗**。

4）水系清洗剂。目前，在国内外汽车专业美容行业中广泛采用的是水系清洗剂。这种汽车清洗剂不同于除油脱脂剂，其配方中基本不含碱性盐类，一般由多种表面活性剂配制而成，具有很强的浸润和分散能力，能够有效去除车身表面的尘埃和油污。例如，不脱蜡洗车液是近年来国内、外在推广使用的水系清洁剂，因具有操作简便、挥发慢等特点而倍受客户的欢迎。其配方不含碱性盐类，主要成分是类型不一的表面活性剂，其中非离子活性剂使用得比较多，是车身日常清洁的首选洗车液。这种洗车液不易燃，属于生物降解型，对环境无污染。

5）增光型清洗剂。增光型清洗剂是一种集清洁、增光、保护于一身的超浓缩洗车液，使用时能够产生大量的泡沫，具有良好的清洁效果，其独特的增光配方可以在洗车时在车漆表面形成一层高透明的蜡质保护膜，令漆面光洁亮丽，给人一种焕然一新的感觉。

6）环保型清洗剂。环保型清洗剂的主要成分是天然原料，对环境无污染，并具有特殊的清洗效果。例如，“洁碧”变色水蜡是一种双种配方水蜡，瓶内上半截白色的为天然巴西棕蜡，下半截蓝色的是环保型润滑洗车液，使用时先将液体晃匀呈乳白色。该清洗剂含流线式催干剂，自动驱水，几乎不用毛巾擦干，使用方便、快捷，洗车的同时即可完成打蜡工序。

（2）汽车室外清洗剂

1）不脱蜡洗车液（浓缩型）。

产品性能：超柔和型，不会把原有车蜡洗掉，但可有效清洗泥土及油垢。清洗液中含天然巴西棕蜡成分，用毛巾轻轻抛干后，给人以打蜡的感觉。

使用方法：按1∶100的比例溶于水用于洗车服务，可在几分钟内让车辆焕然一新。

注意事项：不易燃，对环境无污染，属于生物降解型。

2）上光洗车液（浓缩型）。

产品性能：集水蜡与清洗功能于一体，既洗车，又打蜡。像洗车一样地方便，车像打过蜡一样地有光泽。

使用方法：先将车冲净，上光清洗液按1∶100的比例溶于水后擦涂于车体表面，然后直接用毛巾擦干，再用无纺棉轻轻抛光。

使用对象：只愿花较低费用洗车打蜡的汽车或刚做过专业美容的汽车，也可建议客户用此用品作汽车的日常养护。

注意事项：不易燃，对环境无污染，属于生物降解型。

3）泡沫上光洗车剂。

产品性能：采用当今世界最流行的喷罐泡沫式包装，有浓厚的橙香味，使用极为方便。

使用对象：因成本高，不主张专业人员使用，给客户作为美容护理后的个人养护品则极佳。

注意事项：含少量溶解性清洁剂，喷到车上后不宜久留，应立即用水冲洗；压力罐装及易燃、易爆品，应在阴凉处存放。

4）天然洗车液（浓缩型）。

产品性能：该用品以柠檬、芦荟油为主要原料，经特殊工艺炼制而成，具有优良的抗氧化、防酸作用，又能给予最自然的光泽，是洗车的极品。它的pH值适中，无须考虑对环保的影响，因它本身就是大自然的精华。

使用方法：按1∶100的比例溶于水（约1瓶盖的液体溶于半桶清水），搅匀，用软毛巾或海绵擦洗车身，然后用无纺棉或柔软毛巾轻轻将车抛光即可。

5）脱蜡洗车液（浓缩型）。

产品性能：去油垢功能较强，不含蜡，不含任何增光剂。

使用对象：作专业美容护理的车或者要正规打蜡的车。专业人员通常要把该车洗干净油垢外，还应把以前的蜡也洗掉，一般的洗车剂达不到这个效果，而“洗涤灵”碱性太强容易伤漆，只有脱蜡洗车液最适合。洗车时一般按1∶100的比例溶于水，若车很脏，可按1∶50的比例稀释。

注意事项：该用品含柔和性溶剂，不属于生物降解型，不易燃，pH值为8.0。

3. 去油剂

性能特点：具有极强的去油功能，主要用于发动机、轮毂等油污较重部位的清洗。

常见的去油剂有以下三类：

1）水质的去油剂：安全、无害、去油功能有限、成本适中。

2）石化溶剂型去油剂：易燃、有害、去油功能强、成本低。

3）天然型溶剂（橙皮提炼的）：无害、去油功能强、成本高。

常见的去油剂品种有以下五种：

1）轮毂去油剂。

产品性能： 该剂不含腐蚀剂，也不含酸性物质，而且清洗功能极强。将轮毂去油剂喷到轮毂表层后，油泥液自动往下流，只需用布轻轻擦干即可恢复金属或ABS塑料的原有光泽。

注意事项： 该剂不易燃，对环境不造成污染，不腐蚀。

2）轮胎强力去污剂。

产品性能： 该剂为强碱型清洁剂，与橡胶制品产生活跃反应。对带有白线圈的轮胎清洗效果尤其明显，用其清洗（最好喷后用马毛刷走一遍）过的白线圈如同新的一样。

注意事项： 该剂属于腐蚀性液体，应妥善保管。

3）发动机强力清洗剂（松香型、浓缩型）。

产品性能： 它是世界上唯一一种生物降解型溶剂，也是唯一一种比一般溶剂更强的生物降解型去油剂。其主要成分从橙皮中提取，成本高。

使用方法： 不稀释清洗发动机等油泥重的地方，按1∶1稀释（也可不稀释）后清洗内饰、抽油机等效果极好。

注意事项： 应远离食物，该剂的pH值为13，属于生物降解型，不易燃。

4）发动机外部清洗剂。

产品性能： 该剂是以煤油为基础料的去油剂，或称作溶剂，且是生物不可降解型，用后的脏液应妥善处理。该剂能去除较重油污，能快速乳化、分解并去除油污，且不腐蚀机体及零部件；产品呈碱性，含有缓蚀剂成分；水溶性好，可完全生物溶解，易用水冲洗，且不留残余物。

适用范围： 适用于发动机外表及底盘等部位的清洗。

使用方法： 用水稀释后，喷洒在待清洗物表面上；用适量的高压水冲洗；用布擦干净，或用压缩空气吹干。

注意事项： 该产品呈碱性，必须稀释后使用，稀释比例按产品使用说明书要求进行。

5）水质去油剂。

适用范围： 该剂是最具灵活性的去油剂，虽然不能用来开蜡（因不是溶剂），但可作为一种多功能去油剂来使用，因为它是水质的，所以很安全。实际上，可把它当作普通多功能清洗剂（洗车、洗内饰、洗皮革），但它比一般清洗剂又多出了“切”油的功能。

注意事项： 该剂属于生物可降解型，不易燃，不腐蚀，但碱性较强，工作时应有保护措施。

4. 溶剂

溶解清洗剂简称**溶剂**，是一类**溶解功能极强**的清洗剂，**不仅能清除车身上的焦油、沥青、鸟粪、橡胶、漆点及水不溶性污垢，**而且**可用于开蜡，**故有些品种直接取名为开蜡水。

溶剂分为两大类，即**石化溶剂和天然溶剂**。大部分石化溶剂以煤油为基础料，然后加以各种添加剂或表面活性剂。天然溶剂有蜡质开蜡水、树脂开蜡水和污垢软化剂三种。

1）蜡质开蜡水。

产品性能： 蜡质开蜡水属于生物降解型溶剂，其主要原料提炼于橙皮，因此成本较高。但这是目前唯一一种能满足国际环保要求的溶剂。若蜡不厚，可将蜡质开蜡水按1∶1稀释后使用。

注意事项： 本品对环境无害，不易燃，不腐蚀，但具有强碱性，使用时需有劳动保护措施。

2）树脂开蜡水。

产品性能： 树脂蜡一般作为运输车辆的保护剂，其主要目的是防雨水、防尘和划痕。这种保护层一般不含油脂物质。因此，在开蜡时要用含树脂聚合物的溶解元素的树脂开蜡水。树脂开蜡水在车上一般是油脂蜡的保护剂，被用来抵制海水的侵蚀，其开蜡要用油脂蜡开蜡水。树脂开蜡水不含腐蚀剂，比较完全，在国外很多人用它来清洗汽车顶部和有的车的皮革、电镀件、风窗玻璃及铝合金件等。

使用方法： 与一般用品不同的是，使用时必须按1∶3的比例溶于水（最好是热水），因为这时树脂开蜡水的表面活性剂最活跃，开蜡效果最佳。

注意事项： 虽不腐蚀，但使用时仍需劳动保护用品。

3）污垢软化剂。

鸟粪、树叶等东西落在车上若长时间不清洗就会变硬，而且会侵蚀车漆。公路上溅的沥青更是如此。普通清洗剂很难洗掉已发硬的鸟粪和沥青，使用污垢软化剂则很容易就能洗掉它们。

产品性能： 污垢软化剂实际上是一种柔和性溶剂，主要用来软化以上硬化物质。污垢软化剂可直接用在车漆、玻璃和保险杠等表面。污垢软化剂同时可作为开蜡水，尤其是较硬的运输蜡。把污垢软化剂喷在车上，5min后用布一擦即可（一定要用清水将污垢软化剂冲净）。

注意事项： 污垢软化剂属于柔和型溶剂，pH值为9.5，废水应妥善处理，工作时要有劳动保护措施。

五、常用汽车清洗剂

1. 万用清洁剂

产品性能： 能除去各种玻璃、油漆表面及金属制品表面的污垢；不伤害漆膜、塑料及橡胶制品；是泡沫清洁剂，使用时无滴流的困扰。

使用方法： 将该产品直接喷涂在待清洗的物体表面，使泡沫停留1min，然后用干净的软布擦拭干净即可。

适用范围： 适用于车身表面、玻璃、座椅等的清洗。

注意事项： 不要等泡沫全部干后才进行擦拭。

2. 制动清洗剂

产品性能： 产品能迅速清除污垢，避免产生辗轧的噪声，不含有毒物质，不会造成对环境的污染。

使用方法： 将该产品直接喷涂到待清洗物体的表面，然后用干净的软布擦拭干净即可。

3. 高效发动机油渍清洗剂

产品性能：

1）能迅速清除发动机、电动机及其他机械设备表面的油脂和污垢。

2）对油漆、橡胶、导线和绝缘材料无害。

3）也可用于清除汽车修理厂的地板和车道上的油垢等。

4）有利于发动机散热。

使用方法：

1）使发动机暖机，达到正常温度后熄火。

2）用塑料布盖住喷油器入口和分电器盖。

3）使用前将该产品摇匀，充分喷射，5mim 后即可达到最佳渗润效果。

4）对难以清洗的部位，可反复清洗。

5）用高压水将发动机冲洗干净。

4. 轮毂清洁剂

产品性能：能有效去除轮毂上的油渍、氧化色斑，并能清洁上光。本产品呈弱酸性，但对轮毂及轮胎均无腐蚀作用。

适用范围：所有车辆轮毂的清洗均适用。

使用方法：将该产品直接喷涂在汽车的轮毂上，然后用软布擦拭干净即可。

5. 发动机润滑系统清洁剂

产品性能：在发动机不解体的情况下，通过专业设备或直接添加方式来清洁润滑油路系统，改善润滑油的抗氧化性能，减小活塞环与气缸壁之间的摩擦作用，有效降低发动机噪声和油耗，提高汽车的动力性和燃油经济性，延长发动机的使用寿命。

使用方法：参照专用清洁设备和清洁剂产品的使用规程正确使用。

6. 电子燃油喷射系统清洁剂

产品性能：此类清洁剂大多直接加入到燃油箱内并溶解到汽油中，随着汽油的流动清除供油系统及燃油喷射装置的焦油等沉积物，并通过燃烧分解作用清除燃烧室内的积炭，从而改善发动机的燃烧。

使用方法：在决定向燃油箱中添加电子燃油喷射系统清洁剂之前，必须确认此燃油箱清洁无沉积物，否则部分清洁剂会首先分解燃油箱中长期累积的焦油和泥污等沉积物，导致燃油箱中的汽油浑浊而堵塞油泵滤网和油路管道。

【任务实施】

设备、工具和材料准备：

一、汽车美容常用的工具和设备

专业汽车美容均采用先进的工具与设备，以提高作业的速度和质量，确保汽车美容的效果。掌握汽车美容工具与设备的基本知识，对正确使用和维护工具、设备具有重要作用。

1. 手工清洁工具

（1）海绵 海绵具有柔软、弹性好、吸水性强和较好的藏土、藏尘能力等特点，有利于保护漆面及提高作业效率。对洗车作业中使用的海绵有特殊的要求，它除应具备上述特点外，还应具有一定的韧性、抗拉强度和耐磨性。使用前，让海绵吸入适量已经配好的洗车液，这样可用于清除车漆上附着力较强的污垢。

（2）毛巾 毛巾是人工清洗和擦拭汽车的基本工具，主要用于擦拭车身。为保证清洗效果，在擦拭过程中不应有细小纤维的脱落，因此在洗车中应用的毛巾，最好选用无纺制品。专业汽车美容场所需要准备多块毛巾，包括大毛巾、小毛巾、湿毛巾、半湿毛巾和干毛巾等。大毛巾主要用于车身表面的手工清洗和擦拭；小毛巾主要用于擦洗车身凹槽、门边及内饰部件等处的污垢。湿毛巾、半湿毛巾和干毛巾在清洗、擦拭车窗玻璃时应结合使用。

（3）麂皮 麂皮在洗车作业中使用广泛，主要用于擦干车表。它之所以有这样的使用市场，不仅是因为它具有质地柔软、韧性及耐磨性好和防静电等特点，有利于漆面的保护，更主要的原因是它具有良好的吸水能力。它主要用于车身打蜡后将蜡抛出光泽。但在洗车作业中宜先用毛巾将车表擦干后，再用麂皮进一步擦干，以利于延长麂皮的使用寿命。另外，在选用麂皮时，尽可能选择较厚的，其皮质韧性好，耐磨性佳。

(4) 车巾 车巾是最新研制的汽车专用清洁产品。

车巾去污原理：车巾特有的乳化液与被擦表面的污垢相溶合后，使之软化，松脱后除去。由于乳化液显中性（pH值=7），故无论是酸性或碱性的污垢均能去除，且不损伤被擦表面和刺激人的皮肤，是具有国际最新清洗理念的绿色环保产品。

由于液料中包括清洁剂、润滑剂和保护油三大类物质。当轻擦物体表面时，污垢软化后便被吸附到无纺布上。润滑剂则起到无纺布与被擦表面的润滑作用，从而保护被擦表面。同时，无纺布涂上保护釉，能够遮盖磨损痕迹，使被擦表面闪闪发亮。

(5) 便携式洗车器 手动便携式洗车器如图1-9所示。

(6) 附件 附件包括水桶、工作围裙、防滑防水鞋、软胶水管和涂料过滤漏斗等。

2. 除锈工具

在汽车修补喷漆之前，应将作业面的锈蚀清除干净，然后才能进行涂底漆、刮原子灰等工序。常用的除锈工具有手工和机械两种。

(1) 手工除锈工具

1) 砂纸。砂纸既是研磨用品，可以利用旧的高标号水砂纸的背面来擦拭车窗玻璃，去除附着在玻璃上的顽固污渍。

2) 其他手工除锈工具。手工除锈工具主要有刮刀、扁铲、钢丝刷、锉刀、废砂轮片和砂布等，是局部及部件等小工作量清除锈蚀的主要工具。图1-10所示为手工除锈工具。

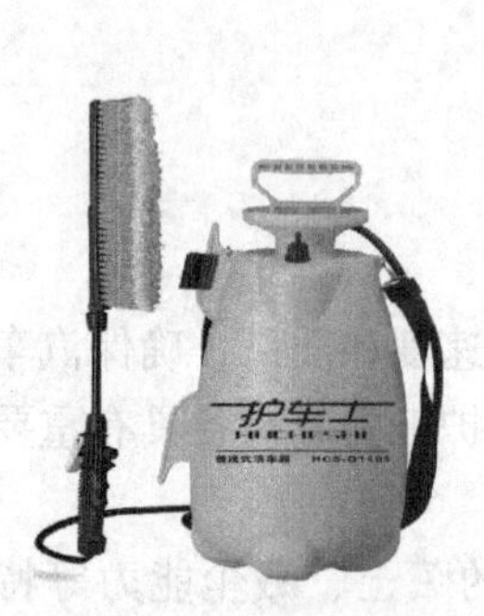

图1-9 手动便携式洗车器

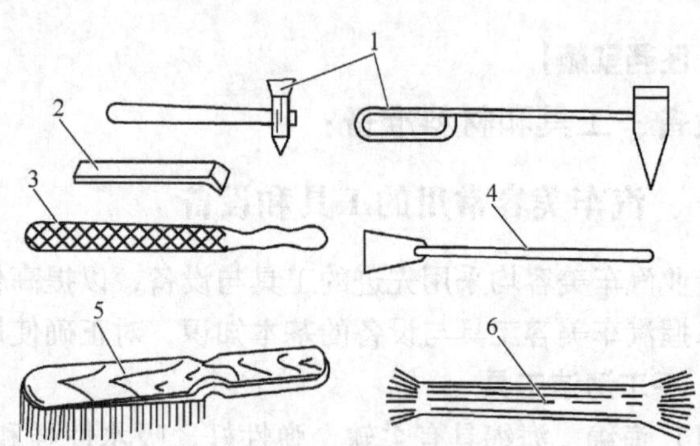

图1-10 手工除锈工具

1—尖头锤 2—弯头刮刀 3—粗锉刀 4—刮铲 5—钢丝刷 6—钢丝束

(2) 机械除锈工具 机械除锈是指利用机械产生的冲击、摩擦作用对工件表面进行除锈。机械除锈工具的除锈速度快、质量好、工作效率高，故适用于大面积或批量汽车锈蚀的清除。

机械除锈工具按动力装置的不同分为电动除锈工具和气动除锈工具两类。电动除锈工具具有结构简单、体积小、重量轻、使用方便和易于维修等特点。常用的电动除锈工具有电动刷、电动砂轮、电动锤和电动针束除锈机等。气动除锈工具是利用压缩空气作为动力，带动机器作业进行除锈的工具。常用的气动工具有气动枪、气动砂轮、气动圆盘钢丝刷、离心除锈器和气动除锈锤等。

3. 吸尘设备

吸尘器是一种能将尘埃、脏物及碎屑吸集起来的电气吸尘设备，它是进行汽车内室日常清洁的主要设备。汽车内室虽然空间小，但结构复杂，不便于清洁。采用吸尘器可方便地将内壁、地毯、座椅及缝隙中的浮尘和脏物吸除干净，且不会使尘土飞扬。

常见的吸尘器主要有**便携型、家用型和专业型**三种。

1）专业型吸尘器。专业型吸尘器的吸尘效果最好，使用较多，它具有较好的防水性，而且集吸尘、吸水、风干于一体，配有适于汽车内室结构的专用吸嘴，操作简单，吸力大，并可与内室蒸汽机配套使用，如图1-11所示。

2）汽车专用便携型吸尘器。汽车专用便携型吸尘器如图1-12所示，是供车主随车携带的，它使用汽车上的电源（利用点烟器插座），体积小，携带方便，清理汽车方便实用，但不适合专业护理店使用。

图1-11　专业型吸尘器

图1-12　汽车专用便携型吸尘器

产品功能及特点：外形美观，精巧轻便，适合各类型12V点烟器车辆使用（不可用于其他电压）；使用安全方便、操控简单；适用于清除微尘、纸屑、小颗粒脏物。

使用说明：

1）点烟器插头连接车内点烟器。

2）确认连接正确，将多功能吸嘴插入吸尘器顶端，开启工作开关。

3）以30°～45°角吸取脏物或灰尘杂物等。

4）工作完毕后，关闭开关，打开吸尘器清理灰尘等。

5）再次闭合前罩，准备下次使用。

4. 空气清洁枪

空气清洁枪用于清洁汽车内饰品。

二、现代清洗设备

随着汽车保有量的迅速增长和人们汽车养护观念的更新，洗车从原来最简单的一个服务流程项目逐步发展成为一个独立的业务。手工洗车高压枪因为洗车效率低、速度慢，已经开始淡出市场，而全自动计算机洗车机等因其速度快、效率高并能满足企业洗车业务的多种需要等优点，蓬勃发展起来。

汽车清洗设备按结构形式分有固定式和移动式两种。

1. 固定式清洗设备

常见的固定式清洗设备有四滚刷清洗台和龙门式清洗机等。固定式清洗设备的优点是工作效率高，劳动强度低。

按清洗方式来分，固定式清洗设备可细分为喷射冲洗式清洗设备和滚刷刷洗式清洗设备两种。

按车辆行驶路线来分，固定式清洗设备可细分为直通式清洗设备和尽头式清洗设备两种。直通式清洗设备是流水作业，因而工作效率高，但占地面积较大。

2. 移动式清洗设备

移动式清洗设备是小型清洗设备，清洗时车辆在工位上，因而使用方便、灵活，但由于多采用单喷嘴，故而出水量小、工作效率低。

3. 全自动洗车机

全自动洗车机可以根据不同的清洗部位选择不同的清洗程序，一般为车身外表清洗—使用清洁剂—车轮清洗—烘干—打蜡—外表（前后）烘干。图1-13所示为自动清洗机。

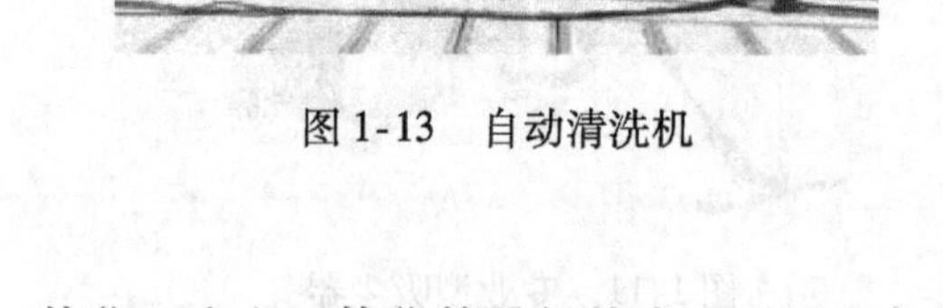
图1-13 自动清洗机

自动洗车机的特点：

1）设备安装标准带有防倾斜系统。

2）低压安全保护装置。

3）光电元件控制的车轮自动清洗装置。

4）标高器可动检测出车辆的高度。

5）其他安全保护设置。

此款计算机遥控无接触式洗车机采用了机电一体化、光电一体化等最新技术，适用于各种类型的轿车和小面包车，清洗时间为2min。

4. 多功能汽车清洗设备

多功能汽车清洗设备采用自动控制，对汽车整车外表面进行清洗，可清洗各种货车、挂车、油罐车、公共汽车、中型车辆、小型货车、小客车和轿车等各类车辆。该设备由汽车自动输送线、滚刷及辅助刷子、滚子百叶窗板、喷水清洗系统、排水系统及控制装置等组成。该设备的平均清洗宽度（工作幅宽）为1.2m和1.8m，清洗长度可按车身长度无限延长，清洗高度有3.5m、4m和4.5m三种。这种清洗自动线具有快速、安全、清洗质量好和节水、节电、节省人力等诸多优点。

清洗时，汽车开上自动输送线，然后由输送线将汽车送入清洗通道。操作人员根据车型、污垢分布及用户对清洗的要求，通过控制装置高速清洗系统的清洗方式、水流速度、压力、方向和水流形状等对汽车进行清洗。清洗后，还可根据需要对汽车作以下附加处理：局部重点清洗（如车身侧面、车窗和底盘等）、车身清洁处理、上柔软剂、打蜡上光等。

5. 蒸汽清洗消毒机

蒸汽清洗消毒机用于清除汽车驾驶室及车厢内的各种污渍，可对丝绒、化纤、塑料和皮革等不同材料进行清洗，还可以去除车身外部塑料件表面的蜡迹。该设备不仅具有较强的去污功能，而且还具有杀菌消毒的作用，特别是对带有异味的污垢有很强的清洗作用，能使皮革恢复弹性，丝绒化纤还原至原有光泽，是汽车内室美容的首选设备。图 1-14 所示为高压蒸汽消毒、清洗吸尘器。

图 1-14 高压蒸汽消毒、清洗吸尘器

三、系统免拆清洗设备（专业美容清洗）

1. 发动机润滑系统免拆清洗机

发动机润滑系统的污染是导致发动机故障的主要原因之一。润滑系统内部的清洗一直是发动机维护保养工艺的难题。发动机润滑系统免拆清洗机以压力脉冲的形式把专用清洗液从机油滤清器接口输入，从油底壳放油口抽回，通过反冲式体外循环达到清洗发动机润滑系统的目的，从而实现发动机润滑系统的免拆清洗。发动机润滑系统免拆清洗机适用于汽、柴油机润滑系统的清洗，它具有性能优越、成本较低、使用方便快捷、节省人力和物力、清洗效果明显等优点；同时，可延长润滑油的更换时间，提高发动机的使用寿命和润滑系统的清洁度，改善系统的润滑条件，是发动机润滑系统清洗的理想设备，如图 1-15 所示。

2. 发动机冷却系统免拆清洗机

汽车冷却系统管路长时间使用，会导致管路内壁产生锈、污垢，以致管路阻塞不流畅，发动机温度升高，冷却效果变差；严重时可使发动机发生轴承烧蚀，致使汽车无法运行。

使用冷却系统免拆清洗机，不仅可以清除散热器、水道内的水垢和杂质，而且可以自动更换冷却液，彻底保养散热器，其操作简单、方便。图 1-16 所示为发动机冷却系统免拆清洗机。

图 1-15 发动机润滑系统免拆清洗机

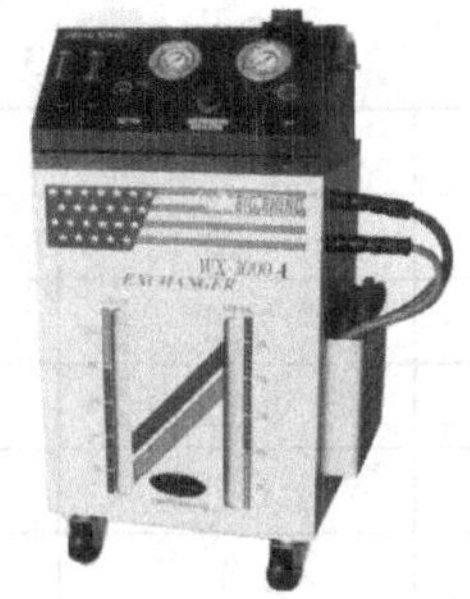
图 1-16 发动机冷却系统免拆清洗机

四、其他选配设备

其他可供选配的汽车美容设备有自动变速器换油机和专业空调维护系统等。

五、清洗设备的选型原则

清洗设备的选型原则是由清洗设备本身的特点决定的，具体如下：

1）大型企业，清洗作业量大，应选用固定式清洗设备。

2）小型企业，清洗作业量小，应选用移动式清洗机。

3）北方地区冬季作业，应选用调温式清洗机。

六、常用汽车美容项目设备配置

1. 汽车美容基本型服务

（1）服务项目

1）专业美容（九大类服务）。专业美容包括微水环保洗车、专业镀膜、车漆抛光护理、晶亮封釉、新车开蜡增艳、室内杀菌消毒、座舱清洁桑拿、轮胎增黑上光和发动机外表翻新。

2）系统养护（九大类服务）。系统养护包括发动机清洁换机油格、散热器清洁三防护理、空调系统免拆清洗、燃油系统免拆清洗、自动变速器清洗换油、润滑系统免拆清洗、冷却系统免拆清洗、四轮维护制动调校和全车二保润滑紧固。

（2）基本设备配置（约7 000元）

1）微水洗车机（电压为220V，功率为1.2kW）。

2）吸尘吸水机（电压为220V，功率为1.2kW）。

3）变速抛光机（电压为220V，功率为1kW）。

4）振抛封釉机（电压为220V，功率为0.33kW）。

5）高温消毒机（电压为220V功率为1.6kW）。

6）专用洗车手套4只。

7）研磨海绵盘4只。

8）抛光海绵盘4只。

9）振抛海绵盘4只。

（3）基本工具配置 汽车美容基本型服务的基本工具配置见表1-3。

表1-3 汽车美容基本型服务的基本工具配置

名称	数量	备注	名称	数量	备注
风枪	2把	洗车吹风用	软毛刷	2把	室内干洗用
牙刷	2把	擦蜡专用	美容黏土	2块	抛光用
无纺布	1包	洗车用	研磨海绵球	2个	洗车用
气门钥匙	1把	轮胎充气用	抛光海绵球	2个	抛光用
气压表	1个	测量轮胎气压	电源接线板	2个	测量轮胎气压用
小毛巾	10条	洗车用	围裙	1条	抛光用
大毛巾	2条	洗车用	喷壶	2个	洗车/抛光用
洗车海绵	4块	洗车用	机油格扳手	1套	换润滑油用
水桶	2大2小	洗车用	移动工作灯	1个	晚上工作用
油盆	1个	换润滑油用	洗轮胎刷	2把	洗车用
废油桶	1个	盛装废润滑油	漏斗	1个	加润滑油用

2. 汽车美容特色型服务

（1）服务项目 汽车美容特色型服务在基本型的基础上增加以下九大类服务：

1）精工贴膜。

2）隔声工程。
3）底盘装甲。
4）音响升级改装。
5）加装中控防盗。
6）安装倒车雷达。
7）内饰烤装桃木。
8）真皮座套定制。
9）内、外装饰精品。

（2）基本设备配置　汽车美容特色型服务在基本型的基础上增加以下设备（约18 000元）：
1）双柱举升机（电压为220V/380V，功率为1.5kW）。
2）快速充电机（电压为220V功率为0.2kW）。
3）自动变速器免拆清洗机（压缩空气驱动，无须电源）。
4）燃油系统免拆清洗机（压缩空气驱动，无须电源）。

（3）基本工具配置　汽车美容特色型服务的基本工具配置见表1-4。

表1-4　汽车美容特色型服务的基本工具配置

工具名称	数量	备注	工具名称	数量	备注
车罩	1个	底盘防锈用	手砂轮机	1台	开口、开孔用
万用表	1个	电路用	台虎钳	1台	养护用
中胶榔头	2把	隔声用	大头笔	1支	装倒车雷达
电钻	1把	打孔用	试电笔	2把	电路测试
梅花扳手	1套	5.5～32mm	螺钉旋具	1套	
裁膜刀	2把	裁膜用	起卡扳手	1把	拆卸门板用
1.2m钢直尺	1把	裁膜用	电工胶布	10卷	电路用
口罩	1包	底盘防锈用	剥线钳	1把	剥线头
卷尺	1把	装倒车雷达	尖嘴钳	1把	养护用
呆扳手	1套	5.5～32mm	全型号套筒	1套	拆装用
剪刀	2把	隔声用	气管及接头	1套	依实际尺寸定

3. 综合型服务

（1）服务项目　综合型服务在特色型的基础上增加以下九大类服务：
1）空调检测检修。
2）发动机故障检修。
3）制动系统检修。
4）传动系统检修。
5）电气系统检修。
6）轮胎平衡定位。

7）全车钣金烤漆。
8）计算机故障解码。
9）油嘴检测清洗。

（2）基本设备配置 综合型服务在特色型的基础上增加以下设备（约158 000元）：
1）轮胎拆装机（电压为220V，功率为0.75kW）。
2）轮胎平衡机（电压为220V，功率为0.3kW）。
3）空调真空泵（电压为220V，功率为0.48kW）。
4）充雪种（检测工具，无须电源）。
5）计算机故障解码器（电压为220V，功率为0.2kW）。
6）喷油器清洗测试仪（电压为220V，功率为0.3kW）。
7）计算机四轮定位仪（电压为220V，功率为0.3kW）。
8）四柱举升机（四轮定位）（电压为220V/380V，功率为2.2kW）。
9）烤漆房（电压为220V，功率为10kW）。

（3）基本工具配置 综合型服务的基本工具配置见表1-5。

表1-5 综合型服务的基本工具配置

工具名称	数量	工具名称	数量
水桶	2个	活塞环卡箍	1副
120~2 000号砂纸	各20张	面漆喷枪	1把
0号砂布	20张	内、外簧钳	各2把
铲刀	2把	油管专用扳手	1套
刮灰刀（腻子板）	2套	撬棍	2根
4磅锤	2把	6分水管	10m
中、小号铁锤	各2把	扭力扳手	1套
钣金胶锤	2把	大、小榔头	各1把
1kW碘钨灯	2个	卧式千斤顶	2台
锉刀	1套	大活扳手	1个
雪种开瓶匙	1个	穿心十字螺钉旋具	1把
2t发动机吊架	1个	穿心一字螺钉旋具	1把
底漆喷枪	1把	鲤鱼钳	2把
塞尺	1把	减振器专用	1套
铜棒	1支	专用减振器套筒	1套
手动锯弓	1只	保险支架	4个
电源接线板	2组	大、小拉码	各1个
移动工作灯	2个	翼子板维修护垫	2套

七、汽车美容项目常用设备

1. 免拆清洗设备

免拆清洗设备如图1-17～图1-22所示。

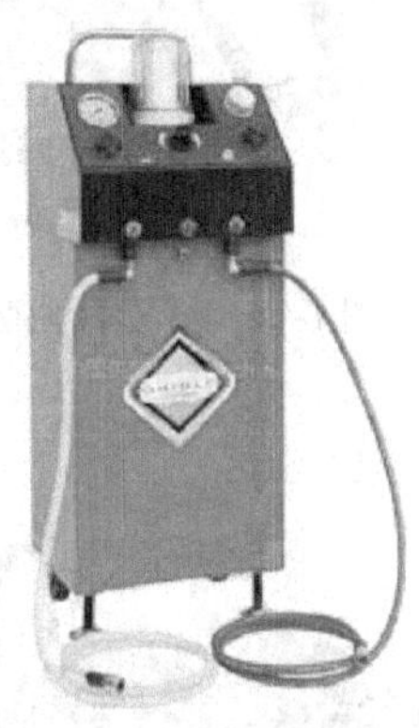

图1-17 发动机润滑油系统免拆清洗机

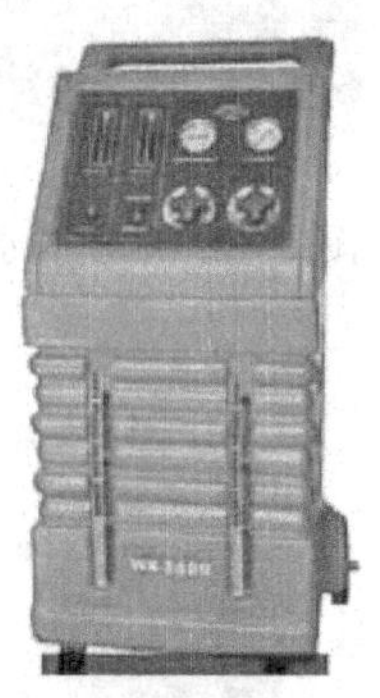

图1-18 发动机燃油系统免拆清洗机

图1-19 发动机冷却系统免拆清洗机

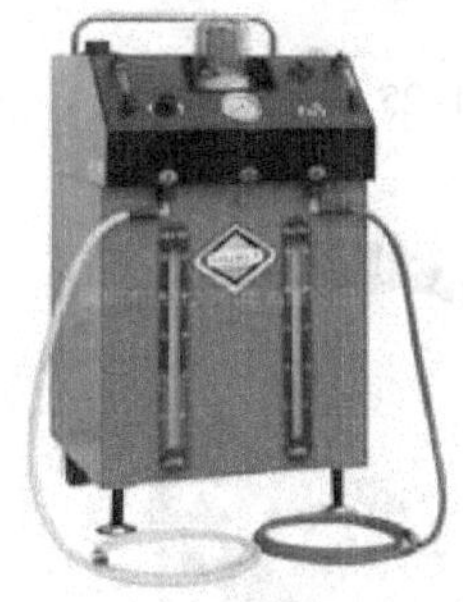

图1-20 自动变速器油更换机

图1-21 电动抽油机

图1-22 喷油器清洗测试仪

2. 清洗美容设备

清洗美容设备如图1-23～图1-28所示。

图1-23 地毯脱水机

图1-24 干湿两用吸尘器

图1-25 泡沫清洗机

图1-26 高压洗车机

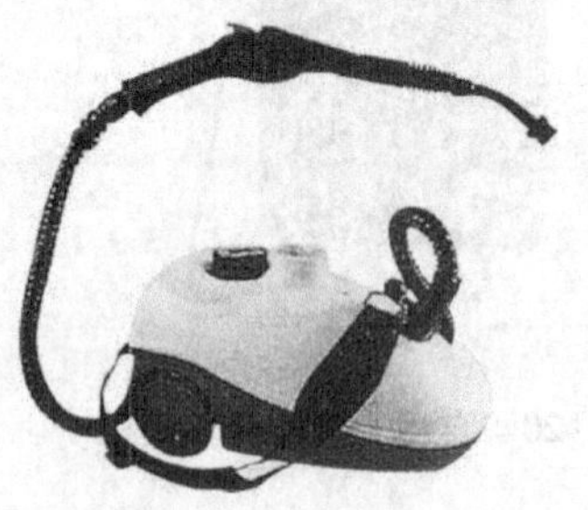
图1-27 蒸汽桑拿机

图1-28 龙门（水刀、往复）计算机洗车机

3. 美容装饰设备

美容装饰设备如图1-29～图1-34所示。

图1-29 封釉振抛机

图1-30 变速抛光机

图1-31　美容打蜡机

图1-32　贴膜专用热烤枪

图1-33　美容养护专用车

图1-34　洗车专用工具车

任务实施步骤及要求：

一、汽车清洁美容设备正确使用

（一）冷、热水高压清洗机的使用

1. 对清洗的汽车进行表面检查

先对待清洗的汽车进行表面检查，了解本身表面状况，制订必要的清洗工艺。若车身表面污物不多，以浮尘和泥土为主，则可选用冷水冲洗的工艺；若污物较多，还有油垢等，则可采用高压热水冲洗工艺，如图1-35所示。

2. 做好清洗准备

1）对清洗机进行检查，使设备处于正常状态，准备好有关工具和材料。

2）接通清洗机用的水源和电源，起动清洗加热装置，使喷枪能正常喷出70～80℃的热水，用于清洗。

3. 清洗操作

以待清洗的汽车污垢严重，需用热水清洗为例，进行实际操作的顺序如下：

1）将高压喷枪的压力控制在10MPa左右，用75℃左右的热水对车身外表从上向下冲洗一遍，清除车身上的砂粒和

图1-35　超高压冷、热水清洗机

污泥等。

2）用高压热水对车顶、前/后风窗玻璃、侧窗玻璃及通风口，依次逐一冲洗。

3）用高压热水冲洗车门、门饰板和饰条。

4）用高压热水冲洗发动机盖板、前围、保险杠、翼子板、轮罩和车轮。

5）用高压热水冲洗车身、行李箱盖板、后保险杠、后翼子板、后轮罩、后车轮和底盘。

6）用半湿毛巾将热水冲洗后的车身按前述热水冲洗的顺序擦拭一遍，擦净所有的污物残垢，尤其是边沿、缝隙和沟槽等不易冲洗的部位，更应进行认真、仔细的擦拭，不得有遗漏部位。需特别注意的是：越接近收尾的工序，越要认真操作。

7）用柔软的干毛巾按前述的顺序再对车身认真擦拭一遍，要边擦边检查，使车身无任何残留的污物和印痕，达到整洁、干净的目的，即完成了全部清洗操作。

（二）移动式汽车外部清洗机的使用

移动式外部清洗机由电动机、水泵、管路和喷枪等组成，如图1-36所示。电动机通过弹性联轴器直接驱动离心水泵。水泵由壳体、叶轮及进、出水口组成。水泵出水口经胶管与喷枪相连，喷枪由枪体、手柄、扳机及喷嘴等组成。喷嘴有一般喷水嘴和喷水枪两种。

喷枪水流有柱状和雾状两种，喷嘴有扇形和强力圆形两种，如图1-37所示。柱状水流或圆形喷嘴的水流冲击力强，可以除去汽车车身上的干涸泥土；雾状水流或扇形喷嘴的水流覆盖面积大，除污效率高，适用于除掉一般污垢。

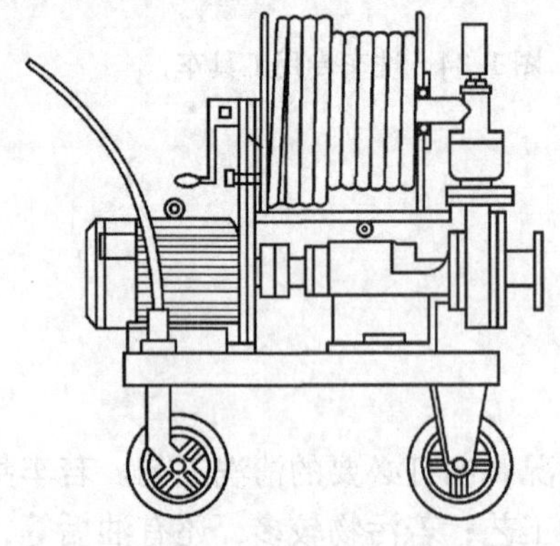
图1-36 单枪式汽车外部清洗机

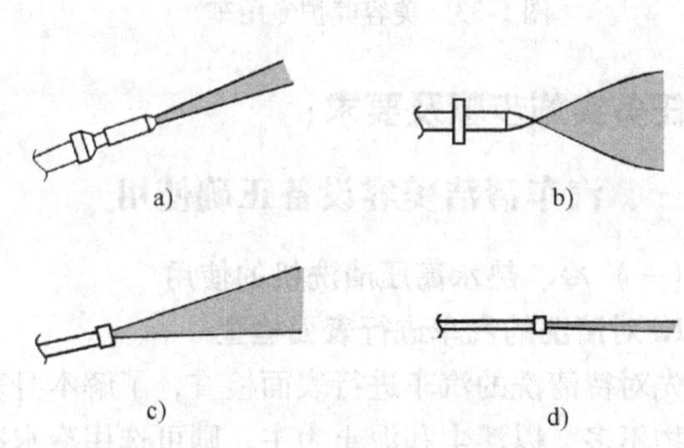

图1-37 喷枪水流形状
a）柱状 b）雾状 c）扇形喷头 d）强力圆孔

使用时，通过喷枪的尾部可以调节出水流的形状。先将水泵进水口与水源接通，再接通电动机电源，电动机带动水泵中的叶轮旋转，从而将水泵出出水口，经胶管、喷枪和喷头射向汽车表面。经水泵增压的水可达1MPa的压力，如果用80℃左右的清洗液，出水压力可达1.5~2.0MPa。移动式外部清洗机属于半机械化清洗设备，清洗质量较好，设备投资少，但清洗时间长，耗水量大，如图1-38所示。

（三）吸尘器的使用

1. 吸尘器的工作原理

吸尘器的工作原理是利用电动机的高速转动带动风叶旋转，使吸尘器内部产生局部真空，形成空气吸力，将灰尘和脏物吸入，并经过吸尘器内部的过滤装置，然后将过滤后的清

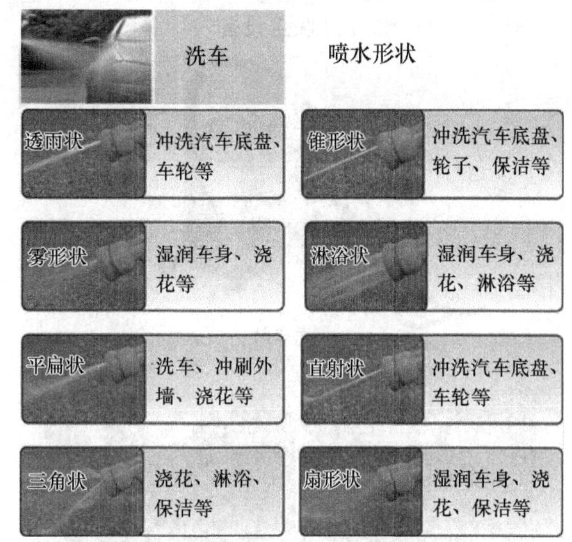

图 1-38 洗车水流形状的作用

洁空气排出去，以达到吸尘的目的，如图 1-39 所示。吸尘器的类型如图 1-40 所示。

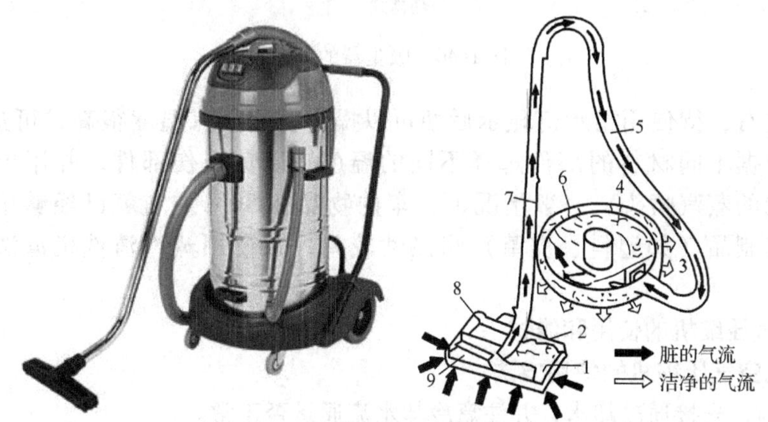

图 1-39 吸尘器的工作原理图

1—传动带 2—电动机 3—吸尘桶 4—风扇 5—软导管
6—滤尘器 7—硬导管 8—刷座 9—转刷

2. 吸尘器的使用注意事项

1）每次使用前，先将集尘袋清理干净。

2）有灰尘指示器的吸尘器，不能在满刻度工作。若发现指示器接近满刻度，则要停机清灰。

3）不要用吸尘器吸集金属碎屑，以防电动机损坏。

4）吸尘器在清理尘埃时，不要将手放在吸入口附近，以免发生危险。

5）吸尘器线束的绝缘保护层要保护好，以免发生触电事故。

（四）内室蒸汽清洗机的使用和维护

蒸汽清洗机的操作方法：清洗前，先将续水口打开，注满清水，盖好续水口后开机

图1-40 吸尘器的类型

预热10min左右，待使用指示灯显示后便可以操作。因蒸汽温度很高，可达130℃，所以操作时应根据不同材料的部件选择不同的温度，以免损伤部件，并用半湿毛巾包裹适合内室结构的蒸汽喷头。一般情况下，车内物品在80℃左右就已经够用，无需太高的温度。有些制品（如塑料、皮革）耐热性较差，在使用蒸汽清洗机清洗时，温度应适当调低。

（五）空气压缩机的使用和维护

1. 水冷式空气压缩机的使用方法

1）起动前，先接通冷却水，并注意冷却水流通是否正常。

2）关闭减荷阀，使空气压缩机在空负荷下起动。

3）起动时要注意运转方向，发现倒转时立即修正；如果发现有抱轴现象，则应立即停机。

4）起动后打开减荷阀，让空气压缩机负荷运转，并注意观察运转情况。

2. 空气压缩机的维护

1）每天工作前要检查油面的高度，如果油面过低，则要及时加油。

2）空气压缩机工作过程中，要检查压力表的压力是否正常，各连接处有无漏气、漏油和漏水现象，若发现故障应及时排除。

3）每天应放出储气筒内的油水沉淀物1~2次，每2个月更换1次润滑油，每3个月清洗1次空气滤清器的滤网。图1-41a、b所示为空气压缩机，图1-23c所示为空气压缩机设备。

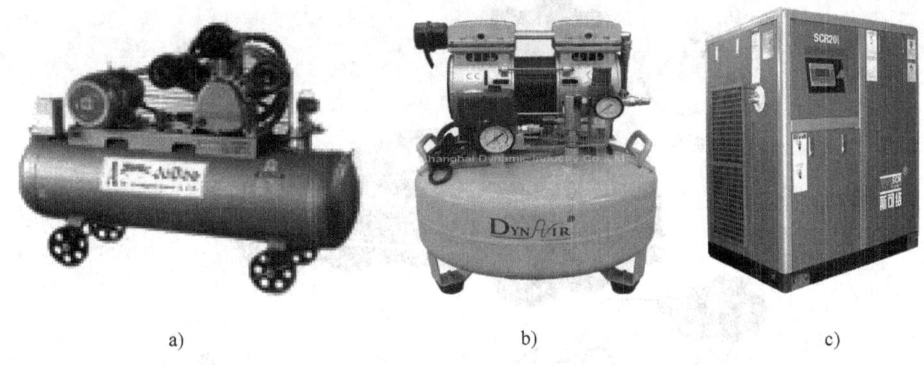

a) b) c)

图1-41 空气压缩机及设备
a)、b) 空气压缩机 c) 空气压缩机设备

任务2 汽车车表清洁美容

汽车外部护理更注重汽车漆面的清洁与保护，车表的清洗不仅仅使汽车外表清洁亮丽、光彩如新，其主要的目的在于养护，经常清洗车身可以减少外界有害物质的侵蚀，延长汽车的使用寿命。因此，车身的清洗是汽车养护的最基本工作。

【学习目标】

知识目标：

1. 掌握车表污垢的组成。
2. 了解车表清洗方式。
3. 掌握车表及其他部件清洁的工艺流程。

能力目标：

1. 会正确对车身进行静电去除清洗。
2. 会正确对车身交通膜进行去除清洗。
3. 会正确对车身进行除蜡清洗。

【知识准备】

一、汽车外表的清洗

1. 车表污垢的组成

车表的污垢主要有外部沉积物、锈蚀物以及焦油、沥青、树汁、鸟粪、虫尸等附着物，如图1-42所示。这些污垢往往都具有很高的附着力，能牢固地附着在零件的表面，由于具有不同的性质，因此从表面清除它们的难易程度也不同。

2. 车身的清洗方式

清洗车身表面是汽车美容的基础。汽车的专业美容不同于一般的洗车打蜡，在作车身清洗时需要清洁的污物和部位有很多，而且每一种方式都应使用专业用品并采取专业的操作步

图1-42 车表污垢的组成

骤进行。

在进行专业的车身表面清洗时，主要有四种方式：一是车身静电去除清洗，二是车身交通膜的去除清洗，三是除蜡清洗，四是深度增艳清洗。这四种清洗方式不仅使用的清洗用品不同，而且操作方式和要达到的目的也是不同的。

（1）车身静电去除清洗 车辆在行驶过程中由于摩擦而产生强烈的静电层，静电对灰尘和油污的吸附能力很强，一般用水不能彻底清除，必须使用专用的清洗剂。只有把车身静电彻底清除掉，才能为下一步上蜡养护漆面打好基础。如果车身静电没有彻底清除掉就上蜡，则残留的车身静电荷被覆盖在车蜡下面，使车蜡的养护性能大大降低，并且其附着漆面的能力也会降低，时间不长车蜡就会脱落，从而失去上蜡保护的意义。

汽车美容护理用品中有专门用于清除车身静电的产品，如汽车专用清洁香波。这种清洗用品的pH值为7.0，是一种绝对中性的车身清洁剂，它含有阴离子表面活性剂和其他有效清洁成分，在喷涂于车身表面后会与车身自带的静电荷发生作用，将电荷从漆面彻底清除掉。使用前，先用高压水将沾在车身表面的污物冲净，再将汽车专用清洁香波按使用说明的要求进行稀释，然后喷涂在车身表面上，或用海绵蘸上稀释的清洁液擦到车身表面。擦洗时要注意全车的范围，不要有遗漏的地方。保持片刻后，用高压水把泡沫冲掉。

（2）车身交通膜的去除清洗 汽车经过一段时间的行驶，由于车身静电吸附灰尘，时间久了形成一层坚硬的交通膜薄膜，使原来艳丽的车身变得暗淡无光。这层交通膜使用普通的清洁剂很难把它清除掉。为此美容护理用品厂家生产了专用的交通膜去除剂。清洗时，将去除剂按一定比例稀释后，将其喷到车身上，过一段时间后再用高压水冲干净就可以去除交通膜了，使用效果非常理想。

（3）除蜡清洗 无论是新车还是旧车，所有的车身漆面都是要上蜡保护的，只是蜡的品种和上蜡的时间有所区别。**新车通常使用树脂蜡，它用作新车运输的保护剂，主要目的是防雨水、防灰尘和划痕**，这种保护层一般不含油脂物质。一家专业的汽车美容中心，在清洗阶段必须能针对不同的车身保护蜡，将其从车身上彻底去除干净。如果不把这一保护层彻底除掉，那么即使每天给汽车上蜡也没有效果。因为残蜡如果不清除干净，上新蜡时会因两次蜡的品种和上蜡的时间不同，极易产生局部新蜡附着不牢的现象。

清除残蜡时，要针对不同的车蜡采用不同的开蜡水。**新车开蜡应采用树脂开蜡水，使用时可将开蜡水按比例稀释后喷涂于车身表面，停留3~5min，然后用高压水冲去即可。**开蜡水虽然对环境无害，不易燃、不腐蚀，但具有强碱性，使用时要注意劳动保护。

（4）增艳清洗 这种清洗的作业方式在抛光或上镜面釉之后进行，目的是除掉残留在车身表面的抛光剂和油分，为上蜡保护做好准备，一般使用清洁上蜡二合一香波。用这种香波进行深度增艳清洗效果很好，不但可以除去抛光剂和油分等污物，还可以留下一层薄薄的蜡膜为接下来的上蜡保护打基础。

使用时，先按一定比例稀释清洁上蜡二合一香波，然后直接用海绵沾上稀释液涂于车身，最后用水冲去泡沫后再用干净的软布擦干。清洗完成后，不但能增艳车身漆色，同时还能增强蜡膜的光泽度，提高汽车抗静电和抗氧化的能力。

3. 车表顽固污渍的清除

汽车行驶时有可能粘上焦油和沥青等污物，如果没有及时清洗，长时间附着在漆面上，则会形成顽固的污斑，使用普通的清洗液一般难以清除干净，可以采用如下方法处理：

（1）焦油去除剂清除 焦油去除剂是汽车美容的常用产品，主要用于沥青和焦油等有机烃类化合物的清洁。使用专用的焦油去除剂，既可有效溶解顽固污物，又不会对漆面造成损伤。在沥青和焦油等顽固污渍的清除作业中，最好选用专用产品，若无专用去除剂，则可考虑使用下面两种方法。

（2）有机溶剂清除 如果没有专用的焦油去除剂，则可选用有机溶剂，但选用时一定要注意不可选用对车漆有溶解作用的有机溶剂，如含醇类和苯类的有机溶剂、松节水等。一般可用溶剂汽油浸润后，擦拭清除。

（3）抛光机清除 使用抛光机清除时，可加入适当的研磨剂，也能有效地去除附着在车表的沥青和焦油等顽迹。但操作时要注意抛光机的使用，注意选择抛光机的转速和抛光盘的材质，避免抛光过度，得不偿失。

二、汽车车表其他部件的清洗

汽车除车身需要经常清洗外，还有其他部位也需要清洗，使用的清洗剂也应有所不同。

1. 不锈钢饰件的清洁护理

有些汽车车身外部装有如防撞杆、保险杠和装饰件等不锈钢饰件。这类部件由于装在汽车下部容易脏污，必须经常清洗。可以使用不锈钢上光护理剂进行清洁护理，在迅速除去表面污物的同时还能有效上光。清洗时，可将不锈钢上光护理剂喷涂在不锈钢饰件上，用软布直接擦拭即可，然后用水冲净后擦干。

2. 镀铬件的清洁护理

有的汽车外部装有如后视镜架、车轮侧护板装饰件和天线杆等镀铬件，行车时由于空气中的水分和有害气体对其腐蚀而失去光泽，严重的可能生锈，影响美观。这些部件一般较易清洁护理，操作时可将镀铬件表面先用水洗净后擦干，然后用干净抹布蘸上汽车镀铬抛光剂，对需要清洁的部位反复擦拭，直至光亮度满意为止。锈垢严重的镀铬件表面应使用除锈剂先进行除锈，然后使用汽车镀铬抛光剂进行处理。

3. 塑胶件的清洁护理

有些汽车的进气风栅、保险杠、后视镜外壳和车门把手等是塑胶件，在风吹日晒的情况下会失去光泽，甚至氧化龟裂，脏污的塑胶件若不及时清洗，也会影响美观。汽车前、后组合灯具多为塑料件，长久不清洗会影响灯光照射的亮度。塑胶护理上光剂不但能迅速除去污垢，而且还能有效地上光。清洁时，可先用水擦洗，再用干净的棉布蘸上塑胶护理上光剂进行反复擦拭，然后用清水冲洗。清洁组合灯具时注意不要用腐蚀性溶剂清洗车灯，否则易造成蚀痕；不要在干燥的情况下擦拭车灯，否则会造成刮痕；也不要用燃油、化学剂等清洗车灯，否则会使车灯破裂。此外，有些跑车采用隐藏式前照灯设计，要记住将前照灯打开后再进行清洗。

4. 车窗玻璃外表面的清洗

汽车使用久了，会在玻璃的外表面形成一层交通膜，用水清洗不但费力费时，而且清洁不彻底，只能留下交通膜的花纹。清洁玻璃前，应先将上面黏附的污渍、焦油或沥青等用塑料或橡胶刮刀除去，然后用专用的玻璃清洁剂进行清洁。操作时，可先用玻璃清洁剂进行擦洗，除去表面的灰尘及交通膜，然后涂上风窗玻璃抛光剂，稍待片刻，再用干净的棉布作直线运行擦拭，直到将玻璃擦亮为止。这种用品兼具上光作用，不但能使玻璃表面洁净、光滑、防止灰尘二次沉降，同时还能改善刮水片擦痕。

三、发动机部分的清洁护理

1. 发动机的外部清洁

发动机是汽车的动力装置，也是汽车最为关键的部分，必须经常进行清洁护理，这样才能减小其故障率，延长其使用寿命。对于发动机的外部清洁，主要有三个方面的工作：一是外表灰尘及油污的清除，二是表面锈渍的处理，三是电器电路部分的清洗。

（1）发动机外表灰尘及油污的清除　发动机外表可用刷子或压缩空气等先进行除尘，然后选用合适的发动机外部清洗剂进行擦洗处理。需要**注意的是，发动机外表不能用汽油来代替专用清洁剂进行清洗。**

（2）表面锈渍的处理　铸铁等金属表面生锈是一个缓慢的氧化过程，开始时表面出现一些细小的斑点，然后逐渐扩大，颜色变深，形成片状或一层层的锈渍，从而形成严重的锈蚀。对于锈斑，应早发现早处理，在生成小斑点时就进行清除，以免斑点扩大后较难处理。可用除锈剂喷在锈斑处，然后进行擦洗。

（3）发动机电器电路部分的清洗　发动机电器电路部分包括点火线圈、分电器及各种电路线束等，这些部件的清洁必须采用特定护理产品进行清洁。如果长期用水和普通的清洁剂处理，则只能加速其塑料壳体和线束橡胶的老化，影响汽车起动和行驶。

进行发动机外部清洁时，应注意以下几点：

1）清洗时，应选用碱性小、不腐蚀橡胶塑料件及外涂银粉的清洗剂。

2）用清洗剂擦洗之前，先用刷子或压缩空气掸出灰尘或细砂等。

3）清洗发动机舱时，注意不要将清洗剂喷到电气系统的零件上，更加不能用水去冲洗，否则可能造成电器短路，使发动机不能起动。如果不小心溅到电气系统上，则应用干布擦干，或用压缩空气把水吹干。

4）一定要先把清洁剂喷到棉布或海绵上再擦洗。

5）清洗完毕后，可擦上塑料橡胶件保护剂，使其色泽重现，延缓老化。

2. 燃油系统的清洁护理

汽车发动机燃油系统在长期工作中，其燃油箱、油管、喷油器等处易生成胶质和沉积物，火花塞、喷油器、燃烧室等处易生成的积炭。这些现象会影响燃油的供给，影响混合气的正常燃烧，从而导致发动机怠速不稳、加速不良甚至出现爆燃等情况，使发动机油耗增加，废气排放增加。因此，必须对燃油系统进行定期的清洁护理，以维持发动机性能良好的工作。

发动机燃油系统的清洁护理是在发动机不解体的情况下，通过专业设备或采用专业用品来达到清洁护理的目的。

（1）燃油系统清洗机清洗　先配制好清洗剂与燃油的混合液，将清洗机的进、回油管接到汽车的燃油系统中，起动清洗机和发动机进行燃烧清洗。在发动机运转的同时，混合物经燃烧将分布在系统中的胶质和积炭溶解剥落，并随废气排出。

（2）专用清洗剂清洗　可选用汽油喷射系统高效清洁剂进行清洗。这种专用清洗剂能随燃油流动，自动清除、溶解燃油系统中的胶质和积炭等有害物质。使用时，按说明书要求的用量直接加入燃油箱内就可以了。

3. 润滑系统的清洁护理

发动机在运行过程中，润滑系统的润滑油就处在高温、高压的条件下工作，容易产生油泥、胶质等沉积物，这些物质黏附在润滑系统的油路中，不但影响润滑油的流动，而且加速了润滑油的变质，使运动零件的表面磨损加剧。因此，必须对润滑系统定期进行清洁护理，以保证润滑系统的正常工作，从而延长发动机的使用寿命。

（1）机器清洗　先排出发动机油底壳的润滑油，取下机油滤清器，接好发动机润滑系统清洗机的进、出油管，起动开关进行清洗。清洗完毕时清洗机会发出警报声，提醒操作人员已经清洗完成。然后，拆下进、出油管，装好机油滤清器和放油螺塞，重新加注润滑油即可。

（2）专用清洗剂清洗　发动机内部高效清洁剂能有效地清洗润滑系统各部油道及运动部件表面，将油泥和胶质等沉积物溶解。这种清洁剂一般在更换润滑油前使用。清洗时，将这种清洗剂适量加注到曲轴箱中，起动发动机运转15～30min后，排掉脏污的润滑油，更换机油滤芯，最后加注新的润滑油即可。

4. 冷却系统的清洗

现代汽车冷却系统中虽然不是直接使用水来冷却，但是冷却液中也不同程度地会含有碳酸钙、硫酸镁等盐类物质。冷却系统长时间工作后，这些物质会从冷却液中析出，一部分形成沉淀物，一部分沉积在冷却系统的内表面形成水垢。

在发动机冷却水套及散热器壁上形成的水垢影响其热交换过程，冷却系统内如果沉积过多的水垢，则会减少冷却液的容量，影响冷却液的循环。由于水垢层的导热性能不良，使发动机容易出现过热的现象，使发动机润滑条件恶化，运动部件表面不能形成良好的润滑油膜，也使燃烧室内积炭增多，容易产生爆燃，造成功率降低和油耗增大。因此，当汽车行驶一定的里程后，应结合维护对冷却系统进行清除水垢的作业。

（1）清洗机清洗　可利用散热器清洗机来清除水垢。散热器清洗机是清除水垢的专业设备，它利用气压产生脉冲，在清洗剂的作用下快速清除冷却系统内的水垢。使用时，要先接好设备的三通管接头。

（2）专用清洗剂清洗　冷却系统高效清洁剂具有超强的清洁力和高效溶解性，能在发动机运行中彻底清除冷却系统内的水垢，恢复冷却系统各管道的流通能力，确保散热性能。使用时，按说明书的要求将适量的清洁剂加入冷却液中，拧好散热器盖，起动发动机运行6～8h后，排出冷却液，清洗完毕后再重新加注冷却液即可。这种专用清洗剂水垢去除率在90%以上，且不会对冷却系统造成腐蚀。

四、底盘部分的清洁护理

汽车在行驶过程中，汽车底盘部分由于与路面距离最近，工作环境比较恶劣，经常会粘有泥土、焦油和沥青等污物，尤其是下雨天，底盘部位很容易粘上泥水，如果不及时清洗容易形成锈渍；此外还有可能导致底盘系统的油液渗漏，粘上灰尘后造成油渍和油泥等，如果不及时护理，就会影响到汽车的行驶性能。汽车底盘部分的清洁护理包括车身底板的清洁护理、转向系统的清洁护理、传动系统的清洁护理、制动系统的清洁护理和轮毂的清洁护理等。

1. 车身底板的清洁护理

车身底板位置比较特殊，护理的好坏一般不容易发现，因此往往被人忽视，而且底板朝着行驶路面，行驶时不可避免的容易粘上泥水、焦油、沥青等污物，此外还有因护理不及时而产生的锈渍、锈斑等。对于泥土、焦油和沥青等可用发动机清洗剂或除油剂清洗，对于锈渍和锈斑等可用除锈剂进行擦洗。清洗完成后，用多功能防锈剂喷涂在底盘上即可。

2. 转向系统的清洁护理

转向系统的转向横拉杆、齿条壳和转向节臂等部件位于车底，汽车行驶时比较容易脏污，如果不及时清洗，时间长了就会生锈。一般的污渍可用多功能清洗剂进行清洗，如果发现有锈斑，那么就必须用除锈剂进行擦洗。清洗后可喷上多功能防锈剂进行护理。此外，还可以在转向助力储液灌中添加转向助力调节密封剂，可以恢复老化橡胶油封的密封性，防止转向液的渗漏，消除因漏液而造成的转向迟钝和转向沉重等现象，还能清洁并润滑助力转向系统内部机件，防止胶质和油泥的产生，减少机件磨损，延长其使用寿命。

3. 传动系统的清洁护理

传动系统的变速器、传动轴、主减速器壳体和半轴套管等部件也是容易粘上泥土的部件，时间长了没有清洗也会生锈，一般可用多功能清洗剂进行清洗。

4. 制动系统的清洁护理

在行车制动器中，由于其工作情况特殊，制动蹄片有可能会粘上油泥、制动液、烧蚀物和胶质等污物，容易产生制动噪声，影响制动性能，因此也必须定期进行清洁护理。可选专用的制动系统清洁剂进行喷洒清洁，能有效地清除制动蹄片上的污物，改善制动效能，消除制动噪声。使用时，只要将清洁剂喷在需要清洁的部位，使之风干即可。如有必要，可重复清洁。

5. 轮毂的清洁护理

现代汽车一般多使用铝合金轮毂，而汽车行驶时轮毂是比较容易脏污的部件。清洗轮毂时必须特别小心，其表面有保护漆，通常应选用中性清洁剂。清洗时，应一次清洗一个轮毂，可避免清洁剂在轮毂表面凝固。若清洁剂凝固，则清洁效果将降低，且在使用清水冲洗时将更加困难。对于一般的灰尘污物，可用普通的清洁剂进行清洗，而长期附着在轮毂上的积垢，如沥青和制动摩擦片磨损留下的黑粉等，使用普通的清洁剂一般很难清除，可使用强力轮毂去污剂进行清洁。清洗时，先喷上强力轮毂去污剂，稍等片刻，然后用软毛刷进行刷洗清除。刷洗时切勿使用过硬的刷子，否则将会刮伤轮毂表面的漆面。轮毂清洗后，使用专用防护剂进行护理，一般每两个星期应彻底清洗轮毂上的污物。

6. 轮胎的清洁护理

轮胎上除了粘有灰尘、泥土和砂石外，还有一些酸、碱性物质污染。清洗时，可先将夹在轮胎花纹上的砂石清除，再用高压水冲刷上面的灰尘和泥土，对于一些酸碱类物质一般用水难以清除，而普通清洁剂也没有很好的清洗效果。这时，可用轮胎清洁增黑剂来清除护理。它能清除轮胎上的酸、碱性污染物和其他有害物质，还可以具有清洁与翻新橡胶、塑料和皮革制品等作用。此外，还有助于降低紫外线的辐射，减缓橡胶老化，延长其使用寿命，同时兼具增黑上光功能，用后能使轮胎光亮如新。使用时，将轮胎清洁增黑剂刷在轮胎的表面即可。

五、新型的洗车方法

1. 蒸汽洗车

目前市场上出现使用一杯水即可洗一辆车的蒸汽洗车机。这种集清洗、打蜡和养护于一体的蒸汽洗车机，旨在从根本上改变现有落后的洗车方式，从而给洗车行业带来一场前所未有的产业革命。蒸汽洗车有以下七大优点：

（1）绿色环保　使用蒸汽洗车对周围环境绝无污染，洗车是在雾状下进行的，洗完后原地仍旧干净整洁，是目前绿色环保产品，对保护市容市貌、改善生态环境具有重要的意义。

（2）节水　使用蒸汽洗车每辆车仅用水 0.3～0.5kg，耗水量仅为传统水洗方式的 1/1 000。

（3）节能　使用蒸汽洗车每辆车仅用电 0.4kW·h。

（4）高效　该机采用特殊清洁剂、上光剂和高档车布，清洁护理一次完成。

（5）快捷　使用蒸汽每洗一辆车用时 5～10min，人员 1～2 人。

（6）方便　使用蒸汽洗车无须专门店面场地，可流动作业，上门服务。

（7）干净　使用蒸汽洗车无论是尘土和油污都能洗净。

2. 干洗保护釉洗车

干洗保护釉内含有三大类物质：清洁剂、润滑剂及保护釉。

其清洗原理是呈雾状喷射到车表面的干洗保护釉，把所有能接触到的污物和车表面加以覆盖。在清洗剂的作用下，车表面污渍被软化，并在保护釉的包裹下变成无数小形珠粒，保护釉同时把车表面加以覆盖，在珠粒与车表面保护釉之间的润滑剂起到减少摩擦的作用。珠粒状的污渍在干毛巾的吸水引导下，被毛巾带离车表面。车表面只剩下凹凸不平的保护釉及少量润滑剂。用另一干毛巾擦拭后，去除润滑剂，留下的就是有相当硬度的耐磨、防水、防尘及防晒的保护釉。

干洗保护釉不与污渍起任何化学反应，它所含的高度润滑配方与高度反光因子不会破坏车漆，使用后使车身整洁干净、光亮如新。

进行干洗的操作非常简单，只需把干洗保护釉用特制的喷瓶以雾状喷洒到未经任何清洗的干燥车身表面，无须等候即可用一块干毛巾轻擦车身表面，就可轻易地除去污渍。再用另一块毛巾轻轻擦拭加以抛光，就可完成车身的清洁、上光作业，整个过程只需15～30min。同时，用干洗保护釉抛光后的车表面不但不会留下螺旋纹，而且由于坚硬、光滑的保护釉使沙、水和泥等脏物无法吸附在车表面，下次清洗只需用湿毛巾把留在车表面上的微粒轻轻抹去再用干毛巾轻轻抛光，车表面又能恢复原亮。保护釉对车表面的保护期长达30天。

【任务实施】

设备、工具和材料准备：

1）高压清洗机1台。

2）泡沫清洗机1台。

3）电热式喷水、吸尘和吸水多功能内室清洗机1台。

4）常用工具2套、车巾布若干。

5）不脱蜡清洗剂、脱蜡清洗剂和二合一清洗剂（3M或龟博士）。

6）发动机外部清洗剂和内室清洗剂，如图1-43所示。

图1-43 常用清洗剂

7）待洗轿车2辆。

技术标准及要求：

在进行汽车清洗作业时，应注意以下几点：

1）洗车时应选用专用洗车液，任何车身漆面均不能用洗衣粉、洗洁精等含碱性成分的普通洗涤用品，以免使车身漆面失去光泽，甚至使车漆干裂，造成不可挽回的损失。

2）洗车时最好使用软水，尽量避免使用含矿物质较多的硬水，以免车身干燥后留下痕迹。

3）在进行冲车时，水压不宜太高，喷嘴与车身应保持一定的距离。

4）洗车各工序都应遵循由上到下的原则。

5）擦洗车身漆面时，应使用软毛巾或海绵，并检查其中是否裹有硬质颗粒，以免划伤漆面。

6）车身粘有沥青和油渍等污物时，要及时用专用清洗剂进行清洗。

7）洗车时，应进行最后一道吹干工序，不能省略。尤其是车身的隙缝之间、标识隙缝间的水滴如果不吹干，那么时间长了就会形成顽固的水垢，难以去除。

8）不要在阳光直射下洗车，以免车表水滴干燥后会留下斑点，影响清洗效果，如图1-44所示。

图1-44 严禁日照下、严寒室外洗车

9）若发动机罩还有余热，则应待冷却后再进行清洗，防止温差太大伤及漆层。

10）北方严寒季节不要在室外洗车，以防水滴在车身上结冰，造成漆层破裂。

任务实施步骤及要求：

1. 洗车前注意事项

1）引领车主把车停到指定的地方。

2）协助车主检查车窗和天窗是否关闭，以防进水。

3）检查汽车钥匙是否在车内。

4）尽量先让汽车冷却后再进行冲洗。

2. 洗车步骤

洗车一般分**冲车、擦洗、冲洗、擦车和吹干**五个步骤，如图1-45所示。洗车时，一般由2人配合进行，这样不但速度快而且清洗的质量好。洗车工艺流程及步骤见表1-6。

图 1-45 洗车工艺流程

表 1-6 洗车工艺流程及步骤

步 骤	操作内容及操作示范图	技 术 要 求
1	冲车	冲车：接到服务车辆后，由一人负责驶入工作间，一人在车前引导，适时提醒驾驶人控制好方向。车辆停放平稳后，一人用高压水冲去车身污物，顺序自上而下，整个过程中始终由一个方向向另一边的斜下方冲洗，尽量避免正向或反向冲洗，以免将泥沙冲回已经冲洗干净的部位。冲洗车时，不可忽视的部位是车身的下部及底部，因为大量的泥沙和污物一般都聚集在这些部位，如果遗留下泥沙等物质，则在进行下面的工序——擦洗时就会划伤漆面
2	泡沫清洗和擦洗	擦洗：将配制好的洗车液均匀喷洒在车身表面。有泡沫清洗机时，可先将泡沫喷洒在车身表面，然后两人手持海绵一左一右按照从上到下的顺序擦洗车身

（续）

步　骤	操作内容及操作示范图	技术要求
3		用柔软的厚棉布或专用带大孔的擦车海绵擦拭车辆，以便去除污垢，为最后擦拭车辆创造条件
4	再次冲洗 	冲洗：擦洗完毕后，开始冲洗车身。这时应以车顶、上部和中部为重点。此时的冲洗主要应为冲洗中部以上的部位，向下流动的水基本能够将下部及底部冲洗干净，所以下部和底部一带而过即可
5	擦车 	擦车：用半湿性大毛巾将整个车身从前至后先预擦一遍，待车身中部及下部大部分水分被吸干后，用干毛巾细擦一遍（要求擦干所留下的水痕）。这样经过“一湿一干”两遍抹擦后，车身应不留水痕且十分干净。擦车时，应注意检查洗车工序中容易遗漏的部位，如刮水器安装部位和车身底部等

任务3　汽车漆面护理美容

光彩照人的车身表面能够体现车主的修养和风度，延长汽车漆面的寿命，这不仅需要经常洗车，而且需要定期进行更深层次的漆面护理。打蜡与抛光是漆面护理的两个必不可少的步骤。因此，一直以来在汽车美容及养护行业中车身打蜡具有不可缺少的作用。

汽车打蜡的目的主要是保持车身漆面亮丽整洁，保护车漆。现代轿车越来越广泛地采用金属漆，金属漆的涂装系统是色漆（基漆）+清罩漆，时间一长，基漆的颜色就会褪色，进而影响汽车外观，同时会使全车产生色差。车蜡可将部分入射光反射回去，能减缓基漆的颜色褪色。如果能及时给汽车打蜡，则在车蜡及清罩漆的共同作用下汽车将一直亮丽如新。

汽车车身表面清洗完后，就可以进行下一步工作：主要是对车身表面进行抛光与打蜡。汽车车漆长期与空气、酸雨等直接接触，加之行驶中产生的静电层和交通膜，如果长时间得不到及时的清除，则极易使车身漆面发生氧化腐蚀。此外，在太阳紫外线的照射下，漆膜不断地向空气中蒸发油分以达到保护自身的作用，时间长了就会使漆面的油分过分失去，漆面的亮度和深度都大大降低，使漆面慢慢发白，形成氧化层。通过对车身漆面的抛光与打蜡，就可重新使车身表面恢复深度光泽，恢复车身的本来面目。

图1-46 镜面蜡使用效果

传统汽车打蜡是以上光保护为主，随着汽车美容业的发展，车蜡的种类也越来越多，高级美容蜡的出现及其日益广泛的应用，汽车打蜡已被赋予新的内涵，即研磨蜡。专业人员可以根据车漆表面的情况来选用合适的产品。如图1-46所示，现代车蜡已具有防氧化、抗腐蚀、填补细小划痕、抛光和增光等一系列功能。

【学习目标】

知识目标：

1. 了解车蜡的成分与分类。
2. 掌握车蜡的主要功能。

能力目标：

1. 会正确选用车蜡对汽车漆面进行养护。
2. 会正确对车表进行抛光和打蜡操作。

【知识准备】

一、车蜡的主要功用

车蜡是车身表面最外层的保护，车蜡可快速清洁并去除深浅各色汽车表面的微痕旋涡状痕渍，漆面氧化膜锈迹和顽固污渍及水斑，易快速恢复漆面色泽与质感，产生高度亮泽的完美表面。其在**车表形成的蜡膜还能有效地防止产生静电、防止紫外线的照射，起到抗高温、防氧化、防水、防划伤及研磨抛光等作用**。车蜡的主要功用如下：

1. 防水作用

汽车经常暴露在空气中，免不了受到风吹雨淋，当有水滴存留在车身表面时，在天气转晴，强烈阳光照射下，每个小水滴就是一个凸透镜，在它的聚焦作用下，焦点处温度达800～1 000℃，造成漆面暗斑，极大地影响了漆面的质量及使用寿命。车蜡能使车身漆面上的水滴附着减少60%～90%，高档车蜡还可以使残留在漆面上的水滴进一步平展，呈扁平状，最大限度地减少水滴因强烈阳光照射时的聚焦作用造成漆面暗斑、侵蚀和破坏。

2. 抗高温作用

车蜡抗高温作用是对来自不同方向的入射光产生有效反射，防止入射光线穿透清罩漆，导致底色漆老化变色，从而延长漆面的使用寿命。

3. 防止静电作用

由于在汽车行驶过程中，空气中的尘埃与车身漆面相互摩擦会产生静电，车身漆面通过打蜡可以形成蜡膜，隔断空气及尘埃与车身漆面的摩擦，不但可有效防止车表面静电的产生，还可大大降低带电尘埃对车表面的附着。

4. 防紫外线作用

防紫外线车蜡充分地考虑了日光中的紫外线较易折射进入漆面造成对车表面的侵害，产品性能最大限度地降低了这种侵害。

5. 上光作用

上光是车蜡的最基本作用之一，经过打蜡的车辆，都能不同程度地改善其漆面的光洁程度，使车身恢复亮丽本色。

6. 研磨抛光作用

当漆面出现浅划痕时，可使用研磨抛光车蜡。如果划痕不很严重，则抛光和打蜡作业可一次完成。

7. 防划伤作用

车身表面打蜡后形成的蜡膜都有一定的硬度和厚度，可以防止细小的划伤。

8. 防氧化作用

打蜡后车身表面形成一层蜡膜，可以较好地防止漆面油分的损失，不容易形成氧化层。

车蜡除了具有上述功用外，还具有防酸雨、防盐雾等功能，选用时可根据需要灵活把握，使打蜡事半功倍。如果车身褪色及出现细小划痕，则经打蜡后可恢复新车一样的色彩和光泽。

二、车蜡的主要成分和分类

1. 车蜡的主要成分

车蜡的主要成分是聚乙烯乳液或硅酮类高分子化合物，并含有油脂和添加剂成分。以石油蒸馏物为主要原料的蜡，其缺点是易溶于水，不耐高温，无抗紫外线功能。以热带丛林中的棕榈树脂为主要原料，并在后期加入了特氟隆和硅氧树脂，形成了天然蜡、聚合物蜡、釉、车膜等特点的蜡，抗紫外线性能和防水性好等。车蜡成分如图1-47所示。

2. 车蜡的种类

由于车蜡中的添加成分不同，使其物理形态和性能上有所区别，因此划分为如下种类：

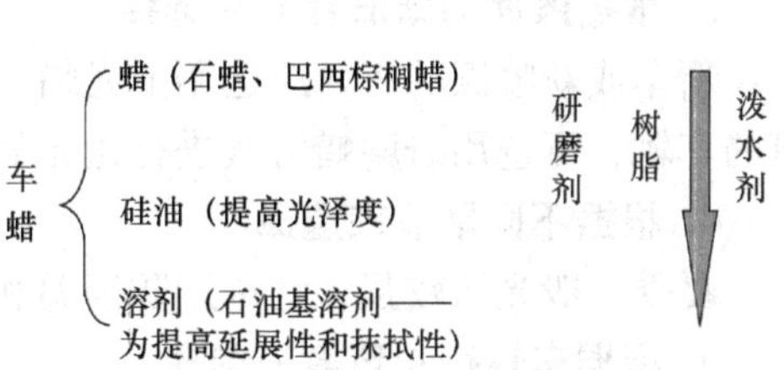

图1-47 车蜡成分

1）**按物理状态**的不同，车蜡可分为**固体蜡**和**液体蜡**两种。在日常作业中，液体蜡应用相对较广泛，如龟牌蜡等。

2）**按功能**的不同，车蜡可分为**上光蜡和抛**

光研磨蜡两种。国产上光蜡的主要添加成分为蜂蜡和松节油等，其外观多为白色或乳白色，主要用于喷漆作业中表面上光。国产抛光研磨蜡主要添加成分为地蜡、硅藻土、氧化铝、矿物油及乳化剂等，颜色有浅灰色、灰色、乳黄色及黄褐色等多种，主要用于浅划痕处理及漆膜的磨平作业，以清除浅划痕、橘纹和填平细小针孔等。

3）**按其作用**的不同，车蜡可分为防水蜡、防高温蜡、防静电蜡及防紫外线蜡多种。

3. 车蜡的主要品种

我国汽车美容市场车蜡品种主要有如下种类：

（1）天然棕榈蜡　这种车蜡的主要成分含有天然巴西棕榈蜡，使用后能增加车漆表面的光泽度和透明度，是美容产品中的极品，适合高档豪华轿车。

（2）研磨蜡　这种车蜡的主要成分为研磨剂、地蜡、矿物油及乳化剂等，主要用于汽车漆面浅划痕处理及漆膜的磨平作业，能够清除划痕、桔纹及填平细小针孔等。

（3）硅蜡　这种车蜡的主要添加成分为硅酮类高分子化合物和润滑剂等，能够渗透、密封因氧化引起的毛细孔和裂纹等，使汽车表面凹凸处变得平滑，形成非常均匀、持久的蜡膜。

（4）特氟隆蜡　这种车蜡的主要添加成分为特氟隆的聚合物，使用后能防氧化、防酸雨和防腐蚀，效果牢固、持久，可深入漆的表层。

（5）含釉成分蜡　这种车蜡又称为太空釉，内含多种聚合物，使用后能使氧化严重的车漆表面焕然一新，起到防氧化、抗腐蚀和增加光亮度的作用。

三、车蜡的正确选用

汽车美容护理用品市场车蜡种类繁多，由于各种车蜡的性能不同，其作用与效果也不一样，所以在选用时必须慎重，选择不当不仅不能保护车体，反而会使车漆变色。一般情况下，应根据车蜡的作用、产品性能、车辆的新旧程度、车漆颜色、行驶环境及使用季节等因素综合考虑。

1. 根据车蜡的作用来选择

由于车辆的运行环境千差万别，在车蜡的选择上对汽车漆面的保护应该有所侧重。例如：沿海地区宜选用防盐雾功能较强的车蜡，而化学工业区宜选用防酸雨功能较强的车蜡，多雨地区宜选用防水性能优良的车蜡，光照好的地区宜选用防紫外线和抗高温性能优良的车蜡。

2. 根据漆面的质量来选择

对于中高档轿车，其漆面的质量较好，宜选用高档车蜡；对普通轿车或其他车辆，可选用一般车蜡。

3. 根据漆面的新旧程度来选择

新车或新喷漆的车辆应选用上光蜡，以保持车身的光泽和颜色；对旧车或漆面有漫射光痕的车辆，可选用研磨蜡对其进行抛光处理后，再用上光蜡上光。

4. 根据不同季节来选择

夏季一般光照较强，宜选用防高温和防紫外线能力强的车蜡。

5. 根据车辆行驶环境来选择

如果汽车经常行驶在泥泞、尘土和砾石等恶劣道路环境中，应选用保护功能较强的硅酮

树脂蜡。

6. 根据车漆颜色来选择

选用车蜡时，必须考虑与车漆颜色相适应，一般深色车漆选用黑色、红色、绿色系列的车蜡，浅色车漆选用银色、白色和珍珠色系列车蜡。

7. 一般保护蜡与高级美容蜡的区别

一般保护蜡是由蜡、硅和油脂等成分混合而成的，属于油性物质，它可在漆面形成一层油膜而散发光泽。但由于油膜与漆面的结合力差，保护时间较短，这种蜡常因下雨或冲洗等原因流失，有时甚至附着在风窗玻璃上而形成油垢。另外，存留在车蜡上的水滴一般呈半球状，会产生透镜作用，聚焦太阳光以致灼伤漆面。

高级美容蜡含有特殊材料成分，不论用水冲洗多少次，一般都不会流失，也不用担心光泽在较短时间内失去；施工后车蜡表面水滴呈扁平状，透镜作用不明显，有效地保护了漆面。高级美容蜡外观效果非常好，但价格有些高，特别是水晶蜡和钻石蜡等。因为这类车蜡除了具有一般保护蜡功能外，它还含有一种活性非常强的渗透剂，能使车蜡迅速渗透到漆层内，它特殊的分子结构可以与漆面之间产生牢固的结合力，上蜡后的漆面看起来浑然一体，效果颇佳。高级美容蜡一般要经过许多道复杂的前处理工序，即使是新车上水晶蜡，也要经过清洗、风干和蓝黏土处理等多道工序，因此技术含量高，效果一流，持久耐用。

四、车蜡系列用品简介

1. 去污蜡

产品性能： 具有去污、除锈、除垢、保护漆膜光亮的功能，能恢复漆膜及金属表面的鲜艳色泽。

适用范围： 用于车身表面清洗护理。

使用方法： 将去污蜡直接涂布在清洗物表面，然后用柔软拭布擦拭干净即可。

注意事项： 当车身漆膜温热时，不能使用该产品进行清洗。需待常温时，才可使用该产品清洗。

2. 亮光蜡

产品性能： 光亮持久，品质稳定（内含色彩鲜艳剂）。在漆面形成保护膜，防止氧化、酸蚀及雨水的侵蚀，使漆面不粘灰尘。

使用方法： 涂抹在车身表面。如漆面粘有污垢，用去污蜡除垢后再涂抹本品。

适用范围： 汽车车身及各种金属制品（注意事项：不可在车身温热时使用）。

3. 保护蜡

产品性能： 除去油污和柏油，防止生锈，能产生稳定、防水的保护膜。

使用方法： 洗净汽车并干燥，使用前摇动罐子，均匀喷涂在需要保护的部位即可。

适用范围： 汽车的表面及槽沟（注意事项：不可使用在以桐油为基础的油漆面上）。

4. 镜面蜡

产品性能： 一种高性能的护理型天然蜡，含有巴西棕榈和聚碳酸酯。对漆面渗透力极强，光泽如镜，保持长久，能有效护理汽车漆面。

使用方法： 涂抹在车身漆面，手工打蜡和机器打蜡均可。

适用范围： 适于新车及旧车抛光翻新后的漆面护理。

5. 抗静电蜡

产品性能：一种喷雾型上光护理蜡；能防止漆膜产生静电，最大限度地减小静电对灰尘和油污的吸附作用；不含陶土，缝中不留白色痕迹，手喷蜡可保持6个月之久。

使用方法：将该产品均匀地喷涂在车身漆膜上即可。先喷后擦，15min即可完成一辆车的上蜡工序。

适用范围：适用于汽车漆面、皮革、塑料和铬质表面的护理。

6. 彩色蜡

产品性能：该产品常用红、蓝、绿、灰和黑五种颜色，即打蜡即抛光，省时省力。不同颜色的车辆，使用相应颜色的蜡对漆膜可起到修饰作用，也可掩盖轻微、细小的划痕。该蜡呈黏稠的乳状物，含有天然巴西棕榈蜡、油分添加剂和增色剂，能在漆面上形成3层蜡膜，从而有效抵制有害物质对漆面的损伤；可针对不同色彩的漆面进行增色上光护理；换型成分可以在不擦干车身的情况下打蜡，非常方便，故适用于各种漆质表面上光整饰护理。此外，纤维硅树脂透明层体现出深度光泽，氟化树脂的防水薄膜可保持3个月。

使用方法：彻底洗净车身，用海绵或软布均匀涂于车身表面，停3~5min后，用干净软布轻轻擦拭即可使车辆光亮艳丽。使用抛光机进行抛光，转速应控制在1 000r/min。

注意事项：不要在阳光下或过热表面使用，应按车漆颜色选择彩色蜡，密封存放于阴凉通风处。

适用范围：适用于各种汽车漆膜护理。

7. 底盘保护蜡

产品性能：适用于漆面、橡胶、塑料及PVC烤漆；可长久防止底盘腐蚀及碎石的碰击；可预防表面颜色的改变，达到隔声、防锈的效果。

使用方法：使用前先将底盘洗净，并用钢刷除锈，直到完全清洁及无锈情况下可喷涂。使用前需用力摇动罐子，使内部化学剂能充分混合。使用时需294 785kPa的压缩空气。

注意事项：本品为易燃物，使用时需注意保护眼睛、皮肤与呼吸系统，不可喷在排气装置、制动器及减振弹簧上，使用时必须用酒精稀释。

8. 新车镀膜——新车保护蜡

产品性能：含两种化学成分截然相反的分子聚合物，两者的结合形成了一个完美的流线平面——水珠在上面也存不住。看一辆车是否打过蜡，传统的方法是看车着水后的水珠效果——有水珠即代表打过蜡，但涂过新车保护蜡的车身表面几乎没有水珠，因为它不存水，浇到车上的水流线似地倾下来，看到的是光亮如新的车漆表面，即镜面效果。

9. 塑料、皮革清洁保护蜡

产品性能：该产品含有清新柠檬香味，适用于塑料、橡胶和皮革制品的清洗护理；能清洁汽车内室各种部件表面的污垢和油渍，并在被处理表面留下一层自然保护层，可使灰尘不再聚集；清洁润光一次完成。

适用范围：主要用于车身内室的清洗护理，也可用于外部前、后保险杠等塑料件的清洗护理。

使用方法：先将该产品喷涂在清洗物表面上，然后用抹布擦拭干净即可。

10. 防锈蜡

汽车车身的有些部位是不能只靠涂层就可以达到防锈目的的，如点焊形成的缝隙、因磁屏蔽作用使阴极电泳底漆到达不了的一些空腔和夹层等处。这些部位达不到有关腐蚀规定的年限标准，因此必须进行喷蜡或灌蜡防护处理。喷蜡应在涂装施工完成后进行。用过一段时间的旧汽车需进行修补作业时，要根据需要重新进行喷蜡保护，对高档轿车尤为重要。

【任务实施】

设备、工具和材料准备：

一、手工清洁工具

手工清洁工具如图 1-48 ~ 图 1-51 所示。

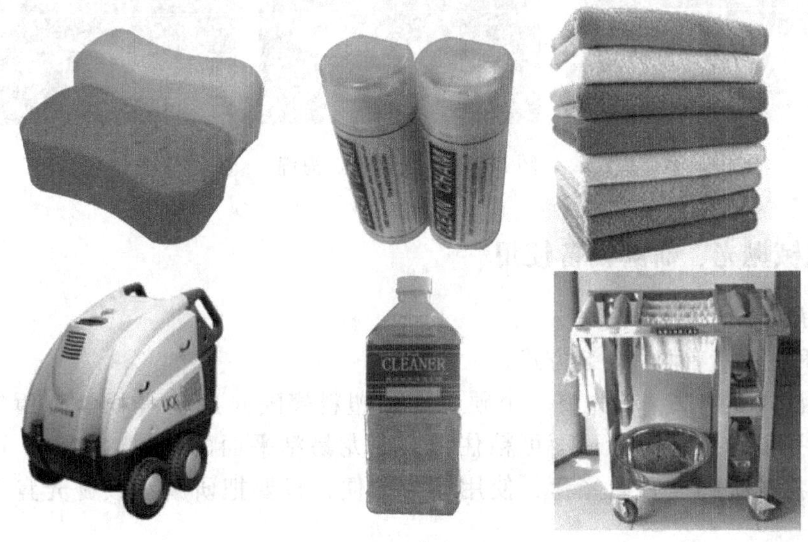

图 1-48　清洁工具

图 1-49　各种车蜡

图1-50 打蜡、抛光设备

图1-51 抛光砂纸、海绵

二、机械抛光、研磨设备使用

1. 研磨盘、抛光盘的安装

研磨盘和抛光盘有两种安装方式。

(1) 吸盘式安装法 首先将一个硬质（硬塑料聚酯）底盘（托盘）用螺钉固定在研磨机的机头上，托盘的另一面可粘住带有尼龙易粘平面的物体。这时，可根据需要选择各种吸盘式研磨盘和抛光盘，使用极为方便，只要把研磨盘或抛光盘贴在托盘上即可。

(2) 固式安装法 研磨机头不带托盘，只有一个接头，安装时需要把研磨盘或抛光盘拧上去，安装方法也不是很复杂。

2. 研磨机的安全操作方法

1）研磨机开机或关机时决不能接触工作表面。

2）作业时，右手紧握直把，左手紧握横把，由左手向作业面垂直用力，转盘与作业面保持基本平行，如图1-52所示。

3）在研磨机完全停下之前，不要放下研磨机。

4）不要对太靠近边框、保险杠和其他可能咬住转盘外沿的部位进行作业。

5）应时刻注意研磨机的线束，防止将线束卷入机器。

6）抛光时，应注意不要让灰尘飞到脸上，而应使其落向地板。

3. 打蜡机的使用方法

1）上蜡。使用打蜡盘套上蜡时，将液体蜡转一圈倒在打蜡盘上，每次按0.5m^2的面积涂匀，直至打完全车；不使用打蜡盘套上蜡时，可用海绵或毛巾蘸蜡少许，每次按0.5m^2的面积涂匀，直至全车打完。

2）凝固。上完蜡后，等待几分钟时间，待车蜡凝固。

3）安装检查盘套。将抛蜡盘套装上，确认绒线中无杂质。

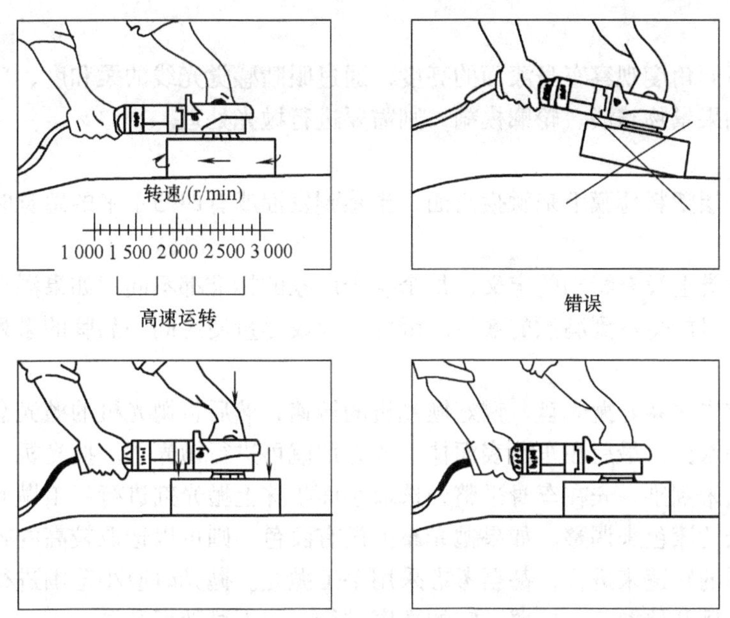

图 1-52 研磨机的安全操作方法

4）抛光。打开打蜡机，将其轻放在车体上横向（或纵向）进行覆盖式抛光，如图 1-53 所示，直至光泽令人满意。

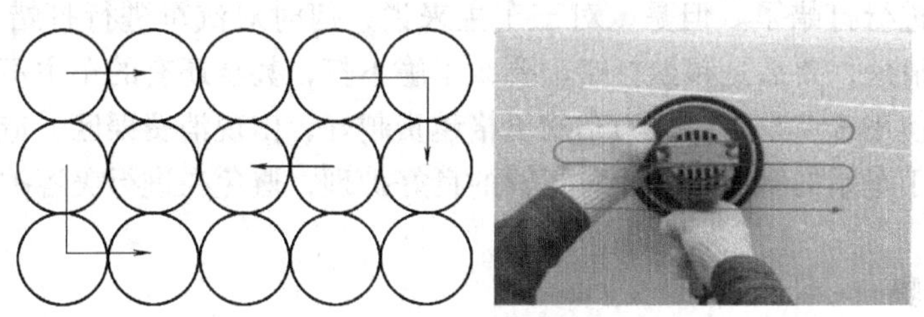

图 1-53 打蜡机抛光线路图

任务实施步骤及要求：

一、汽车车身表面的抛光

抛光的目的是增加车身漆面的光泽度。车身表面的抛光是通过静电、摩擦和抛光的作用原理来消除车身漆面的氧化层，从而改善车身的漆面缺陷。处理时，使用研磨抛光机进行工作。在抛光盘的作用下，抛光剂与车漆摩擦发生静电反应而产生静电，摩擦的同时车身热量使漆膜变软，毛细孔变大。在这种情况下，静电将漆面毛细孔内的脏物吸出，抛光盘将漆面微观的氧化层磨掉，并将细微的伤痕拉平填满，同时抛光剂的一些成分溶入漆膜发生还原变化，因此漆面通过抛光处理会改善缺陷的状况而变得光滑亮丽。

进行车身漆面抛光处理时，首先要正确判断漆面的氧化程度和硬度，然后针对不同的车漆和氧化程度，采用不同的抛光剂和抛光方法。

判断车身漆面是否需要抛光处理，可以按照以下方法进行：

1. 观察法

从车身的不同角度观察车身漆面的亮度，通过眼睛感觉光线的柔和度、反射景物的清晰度等来判断。如果景物暗淡、轮廓模糊，则需要进行抛光处理。

2. 触摸法

用手套上一层塑料薄膜纸来触摸漆面，当感到发涩或有凹凸不平的感觉时，就必须进行抛光处理。

抛光剂在分类上没有特别的定义，每个生产厂家的标准都不同，如果混合使用不同品牌的用品时，很有可能得不到满意的效果。因此，建议尽量使用同一品牌的系列用品进行抛光处理。

抛光时，首先安装好抛光盘，调好抛光机的转速，然后将抛光机的抛光盘用水充分润湿后，甩去多余的水分，最后在车漆表面抹上抛光剂就可进行抛光了。抛光机的转速调整可利用局部的测试法来判别。先在车身平整处选取小面积抹上抛光剂进行手工抛光试验，然后根据抛光布上沾染的漆色来调整。如果抛光布上没有漆色，则可以选取较高的转速来进行，否则就应选择较低的转速来进行，甚至考虑采用手工抛光。抛光时应小范围进行，而不可大范围工作，从车顶棚开始抛光，按照一定的次序进行，切不可随意乱抛。

二、车身打蜡

为了使汽车漆面亮丽清洁，长久保持深度光泽，并保护车漆不易受到侵害，当汽车清洗抛光后，就可以进行打蜡了。但是，对于车主来说，何时对汽车进行打蜡、多长时间要打蜡，一般不是很清楚，要么是频繁打蜡，要么干脆不打，甚至还有的车主不结合自己车漆表面的性质，盲目使用进口车蜡，认为车蜡价格越贵越好，出现消费误区，造成浪费。作为车主，了解一些关于车蜡的知识有助于对车辆的良好护理，避免在进行美容护理时出现不必要的纠纷。

1. 打蜡的步骤

（1）上蜡　上蜡可分手工上蜡和打蜡机上蜡两种，手工上蜡简单易行，打蜡机上蜡效率高。无论是手工上蜡还是打蜡机上蜡，都要按一定的顺序进行，要保证车身漆面涂抹得均匀一致，上蜡时每次不要涂得太厚，上太多的蜡不但会造成成本的增加，而且会增加抛光的工作量，还容易粘上灰尘，使抛光摩擦时有可能产生划痕。

1）手工上蜡（见图1-54）。首先将适量的车蜡涂在海绵上，然后按一定顺序往复直线或环形均匀涂布。涂布时手感力度一定要掌握好，可将手指摊开，用大拇指和小拇指夹住海绵，其余三个手指及手掌按住海绵均匀涂抹。上蜡时，每次涂抹的面积不要过大，整个车身可分块进行，顺序可从前到后或从左到右，尽量做到薄而均匀。每次处理的面积要有一定的交叉重叠，防止漏涂。

2）打蜡机上蜡（见图1-55）。将车蜡洒在车身表面上，用手控制好打蜡机，起动开关，注意涂布时的力度、方向性及均匀度。车身表面在边、角和棱处的涂布使用打蜡机上蜡时不易把握，而手工涂布在这方面更有优势。

上蜡到底上几层较为合适，要视车漆状况决定，并不是越多越好，太多的蜡反而会使抛光困难，而上得太薄又无法填补车身的缝隙。通常新车需要上蜡1~2层，旧车可上3~4层。

图1-54 手工打蜡

图1-55 打蜡机上蜡

（2）抛光 抛光如图1-56所示，上蜡后根据使用说明，一般停留几分钟，然后用手工抛光或用抛光机将其打亮。**手工抛光时，**应先用手背感觉车蜡的干燥程度，以刚刚干燥而不粘手为宜。手工抛光作业通常使用无纺棉布按一定的顺序作往复直线运动，适当用力挤压，以清除剩余车蜡。使用**抛光机进行处理时，**应等车蜡完全干燥后才能进行，抛光机转速应设置得较低，一般控制在1 000r/min以下，抛光时要注意用力的均匀以及抛光方向的一致性，以保证抛光后光线漫射面的一致，体现深度的光泽。

图1-56 抛光

（3）检查整理 抛光后要检查整个车身的护理质量，特别是车身较显眼的地方，如果发现蜡上得不均匀，产生无序的反光现象，可用干净的无纺棉布轻轻地擦拭，也可用抛光机重新进行抛光，直到光线反射面一致。此外，要仔细检查清除厂牌、车标内空隙及燃油箱盖周围、纤细的边缘或转角部分，车门车窗密封橡胶的边条缝、车牌、车灯、门边等处残存的车蜡。不要认为这些地方不显眼而有所忽视，进而影响整车的护理效果。打蜡结束后，设备及用品要作适当清洁处理，妥善保存。

如果想使车蜡保留的时间长些，则可以在打完蜡的车身上喷抹一层护车素，这样既可保护车蜡，又可提高车身表面的光泽度，还可以起到一定的防晒、防酸雨的作用。

2. 打蜡作业注意事项

汽车打蜡的质量好坏不但与车蜡的品质有关，而且与打蜡作业方法关系密切。要做到正确打蜡，在汽车打蜡时应注意以下几点：

（1）掌握好上蜡的频率 由于汽车行驶的环境与停放场所不同，各种车蜡的保持时间也不同，因而打蜡的间隔时间也应有所区别。一般可以通过目视感觉或用手触摸车身漆面，如果感觉发涩无光滑感，那么就应该进行再次打蜡。一般2～4个月打一次。一般，对于有车库停放、多在良好道路上行驶的车辆，每3～4个月打一次蜡；对于露天停放的车辆，由于风吹雨淋，最好每2～3个月打一次蜡。

（2）注意打蜡的环境 打蜡作业应在室内进行，周围环境要清洁，要有良好的通风，以免沙尘附着在车身表面上，影响打蜡质量，甚至产生划痕。

（3）注意选择打蜡时机 打蜡应选择天气晴朗的日子，一般不应在雨天进行。打蜡应避免车身表面温度高时进行，否则车蜡附着能力下降，影响打蜡效果。应在阴凉处给汽车打蜡，保证车体不致发热。这是因为随着温度的升高，车蜡的附着性变差，会影响打蜡质量。

（4）注意打蜡的方法 在上蜡作业时，要穿好工作服，摘下手表、戒指之类的装饰品，以防漆面划伤。上蜡时，尽量采用质地柔软的海绵或柔质的干净棉布进行均匀涂抹，应遵循先上后下的原则，即先涂抹车顶、前/后盖板和车身侧面等，一次作业要连续完成，不可间断。打蜡时，手工海绵及打蜡机海绵运行路线应该按一定的顺序进行，防止出现光线漫反射的不一致。一般蜡层涂匀后5～10min用新毛巾擦亮，但快速车蜡应边涂边抛光。

（5）注意打蜡的范围 上蜡时要注意涂抹的地方，不要涂在车窗和风窗玻璃上，否则玻璃上形成的油膜很难擦干净。

（6）掌握好力度和转速 上完蜡采用机械抛光时，应控制抛光的力度和转速，避免力度过大、转速过高，从而抛到车漆。若海绵上出现与车漆相同的颜色，则可能是漆面已经破损，应立即停止抛光，先进行修复处理。

（7）注意检查整理 抛光结束后，要仔细检查并清除厂牌、车标内空隙及燃油箱盖钥匙孔周围、纤细的边缘或转角部分，车门车窗密封橡胶的边条缝、车牌、车灯、门边等处残存的车蜡。这些地方的蜡垢若不及时擦干净，则可能产生锈蚀。因此，打完蜡后一定要将蜡垢彻底清除干净，这样才能得到完美的打蜡效果。

（8）检查清理设备 打蜡结束后，设备及用品要作适当清洁处理，妥善保存。

三、面漆抛光处理

面漆抛光处理步骤见表1-7。

表1-7 面漆抛光处理步骤

步骤	操作内容	操作示范图	技术要求
1	抛光前打磨		使用6in或3in双作用打磨机配磨卡P1 500砂纸干磨
2	抛光（1）		使用磨卡打磨机配磨卡P2000精磨砂棉水磨

（续）

步骤	操作内容	操作示范图	技术要求
3	抛光（2）		用专用布擦拭并且检查瑕疵
4	抛光（3）	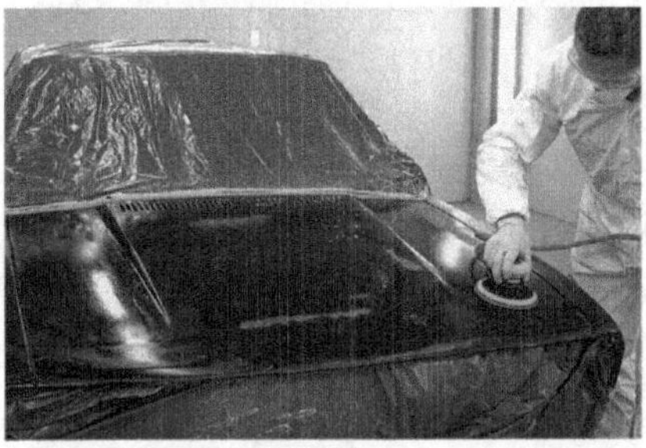	使用6in 打磨机配磨卡 P4 000 精磨砂棉水磨
5	抛光（4）		使用全能抛光蜡抛光
6	抛光完成		

任务4 车饰清洁美容

车饰美容通常是对汽车内部空间的美容护理，而汽车内饰件大多数由塑料、人造纤维、皮革和橡胶等材料制成。这些饰件在使用过程中难免被脏污和出现性能退化。例如，塑料件在风吹日晒的情况下会氧化而失去光泽，皮革件用久后易出现磨损、老化和褪色等。所有这些都会影响汽车的舒适性和美观，缩短其使用寿命。汽车美容时，一般人只注重汽车的外表美容，而忽视车饰的美容护理，特别是驾乘员室。其实，汽车内部空间的美容护理更加重要，因为使用人员接触最多的是汽车的驾乘室，它的舒适性极大地影响着驾乘人员的情绪和健康。汽车的内部空间平时容易受到水渍、沙土、烟尘和汗渍等因素的影响，使得丝绒座椅、地毯及车内顶棚发霉，真皮老化，产生异味甚至是大量的细菌，影响驾乘人员的身心健康。因此，每隔一定时间必须做一次全套的专业护理。

【学习目标】

知识目标：

1. 了解车饰美容的作用。
2. 掌握车饰美容的主要内容。
3. 掌握各类汽车内饰清洁工具的使用方法。

能力目标：

1. 会正确选择汽车内室清洁用品及工具。
2. 会根据汽车内饰材料正确进行清洁护理操作。

【知识准备】

车饰美容有以下几方面的作用：

1. 美化内饰环境

车室作为爱车族活动的重要空间，它对人会产生重要的生理及心理影响，美化汽车内饰可使驾乘人员拥有一份好心情。

2. 有助于健康

汽车内饰中的地毯、座椅、空调风口和行李箱等处，经常接触潮湿的空气或水渍，在特定的环境中，这些地方最易滋生细菌，使内饰霉变，散发出臭气，不但影响了室内空气环境，更重要的是对驾乘人员的健康产生了威胁。汽车内饰美容为驾乘人员的健康提供了保障。

3. 延长内饰件使用寿命

车室的清洁、杀菌和除臭可以有效地防止各种污物对车室（如地毯、真皮座椅和纤维织物等）的腐蚀，加之使用专门的保护品，对塑料件、真皮及纤维品进行清洁上光保护，可大大延长内饰件的使用寿命。

4. 延长发动机使用寿命

发动机清洁翻新作为内饰美容的一部分，对汽车发动机性能的影响非常大。油泥、灰尘及污物的附着，不但影响发动机的美观，而且易造成发动机附件的故障，更主要的是影响发动机的散热能力，加速发动机运动副的磨损，使发动机使用寿命缩短。

【任务实施】

设备、工具和材料准备：

一、汽车室内清洗剂

汽车室内清洗剂包括多功能清洁柔顺剂、丝绒清洁保护剂和地毯洗涤保护剂。

二、玻璃清洗剂及专业保护剂

玻璃清洗剂及专业保护剂包括玻璃清洗液、玻璃清洁防雾剂、防雾防冻清洗剂和玻璃抛光剂。

技术标准与要求：

车饰清洁用品选用要求如下：

1）使用适当的清洁剂。

2）不要随意混合或加温使用车饰清洁用品。

3）对不熟悉的产品应先测试使用。

4）应选用专用清洁剂进行清洗污垢处理。

5）清洁作业时，喷上清洁剂稍停片刻后再进行擦拭。

6）如有需要，可对清洗过的较难干燥的饰件进行烘干处理，有利于防止发霉。

【实施步骤】

一、实施步骤

1）整理杂物。

2）除尘。

3）清洗。按是否使用清洗设备，可分为手工清洗和机器清洗。按内饰件材质的不同，可分为真皮饰品的清洗、塑料饰品的清洗、橡胶制品的清洗、玻璃的清洗和车内其他饰件的清洗。

4）上光护理。

5）消毒处理。

二、车饰美容主要内容

1. 驾乘室的清洁护理

驾乘室是驾乘人员平时活动的空间，易受外界因素的影响，如外界的油尘和驾乘人员吸烟、汗渍等。如果不及时进行清洁护理，那么就容易污染内部空气质量，造成驾乘人员的不适，影响驾乘人员的心情，甚至危害人们的身心健康。

驾乘室的清洁护理一般可分：车内顶棚、车侧立柱及车门内表面的清洁；仪表控制面板和转向盘的清洁；座椅和安全带的清洁；车窗玻璃的清洁护理地毯的清洗及其他饰面的清洁。由于汽车内部顶棚、侧壁、座套及地毯等部位主要由化纤、皮革、塑料及橡胶等材料制成，清洗时应根据材料的不同选择相应的清洗剂和清洗方法。车内清洁应按照自上而下的顺序进行，即从顶棚到仪表板和座椅，最后是地毯。

（1）车内顶棚的清洁 车内顶棚因为其位置特殊，一般不会沾染其他污物，主要是顶棚绒布吸附烟雾、粉尘及人体头部油脂等。当车厢内衬及座椅面套是化纤制品时，可用刷子和大功率吸尘器配合使用，先对汽车顶棚进行一次全面的吸尘清洁。

然后将化纤专用清洗剂喷在需要清洁的化纤制品表面，润湿5min，待污物充分溶解、松化后用洁净的棉布将污液吸出，最后用毛巾擦拭进行全面清洗，如图1-57所示。清洁时必须注意的是，车顶棚内填充物是隔热吸声的材料，比较容易吸收水分，所以抹布一定要拧干一些，否则太湿的抹布在清洁时会使顶棚材料吸入过多的水分，增加以后干燥的难度。

（2）车侧立柱及车门内表面的清洁 车侧立柱位于驾乘人员上下汽车处，手容易触摸到，通常油污等较多，可选用浓度高一些的中性洗涤液进行清洗。对仪表板、顶棚支架和座椅护围等处的塑料制品，将专用清洗剂喷洒于塑料表面后，用毛刷稍蘸清水刷洗表面，直至细纹中的污垢完全被清除，再用半湿性毛巾擦净刷掉的污垢。如果去污力不够强劲，则可视油污轻重而定清洗剂的稀释比例，加大力度，但仍然应该由轻到重，以免出现失光白化现象，如图1-58所示。

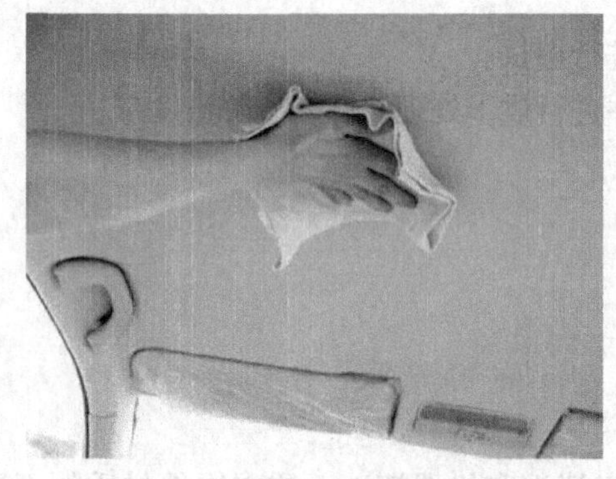

图1-57 车内顶棚的清洁

图1-58 车门内表面的清洁

（3）仪表控制面板的清洁护理 仪表控制面板大多为塑胶制品，由于控制台上各种仪表和按钮比较多，结构复杂，外表面凹凸不平，边边角角多，使得清洁起来比较困难。在清洁之前，可根据各部位的不同特点，自制一些不同厚度的木片，将其头部分别削成三角形、矩形及尖形等，然后把它包在干净的毛巾里，用于清洁沟沟坎坎之处，不仅清洁效果好，而且不会损伤台面。

首先将专用清洗剂喷洒在半湿性毛巾上，然后直接擦洗橡胶部件，切勿使用毛刷，以免使橡胶件失去亮度，再用干净的半湿性毛巾擦净表面的清洗剂，如图1-59所示。把各部分

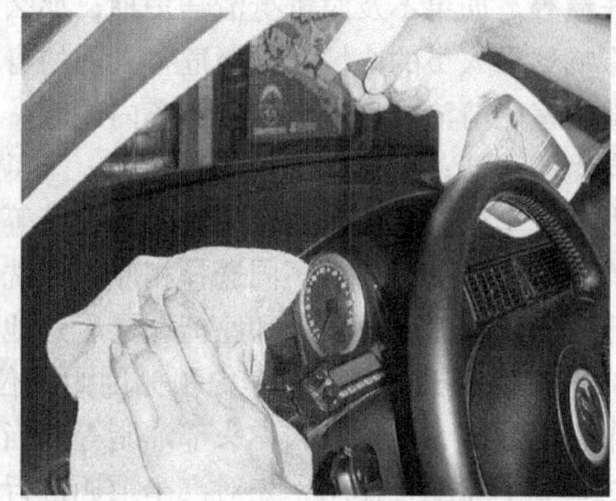

图1-59 仪表控制面板的清洁

污垢清洁干净后，便可以进行上光护理。使用专用的仪表蜡喷在仪表面板上，稍停片刻，再用干净的棉布一擦，即可得到一个干净如新的表面。为了防止仪表板上光线的反射，刺激驾乘人员的眼睛，最好使用不会发亮耀眼的增亮剂。做完这些步骤后，可以再涂一层清洁保护水蜡，以减少外界太阳光紫外线对它的损伤。

（4）车窗玻璃的清洁护理 汽车玻璃要经常保持干净透亮，否则影响能见度，影响行车安全。车窗玻璃内侧日久天长会被蒙上一层雾状污垢，特别是在车内吸烟形成的污垢一般用水难以清除。因此，对于前风窗玻璃应先用风窗玻璃清洁剂进行清洗，然后涂上风窗玻璃防雾剂，如图1-60所示。后风窗玻璃因内侧装有防雾/除霜电热丝栅格，清洁时应注意擦拭不要用力过猛，一定要沿着电热丝的方向左右擦拭，不可垂直擦拭，以防损伤藏在玻璃内的电热丝而造成断线。前、后风窗玻璃的下端由于玻璃倾斜不容易擦到，可用尺等工具在前端包上棉布后擦拭。

（5）座椅的清洁护理

1）皮革座椅的清洁护理。人造革和真皮座椅的表面有许多细小的纹理，容易积聚灰尘污垢，较难彻底清除干净。一般不能直接用水清洗，必须用专门的皮革清洁护理用品，才能有效地去除静电和灰尘污垢。可先将真皮清洁柔顺剂喷到座椅表面，然后用软毛刷进行擦洗，如图1-61所示。

图1-60 车窗玻璃内侧的清洁护理

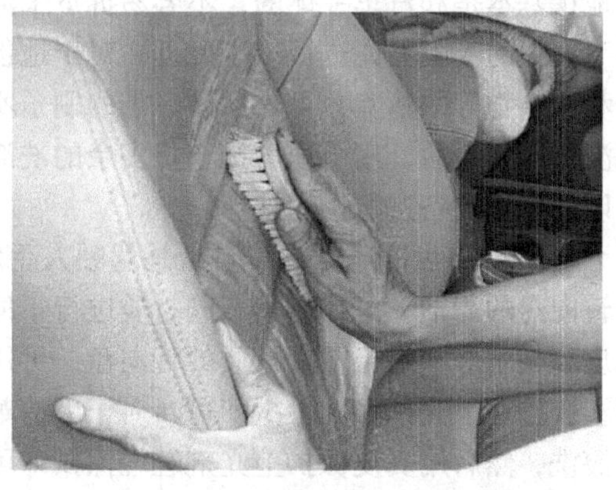

图1-61 真皮座椅的清洁护理

最后用洁净的棉布擦干，再用真皮上光保护剂进行上光护理。如果皮革座椅不太脏，则直接用真皮上光保护剂进行清洁上光即可。

2）丝绒座椅的清洁护理。对于丝绒座椅，由于其绒毛的特点，表面容易吸附灰尘污物，而且用久了会失去绒毛材料的柔顺性。清洁时要注意以下几点：首先，要去除座椅表面的灰尘污物；其次，要恢复座椅绒毛本身材料的柔顺性，必须采用专用的清洁剂进行清洁处理，不能采用像汽油、丙酮和漂白粉等对绒毛制品的柔顺性和颜色都有很大影响的非专业用品来进行清洁护理；最后，要求清洁剂不能影响绒毛材料的颜色，防止清洗后出现颜色不一的败色情况。

对于一般不是很脏的座椅，建议使用长毛的刷子和吸力强的吸尘器配合，一边刷座椅表面一边用吸尘器的吸口把污物吸出来。接缝处常是灰尘容易堆积的地方，可用手拨开再用吸尘器吸。

对于较脏的座椅，可先用软毛刷清刷较大污渍、污点和污垢等较脏处；然后，用干净的抹布喷上少量的丝绒清洁剂，在半干半湿的情况下，全面擦拭座椅表面，特别要注意的是抹布一定要拧干，以防止多余的水分渗入座椅的内衬海绵中；最后，用吸尘器对座椅进行清洁，吸出多余的水分，尽快使座椅干爽起来，投入使用，也可使用电吹风筒将座椅烘干。

(6) 安全带的清洁 安全带是较频繁使用的物品，容易沾染上灰尘和油污等。清洁时可用中性的清洁剂对安全带进行擦洗，如图1-62所示。用干净的抹布沾上清洁剂轻擦安全带即可，但不可选用染色剂或漂白剂作为清洗剂清洗，否则将影响安全带的强度。

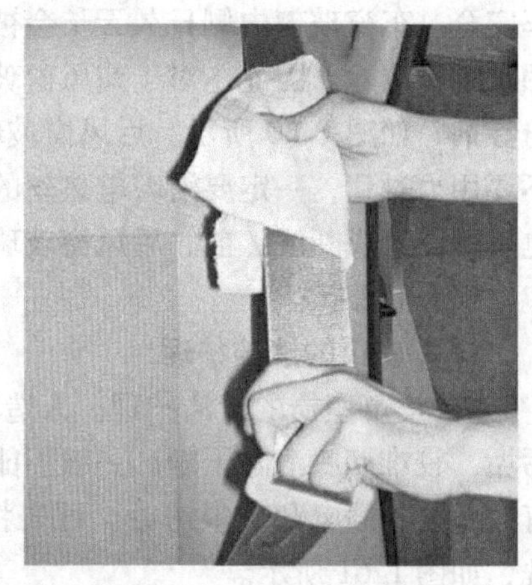

图1-62 安全带的清洁

(7) 地毯的清洗 汽车里面通常会放置活动的脚垫，其材料一般采用塑料胶质或人造纤维，可以拿出车外进行清洗。对于不是很脏的脚垫，可用高压水进行冲洗，晾干即可。对于较脏的脚垫可先喷上适量的清洁剂，再用刷子刷洗，最后用水冲洗干净。汽车本身自带的地毯基本是和汽车一体的，不容易拆下来清洁，可使用毛刷头的吸尘器先进行吸尘处理；对于地毯深处的泥沙和小杂物等的清除，可先用硬一点的刷子刷出再吸；然后，喷洒适量的专用洗涤剂用刷子刷洗干净；最后，用干净的抹布将多余的洗涤剂吸掉就可以了。为使地毯尽快干爽起来，还可以用烘干设备进行烘干处理。

(8) 转向盘的清洁 转向盘是驾驶人手触摸的地方，容易沾上人体的油脂和汗渍。对于转向盘的清洁，可针对其不同材质进行不同的处理。转向盘的外表材料有塑胶、人造革、真皮和桃木等。对于塑胶材质的转向盘，可用干净的抹布蘸上中性的清洁剂进行擦洗，然后用塑胶护理上光剂轻轻擦拭即可。对于人造革和真皮材质的转向盘，可用真皮清洁柔顺剂进行擦洗，然后用真皮保护上光剂轻轻擦拭即可。对于有桃木饰条的转向盘，可用中性的清洁剂进行擦洗，然后用塑胶润光剂轻轻擦拭即可。

(9) 其他饰面的清洁 离合器踏板、制动踏板和加速踏板等部件表面，可以用刷子或蘸有去油洗涤液的抹布进行清洗。离合器踏板、制动踏板和加速踏板等部分要认真进行清洁，特别要清除上面的油脂类污垢，以免开车时脚底打滑，影响行车安全。堆积在变速器变速杆部分狭窄空隙的灰尘，可用吸尘器吸出。

2. 行李箱的清洁

行李箱是车辆放置大件物品的地方，由于车主的需要，装载的物品复杂，容易产生垃圾，也容易脏污，而汽车的备用轮胎及随车工具也放在行李箱中。行李箱中通常有泥沙、油污、小杂物等垃圾，清理不够方便，不能用水直接冲洗。行李箱中铺设的材料有胶垫和丝绒地毯，要针对不同材质进行清洁处理。可先清理出行李箱中如纸屑、沙粒等垃圾，再用吸尘器进行吸尘处理，对于铺设胶垫的行李箱，可用抹布蘸上清洁液进行擦洗，对于铺设丝绒地毯的行李箱可按地毯的清洗方法进行。

任务5 车内空气净化

近年来，汽车零部件的安全性受到越来越多车主的关注，车内空气污染更是令人担忧。相比汽车排放危害和车内空气污染，通过接触即可致癌的汽车内饰致癌物造成的伤害更加直接、可怕。我国室内装饰协会室内空气监测中心曾对200辆车进行检测发现，若参照室内空气质量标准，近90%的汽车都存在车内空气甲醛或苯含量超标问题，而且大部分车辆甲醛超标都在5~6倍以上。车内空气污染源主要来自车体本身和装饰用材等，其中甲醛、二甲苯和苯等有毒物质污染后果最为严重。车内空气污染主要来自皮革、纺织品、塑料配件和粘合剂等内装饰材料，它们散发出的苯、甲醛和二甲苯等有毒气体对人体的肝、肾、呼吸系统、造血器官和免疫功能等会造成严重危害。车内空气污染是指汽车内部由于不通风、车体装修等原因造成的空气质量差的情况。

【案例】

案例一：北京车主起诉铃木奥拓　时间：2002年

缘由：怀疑因车内苯中毒造成车主丧命　结果：起诉败诉

经济参考报（2010年01月21日）：2002年8月北京朱女士购买了一辆国产奥拓轿车，同年9月底发现身上有大量出血点，被医院确诊为重症再生障碍性贫血急性发作并治疗，2003年3月因医治无效病逝。这就是令人毛骨悚然的“奥拓苯超标引发死亡赔偿纠纷案”。

此后，因车内空气污染引起的法律纠纷开始增多，陆续出现“奇瑞QQ疑致儿童白血病案”“道奇公羊车甲醛超标案”“别克凯越急性淋巴细胞白血病案”等事件。

【学习目标】

知识目标：

1. 了解汽车内部空气污染物的成因。
2. 掌握车内污染治理的原理。
3. 了解车内污染治理的方法。

能力目标：

1. 会分析车内污染源的成因。
2. 能够正确选用污染治理方法。
3. 掌握车内空气消毒净化操作。
4. 能根据污染物的性质制订治理方案。

【知识准备】

【现状调查】：近几年，我国关于乘用车车内空气污染影响驾乘人员身体健康的纠纷和诉讼案件时有发生，越来越受到大众的关注。究其原因，一是自我保护意识和社会公众的环保意识不断提高；二是个别汽车生产和装饰企业为降低成本、提高竞争力，采用一些质量低劣的材料，加剧了车内污染；三是消费者对汽车感观性和舒适性要求越来越高，车内装饰材料和种类越来越多，车厢密封性更强，更易聚集污染物。

2012 年 9 月中 300 名车主集体投诉奔驰汽车甲醛超标 4 倍事件，9 月 14 日一份“健康汽车检测报告”表明 11 款主流车型可能存在致癌风险，此次检测选取了市场上在售的 32 个品牌、44 款车型作为检测对象，主要检测汽车内与人体接触的汽车座椅、头枕和转向盘等内饰中的多环芳烃含量。报告显示，11 款主流车型内饰中的致癌物——多环芳烃含量超标。

我国已进入汽车社会，汽车给消费者带来了更多的便捷和快乐。然而，车内空气污染却严重威胁着消费者的健康和生命安全。自 2012 年 3 月 1 日起国家环保部与国家质检总局联合发布的《乘用车内空气质量评价指南》正式实施。车内空气污染如图 1-63 所示。

图 1-63　车内空气污染

一、车内污染源分析

1. 汽车内部空气污染物的成因

（1）乘用车本身　就乘用车本身而言，汽车内部空气污染物源于汽车零部件和车内装饰材料中所含有害物质的释放。乘用车各种配件、生产材料使用的塑料和橡胶部件、织物、油漆涂料、保温材料、粘合剂等材料中含有的有机溶剂、助剂、添加剂等污染物和车内装饰中的脚垫、座椅套和胶粘剂等中有含有甲醛、TVOC、苯系物等挥发性成分释放到车内环境，造成车内空气污染。

（2）乘用车发动机　就乘用车发动机而言，汽车内部空气污染物源于发动机工作过程中产生的甲醛、多环芳烃（苯并芘）、可吸入颗粒物、CO、NO_2 和 SO_2 等。汽车通过排气管、曲轴箱和燃油蒸发等途径排放的污染物进入车内，或汽车空调长期使用后风道内积累的污物对车内空气造成污染。

（3）乘用车尾气　乘用车排放的尾气中含有大量 CO、NO_x、CO_2 和多环芳烃等。

（4）车内空调　乘用车空调设备及系统主要是细菌和真菌等生物污染因素的来源。例如，车内空调气流组织不合理，形成气流死角，导致污染物在局部滞留、积累；空调新风采集口受到污染，大量可吸入颗粒进入车内；空调过滤器失效，真菌大量繁殖；空调凝结水盘或者冷却液中存在的细菌而导致的车内微生物污染等。

（5）交通道路空气　道路上，特别是复杂路况和拥堵路况下，道路空气中含有汽车尾气中的有害物质浓度高，若车厢不密闭或者通过外循环进行换气，则道路空气中的 CO_2、CO、可吸入颗粒物和多种挥发性有机物也成为车内空气的主要污染源。这种车内污染在交通堵塞的情况下尤为明显。

（6）人体自身　人体生命活动过程（如呼吸和汗液等排出过程）中会产生乳酸、硫醇、NO_x、CO_2、大量角质层等污染物。

2. 汽车内部空气污染物来源

乘用车内污染物按照污染物的性质分为：①**物理性污染物**，包括乘用车车内灯光照明不足或过亮、乘用车内外产生的噪声、温度及湿度过高或过低等；②**化学性污染物**，主要为从内饰材料、座椅等处释放出来的污染物，可分为NO、NH_3、NO_x、SO_x等无机化合物和甲醛、TVOC等有机污染物以及可吸入颗粒等有害物质；③**生物性污染物**，包括细菌、真菌、螨虫等微生物。

（1）新车本身 由于市场需求使得很多汽车下了生产线就直接进入市场，各种配件和材料的有害气体和气味没有释放期，新车内空气污染的来源主要有三大类：一是车内的各种配件，如座椅材料、保温材料、防撞填料和仪表板等；二是汽车内饰件材料，如塑料、纤维纺织、皮革和橡胶等；三是生产使用的稀释剂、胶水、油漆和涂料等。这些物件所散发出来的有毒气体，其中相当一部分有着较大的致癌性，对人体肝、肾、呼吸系统、造血器官和免疫功能等会造成严重危害，侵害着消费者的人身安全。

（2）车内装饰 大多数消费者买车以后都要进行车内装饰，有的车辆开了一段时间后也要重新进行装饰，还有的经销商也以买车送装饰为优惠条件，一些含有有害物质的地胶、坐套垫和胶粘剂进入到车内，这些装饰材料中含有的有毒气体主要包括苯、甲醛、丙酮和二甲苯等，必然会造成车内空气污染，让人不知不觉中毒，渐渐出现头痛、乏力等症状，严重时候会出现皮炎、哮喘和免疫力低下，甚至是白细胞减少。

【小贴士】

专家们建议：除非有特殊的需求，不建议消费者在购车短期内在新车基础上增加装饰件，因为这些装饰件的VOC浓度不在整车生产企业的监控环节，它们对空气污染的可能性极大，尤其是座椅套、地胶、地垫和香水等。首先，从VOC产生、消除的相关因素来看，VOC的浓度和时间有关系，时间越长浓度越弱；其次，VOC的浓度和湿度有关；最后，影响VOC浓度的还有环境风速。

（3）车用空调蒸发器 若车用空调蒸发器长时间不进行清洗护理，就会在其内部附着大量污垢，所产生的胺、烟碱、细菌等有害物质弥漫在车内狭小的空间里，导致车内空气质量差甚至缺氧。同时，由于汽车空间窄小，新车密封性比较好，空气流通不畅，车内空气量本来就不多，再加上车内乘客间的交叉污染严重，汽车内有害气体超标比房屋室内有害气体超标对人体的危害程度更大。当空气中CO_2浓度达到0.5%时，人就会出现头痛、头晕等不适感。

（4）车内吸烟 如果驾驶人或乘客吸烟，不仅会大大增加挥发性有机化合物、CO和尘埃之类的空气污染物水平，它所散发出的气味也可能会长期停留在车厢内。

（5）车辆状态 通过对乘用车内空气质量的调查、检测和分析，找出了影响车内空气质量的主要因素，还包括温度及湿度、行驶状态、道路空气、车龄及型号、空调开闭状态等，并针对各个影响因素展开分析，得到如下结论：

1）温度升高，车内污染物浓度增高；室内空气的含湿量（通常以相对湿度度量）对驾乘人员的健康和舒适性均有间接的影响。

2）车辆行驶状态不同，对车内空气质量的影响不同。

① 开窗行驶时，车内空气与车外空气污染状况相同，车内污染物浓度随车外污染物浓度呈同步变化趋势并稍有滞后。运行一段时间后，车内污染物浓度也有一定的累积效应，在

堵车慢行时尤为明显。

② 在车窗关闭、空调运行，采用空调系统进行外循环的情况下，车外空气由空调进风系统不断进入车内，在车厢内循环停留一段时间后，由车厢后部排出车外。当乘用车中速正常行驶时，车内、外空气污染状况完全一致。

③ 在车窗及空调通风系统均关闭的情况下，车内空气污染变化与车外空气变化不同。随着行驶时间的延长，车内空气污染物逐渐累积，其浓度不断升高，污染较严重。数分钟后CO_2在乘用车内部超过了0.1%的限量值，乘坐的人数越多，CO_2浓度上升的速率越快。

④ 在红灯待行状态和绿灯车辆起动时，车内TVOC值从0.37mg/m³上升到0.46mg/m³。即乘用车起动时，是有害气体排放最严重的时候。

3）道路空气对车内空气质量影响具有正相关性。在行车高峰期、拥挤路段或者行驶在尾气污染严重的车辆的后方时，外环境对车内空气环境影响较大，应当暂时停止车外空气循环流通模式。在车辆行驶至车外空气较好的地段后，再进行及时的车内、外空气交换。

4）同品牌的车辆，相同条件下，车龄长的车内空气质量优于车龄短的。不同品牌的车内空气质量有所不同，但总体上仍为新车污染高于旧车。

3. 车内空气污染的危害

（1）甲醛 乘用车内的甲醛主要来自车内的装饰材料、塑料件、树脂件、粘合剂和乘用车尾气。甲醛存在于多种材料当中，如塑料、橡胶、树脂胶粘剂、油漆涂料和泡沫树脂隔热材料等。甲醛对乘用车车内空气质量的影响对新车来说更加严重。乘用车空间窄小，车内空气更新量有限，加上新车密封性好，因此新车车内空气的有害物质比车外可能更高。

（2）苯及同系物甲苯、二甲苯 苯被国际癌症研究机构确认为有毒的致癌物质，可能导致白血病，主要存在于车内的各种装饰材料、粘合剂、皮革和树脂材料中，挥发后以气态存在于空气中。由于吸入蒸汽或皮肤吸收可能引起中毒，人不容易警觉苯的毒性，属于中等毒类物质，轻者可出现头痛、头晕、乏力、胸闷、恶心和意识模糊等症状。

（3）CO 大气中人为排放的CO一半以上来自汽车废气，在一些大城市车流量高峰时，大气中CO的含量可以达到20mg/m³以上。在冬、夏两季，某些人在停车时喜欢将空调打开，此时发动机处于怠速空转状态，由于燃料燃烧不充分，产生大量的CO并在车内聚集，可能使乘员发生CO中毒。另外，在乘用车行驶在怠速状态或发动机转速超过3 000r/min时，CO也会急剧增多。CO的毒性主要表现在CO与血红蛋白结合的能力比氧气结合的能力大200倍，降低了血液输氧能力，引起人体组织缺氧，造成低氧血症。

（4）PM10和PM2.5 空气动力学直径小于或等于10μm和2.5μm的大气颗粒分别称为PM10和PM2.5。

PM2.5通常也称为细粒子，PM10也称为可吸入颗粒物，它们都是可吸入颗粒的主要成分。乘用车内的可吸入颗粒主要来自道路地面扬尘、乘用车尾气。据统计，车内乘客吸入的微粒数量是路上行人的10倍。

（5）胺 胺、烟碱等有害物质主要是由车内空调蒸发器内部附着大量污垢长期积累产生的，导致车内空气质量差甚至缺氧。

（6）生物因素 生物因素主要有真菌、细菌和螨虫等。真菌是乘用车通风系统内长年存在的一个问题，在潮湿气候条件下运行的汽车空调中尤为突出，并有异味产生。真菌会造成人记忆力及听力丧失、呼吸困难、哮喘、肺部出血甚至死亡。

二、车内污染治理

1. 车内空气减污措施

（1）汽车装饰选用绿色原材料 乘用车要想避免车内空气污染，必须对使用的装饰材料和零部件进行控制，尽量选用不会造成污染或者污染较小的原材料和零部件。乘用车内置材料的环保指标作为乘用车质量（特别是高档乘用车质量）的一个重要因素来考虑。例如：东风雪铁龙凯旋在2008年世界展会上所展乘用车，从产品设计之初即开始对车身原材料进行筛选和监控，该车总质量90%以上的材料都可以回收或无害化处理，塑料、橡胶件、金属、玻璃和所有液体均可回收循环使用，在保持健康无毒的车内空气质量方面成为佼佼者，如图1-64所示。

（2）汽车制造生产工艺改进 对含有害气体的材料和零部件，尽量选择低毒、无毒原料进行零部件的加工，或者在使用前经过烘烤、室外空旷处放置或其他过滤等方法，使车内的有害气体充分得到释放。

图1-64 车内健康呼吸

尽量提高换气系统吸入口的位置。在测试中发现长途客车的室内空气污染普遍高于小型乘用车，且开启空调后污染值突然增加，这与车身空调装置吸入口的位置有关。

乘用车的CO和NO_x相对其他交通工具过高的原因是乘用车的车身和换气系统的吸入口较低，使得外部其他车辆的尾气很容易进入车内，而车内的狭小空间又将这些污染物积累起来。

（3）增加天窗 乘用车天窗能够使得进入车内的空气更加清洁柔和，灰尘也更少，因此建议装备天窗。

（4）工程技术控制策略

1）温度控制。夏季气温高，在车内高温条件下，有害气体浓度更高，通过控制车内温度可一定幅度地降低车内污染物浓度。有研究表明，装贴太阳膜的乘用车可以显著地降低车内温度的升幅，但其作用有限，应配合采取其他合理措施。如果在停车时选择阴凉的停车点，则对乘用车车玻璃或者全车身进行遮阳，效果会更好。

【小贴士】

汽车暴晒后不要立刻开空调行车，应该敞开车门和车窗，等异味排干净后再开车，进而在一定程度上降低车内污染物浓度，减轻对人体的危害。

2）通风控制。驾驶新车要注意通风，使车内环境中的有害物质尽快挥发。建议新车使用时最好开窗行驶，或者将空调打到外循环，这样VOC浓度会下降得很快。新车如果能在高温环境下停放那么效果会更好，因为高温有利于VOC挥发。如果车厢内湿度高，那么VOC的挥发也会很快。另外，要尽量少在车内停留。

若新车内气味在3个月甚至6个月都不能完全散发，或驾乘人员有不良反应，如发现熏眼睛、呼吸刺激甚至头晕的感觉，则要尽快对车内空气质量进行检测，以尽快发现和清除车内污染源。

2. 车内空气消毒净化措施

（1）臭氧消毒 臭氧的化学性质是氧化能力很强，对细菌和病毒等微生物的杀灭率高、速度快，对有机化合物等污染物去除彻底而又不产生二次污染。

由于臭氧属于气体杀菌剂，在密封条件下容易保证和提高在空气中的杀菌浓度，确保消毒效果，在使用时应关闭好车门和车窗，保持车内良好的密封效果。此外，臭氧消毒机要求在相对空气湿度大于60%的条件下使用，湿度越大，消毒效果越好。臭氧消毒机在消毒杀菌时一次开机消毒时间以30min为宜，才能够达到无菌标准。图1-65所示为等离子臭氧分体式消毒机。

图1-65 等离子臭氧分体式消毒机

臭氧消毒是常用的一种杀菌方法，其最大好处是可以迅速杀灭使人和动物致病的各种细菌、病毒等微生物，不会造成二次污染。臭氧消毒法操作起来较简单，价格便宜，几分钟便可完成一辆车的消毒，灭菌也比较彻底，但消毒一次只能维持1~2个月。需注意的是，高浓度的臭氧会对人体造成损害，使用时一定要小心。

（2）光触媒消毒 光触媒是以二氧化钛为代表的具有光催化功能的光半导体材料的总称，其主要成分是纳米级的二氧化钛。二氧化钛吸收太阳光中的紫外线后，内部电子被激发，形成活性氧类的超氧化物，它具有超强的氧化能力，可以破坏病毒细胞的细胞膜，使细胞质流失死亡，能凝固病毒的蛋白质，抑制病毒的活性，并捕捉、杀除空气中的浮游细菌，杀菌能力达到99.997%，具有极强的防污、杀菌和除臭功能。同时，二氧化钛受光后生成的氢氧自由基能对有机物质和有害气体进行氧化还原反应，将其转化为无害的H_2O和CO_2，从而达到净化环境和净化空气的功效，能从根本上解决车内空气的污染。

光触媒技术在日本被成功地应用于汽车抗菌净化处理，成为最新的车辆净化技术。

消除汽车内有机挥发物的光触媒处理器安装部位如图1-66所示。该处理器将光触媒处

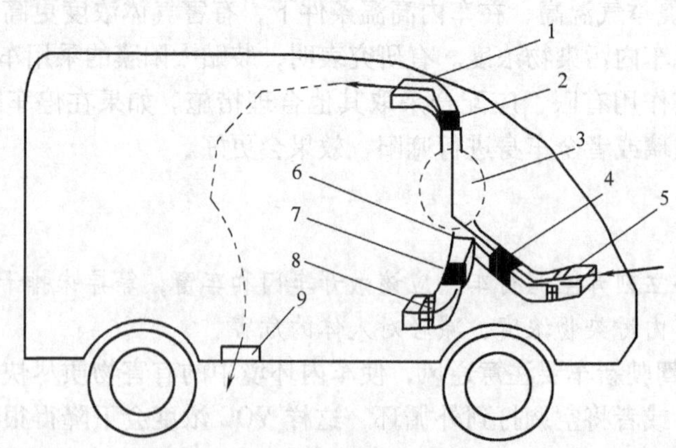

图1-66 光触媒处理器安装部位

1—出风口 2—光触媒处理部件1 3—空调处理系统 4—光触媒处理部件2 5—外循环进风口 6—光触媒处理部件3 7—光触媒处理部件4 8—内循环进风口 9—排气口

理部件镶嵌在汽车空调进、出气循环管道或类似框架结构内，并包括数块锐钛型纳米二氧化钛金属网状骨架结构填料体，填料体呈并排设置且填料体之间留有间隔；设置一个紫外线灯管，紫外线灯管置于填料体之间的间隔内或置于填料体的侧面。此外，还包括至少一个导气风扇。该处理器能充分利用汽车具备的空调进气过滤框架结构并设在其内，对车外进入的其他车辆尾气排放出的有毒气体以及汽车内饰件不断释放的挥发性有机化合物进行处理，使其有效、快速地分解。处理器被装配于空调进气过滤管道的框架结构内，既保护了光触媒处理部件的实用性，又能阻挡紫外线外泄照射到人体的问题。

（3）活性炭吸附 活性炭是一种常用的吸附剂，具有良好的吸附性，可以吸附空气中的各种气态、胶态和颗粒态污染物质，从而达到消毒除臭的目的。活性炭在吸附饱和时需要再生或者更换，约每3个月要再生或更换1次。

活性炭等也会对VOC有一定的吸附作用。但是，活性炭不能解决所有问题，只是对某些物质会起到吸附作用。另外，吸附材料也有相应的饱和值，使用一段时期之后就需要定期更换。而众所周知，甲醛等有害气体有效挥发性长达3～15年，寻求长久、有效的清除甲醛方法才是车内空气污染治理的必由之路。

（4）高温蒸汽消毒 利用（温度高达130℃以上）高温蒸汽对车内饰进行消毒的方法，俗称汽车桑拿。因此，能对车内座椅、车门饰板、仪表板、空调风口和地毯等进行消毒，基本上可以清除车内的异味，还杜绝了细菌和螨虫的滋生。不过要注意，这种方法属于一次性杀菌方法，保持的时间不长，而且容易引起电器、仪表及塑料件老化，因此不宜经常使用。

（5）车载空气净化器 车载空气净化器能迅速地清除车内空气中的浮沉颗粒、细菌以及有毒、有害气体等，并释放出负离子，从而能够有效地保持车内空气的高质量。车载空气净化器采用静电吸附和紫外线灯管等对车内空气进行过滤处理，不仅可以过滤和吸附空气中带菌的尘埃，也可吸附微生物，通过车载空气净化器处理后的车内空气指标均能达到国家标准，且具有效果稳定、保持时间长等特点。

（6）高科技PB除味系统 这个系统采用的是世界卫生组织推广的最新环保型广谱高效杀菌消毒剂对汽车空调管道及车内进行彻底杀菌消毒，从而根除异味根源，技术含量较高，不利于大众化。

【思考与练习】

一、填空题

1. 清洗剂除垢包括________、________、________、________和________五个过程。

2. 汽车美容护理用品按其用途的不同可分为______________系列、______________系列、______________系列、______________系列、______________系列、______________系列、________________系列、______________系列、______________和______________系列。

3. 车身上的焦油、沥青、鸟粪、橡胶和漆点等水不溶性污垢可用__________清除。

4. 车蜡按其物理状态的不同可分为____蜡和____蜡两种；按其作用的不同，可分为____蜡、防____蜡、防________蜡及____蜡多种；按其功能的不同可分为____蜡和________蜡两种。

5. 汽车内饰常用材料有________、__________、__________和__________。

6. 车巾除能对物体表面去污上光外，还具有________、________、________、________和________功能。

7. 汽车车身表面的污垢主要有__________、__________以及__________。

8. 车身表面的抛光是通过________、________和抛光的作用原理来消除车身漆面的________，从而改善车身的漆面缺陷。

9. 轮胎清洁增黑剂能清除轮胎上的酸、碱性污染物和其他有害物质，有助于降低__________，减缓__________，延长使用寿命，同时兼具增黑上光功能，用后能使轮胎光亮如新。

二、判断题（正确的画√，错误的画×）

1. 洗车时最好使用含矿物质较多的硬水，以免车身干燥后留下痕迹。（ ）

2. 使用打蜡机上蜡时，可不按一定的顺序任意进行，以保证打蜡的效率。（ ）

3. 发动机外表可用汽油来代替专用清洁剂进行清洗。（ ）

4. 进行车身表面清洗时，可以使用洗衣粉和洗洁精等含碱性成分较大的普通洗涤用品。（ ）

5. 脱蜡清洗剂含柔和性溶剂，具有较强的溶解功能；不仅可去除车身油垢，而且能把原有车蜡洗掉；主要适用于重新打蜡前的车身清洗。（ ）

6. 去油剂主要用来清洗发动机等油泥较厚的汽车部位。（ ）

7. 汽车在修补喷漆前，应将作业表面的锈蚀清除干净，然后才能进行涂底漆和刮原子灰等涂装工序。（ ）

8. 选用车蜡时，一般深色车漆选用黑色、红色和绿色系列的车蜡，浅色车漆选用银色、白色和珍珠色系列车蜡。（ ）

9. 煤油可以开蜡是因为煤油可以溶解油。（ ）

10. 在选购吸尘器时，吸尘器的性能要稳定，噪声越小越好。（ ）

三、选择题

1.（ ）不适合车身表面顽固污渍的清除。

A. 抛光机清除 B. 有机溶剂清除 C. 焦油去除剂清除 D. 清洁剂清除

2.（ ）不是车蜡的主要功能。

A. 增加漆面的光洁度 B. 研磨抛光 C. 保护漆面 D. 清洗漆面

3. 溶剂是用来去油的，溶剂的重要性在于它的（ ）。

A. 溶解功能 B. 去油功能 C. 清洗功能

4. 树脂蜡一般作为运输车辆的保护剂，其主要目的是防雨水、防尘和划痕。这种保护层一般不含油脂物质。因此，在开蜡时要用含树脂聚合物的溶解元素的（ ）开蜡。

A. 水质去油剂 B. 油脂蜡开蜡水 C. 树脂开蜡水

5. 水系清洗剂不易燃，属于生物降解型，对环境（ ）污染。

A. 无 B. 有

6. 对于中高档轿车，其漆面的（ ），宜选用（ ）；对于普通轿车或其他车辆，可选用（ ）。

A. 高档车蜡 B. 质量较好 C. 一般车蜡

7.（ ）不属于刷涂工具。

A. 漆刷 B. 画笔 C. 毛笔 D. 橡胶刮板

8. 下面关于研磨机说法正确的是（ ）

A. 研磨机转速不可调

B. 研磨机主要由壳体、电动机和控制机构三部分组成

C. 双功能型研磨机既能安上砂盘打磨金属材料，又能换上研磨、抛光盘作车漆护理。

D. 定速研磨机转速一般为1 750r/min。

四、问答题

1. 简述汽车车身清洗的工艺流程。

2. 车身打蜡有哪些注意事项？

3. 发动机与底盘部分的清洁护理有哪些内容？
4. 简述蜡的主要功用。
5. 汽车为什么要适时打蜡？
6. 怎样正确选用车蜡？
7. 漆面美容中为什么需要使用防锈蜡？
8. 护理汽车美容需要哪些设备和设施？
9. 简述打蜡机的使用方法。

模块 2

汽车漆面修复美容

项目1 汽车漆面修护美容

汽车在使用过程中漆面会因人为的或非人为的众多因素而出现失光、斑点以及划痕，为达到美观的效果需要进行美容处理；或者汽车油漆表面由于长时间未作任何漆膜保护，受空气中的有害气体、紫外光照射、酸雨和鸟粪等的侵蚀以及汽车在高速行驶时与空气摩擦产生静电，将有害气体的分子和灰尘吸附粘结在车身油漆表面而形成一种氧化膜，使车身颜色变暗、不鲜艳，同时还会严重影响上蜡质量，要及时进行清洁，再有就是，在汽车漆面出现划伤、破损及严重腐蚀失光等现象时，必须采用喷漆工艺来恢复汽车的昔日风采。这些情况均属于汽车漆面修护美容范畴。

任务1　汽车漆面斑点与失光的处理

需要找到汽车漆面斑点及失光现象形成的原因，并合理使用一定的工具设备以及材料对汽车漆面斑点与失光现象进行处理。

【学习目标】

知识目标：

1. 掌握汽车漆面斑点与失光处理的方法及工艺过程。
2. 理解汽车漆面斑点与失光形成的原因。
3. 了解汽车漆面斑点与失光形成的防治对策。

能力目标：

1. 能够正确鉴定汽车漆面失光与斑点的程度及产生原因。
2. 能够正确使用设备及工具。
3. 能够进行漆面失光与斑点处理作业。

【知识准备】

一、漆面斑点及失光的成因

强氧化性物质与车漆相互作用，在漆面形成氧化层，造成漆面失光；或者漆面遭受一定损伤后（一般是养护不当所致），变得凹凸不平，产生光线漫射，从而使漆面视觉效果恶化。其出现原因有以下几个方面：

1. 日常养护不当

（1）洗车不当 洗车时频繁选用碱性较强的清洗剂，则漆面易出现失光。

（2）日常打蜡保护不当 日常保护中不打蜡或不及时打蜡，使漆面受到紫外线、酸雨等不应有的侵蚀，容易出现失光。

（3）暴露环境恶劣

1）汽车行驶环境存在酸雨、盐雾及其他化学微粒，会对漆面造成一定的腐蚀。

2）汽车有80%左右的时间处于停车状态，在无库房的情况下，在沿海区域易受盐雾侵蚀，在化学工业区易受到化学气体及酸雨的侵蚀，在北方冬季易受寒冷风雪的侵蚀，从而造成漆面斑点或者是失光。

（4）交通膜 汽车在运行中形成交通膜，造成漆面失光。

2. 透镜效应

透镜效应是指当车身漆面上存有小水滴时，由于水滴呈扁平凸透镜状，对太阳光有聚焦作用，焦点处的温度可达800～1 000℃，从而导致漆面被灼蚀，出现用肉眼看不见的小孔洞，有些甚至深达金属基材。由于透镜效应致使漆面被酌伤，若酌伤范围较大，分布密度较高，则漆面就会出现严重的失光。因此，在汽车使用中应注意：一是热天气用冷水给车身表面降温时，要擦净漆面残存的水滴；二是在雨过天晴阳光灿烂时要将车身表面的雨滴擦净。

3. 自然老化

车辆在运行及存放中，即使各方面保护工作做得都很细致，若漆面曝露在风吹、日晒及雨雾环境中，久而久之，也会出现自然氧化、老化现象，从而呈现漆面失光。

4. 外界因素造成的漆面斑点

由于多种原因造成的油漆表面物理侵袭或褪色，形成各种颜色和尺寸的斑点，如图2-1所示及见表2-1。

表2-1 漆面斑点成因及外观

序号	成因	外观
1	柏油	脏，棕色或黑色斑点
2	工业废气，如SO_2	大面积或斑点状区域变哑光
3	酸雨	短期内看不见，但是会失光
4	酸（电池）	通常会损坏整个漆膜结构直至裸金属
5	树液	细丝状或水滴状，有时是清澈的，有时呈褐黄色痕迹，伴有膨胀
6	昆虫	油漆表面能看到昆虫身体的印迹
7	昆虫分泌物	如蜜蜂的粪便，长的黄褐色印迹，蚜虫的排泄物。圆形环状的黏液
8	鸟类排泄物	外观随鸟的不同类型、气候条件及被污染的持续时间而不同

二、漆面斑点及失光的处理方法

1. 确定漆面失光的原因

（1）自然氧化导致的失光 漆面无明显划痕，用放大镜观察漆面斑点较小，大多是氧化还原反应所致。

（2）浅划痕导致的失光 漆面分布较多的浅划痕，特别是在光线较好的环境中，如在

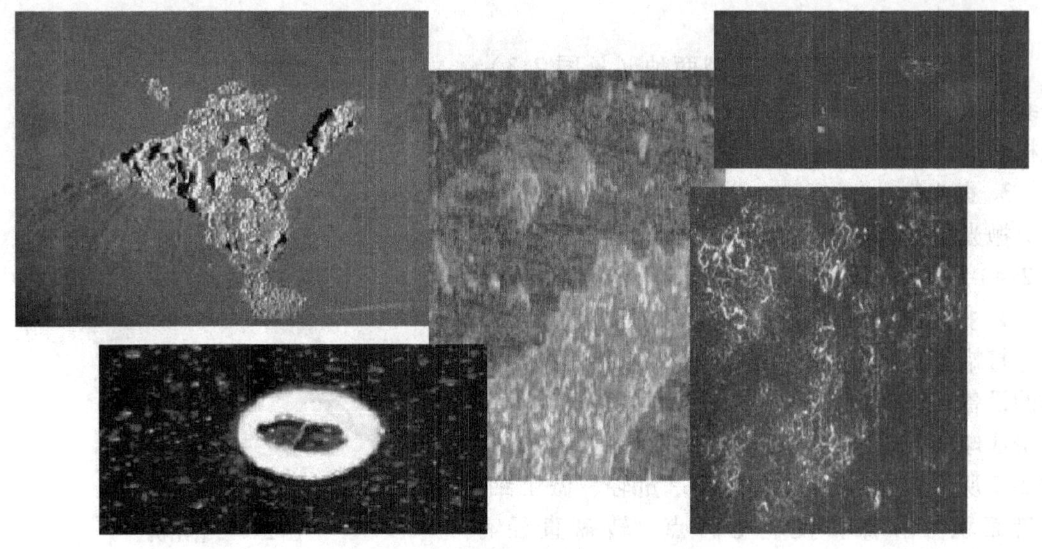

图2-1 外界因素造成的漆面斑点

阳光的照射下十分明显，导致漆面光泽受到严重影响。

（3）透镜效应引起的失光 用放大镜仔细观察漆面，若发现漆面有较多的斑点，则说明漆面受透镜效应侵蚀严重，光泽受到不同程度的影响。

2. 漆面斑点及失光处理工艺程序及方法

（1）自然氧化不严重或浅划痕导致的失光 通常可采用抛光研磨的方法进行处理。

（2）自然氧化严重或透镜效应严重引起的失光 必须进行重新涂装的翻新施工。

在本任务中只介绍可以通过抛光解决的汽车漆面斑点及失光现象，重新涂装的翻新施工会在后续任务中提到。

【任务实施】

设备、工具和材料准备：

一、设备、工具

1. 砂纸

抛光之前采用1 500#～3 000#砂纸，并配合使用橡胶磨块或水磨垫块，如图2-2所示。

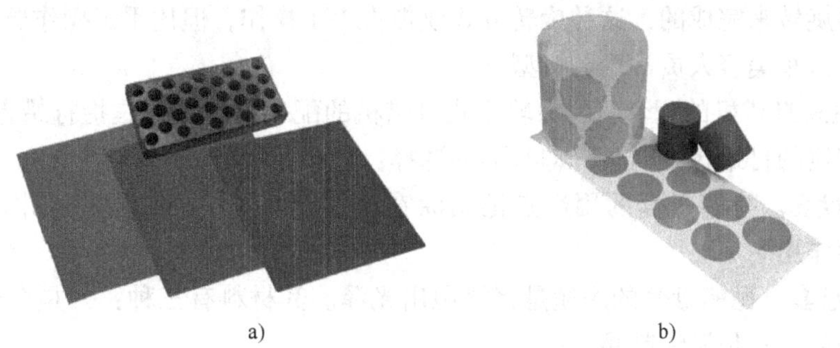

a) b)

图2-2 抛光前用砂纸

2. 抛光机

抛光机有电动型和气动型两种（见图2-3），安装抛光垫后使用，目前广泛使用的是电动抛光机。

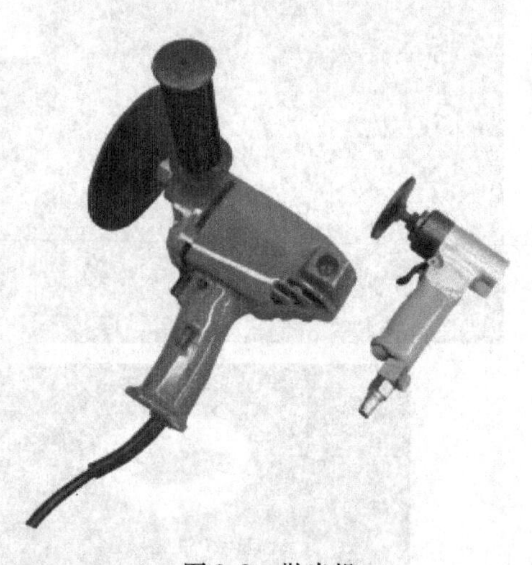

图2-3 抛光机

3. 抛光垫

抛光垫配合抛光蜡安装在抛光机上使用（见图2-4），有海绵垫和羊毛垫之分。

4. 打蜡机

打蜡机是把车蜡打在漆面上，并将其抛出光泽的设备。打蜡机工作时以椭圆形旋转，类似卫星绕地球的旋转轨道，故也称为轨道打蜡机，如图2-5所示。轨道打蜡机具有重量轻、做工细、转盘面积大和操作便利等特点。转盘直径有203.2mm（8in）、254mm（10in）和304.8mm（12in）三种。

图2-4 抛光垫

图2-5 轨道打蜡机

（1）轨道打蜡机的种类 轨道打蜡机型号很多，样式不一，大致可分为普通轨道打蜡机和离心式轨道打蜡机。普通轨道打蜡机由于转盘较小、使用材料较差、扶把位置不容易平衡等缺点，一般在非专业汽车美容场所使用。离心式轨道打蜡机的动作是靠一种离心式的、无规律的轨道旋转来完成的，这种旋转方式模拟人手工操作，但比手工操作要快得多、省事得多，是专业汽车美容人员常用的机型。

（2）轨道式打蜡机的配套材料 轨道式打蜡机的配套材料主要是指打蜡盘的各种盘套。打蜡机使用固定的打蜡盘，但盘套却有下列选择：

1）打蜡盘套。打蜡盘套的用途是把蜡涂在车体上。其结构外层为毛巾套，底层为皮革，可起防渗作用。

2）抛蜡盘套。抛蜡盘套的用途是将蜡抛出光泽。其材料有三种：一是全棉制品，二是全毛或混纺制品，三是海绵制品。

目前使用最广泛的是全棉盘套。使用该盘套时，应选择针织密集而且线绒较高、有柔和感的制品，越柔和，就越能减少发丝划痕，也就越能把蜡的光泽和深度抛出来。全棉盘套不宜反复使用，很多专业人员一辆车要换一个新的盘套。即使不换新的，也一定要清洗旧盘套。清洗时要使用柔和剂，否则晒干后盘套会发硬；最好是用防静电方式进行烘干。

5. 抛光垫清洗机

抛光垫清洗机用于清洗羊毛垫上的抛光剂（见图2-6），而海绵垫需要用手清洗。

6. 法兰绒布

法兰绒布是一种柔软的布，用于手工抛光区域，因为太窄而不能使用抛光机，如图2-7所示。

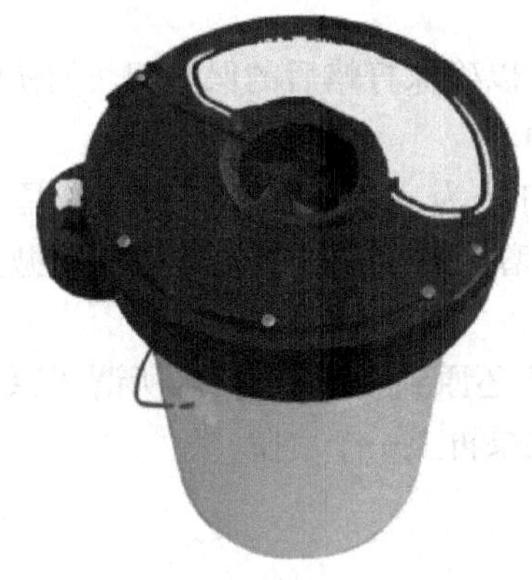

图2-6 抛光垫清洗机

图2-7 法兰绒布

二、材料准备

1. 研磨剂

研磨剂可以分为两大类，分别是普通漆研磨剂和透明漆研磨剂。

（1）普通漆研磨剂　普通漆研磨剂是指透明漆出现前所生产的研磨剂。一般研磨剂中都含有坚固的浮岩作为摩擦材料。浮岩颗粒的主要特点是坚硬、研磨速度快。但因为这些颗粒不会在研磨中产生质变，所以用于透明漆时就会将透明漆涂膜打掉，因此不适用于透明漆的研磨。

（2）透明漆研磨剂　透明漆研磨剂中的摩擦材料有了很大的革新，以合成磨料或陶土替代了浮岩，它的切割功能依旧存在，但不像浮岩那样坚硬，在一定的热量下，摩擦材料可通过化学反应变小或变无。透明漆研磨剂又称为通用型研磨剂。

研磨剂都是按其摩擦材料颗粒的大小来决定其研磨功能的，没有任何一种单一的研磨剂能“医治百病”。因为在处理大划痕的同时，研磨剂又会造成小划痕，治理小划痕则需要更细的研磨材料。

2. 抛光剂

抛光剂的基本成分多为硅蜡或硝基氨，其主要成分还有研磨剂（碳化硅）、去污剂、光亮剂和还原剂等。抛光剂按其所含研磨剂的粒度及含有还原剂多少，又细分为研磨剂、抛光剂和还原剂。

抛光剂是混在溶剂或水中的摩擦粒子，其用处因其所含粒子的大小不同而异。抛光剂的组分和特性见表2-2。

表2-2 抛光剂的组分和特性

	组　分	特　性
抛光剂	摩擦粒子	用于抛光涂装表面
	溶剂和水	促进抛光
	添加剂	有的用于增加光泽，有的用于防止成分改变

3. 还原剂

还原剂又称为密封剂，它在蜡与漆之间起绝缘作用，以确保打蜡后的保质期，能使涂膜避免空气中污染物的侵蚀，主要分为还原剂和增光剂两种。

(1) 增光剂　增光剂以“亮”为主，是集抛光与打蜡为一体的二合一产品，是含蜡（或上光剂）的抛光剂。增光剂与抛光剂的唯一区别在于增光剂含蜡（或上光剂）而抛光剂不含。

(2) 还原剂　还原剂用以“消除最后的划痕，把涂膜还原到新车程度”。所谓还原，就是打蜡前的最后一道完善工序，可以使研磨抛光等工作成果再上一个台阶。

【实施步骤】

汽车漆面斑点及失光治理的实施步骤见表2-3。

表2-3 汽车漆面斑点及失光治理的实施步骤

步骤	操作内容	操作示范图	操作说明	技术要求
1	清洗车身		1）选用电动细磨机或气动细磨机配合专用超软接垫和超软尼龙细砂网S1 200，以中、低速将氧化膜除掉 2）用快干清洁剂清洁	车身表面清洗后达到车身清洗的要求，漆面整洁无污物
2	粗抛漆面		将水溶性抛光粗蜡涂于海绵球表面，用抛光机以中速1 600r/min扩散研磨一遍，以调整漆膜纹理	粗抛后划痕去掉，有较明显的抛光痕迹

（续）

步骤	操作内容	操作示范图	操作说明	技术要求
3	细抛漆面		将水溶性抛光细蜡加少许水粉均匀涂抹在需要抛光的部位，改用羊毛球，用抛光机以高速 1 900 ~ 2 200r/min 将砂纸纹抛掉	在抛光过程中应该尽量使羊毛球湿润，防止过热损伤漆面 细抛后漆面有光泽产生
4	上光封闭保护	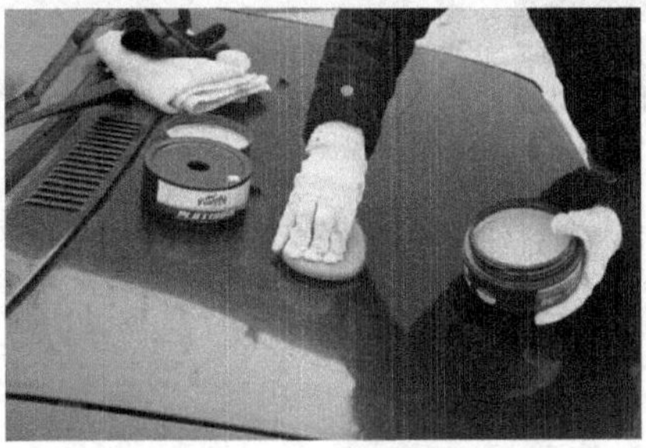	用水溶性漆膜上光保护蜡和费斯托细海绵球将蜡均匀涂在车身表面，10min 后用洁净的羊毛球抛光	漆面光亮并披上一层保护膜

任务2 塑料件的美容与护理

汽车车身保险杠和装饰条等多部位使用塑料件，而塑料件漆面在施工或者使用过程中易出现成片脱落、开裂和针孔等缺陷，需要找到形成的原因，并合理使用一定的工具设备和材料对汽车车身塑料件漆面易出现的缺陷进行防治。

【学习目标】

知识目标：

1. 掌握汽车车身塑料件漆面易出现缺陷的防治。
2. 理解汽车车身塑料件漆面易出现缺陷的形成原因。
3. 了解车身塑料件漆面易出现缺陷的防治对策。

能力目标：

1. 能够正确鉴定汽车塑料件漆面缺陷及形成原因，能对此进行防治。
2. 能够正确使用设备及工具。
3. 能够进行汽车塑料件漆面的美容与护理处理作业。

【知识准备】

在汽车车身塑料件部分，漆面在使用过程中容易出现如下一些问题：整个漆层结构从塑料底材上成片脱落，出现裂纹和针孔。

一、成片脱落

1. 定义

整个漆膜很容易从塑料底材上剥落，如图2-8所示。

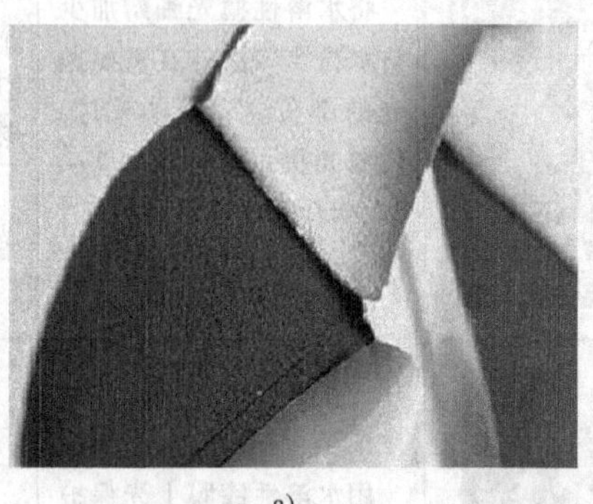
a)

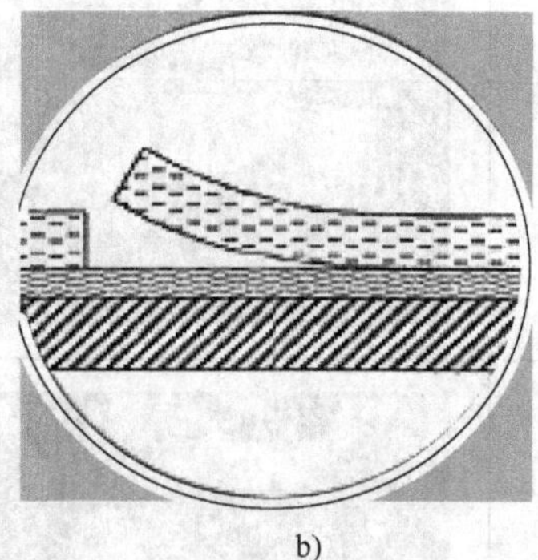
b)

图2-8 塑料件漆面脱落
a）漆面脱落 b）漆面脱落剖面

2. 成因

1）塑料底材上的清洁不充分。

2）塑料底材上的打磨不充分。

3）使用了不适当的清洁剂或除油剂，或使用方法不当。

4）某些特殊塑料部件在喷涂前未被加温。

5）未使用塑料附着力增强底漆或双组分塑料中涂漆。

3. 防范方法

（1）清除脱膜剂 使用中性洗涤剂彻底清除部件上所有的水溶性脱膜剂。用塑料件清洁剂彻底清除表面溶剂型脱膜剂。当塑料件较脏或有纹理时，则用菜瓜布配合进行清洁，在打磨前和打磨后都要清洁表面。

（2）打磨表面 使用推荐的打磨材料型号，不规则造型部件可用菜瓜布打磨（如散热器外罩壳和保险杠等）。

（3）清洁 用塑料件清洁剂清洁塑料件。

（4）加热 “加温”意为加热塑料件，用热胀冷缩的原理使脱膜剂脱离出来。

（5）修补 按照修补系统流程，使用单组分塑料底漆或双组分塑料中涂底漆在塑料件表面上。

4. 修补

完全地清除涂层，按照修补系统流程施工。不要使用脱漆剂，否则，会损伤化学合成的塑料件。

二、开裂

1. 定义

在受到机械力作用后，塑料件漆面出现破裂或裂纹，严重时甚至塑料件本身也出现裂纹。这种情况通常发生在柔软、有韧性的塑料件（如PUR后扰流器）上，如图2-9所示。

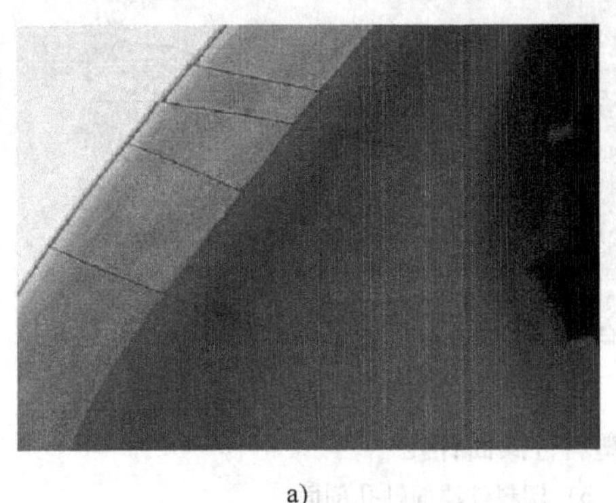

a)

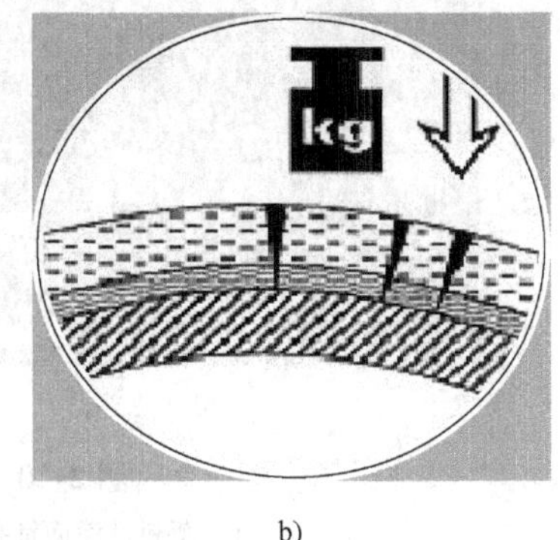

b)

图2-9 塑料件漆面的开裂

2. 成因

1）柔软添加剂添加量不足或应用不正确。

2）整体涂膜太厚。

3. 防范方法

1）柔软添加剂的添加量取决于需要的柔软程度，即该塑料件是较硬的还是较软的（有韧性的）。柔软的塑料（如海绵状塑料）通常是PUR泡沫（如后导流板），能用拇指按压出印迹。其他的称为硬质塑料。原则上中涂漆、纯色双组分面漆或清漆必须添加柔软剂，双工序系统的底色漆无须柔软添加剂。

2）较硬的塑料在添加固化剂前，以4:1的比例添加柔软添加剂；柔软的塑料在添加固化剂前，以2:1的比例添加柔软添加剂。

4. 注意事项

1）按照推荐的比例先添加柔软剂，然后加入固化剂。

2）遵循所推荐的膜厚。

5. 修补

尽可能用机械方法清除缺陷漆层（否则不能修补），并按照修补系统流程施工。不要使用脱漆剂，否则，会损伤化学合成的塑料件。

三、针孔

1. 定义

因塑料件中的毛孔和气泡而形成针孔。这种情况通常出现在柔软的塑料件上（如PUR后扰流板）和GRP玻璃纤维件，如图2-10所示。

2. 成因

塑料件生产时已存在的膨胀缺陷或泡沫孔。

3. 防范方法

在施工前彻底检查塑料件表面是否有小孔，然后用塑料件腻子填补。

4. 修补

磨损缺陷处用塑料件腻子填补小孔，并按正确工艺重喷。

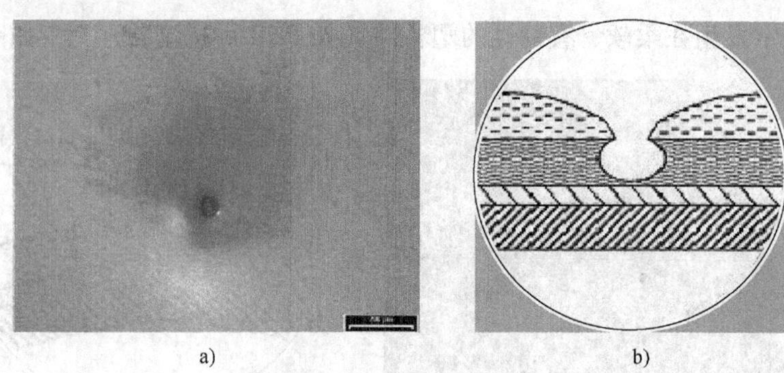

a) b)

图2-10 塑料件漆面针孔

a）塑料件漆面针孔 b）塑料件漆面针孔剖面

5. 注意事项

塑料件如有太多的气孔，将难以喷涂，因此在喷涂前对表面的检查很重要。

【任务实施】

汽车塑料件漆面常见问题的处理步骤见表2-4。

表2-4 汽车塑料件漆面常见问题的处理步骤

步 骤	成片脱落	开 裂	针 孔
1	清除脱模剂	添加柔软剂	打磨表面
2	打磨表面	清除脱模剂、打磨表面	清洁
3	清洁	清洁	检查
4	加热	加热	用塑料件腻子填补
5	修补	修补	重喷修补

【思考与练习】

一、填空题

1）漆面处理包括__________、__________和__________。

2）漆面失光处理的方法有__________和__________。

二、思考题

1）漆面美容的主要目的是什么？

2）漆面美容包括哪些主要内容？

3）说出漆面斑点的产生原因。

4）说出抛光时所需的工具与设备。

5）确定漆面失光的原因及处理方法。

项目 2 汽车漆膜划痕的处理

众所周知，汽车日常运行及停放绝大多数时间处于露天环境中，由于诸多人为因素，如行车中与其他物体或车辆刮擦，甚至停放在路边或生活区的车辆被划伤，造成漆面很大的伤害。通过专业汽车美容师漆面处理完全可以达到漆面的光亮如新。

任务 1　喷枪的操作

汽车漆面美容的效果主要取决于汽车漆面美容设备的质量和操作人员的技术水平，汽车漆面美容设备的质量由设备的精度决定，因此首先应对汽车漆面美容工具与设备有总体上的认识。本任务主要介绍喷枪的操作。

【学习目标】

知识目标：

1. 掌握喷枪的类型及应用。
2. 掌握喷枪的操作方法。
3. 理解喷枪的喷涂雾化原理。
4. 了解喷枪的常见故障。

能力目标：

1. 通过学习喷枪的操作方法，能正确调整喷枪并喷涂。
2. 通过学习喷枪的类型及应用，会正确选用喷枪。
3. 通过学习喷枪的常见故障，能分析故障原因。

【知识准备】

一、喷枪的工作原理

喷枪是漆面修复的主要设备，其质量对漆面修复质量的影响很大。喷枪的类型和规格较多，适用于不同场合的喷涂，但其基本功能和原理是一致的。

空气喷枪的工作原理就是当压缩空气从气罩的气孔中排出时，就在涂料喷嘴处形成一个负压，该负压对杯中的涂料施以吸引力，然后由于气罩里气孔处压缩空气的作用，被吸上的涂料以雾化涂料形式喷涂到表面上，如图 2-11 所示。

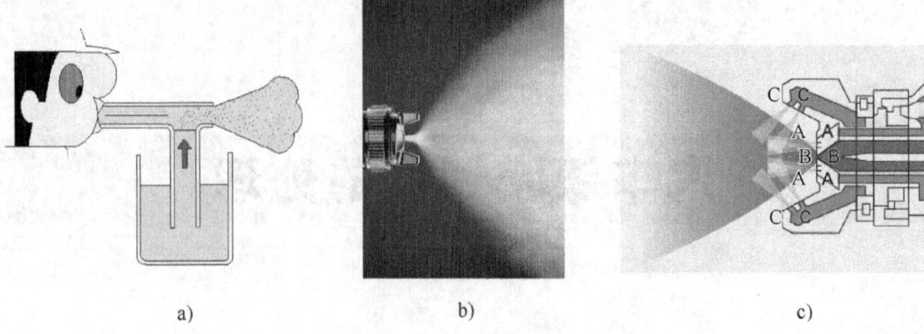

a) b) c)

图 2-11 空气喷枪的工作原理

a）雾化原理 b）喷枪喷涂 c）喷涂原理

二、喷枪的种类

空气喷枪大致可以分为三种：重力式、吸力式和压力式，见表 2-5。

表 2-5 空气喷枪分类、要点及图例

类 型	图 例	涂料供应方法	优 点	缺 点
重力式		涂料杯在喷枪的涂料喷嘴上面；涂料靠其自身的重力以及在喷嘴处产生的吸引力供应至喷嘴	可以将由于黏度变化引起的涂料喷涂量的变化减至最少	由于涂料杯容量小，不适合大面积、长时间的喷涂
吸力式		涂料杯在喷枪的涂料喷嘴的下面，涂料是靠喷嘴处产生的吸引力供应的	由于涂料杯容量大，适合喷涂大的面积	由于涂料杯容量大，故喷枪重

（续）

类　型	图　例	涂料供应方法	优　点	缺　点
压力式		涂料和喷枪是分开的；涂料在涂料罐内被压缩空气加压，并供至喷枪	适合大面积进行连续喷涂作业	不适合小的涂装工作

对于一般的汽车重涂，最好用重力式喷枪和吸力式喷枪，因为它们使用简便。压力式喷枪一般用于制造厂，进行连续喷涂。

三、喷枪的结构

1. 整体结构

空气喷枪的结构（以重力式为例），如图 2-12 所示。

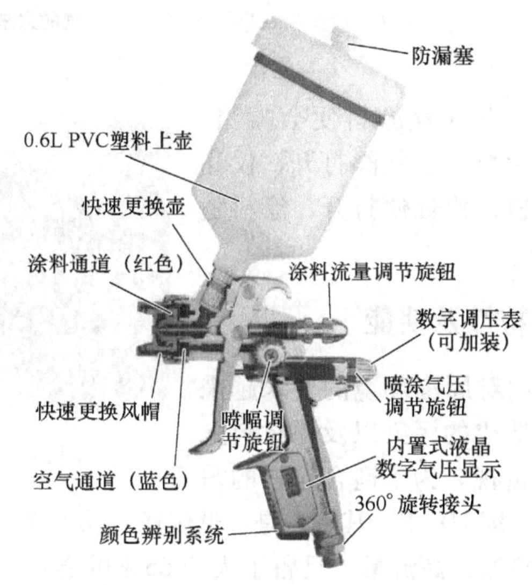

图 2-12　重力式喷枪的结构

2. 部分重要部件结构

1）涂料喷嘴和枪针。涂料喷嘴和枪针的结构如图 2-13 所示。

当枪针离开枪嘴时，涂料喷出，枪针离开枪嘴的距离决定喷涂量，如图 2-14 所示。

2）空气帽。空气帽排气，以助雾化涂料，如图 2-15 所示。

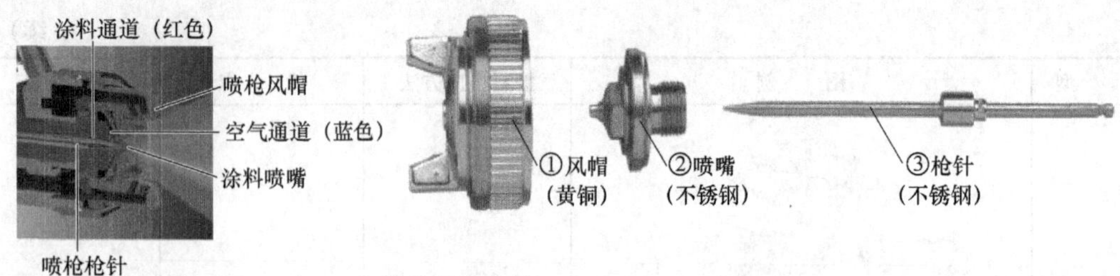

图2-13 涂料喷嘴和枪针的结构

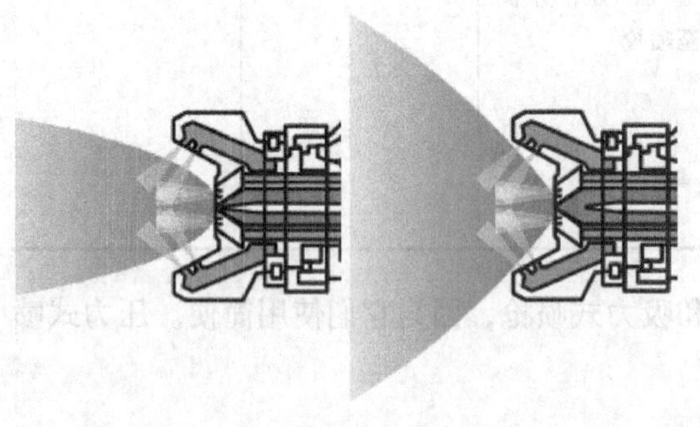

图2-14 枪针的位置与出漆量

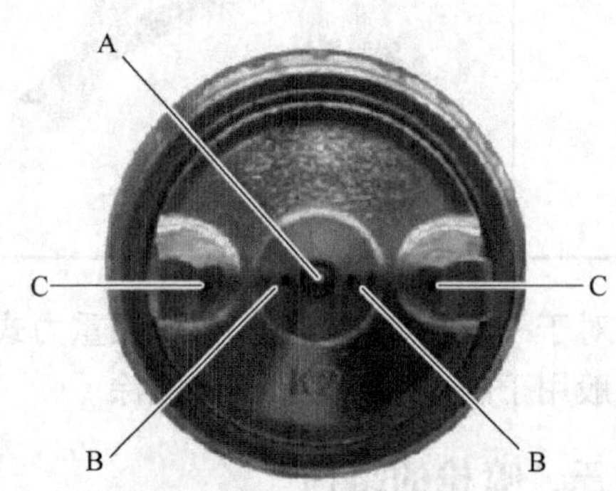

图2-15 空气帽

A—中央气孔（在涂料喷嘴处产生真空，并且喷涂料）
B—辅助孔（促使涂料雾化） C—侧孔（使用压缩空气的力来规定喷雾图形）

3）扳机。拉动扳机，空气及涂料便会喷出。扳机工作分两步：初始拉扳机时，气阀打开，仅让空气喷出；再一步拉动扳机，枪针便打开，涂料随空气喷出，如图2-16所示。

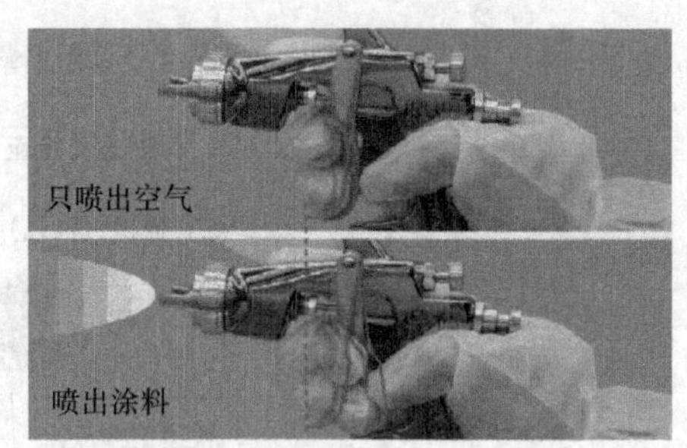

图2-16 扳机工作示意图

四、HVLP喷枪的特性及功能

随着社会的进步，人们对周围环境的要求越来越高，传统的喷枪对环境造成的污染以及原材料上的浪费越来越受到人们的重视。为了迎合这样的需求，设计生产了环保喷枪，即HVLP，其特点是：低气压（最高70kPa），因此得以增加过度喷涂的再生发展成低过度喷涂；高流量，具备了大于65%的高作业效率，得以节省30%的物料，如图2-17和图2-18所示。

五、喷枪的常见故障

喷枪在喷涂过程中有时会出现非正常的喷涂效果，其常见故障见表2-6。

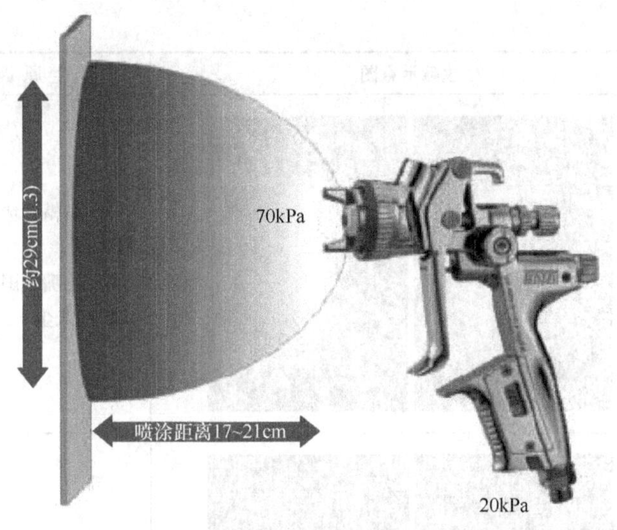

图2-17 环保喷枪

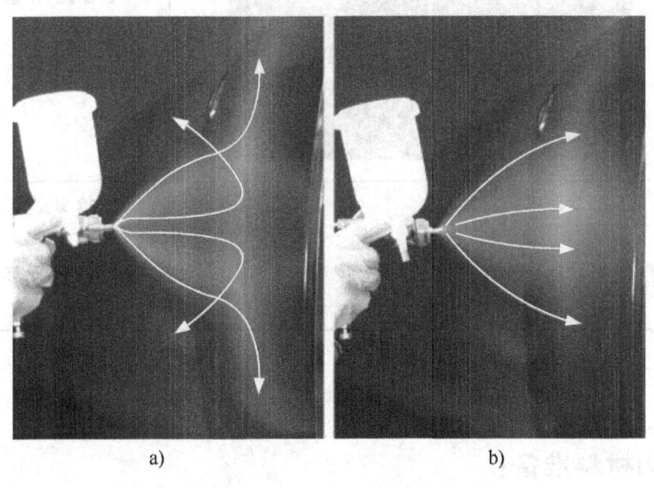

图2-18 常规型与环保型喷枪喷涂效果
a）常规型 b）环保型

表2-6 喷枪的常见故障

序号	故障名称	故障示意图	产生原因	应对措施
1	喷溅	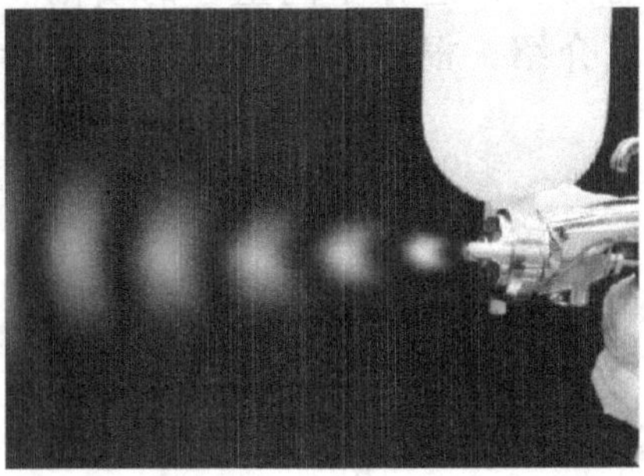	1）枪针损坏或松动 2）枪嘴损坏或松动 3）枪壶松动 4）涂料通路中有空气	1）紧固或更换枪针 2）紧固或更换枪嘴 3）紧固枪壶 4）更换新涂料

（续）

序号	故障名称	故障示意图	产生原因	应对措施
2	偏移		1）风帽孔堵塞或损坏 2）枪嘴周围粘附涂料或灰尘	1）清洁或更换风帽 2）清洁或更换枪嘴
3	弯月形		风帽孔堵塞或损坏	清洁或更换风帽
4	涂料泄漏	（无图示）	1）枪针损坏或松动 2）枪嘴损坏或松动	1）紧固或更换枪针 2）紧固或更换枪嘴

【任务实施】

设备、工具和材料准备：

本任务主要完成喷枪的操作，包括喷枪的选择、调试、使用及养护，在前面的知识准备中对设备、工具和材料已有详细说明，此处不再一一赘述。

技术标准及要求：

喷枪有不同的种类、不同的生产制造商，同时，涂料也有不同的品牌、不同的系列和不同的生产制造商，应根据不同的需要，选择不同型号的喷枪。对于喷枪及涂料的选择与适用都有详细的使用手册予以介绍，根据实际情况进行选择与使用，不再罗列技术标准及要求。

【实施步骤】

一、选择喷枪

根据操作需要选择喷枪，可参考图2-19中的依据。

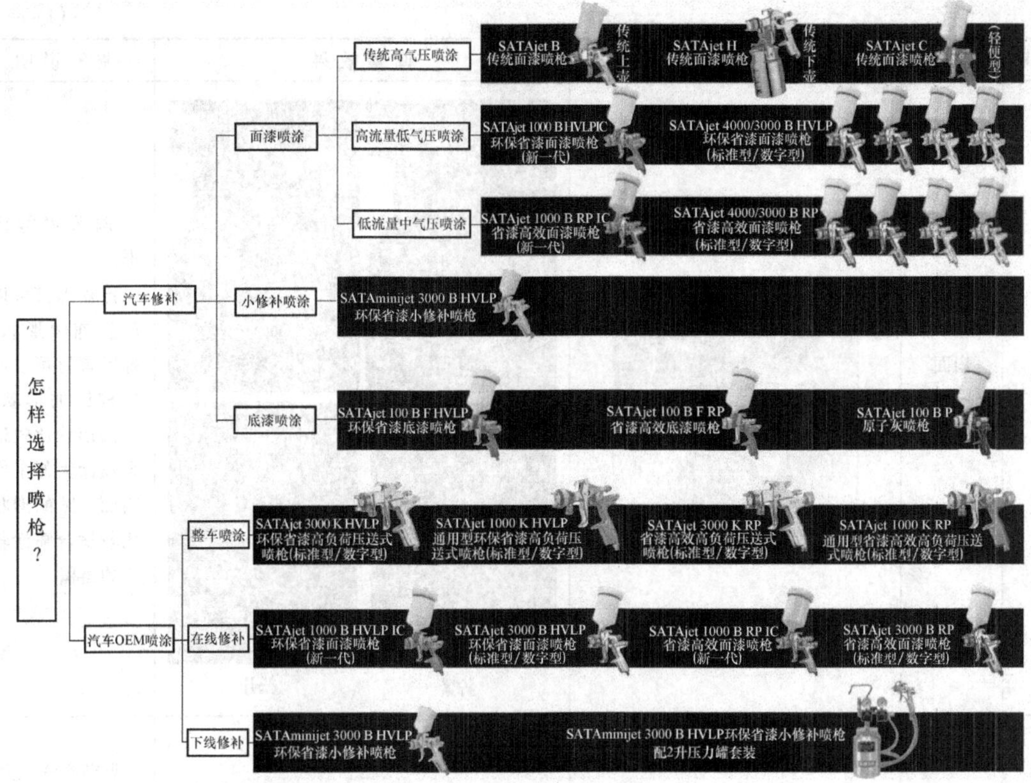

图 2-19　正确选用喷枪指导图

二、调整喷枪

根据需要调整喷枪，说明见表2-7。

表2-7　喷枪调整说明

序号	调整项目	喷枪部位	调整效果	调整说明
1	涂料流量调节		拧紧　松开	通过调节针的移动量来调节涂料喷出量 放松调节螺钉，喷出量便增加；拧紧该螺钉，喷出量便减少。如果调节螺钉拧紧，那么涂料流便停止

（续）

序号	调整项目	喷枪部位	调整效果	调整说明
2	扇面（喷幅）调节	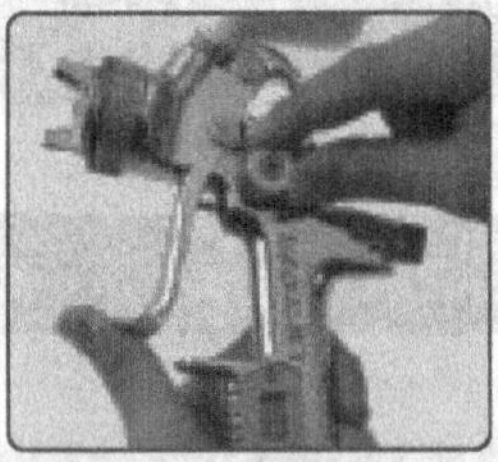	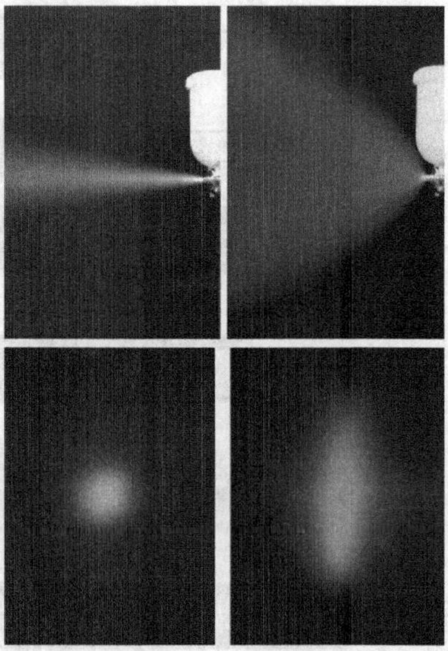 拧紧 松开	调节喷雾图形： 拧松螺钉可以产生椭圆形状，拧紧螺钉可以产生较圆的形状。椭圆形状比较适合喷涂大的工作表面。圆的形状比较适合喷涂较小的面积
3	空气压力调节		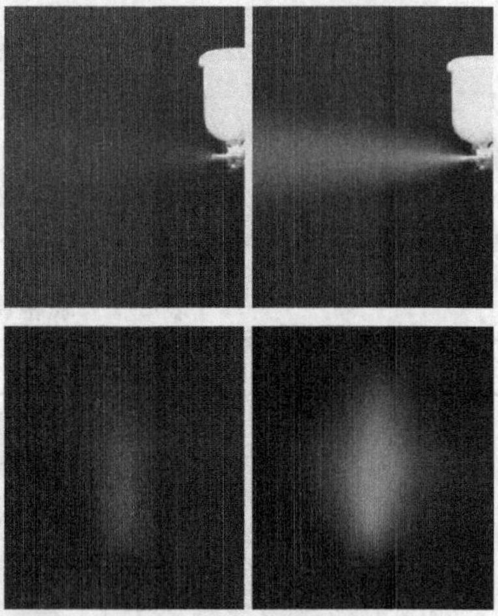 拧紧 松开	调节空气压力： 1）拧松调节螺钉可增加空气压力，拧紧则可降低空气压力。空气压力不足可以降低涂料雾化的程度，而压力过大则会使更多的涂料溅散，从而增加消耗的涂料量 2）传统喷枪400kPa，RP喷枪250kPa，HVLP喷枪200kPa

三、喷涂操作（使用喷枪）

在喷涂操作中，喷涂气压、喷涂距离、喷枪移动速度、喷涂角度及扇面重叠度等因素，对涂膜的质量和漆面的美观都有直接的影响，根据实际需要来进行调整，见表2-8。

表2-8 喷枪的使用要点

序号	要点	效果图	调整说明
1	喷涂距离	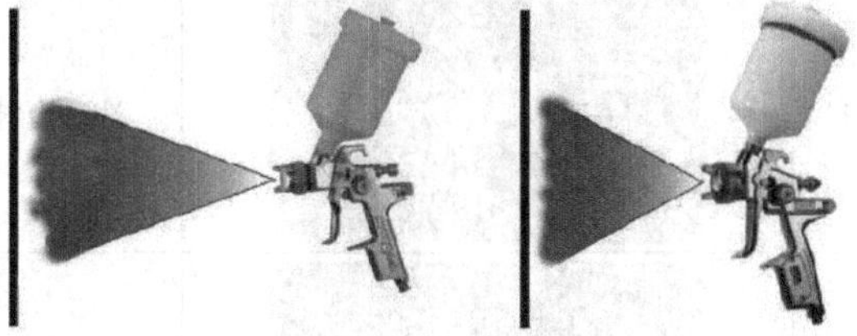	传统型喷枪的喷涂距离应保持在18~23cm，环保喷枪应保持在13~17cm 距离过近易产生流痕，距离过远会造成涂膜面粗糙无光
2	喷涂角度	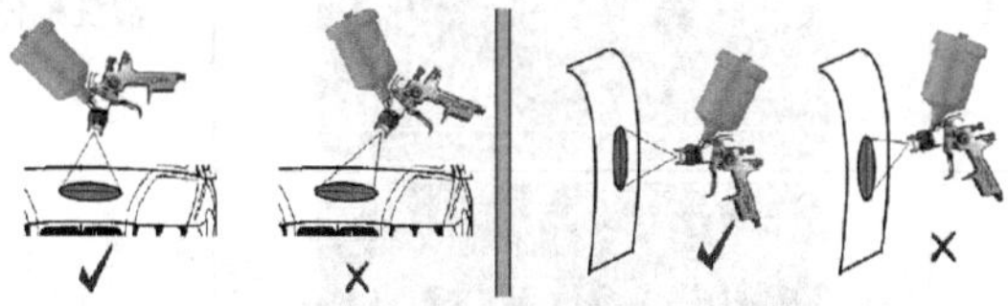 ✓ × ✓ ×	无论被涂物面是平面、垂直面、斜面还是侧面，喷涂的喷雾流都应始终与被涂面保持垂直
3	扇面重叠	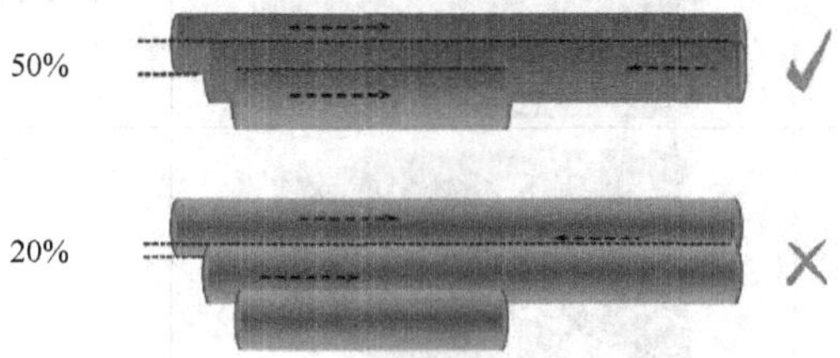 50% ✓ 20% ×	正确的喷雾图形重叠宽度为喷雾图形的1/2~2/3。喷雾图形的重叠一定要均匀。如果发生不均匀现象，那么涂层厚度便不均匀，从而可能产生涂装缺陷

四、喷枪清洗及安装维护

要保持喷枪正常、有效地工作，必须经常对喷枪进行维护，主要分为拆卸与手工清洗以及组装与维护两个方面，具体做法见表2-9和表2-10。

表2-9 喷枪拆卸及手工清洗实施步骤

步骤	操作名称	分步骤	操作示意图	操作说明
1	拆卸喷嘴套装	1-1		用手拆下枪针
		1-2		用手取下风帽
		1-3		用扳手取下喷嘴

（续）

步　骤	操 作 名 称	分步骤	操作示意图	操 作 说 明
2	清洗和吹干	2-1		清洗涂料通路
		2-2	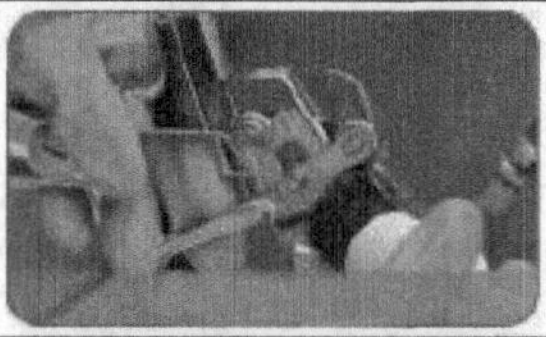	清洗枪体外部
		2-3		用风枪吹干
3	清洗喷嘴套装	3-1	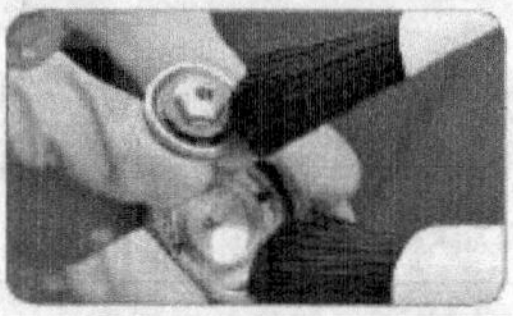	1）在喷枪的清洗过程中，要确保所有刷子没有金属丝，因为金属丝会使喷枪受损 2）在手工清洗时，要保持喷枪与降低了气压的空气管路连接，并确保清洁剂不会进入喷枪空气管路
		3-2		
		3-3	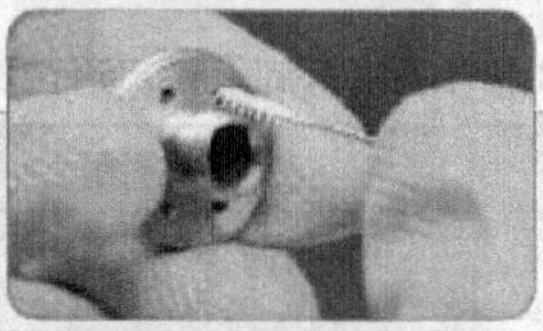	
		3-4		
		3-5		
		3-6	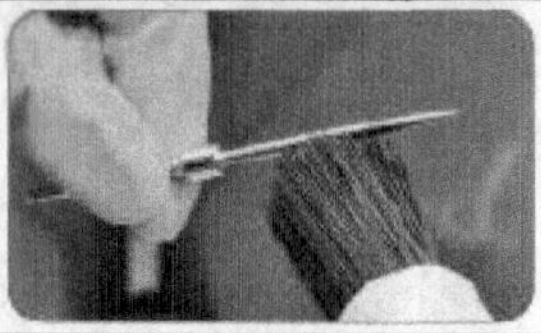	

表2-10　喷枪的安装与维护实施步骤

步　骤	图　示	操作说明
1	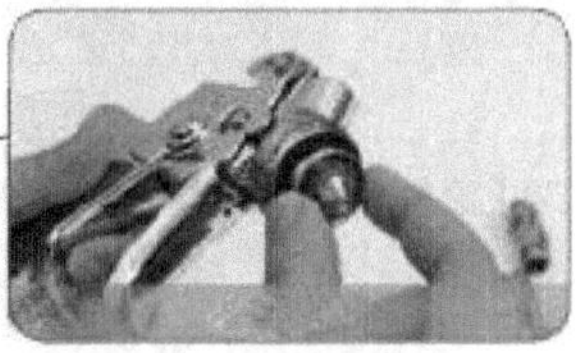	装上喷嘴
2		用扳手旋紧
3		装上风帽
4	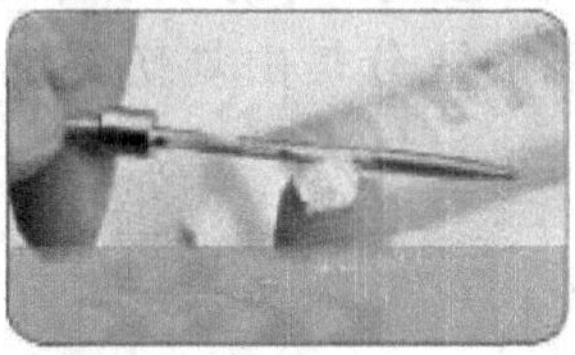	在枪针接触密封圈的位置涂少许润滑油
5		装上枪针
6	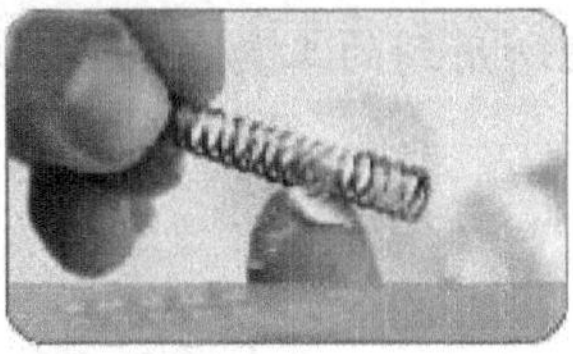	在枪针弹簧上涂少许润滑油
7	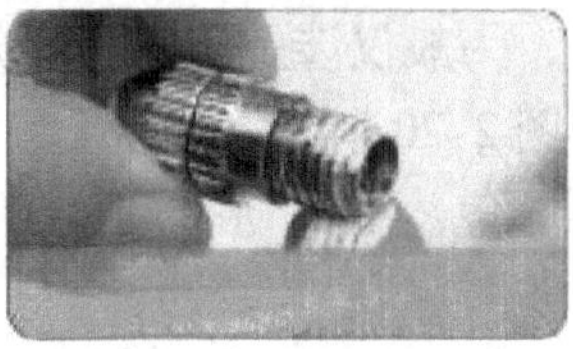	在涂料流量调节旋钮的螺纹上涂少许润滑油

（续）

步　骤	图　示	操作说明
8		装上涂料流量调节旋钮
9		在扳机顶杆的可见部分涂少许润滑油

任务2　汽车漆面浅划痕的修复

汽车漆面结构一般为色漆 + 清漆。现代轿车普遍采用与清漆结合的面漆系统，汽车表面深的或浅的划痕总是相伴产生的，划痕深浅的区分是由划伤部位是否露出底漆划分的。

【学习目标】

知识目标：

1. 掌握汽车漆面浅划痕的修复工艺。
2. 理解汽车漆面浅划痕的修复原理。
3. 了解汽车漆面深、浅划痕的区分方法。

能力目标：

1. 通过学习，能修复汽车漆面浅划痕。
2. 通过学习，会正确使用汽车漆面浅划痕处理所用到的工具、设备及材料。

【知识准备】

一、漆面深、浅划痕的鉴别

汽车漆面受硬物刮擦产生的浅划痕不触及底漆，一般仅涉及清漆和部分色漆层；硬物划伤导致伤及底漆的深划痕，严重者达到钣金层，如图2-20所示。

二、漆面浅划痕的成因

漆面浅划痕主要是由于擦车不当造成，车身表面附有尘埃时用抹布或毛巾擦拭。因尘埃中有一些硬质颗粒状物质，在擦拭时易使车身表面漆面出现细小划痕。

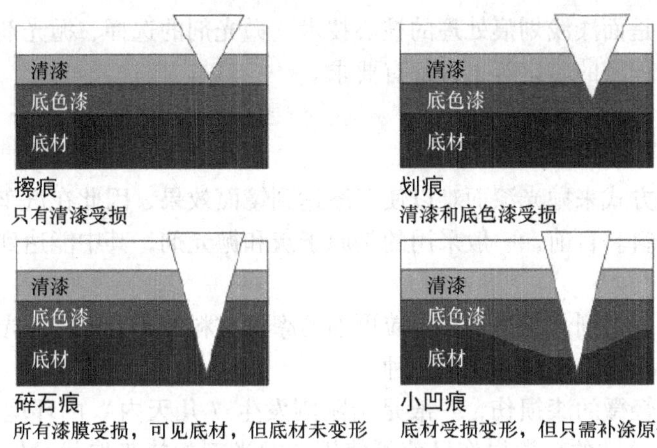

图2-20　漆面损伤情况

三、漆面浅划痕处理

1. 漆面浅划痕处理方法及过程

对于一般的极浅的浅划痕，可用抛光机来进行抛光；如果是相对深一点的，则可以用2 000#砂纸进行打磨，然后进行抛光即可恢复原有的漆膜。漆面浅划痕的处理过程如下：

（1）洗车　清除汽车车身表面的污染物和泥土等，避免造成意外的伤害。

（2）漆面研磨　抛光前再次判断浅划痕的伤及程度，有选择性的用2 000#砂纸进行研磨。

（3）抛光　清除研磨留下的细微划痕。

（4）漆面还原增艳　抛光作业结束后，漆面浅划痕已基本消除，对于抛光作业中残留的一些发丝划痕和旋印等，可通过漆面还原进行处理。漆面还原时用小块无纺布将还原剂均匀涂抹于漆面，然后用无纺布毛巾抛光即可。经还原处理后的漆面亮丽如新，可与打蜡的效果相比。

（5）漆面保护　漆面保护通过对漆面上保护剂来实现。漆面保护剂有蜡质和釉质两大类。

2. 漆面浅划痕处理应注意的问题

1）在漆面浅划痕处理施工前，必须对待处理表面进行清洁。

2）抛光剂尽可能不涂在抛光轮上，而是用小块毛巾均匀涂抹于漆面待处理部位。

3）抛光剂涂抹面积要适当，既要便于抛光操作，又要避免未及时抛光而出现干燥现象。

4）抛光时要掌握好轻重缓急，漆面瑕疵多的地方要重、要缓慢，用力要去时重、回时轻，棱角边处抛光要轻，来回抛光速度要快。

5）抛光时及时洒水，洒水时最好雾状喷洒，防止因水流过大而冲去抛光剂。

6）欧美汽车的面漆涂层一般较厚，而日本、韩国及国产车辆面漆涂层一般较薄。在抛光时，要注意把握好分寸，千万别抛露面漆。

7）抛光作业可以手工完成，在手工抛光时应注意抛光运动路线，不可胡乱刮擦、环形运动，应以车身纵向平行线为准往复运动。

总之，抛光作业是面漆浅划痕处理的核心技术，抛光剂的选择、抛光剂的用量、抛光机的正确使用以及抛光程度的鉴定等事宜都有要求。

四、汽车面漆的镜面处理

用砂纸与粗蜡的方式来抛光漆面难以使车漆达到镜面效果，因此在汽车漆面镜面处理时必须使用车漆护理材料。目前，一般采用的是原子灰和抛光剂，其中能达到最佳镜面效果的材料是抛光剂。

抛光剂也是一种研磨剂，是一种含颗粒更细的摩擦材料的研磨剂。抛光剂按摩擦材料颗粒或功效的大小分为微抛、中抛和深抛三种。

微抛用于去除极轻微的漆损伤，一般是指刚刚发生（几天内）的环境污染及酸性侵蚀(鸟粪和落叶等)，但这类的轻微损伤目前可使用含抛光剂的蜡来取代微抛；中抛和深抛主要用来处理不同程度的发丝划痕。另外，中抛对透明漆的效果好，而深抛则对普通漆效果好。

一般来说，就所含的摩擦材料来看，抛光剂与还原剂是同一类别的材料，但两者的主要区别是还原剂含上光材料（上光剂或蜡），而抛光剂不含上光材料。含不含上光材料对汽车漆产生镜面效果很重要。

使车漆的光泽度提高，以达到镜面效果而进行抛光的途径主要有：

1）靠研磨和摩擦材料的力量，硬性地把细微划痕去掉。

2）靠蜡的功效，即抛光到一定程度后靠蜡的光泽来弥补抛光的缺陷。

3）靠化学反应，即靠抛光机转速的调整而使抛光剂产生化学反应。

前两种方法一般使用得较多，主要原因是一般对抛光机的转速、抛光头的材料（全毛材料、混纺材料、海绵材料及全棉材料等）、漆的结构和抛光剂的功效之间的关系了解不够，经验不足，因此对抛光的要求也不高。这是因为即使不太光也没有关系，涂上蜡后就非常光亮了。但这种光是虚光，达不到最终的镜面效果，光泽也没有深度，而且它的保持时间很短，因为它的光泽不是来自漆，而是蜡。再好的蜡，充其量也只能“发”2～3个月的光就没了，车漆的“发光”效果也就没有了。

因此，真正能产生良好“镜面效果”的方法是第三种，即用抛光机转速带来的热量使车漆与抛光剂之间产生化学反应，从而消除细微划痕，让车漆显示出它在车身上的光泽，然后施以上光蜡予以保持。车漆越亮，蜡的光泽也就保持得越长。

【任务实施】

参照本模块项目1中的任务1：漆面失光及斑点处理。

任务3 汽车漆面深划痕的修复

随着汽车工业的发展，车辆在运行中难免出现漆面老化、破损和划伤等现象，当汽车漆面受硬物划伤而导致伤及底漆的深划痕，严重者达到钣金层，但板件并未变形时，如果不及时处理，则会加剧钣金件腐蚀，影响车辆的使用寿命。伤及底漆而未达到钣金层的深划痕的修复一般采用喷漆的方法来处理。

【学习目标】

知识目标：

1. 掌握汽车漆面深划痕的修复工艺。
2. 理解汽车漆面深划痕的修复原理。
3. 了解汽车漆面深、浅划痕的区分方法。

能力目标：

1. 通过学习，能修复汽车漆面深划痕。
2. 通过学习，会正确使用汽车漆面深划痕处理所用到的工具、设备及材料。

【知识准备】

一、汽车漆面深划痕处理

1. 深划痕处理的意义

深划痕即划痕深至底漆层的划痕。这种划痕若不进行及时处理，则不但会对汽车美观造成大的影响，更重要的是极易对漆面产生腐蚀，缩短钣金件的使用寿命，为此要及时予以修补处理。

2. 深划痕处理工艺的一般程序及操作方法

（1）表面处理　深划痕表面处理工艺包括以下内容：①清洗、除油；②除锈；③清除旧漆，即深划痕两侧旧车漆松动易脱落，在表面处理时应予以清除；④打磨羽边，即对深划痕两侧进行“薄边”处理。

（2）底漆和中涂漆施工　如果划痕经表面处理后未露金属基材，或者是金属基材外露但并没有凹陷等变形，底漆层附着良好，则可以在原有底漆层基础上直接喷涂中涂漆，或者是先喷涂防锈底漆，再喷涂中涂漆。

（3）面漆涂装　修补深划痕时，必须进行面漆的涂装。

二、汽车漆面深划痕修复工艺

对汽车漆面深划痕进行修复，必须使有划痕的被修补部位的面漆涂层无论在颜色、光泽度还是在表面流平效果等方面，都要与未修补的部位相同或极其相似，经过修补的区域必须达到不留修补的痕迹，否则会影响车身面漆的装饰效果。因此，对深划痕需要修补的区域要进行准确的调色，根据所修补区域的特点，采用相应的喷涂手法和处理措施才能达到无痕修补的目的。按照汽车漆面深划痕所触及的范围，一般修复分为板块修补和局部修补，其中局部修补更为常见。

1. 板块修补喷涂

板块修补的工艺可分解为以下步骤：表面预处理—遮盖—中涂漆—面漆—修整，其中面漆的修补喷涂最为重要，在此重点介绍面漆的操作。

（1）面漆喷涂前处理　在进行去旧涂膜、清洁、刮涂原子灰、打磨原子灰及清洁、遮盖等操作后，可以进行中涂漆的涂装。中涂漆的涂装包括喷涂、表面整平、修补区域打磨及清洁等工序。

1）中涂漆表面整平。中涂漆干燥后，应仔细检查是否存在细小砂眼、划痕和砂纸打磨痕迹，若有，则需用填眼灰仔细将其填平。在汽车修补涂装过程中，涂刮填眼灰的施工操作常称为“找缺陷”。对于中高档轿车，需要进行2次这样的操作（即刮填眼灰后打磨，再刮填眼灰再打磨以达到理想的效果），才能将表面上的各种小缺陷找净刮平。

2）打磨中涂漆。在打磨中涂漆前一定要使用打磨指导层，一般直接用炭粉做打磨指导层。中涂漆的打磨可采用湿磨和干磨两种方法。干磨用P400以上型号的砂纸，若修补面漆为金属底色漆，则打磨时应选用P600砂纸打磨；若修补面漆为纯色漆，则可选用P400砂纸打磨。选择湿磨可用P600～P800水磨砂纸进行打磨，若修补面漆为金属底色漆，则用P800砂纸；若修补面漆为纯色漆，则用P600砂纸。湿磨后，用水和干净棉布将表面冲洗擦拭干净，并用压缩空气吹干表面，有条件的可用红外线烤灯除湿干燥。为提高工作效率，采用机器干磨再水磨的方式，结束后应仔细检查一遍表面状况，不能有遗漏之处。打磨结束后，要将粉尘和碎屑等彻底清除干净，并等其完全干燥后才能喷涂面漆。

目前，为了提高工作效率，免磨中涂漆开始投入使用，即中涂漆喷涂干燥后即可喷涂面漆而无须打磨。

3）修补区域涂前准备。面漆喷涂前，要对准备喷涂面漆的区域进行打磨，即对修补区域四周的旧涂层用抛光机蘸上粗粒度的研磨膏进行打磨，或用丝瓜布蘸研磨膏进行打磨，以除去粘附在表面的粉尘、油脂和蜡质等污物，并提高面层涂料与旧涂层的附着力。周边区域打磨结束，清洁及遮蔽后准备喷涂面漆。

（2）调色 调色是汽车漆面深划痕修复（板块修补或局部补修）作业中关键的工序之一。

现在多用计算机进行面漆调色，利用计算机调色系统可以根据实际用量准确调出全世界各大汽车厂的原厂漆颜色，同时也可以根据颜色样板调出所需颜色，操作较手工调漆准确、快捷，可节省时间。

计算机调色系统一般由计算机、汽车颜色资料库、电子天平、分色仪和油漆搅拌机五大部分组成。

计算机调色系统存储有调漆程序，只要将所需修补车身油漆的漆码（颜色编号）输入计算机，就可以得到所需配方。同时，由于计算机软件不断更新，用户可以及时得到世界上各大汽车制造厂、油漆厂的最新原料配方。分色仪是用于找出油漆配方的仪器，它可以利用探头在待修补车身上读取数据，数据经计算机调色系统处理后就可获得按色母配漆的精确配方。

计算机调色的基本程序：

1）原厂颜色编码的查询。大部分汽车车身上都有一个印有颜色编号的汽车资料身份证，所在位置因不同的车厂及型号而有所差异。需要注意的是：每一种品牌的油漆和原厂漆色号都有相对应的色卡号。

2）表面清洁。在配色前，应该用细蜡进行清洁处理，以免配色标准板（如燃油箱盖和车身部件）上的污染物对车身造成颜色差异。

3）比对色卡。有些车型颜色资料不全，如全车改过色的或国产车颜色色号不在车身上的，可以利用品牌漆提供的色卡，从色调、明度和彩度三个方面进行比对，从而挑选出相对接近的颜色。需要注意的是：要从不同的角度去对比，必要时用水把板子打湿，这样会有光泽，尤其是银粉珍珠色，要记录色卡和车辆的差异，以做到心中有数。

4）查询配方。可通过计算机光盘和菲林片查询配方，还可通过全球联网系统查询最新的配方。

5）调配油漆。依照查出的颜色配方，加进正确分量的各种色母。需要注意的是：查到配方后，根据3）中找到的差异，相应地去加、减色母的量。

6）准备调色试验板。所有的调色试验板必须大小一致（4cm×5cm）。这是因为面积的大小也会影响对颜色的判断。需要注意的是：这个样板是不能吸收油漆的，如果吸收油漆后发生化学反应，则颜色会改变。

7）试色。使用刮刀把未稀释过的涂料用力涂抹在一个约为4cm×5cm的面积上。需要注意三个问题：第一，颜色调好后，必须马上进行测试；第二，每一个色调样本必须紧靠另一个涂抹，不要留下任何空隙；第三，等色板完全干燥后，才可将其与车身的色调作比较。

8）微调修正。确认色差，修正色母。

9）固化、稀释和喷涂。将微调好的涂料加相应比例的固化剂和稀释剂，按正确的施工程序进行涂装。

（3）面漆的喷涂 喷涂前要用压缩空气吹干净被涂物表面，并用粘尘布将表面擦拭干净。面漆喷涂一般有湿喷2层或薄喷1层+湿喷2层的方法。当面漆的遮盖力不够时，应以完全遮盖为准确定喷涂层数。采取薄喷1层+湿喷2层的方法时，步骤如下：

第1道：喷涂第1道时，要求薄而均匀，喷完后的涂层能透过面漆隐约看到中涂底漆涂层。

第2道：喷涂第2道时要确定涂层色彩，喷涂时应比第一道喷得厚些；也可薄薄地连喷两遍，使其达到一定的厚度，以不露底色漆为准。但要注意，喷涂时每道之间应留有一定的间隔时间，以免产生流挂现象。

第3道：喷涂第3道时，可在涂料中加入少量稀释剂，将黏度调整到13~15s（20℃），在表面均匀地喷涂1道，此时喷枪移动的速度应比前几道漆喷涂时稍慢些，目的是获得良好的表面涂层质量和光泽。

（4）修整 清除所有遮盖纸和胶带，揭去专用遮盖罩，修补边角遗漏处，进烘房烘烤30~60min，或自然干燥24h。

对于任何深划痕，采用板块修补或板块间驳口修补是比较稳当的方式，但若考虑到提高工作效率及节约涂料，则有时最好能作局部修补。

车体的水平板块（如车顶及机盖）是100%吸收紫外光的部位，因此对涂层的耐候性要求最高。而局部驳口修补往往喷涂的涂膜比较薄，耐候性不一定能达到最佳状态，因此在水平面不建议作局部修补，哪怕是非常小的损伤也应该作板块修补。

2. 局部修补喷涂

局部修补和板块修补是汽车漆面修复涂装中应用最广的方法，有时可能要通过驳口工艺掩饰颜色差异。局部修补即对车身的某一局部进行修补喷涂。最重要的是，使修补区域的颜色与未修补区域的颜色一致，表面流平效果相同，要求在底材处理和喷涂时采用一定的技术措施。

3. 面漆的抛光

溶剂挥发型面漆在干燥后涂膜表面会失光，通常需要进行表面抛光处理来恢复其光泽。

现在通常使用丙烯酸基或丙烯酸聚氨酯型的双组分面漆，虽然表面具有高度的光泽，但由于喷涂环境的影响，喷涂表面有时也会产生大量的脏点，或是由于局部修补需要使修补部位与原涂层消除光泽上的差异或色差，往往也需要进行整板抛光处理。

何时进行抛光效果最好，具体的时间要看使用的是何种涂料以及干燥的温度等条件，可参考涂料的使用资料，一般在涂膜干燥程度为90%时是抛光处理最好的时机，丙烯酸型双组分面漆一般在常温下干燥2~3天最适合抛光。如果抛光时涂膜还是比较软的，其中仍有较多的溶剂需要挥发，那么这样只能获得暂时的光泽，当剩余溶剂挥发时，面漆表面会褪色失光；若等面漆完全干燥后再抛光，则由于双组分面漆的硬度很高，会造成打磨和抛光困难，增加劳动强度并可能影响涂膜的光泽和装饰性。

【任务实施】

设备、工具和材料准备：

一、设备、工具

汽车漆面深划痕修复中经常用的工具分为三大类，即清除工具、喷涂工具和打磨抛光工具。

1. 清除工具

在汽车修补喷漆之前，应将作业面的锈蚀清除干净，然后才能进行涂底漆和刮原子灰等涂装工序。常用的除锈工具有手工和机械两种。

(1) 手工除锈工具　手工除锈是一种最简单的除锈方法，使用的工具主要有刮刀、扁铲、钢丝刷、锉刀、废砂轮片和砂布等。使用手工除锈工具除锈操作费力、工效低、除锈效果差，但因其简便易行，不受任何限制，仍是局部及部件等小工作量清除锈蚀的主要工具。

(2) 机械除锈工具　机械除锈是利用机械产生的冲击、摩擦作用对工件表面进行除锈。机械除锈工具的除锈速度快、质量好、工作效率高，适于大面积或批量汽车锈蚀的清除。

机械除锈工具按动力装置的不同分为电动除锈工具和气动除锈工具两类。

1) 电动除锈工具。电动除锈工具具有结构简单、体积小、重量轻、使用方便和易于维修等特点，主要用于汽车维修涂漆前钢铁表面的除锈。常用的电动除锈工具有电动刷、电动砂轮、电动锤和电动针束除锈机等。

2) 气动除锈工具。气动除锈工具是指利用压缩空气作为动力，带动机器作业进行除锈的工具。常用的气动除锈工具有气动枪、气动砂轮、气动圆盘钢丝刷、离心除锈器和气动除锈锤等。

2. 打磨工具

(1) 手工打磨工具　手工打磨主要是用砂布包垫板进行打磨。垫板有木制的，也有硬橡胶制的。木块可选用长为180~200mm、宽为50~60mm、厚为25~30mm的平直木板，橡胶块可使用厚为18~20mm、长宽相应的厚橡胶板剪制而成，如图2-21所示。

砂纸和砂布是打磨工具的辅助材料。砂纸分为水砂纸和木砂纸两种，是将磨料粘结在纸上制成的。木砂纸主要用于磨光木制品表面；而水砂纸由于涂有耐水涂料，不怕水，可以水磨。砂布一般由布、胶和砂子制成。砂纸和砂布的规格与用途见表2-11。

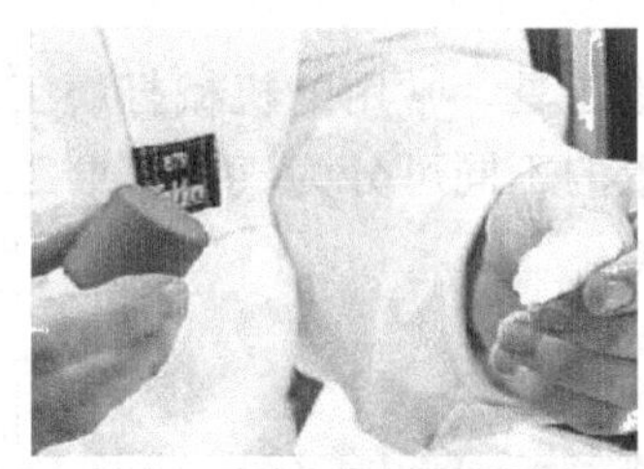

图2-21 打磨块

a）各类打磨垫块 b）橡胶垫块 c）粘结砂纸的小型打磨垫块

表2-11 砂纸和砂布的规格与用途

水砂纸				砂布			
规格代号	粒度（目）		用途	规格代号	粒度（目）		用途
60			打磨腻子层及涂膜表面砂磨时湿磨施工	4/0	200		打磨底层腻子及钢铁表面
80				3/0	180		
100		粗		2/0	160	细	
120		↓		0	140	↓	
150	100			1/0	120		
180	120			1	100		
200	140			3/2	80		
220	150			2	60		
240	160			5/2	46		
260	170			3	36		
280	180			4	30		
300	200			5	24		
320	220			6	18		
360	240						
400	260						
500	320						
600	400						
700	500	细				粗	
800	600						
900	700						
1000	800						

除了砂纸以外，还有其他打磨材料，其中包括含有合成纤维毡垫的材料。使用粘合剂，粘合粒子便附着在每个纤维毡垫上。由于这种材料具有挠性，所以非常适合打磨外形比较复杂的、不易触及的工件表面。由于这种材料能防水，又耐用，在干式和湿式打磨中都可以使用，最多用的筛目数为P320～P1 500。砂纸及绒布打磨材料分别如图2-22、图2-23所示。

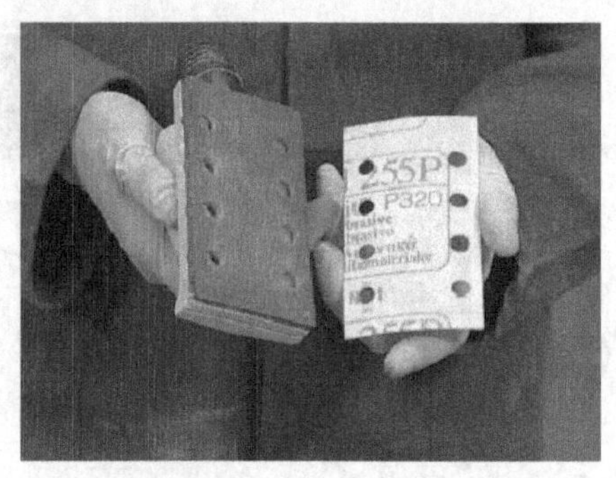

图2-22 砂纸

（2）机械打磨工具 常用的机械打磨工具种类很多，按动力装置的不同可分为气动打磨工具和电动打磨工具两大类。

a)

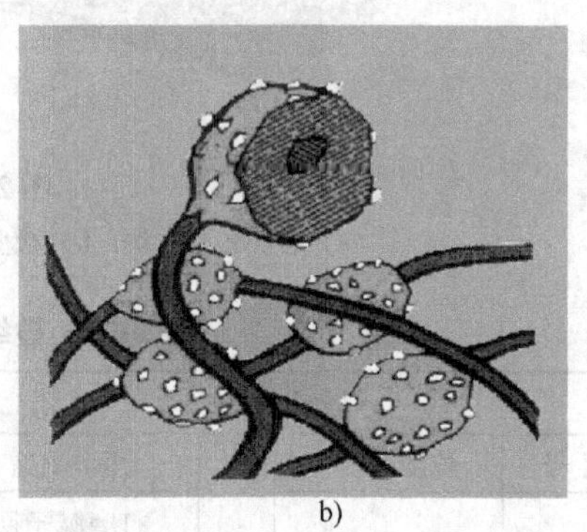

b)

图2-23 绒布打磨材料

a）菜瓜布 b）内部结构

1）气动打磨工具。气动打磨工具主要有风磨机、风动砂轮和钢丝轮等，主要用于清除钢铁表面上的铁锈、旧涂层及打磨腻子等；具有体积小、重量轻、速度快、磨平质量好、使用安全及可干磨也可水磨等优点。气动打磨机结构如图2-24所示。

图2-24 气动打磨机结构

2）电动打磨工具。电动打磨工具主要有电动软轴磨盘式打磨机、电动软轴带吸尘袋磨盘式打磨机和A0N3型电动磨灰机等，主要作用同气动打磨工具；具有噪声小、振动轻和粉尘飞扬少等优点，但质量通常比气动打磨工具大些，且不适于水磨。相匹配的砂纸和打磨机剖视图分别如图2-25、图2-26所示。

按作用的不同，打磨机可分为三类，见表2-12。

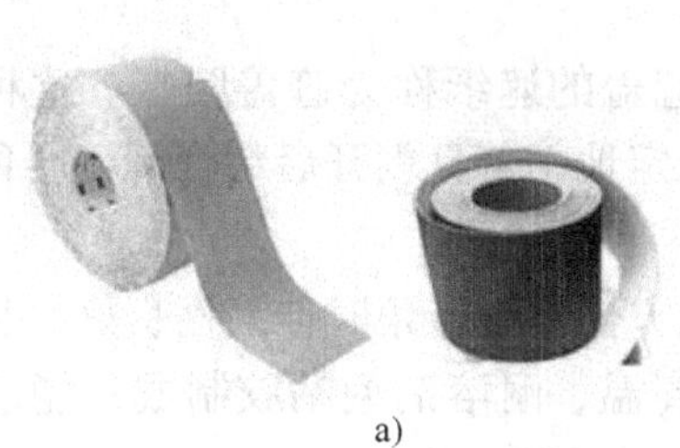

a)

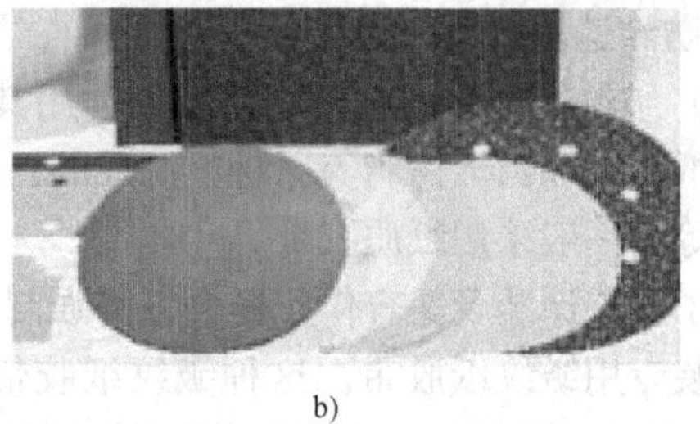

b)

图 2-25　电动打磨用砂纸

a）卷型　b）片型

图 2-26　电动打磨机剖视图

表 2-12　打磨机的分类及使用

序号	名　称	图　示	工作原理	主要作用
1	单作用打磨机		打磨垫绕同一固定的点旋转，研磨力很大	主要用于清除涂料
2	轨道式打磨机		整个打磨垫振动犹如画圆圈，研磨力很小，而打磨垫可以按要修整的工件的面积改变	主要用于修整腻子
3	双作用打磨机		整个打磨垫除了绕其自己的中心旋转外，还振动，犹如画圆圈；动作可以比作是轨道式打磨机和单作用打磨机的动作的组合；研磨力属于中等	如果用于腻子修整和表面平整，则使用较硬的打磨垫；如果用于磨毛，则使用较软的打磨垫

3. 防涂遮蔽工具和用品

（1）皱纹纸胶带　粘贴遮盖纸或利用其自身来遮盖的遮纸称为遮盖胶带。这种胶带是由各种纸、布和乙烯树脂等原材料制成的，但为了稳定地粘着且剥开后粘合剂不会留下或容易切断等，一般采用纸质胶带。

为了适应涂装及美容作业场合，需强制干燥以及方便拐弯转角时伸缩性良好，目前通常使用涂装专用皱纹纸胶带。这种皱纹纸胶带采用耐高温、耐溶剂型粘胶制成，能承受超过100℃的高温，历经1 h保持性能稳定，适用于汽车修补涂装和汽车美容作业。

（2）防涂遮蔽纸　最常用的防涂遮蔽纸是报纸。但报纸表面附着的灰尘和绒毛、飞絮随风飘动，落在濡湿的喷涂漆面上会形成漆面尘粒缺陷。从经济性和操作方便性两方面考虑，即为了省钱又能避免漆面产生尘粒缺陷，可以在喷涂面漆之前彻底清洁被涂表面，用除尘粘布仔细地揩抹被涂表面，然后才开始喷涂面漆，但需要将漆雾喷涂在张贴好的防涂遮蔽报纸表面，将其表面附着的灰尘和飞絮牢牢地粘在报纸上，完毕后才转入正常的喷涂作业。

随着汽车维修质量水平的提高，专用防涂纸得到普遍使用，使用前按安装要求将不同规格的皱纹胶纸带和专用防涂纸安装在支架相对应的位置上；使用时需要多少就拉出多少，再从贴胶纸带的一侧开始用力上拉，安装在支架上的切纸刀刃即把所需的纸切下供使用，如图2-27所示。

4. 红外线烘干机

红外线烘干机用于加热被施工表面，含小面积的修补涂膜快速干燥，或改善漆面施工性能，如图2-28所示。

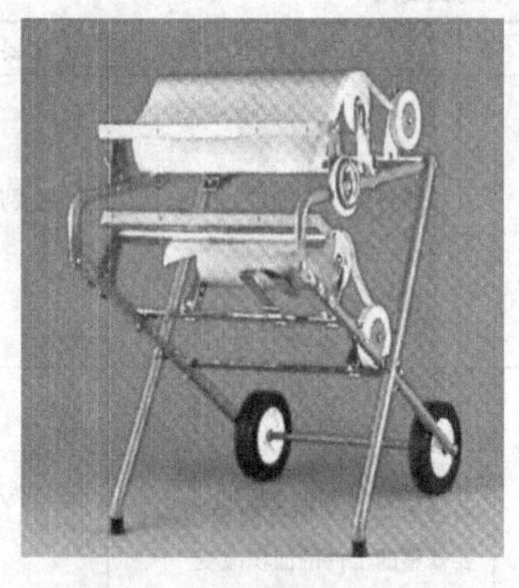

图2-27　专业遮蔽胶带及遮盖纸

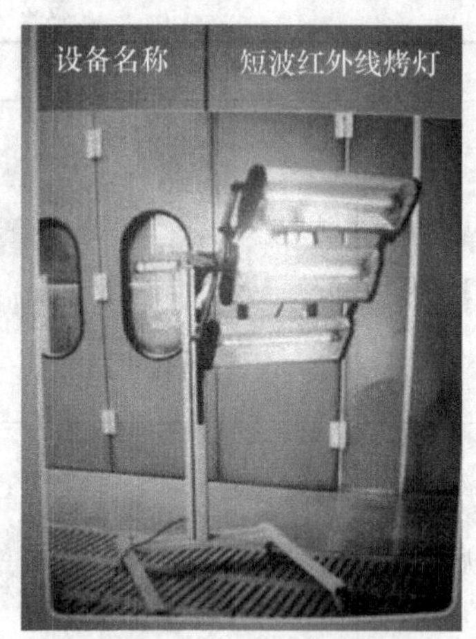

图2-28　红外线烘干机

5. 安全与防护用具

（1）防护手套、眼镜和面具等　防护手套、眼镜和面具等如图2-29所示，适用于涂抹酸性极强的脱漆剂及毒害较大的涂料辅助材料等场合。

另外，眼镜、安全口罩经常使用于研磨和抛光作业中。眼镜可保护眼睛不受灰尘和研磨粒子的侵袭，安全口罩可防止吸入作业粉尘和研磨渣。若进行修补涂装作业，则必须戴防毒口罩。

（2）防静电工作服和安全靴　防静电工作服和安全靴如图2-30所示，用于劳动保护。为了方便工人解手，建议采用衣、裤分开的工作服。为了避免衣裤的纽扣、皮带等物划伤漆面，可在使用汽车美容工具设备及附件时穿戴工作围裙。

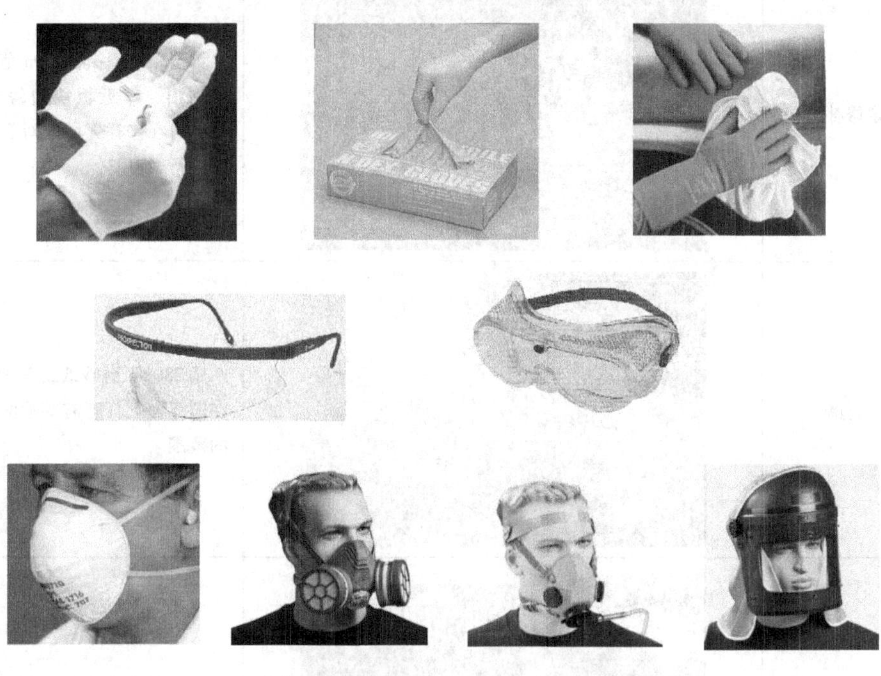

图2-29　防护手套、眼镜和面具等

图2-30　防静电工作服和安全鞋

（3）附件　附件包括带盖的废料收集桶、工场通风和换气设备（如抽/排气扇等）、漏电保护开关等。

【实施步骤】

以油漆（双工序金属漆）损伤5cm范围内的翼子板修补涂装为例进行介绍。

对于在油漆损伤5cm范围内的轻微深划痕，靠近板块边缘时适合小修补，最好选用环保、省漆的小修补喷枪，具体的修补工艺及实施步骤见表2-13。

表 2-13 汽车漆面深划痕的修补及实施步骤

步骤	操作内容	操作示范图	技术要求
1	确定修补工艺		翼子板油漆损伤5cm范围内的轻微划痕，靠近板块边缘适合小修补，可在修补区域内对底色漆及清漆进行驳口
2	打磨	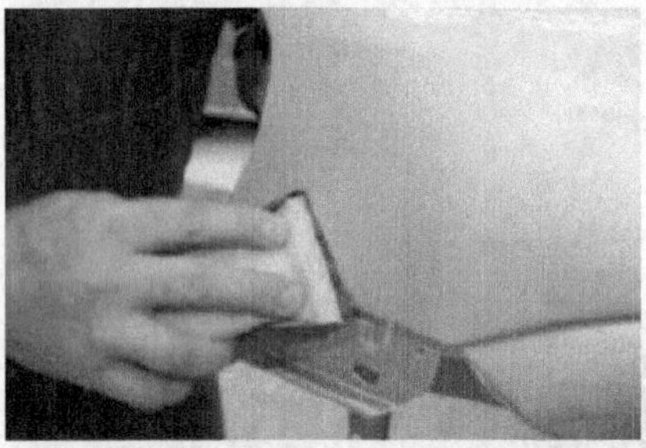	用280#干磨砂纸或500#水磨砂纸在旧漆面上打磨需要喷涂中涂底漆的范围
3	清洁除油		打磨完成后用除油剂清洁，然后喷中涂底漆
4	喷涂中涂	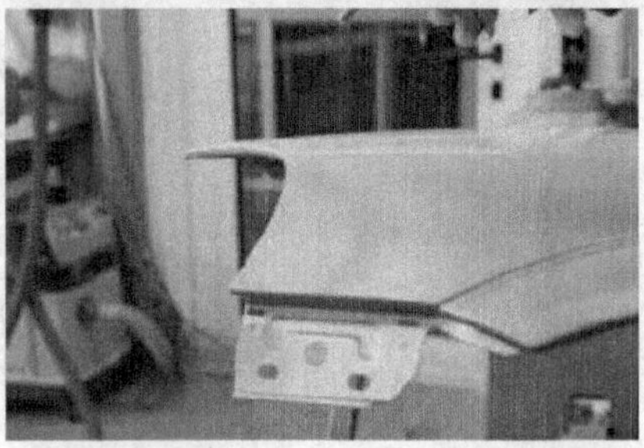	尽量控制中涂底漆在较小的范围内，并注意边缘位置涂层要渐进，不要呈台阶状
5	打磨中涂①	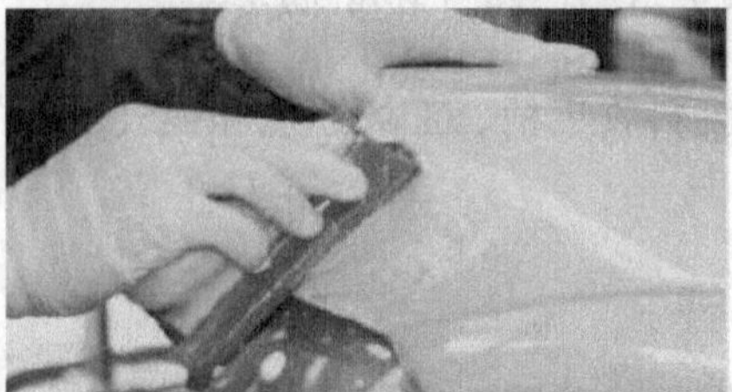	待中涂漆干燥后，用P400～P500干磨砂纸或是P800～P1 000水磨砂纸打磨中涂漆

（续）

步骤	操作内容	操作示范图	技术要求
6	打磨中涂②	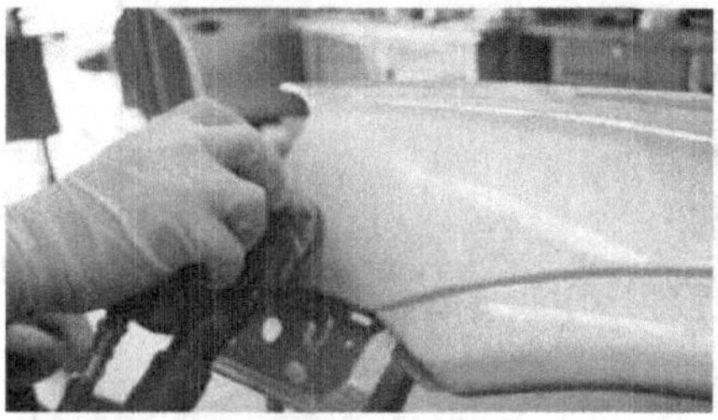	用特细砂纸（如 P2 000 水磨砂纸）或尼龙布打磨将要喷涂面漆的范围
7	打磨		扩大打磨范围，增强面漆在旧漆膜上的附着力
8	打磨完成		完成打磨工序，准备喷涂底色漆
9	除油、除尘	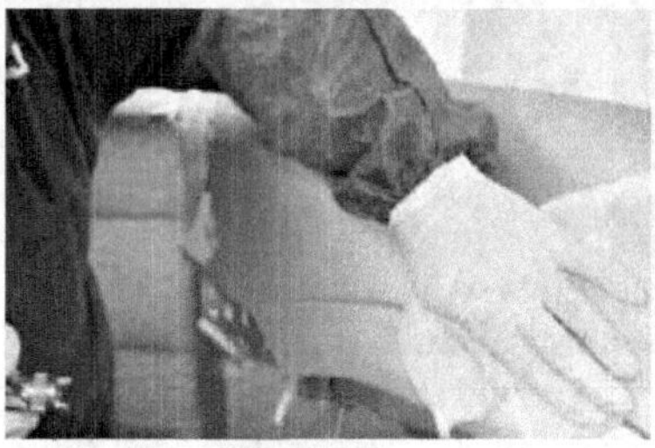	用除油剂清洁整个需要喷涂的工件，用粘尘布进行喷涂前除尘作业（有时也可以先在整个需要喷涂表面喷上接口清漆或树脂，以加强银粉的附着力）
10	面漆喷涂①	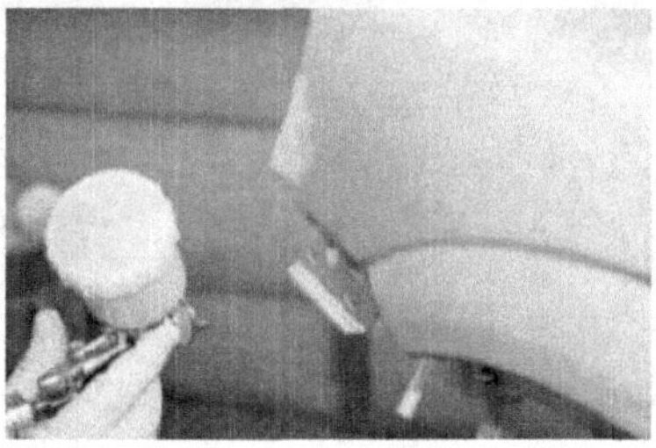	使用环保、省漆、小修补喷枪喷涂底色漆。调整好喷幅、出漆量及喷涂气压。若面漆遮盖力低，可先以低气压遮盖中涂漆范围，喷涂时从内向外

（续）

步骤	操作内容	操作示范图	技术要求
11	面漆喷涂②	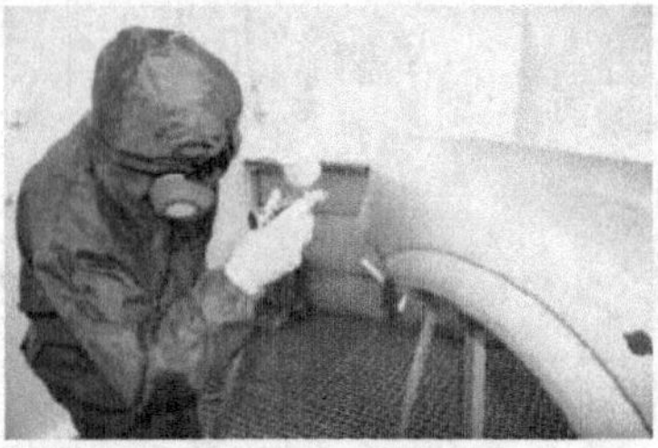	每一层底色漆干燥后，用粘尘布轻轻除去多余的银粉后再喷下一层，直至中涂漆完全被遮盖好
12	面漆喷涂③		把喷枪气压调高，从外至内喷涂，把握喷涂范围，一层比一层稍宽以作过渡，每一层干燥后，用粘尘布粘走多余银粉
13	面漆喷涂④	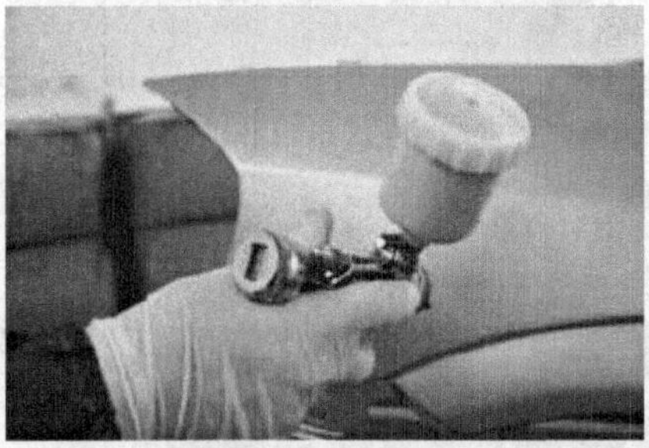	喷涂底色漆至接口位置已不明显，等待底色漆干燥
14	干燥	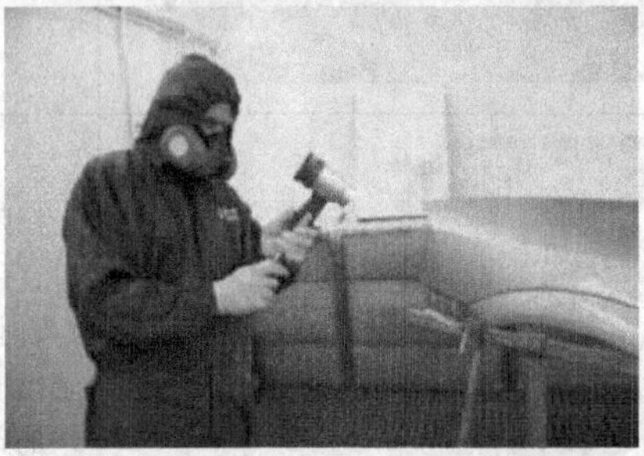	使用吹风枪加快底色漆（特别是水性底色漆）干燥
15	完成底色漆喷涂		底色漆干燥后，用粘尘布清除工件表面多余银粉，准备喷涂清漆

（续）

步骤	操 作 内 容	操作示范图	技 术 要 求
16	喷涂清漆①	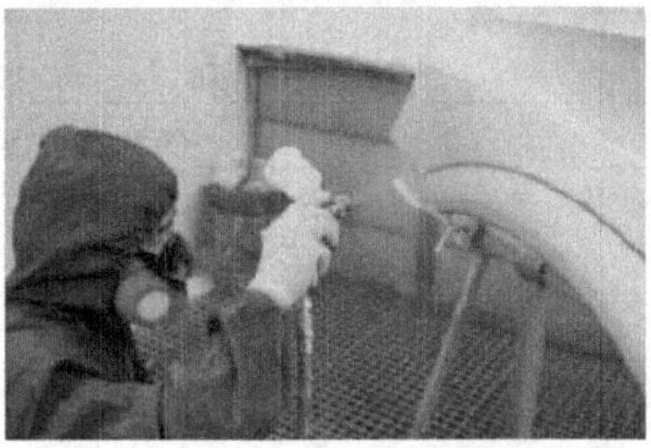	喷涂第1层清漆，完全覆盖底色漆范围
17	喷涂清漆②	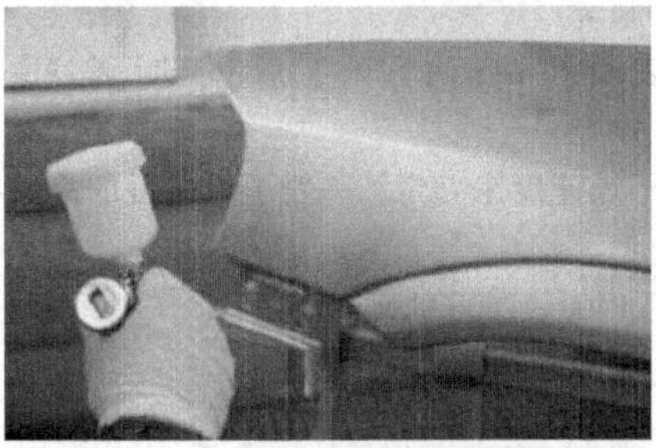	第1层清漆的闪干时间过后，喷涂第2道清漆，需完全覆盖第1层清漆的范围，直至预定的接口位置
18	驳口①		完成清漆喷涂，立刻换上驳口水或在原有的清漆中加入接口添加剂或稀释剂
19	驳口②		在清漆的接口位置薄喷2～3次驳口水或已稀释的清漆
20	完成小修补工艺		清漆涂层完全干燥后，用幼蜡在接口位置抛光，完成工艺

【思考与练习】

一、填空题

1. 常用的刮涂工具大致分为________、________、________和________四种类型。

2. 在喷涂操作中，________、________、________和________等操作技术对涂膜的质量和物质表面的美观都有直接的影响。

3. 漆面浅划痕处理的一般程序是________________、________________________、________________、________________和________________。

4. 漆面划痕处理的核心技术是____________。

5. 喷枪可分为______________、______________和__________________三类。

二、判断题（正确的画√，错误的画×）

1. 汽车在修补喷漆之前，应将作业表面的锈蚀清除干净，然后才能进行涂底漆、刮原子灰等涂装工序。（　）

2. 喷枪的移动速度应根据涂料的干燥速度来确定，一般干燥较慢的涂料喷枪的移动速度应以40~80cm/s为宜。（　）

3. 对漆面进行深度研磨时，应选用P400~P600的研磨剂。（　）

4. 漆面划痕过深伤及底材时，仍可采用抛光方式进行修复。（　）

三、选择题

1. 下面关于研磨机说法正确的是（　）。

A. 研磨机转速不可调

B. 研磨机主要由壳体、电动机和控制机构三部分组成

C. 双功能型研磨机既能安上砂盘打磨金属材料，又能换上研磨、抛光盘作车漆护理

D. 定速研磨机转速一般为1 750r/min

2. 喷涂修复前对漆面进行表面清洁时应选用的清洁剂是（　）。

A. 碱性清洁剂　B. 酸性清洗剂　C. 中性清洗剂　D. 以上均可

3. 环保型喷涂中的涂料至少要达到（　）的利用率。

A. 30%　B. 45%　C. 65%　D. 70%

四、思考题

1. 说出漆面深划痕处理的一般工序。

2. 说出几种划痕修复中常见的缺陷及其原因和解决方法。

3. 板块修补和局部修补有何区别？

4. 确定漆面失光的原因及处理方法，说出喷漆的目的。

项目3 汽车漆面常见缺陷的处理

汽车漆面施工时，如果是在无专用喷烤设备的车间喷烤，或在喷漆房的通风净化不洁净的情况下，或者是当喷漆房内的空气压差不稳时，用于喷漆的压缩空气不稳，则会导致修补漆的接口边缘出现流挂、尘埃、橘皮和干喷等缺陷，这些缺陷必须经修复才能达到高质量的漆面效果。又或是在汽车喷涂后或使用短暂的时间内，汽车漆面会出现一定的缺陷。消除以上缺陷进行的美容称为漆面修复美容。

涂膜缺陷的种类很多，通常把涂膜缺陷分为两大类：一类是由外界因素导致的涂膜缺陷，包括水斑、花粉斑、酸雨斑、黑点、鸟屎、铁粉、油斑、蓄电池液斑、染料斑、塑化或硫化剂污染、飞石损伤、褪色或变白、烟灰斑和生锈等；另一类是由涂料或喷涂操作导致的涂膜缺陷，包括脏点、垂流、鱼眼、银粉不均、银粉回流不均、桔皮、溶剂气泡、针孔、砂纸痕、失光、原子灰印痕、起泡、缩皱、龟裂、起雾、剥落、渗色、色差、晕色失误和喷涂过度等。

任务1 涂装刚结束时漆膜常出现的缺陷处理

【学习目标】

知识目标：

1. 掌握涂装刚结束时漆膜常出现的缺陷及处理。
2. 理解涂装刚结束时漆膜常出现的缺陷处理原理。
3. 了解涂装刚结束时漆膜常出现的缺陷的成因。

能力目标：

1. 通过学习，能对涂装刚结束时漆膜常出现的缺陷进行正确处理。
2. 通过学习，会正确使用处理漆膜缺陷时用到的工具、设备及材料。

【知识准备】

一、漆膜缺陷修补方法

在确定涂膜缺陷的产生原因后，可以运用下面四种基本修补涂膜表面的方法进行修补。

1. 加热

由于外力而导致的涂膜表面变形，可用加热的方法来修补，如花粉斑或脏点。首先清洗车辆，去除导致涂膜缺陷的物质，然后使用红外线烤灯（70～80℃，10min）加热涂膜表面。

2. 去除污点

因污物渗入而导致涂膜表面的污点或凸起，可以从涂膜表面将污物去除来修补这种类型的缺陷。首先将涂膜表面加热至70～80℃，然后使用浸泡稀释剂的布缓缓地轻拍表面，并且重复相同的动作。

3. 抛光

若涂膜已经溶解而且形成凹状或颗粒物时，可以利用抛光使涂膜表面恢复光滑，如有需要，也可以研磨后再抛光。若缺陷较小，则可以仅使用抛光剂来抛光；若缺陷较大，则使用1 500～2 000#砂纸研磨表面后再进行抛光。

4. 重新喷涂

当加热、去除污点或抛光都无法消除涂膜缺陷时，则研磨涂膜表面至缺陷完全去除后再进行重新喷涂。在实际工作中，大多数情况都是采用这种方法对涂膜缺陷进行修补。

二、漆膜缺陷修复美容的施工工艺

漆膜缺陷的修复美容主要有以下两种途径：

1. 磨平

新喷的漆面必须完全干燥后进行打磨，因此必须遵循涂料制造商有关的干燥时间，确定干燥的温度及涂层可抛光的时间，要求必须是漆面完全干燥后才可进行打磨。

大面积的磨平处理可使用电动偏心振动圆形细磨机和气动圆形细磨机两种细磨机。细磨机的偏心振动直径均为3cm，并带有平滑起动、无级调速功能，因而运转平稳。配专用美容磨砂纸P1 500打磨时，适当加少许水，细磨机以中速均匀打磨需处理的部位，要尽量使打磨垫底盘平放于打磨部位。这样可获得更好的平稳性，并减少损坏涂料表面的机会。要避免因高速打磨产生的热量，使磨削的粉尘粘在砂纸表面后造成漆面新的划痕。

小面积或点状颗粒的尘埃，可用手动小打磨头配自粘式专用水砂纸P2 500平稳打磨。在打磨时，应保持打磨头垂直于物体表面，磨头要在尽可能小的圆圈内移动，并在砂纸表面涂一些肥皂，以减少砂纸粘的堵塞，将有问题的漆面打磨平滑后再进行抛光。

2. 抛光

将水溶性抛光蜡均匀涂在已处理好的表面上，用中号抛光机配合抛光用软毛垫进行抛光。在抛光过程中，使用喷雾瓶向工件表面及抛光毛毡喷水，以防发热后抛光剂与漆面粘着。先将抛光机转速调整为900～1 600r/min进行扩散抛光，把打磨过的砂纸痕磨平；然后，将转速调整为1 900～2 500r/min进行高光洁度抛光。经过抛光后的漆面要作上光蜡保护，用中号抛光机加细海绵球及水溶性漆膜保护蜡，以中低速涂匀，封闭并保护10min，使蜡中的高分子聚合物覆盖于漆膜表面后，用中号抛光机配合洁净的羊毛球进行保护性抛光。

三、涂装刚结束时常出现的缺陷

1. 脏点

当外来的微粒陷入涂膜内部，涂膜表面会形成凸状。这种类型的缺陷会依照外来微粒的种类及形状而形成许多不同的凸起，如图2-31所示。

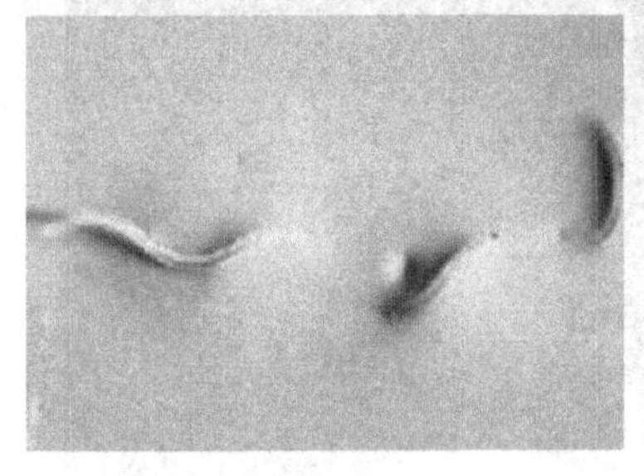
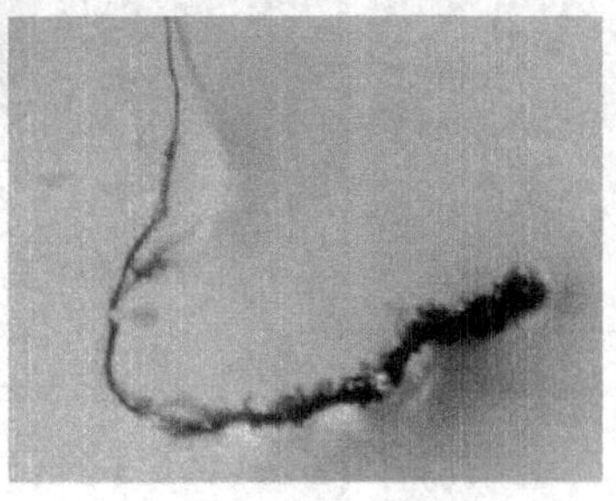
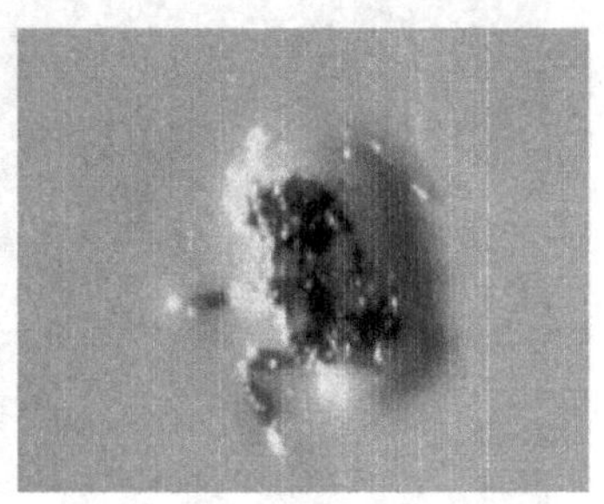

图2-31 车身表面的脏点

(1) 起因 在涂装作业流程中，工作区域周围的灰尘或微粒附着在涂膜上，残留在涂膜上硬化后就会发生这样的缺陷；也有可能外来的微粒早已与涂料混合而发生这样的缺陷。

(2) 修补方法

1）使用磨石或2 000#砂纸将颗粒物磨除。

2）配合抛光剂来抛光，将砂纸痕去除。

3）当研磨后呈现出不同的颜色时，则使用适当：数的砂纸（约400#砂纸）来研磨该部位，然后重新喷涂该区域。

(3) 防治对策 随时保持涂装作业区的整洁，并且在将车辆移入烤漆房前，将烤漆房彻底进行清洁。喷涂人员必须穿着无尘衣，且烤漆房的滤网必须定期进行更换。

2. 垂流

涂膜干燥前，涂料的流动和聚集形成垂流，如图2-32所示。

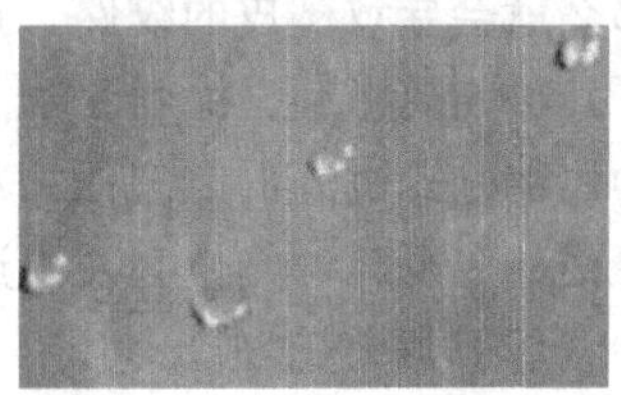

图2-32 车身表面的垂流

(1) 起因 涂膜厚涂时，必须花费更长的时间使其干燥，且也容易产生垂流的现象。同样的，若添加太多的涂料稀释剂或使用慢干型的稀释剂，则也可能会产生垂流的现象。

(2) 修补方法

1）若垂流较小，则使用磨石或2 000#砂纸研磨缺陷部位，直到表面平顺为止。

2）使用抛光剂抛光，以去除砂纸痕。

3）当垂流的区域过大或含有气泡时，则将缺陷部位研磨平顺，然后重新喷涂该区域。

(3) 防治对策 在适当的喷涂条件下使用喷枪。在稀释涂料时，应使用适当的形式和适当量的稀释剂。一次膜厚不要喷涂太厚，应分多次喷涂，直至达到标准膜厚。

3. 鱼眼

这种类型的缺陷会在涂膜面形成像火山口一样的凹陷现象，如图2-33所示。

(1) 起因 喷涂前，表面并未实施适当的清洁，并且有油渍或硅残留在涂膜表面。若油渍（或硅）残留在被涂物的表面，则涂料将无法附着在被涂面上，因而产生鱼眼。

(2) 修补方法

1）研磨缺陷部位，直到表面平顺为止；使用调好色的涂料，重新喷涂该部位。

2）在损伤的区域实施局部喷涂，待点漆干燥后，将凸出部位磨除，并且抛光表面。

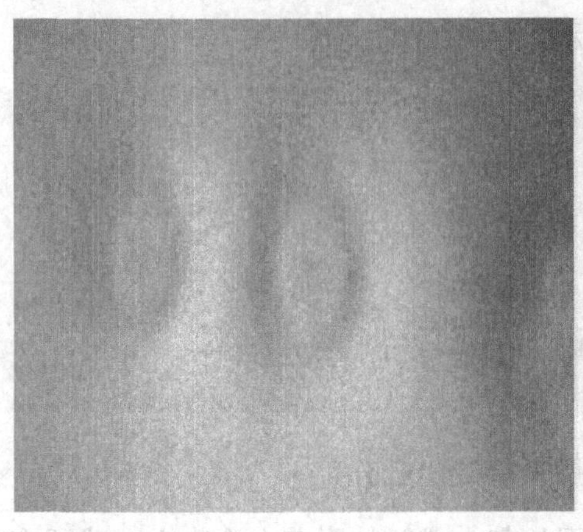
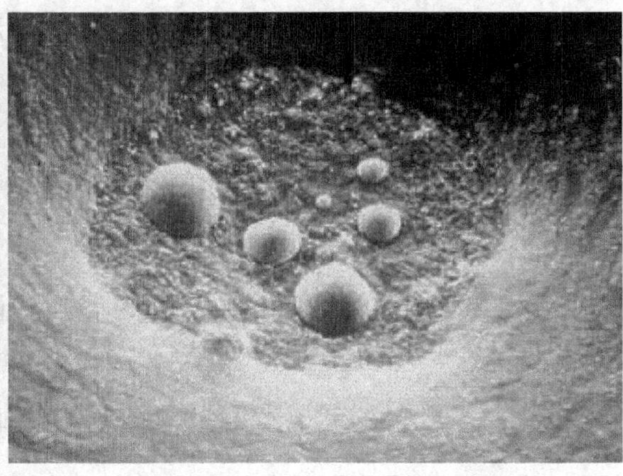

图 2-33 车身表面的鱼眼

(3) 防治对策 喷涂前彻底对被涂物表面进行清洁和脱脂。脱脂后，手不可触到涂膜表面。在涂装作业区，不要实施抛光作业。

4. 桔皮

这类缺陷是在涂膜表面呈现出桔皮的现象，如图 2-34所示。在车门下围板和车门槛板的抗沙石涂料所呈现的桔皮纹路并不是涂膜缺陷。

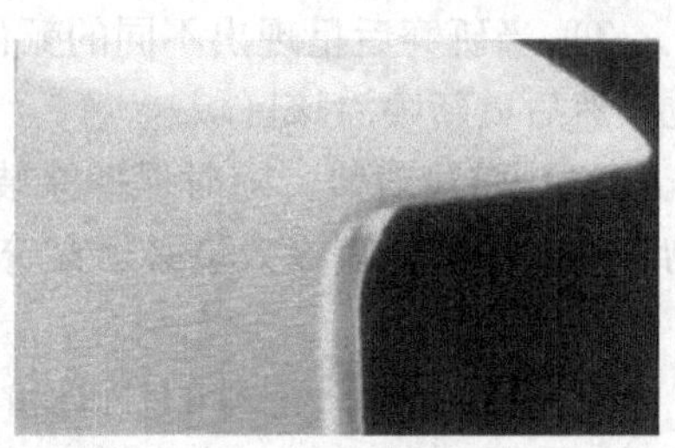

图 2-34 车身表面的桔皮

(1) 起因 喷涂后，柔软的涂膜面开始流动，直到表面平顺为止。但如果涂膜在完全平顺前就已经硬化，那么就会导致橘皮的纹路。这种类型的缺陷较容易由以下几种情况引起：涂料黏度太高、使用挥发速度不恰当的稀释剂、过高的空气压力或喷枪距离太远。若被涂物表面的温度高，则也会发生这类涂膜缺陷。

(2) 修补方法

1）若损伤较小，则使用2 000#砂纸研磨涂膜纹路，直到表面平顺为止。

2）用抛光作业来调整纹路，若之前已实施研磨作业，则必须去除砂纸痕。

3）若损伤较大，则使用适当目数的砂纸（约400#砂纸）研磨必需研磨的部位，然后使用调好色的涂料重新喷涂该部位。

(3) 防治对策 依照涂料供应商的要求，配合所要使用的涂料温度，维持稳定的喷枪操作技巧。选择适当的稀释剂形式，并调整涂料黏度。若被涂物的表面温度太高，则不要进行喷涂作业，需等到温度降低到适当的程度才可实施喷涂作业。

5. 溶剂气泡

这类缺陷会在涂膜面上形成小孔或产生一群气泡，溶剂气泡时常发生在水平的表面或钢板边缘涂膜较厚的部位，如图 2-35 所示。

(1) 起因 若喷涂完后，涂膜立即被强制干燥，则在涂膜内部未干燥前涂膜表面就已硬化，当内部溶剂要挥发时，就会推挤已硬化的涂膜表面而导致凸起的现象。而且，当溶剂穿透出涂膜面时就会形成小孔。因此，必须让内部的涂膜彻底干燥。

（2）修补方法

1）研磨缺陷部位直到表面平顺为止。

2）使用调好色的涂料重新喷涂该部位。

（3）防治对策　依照涂料供应商的要求，配合所要使用的涂料温度，选择适当的稀释剂形式，并调整涂料黏度。给予足够的静置时间，给予底涂层彻底的干燥。

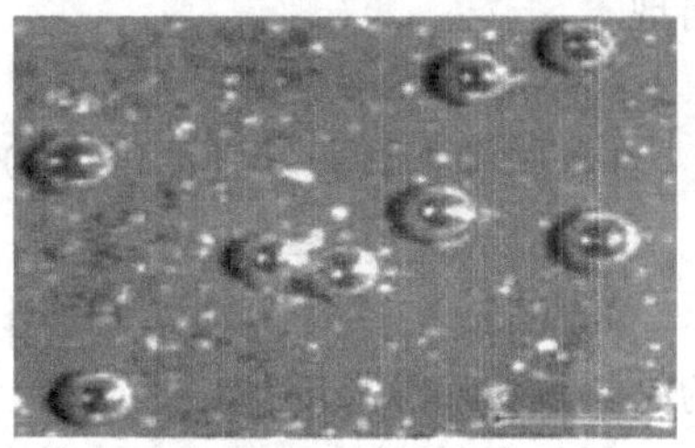

图2-35　车身表面的溶剂气泡

6. 针孔

如果涂膜表面原本已有小孔存在，且外层涂膜无法将其填平，那么就会在涂膜面上残留有凹陷，即针孔，如图2-36所示。

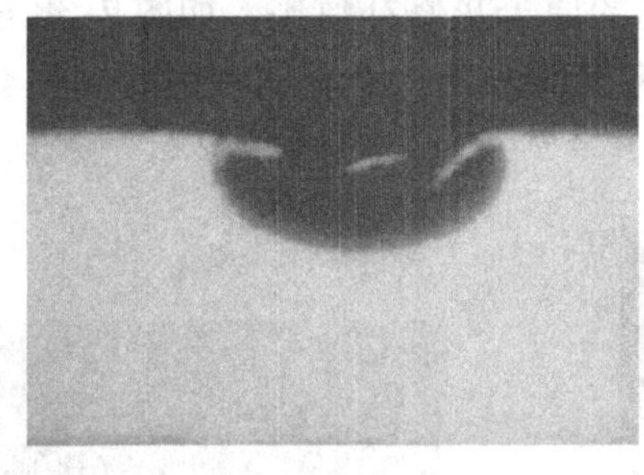

a)

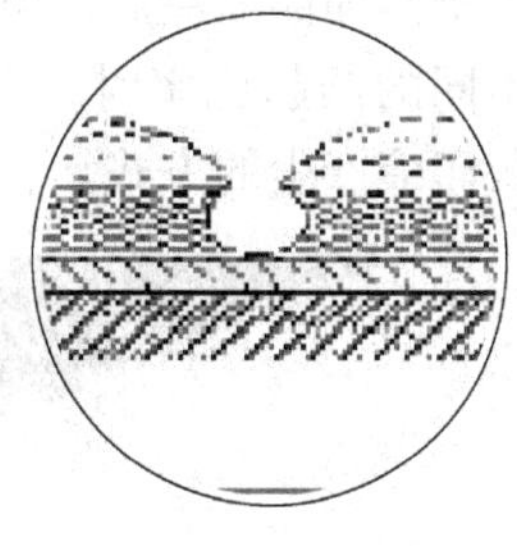

b)

图2-36　涂膜表面的针孔

a）外观表现　b）剖面图

（1）起因　针孔是由于在中涂底漆或原子灰层有小孔，在外层涂膜上引起的缩孔。

（2）修补方法

1）若损伤较小，则使用2 000#砂纸将缺陷部位研磨平顺。

2）用抛光作业将缺陷、砂纸痕去除。

3）若损伤较大，则使用适当目数的砂纸（约400#砂纸）研磨该部位，然后使用调好色的涂料，重新喷涂该部位。

一个简单的方法是在凹陷的部位实施局部喷涂，涂膜干燥后，将凸出部位磨除，并且抛光表面。

（3）防治对策　施涂原子灰时用力涂抹，不要让空气混入原子灰。中涂底漆喷涂后，必要时才使用硝基原子灰填平针孔部位，一般情况下不要使用单组分涂料。

7. 砂纸痕

砂纸痕是由于使用砂纸研磨底层涂层所导致的。依照砂纸移动的方式或所使用的气动研磨工具，有直线、曲线和螺旋状等形状的砂纸痕。总的来说，砂纸痕是由于在旧涂膜或在表面处理的刮痕与上层涂膜的溶剂接触而发生凸起及扩展所造成，并且在上层涂膜表面出现的刮痕，如图2-37所示。

（1）起因　由于研磨底涂层所用的砂纸痕无法被上层涂膜所填平而导致的现象，主要是使用目数较少的砂纸所致。若底涂层未彻底干燥前即开始研磨，且接着喷涂面漆，则也会导致砂纸痕的发生。1次喷涂黏度高的厚涂膜或使用慢干型涂料稀释剂，也会导致砂纸痕的出现。

(2) 修补方法

1）若损伤较小，则使用2 000#砂纸去除砂纸痕。

2）抛光去除砂纸痕。

3）若损伤较大，则使用适当目数的砂纸（400#砂纸）研磨该部位，然后使用调好色后的涂料重新喷涂该部位。

(3) 防治对策 针对每个涂层的打磨，使用适当目数的砂纸。给予底涂层足够的干燥时间，涂层未干透之前不能进行打磨。选择适当的稀释剂形式，依照涂料供应商的指示调整涂料黏度，并且分数次喷涂，每层不宜过厚。

8. 原子灰印痕

原子灰印痕是指当面漆喷涂后，所出现的原子灰修补痕迹，如图2-38所示。在旧涂膜与原子灰间发生不同的凸起比率时，由于溶剂的渗入，沿着羽状边的部位会产生收缩的现象，这就是原子灰印痕产生的方式。

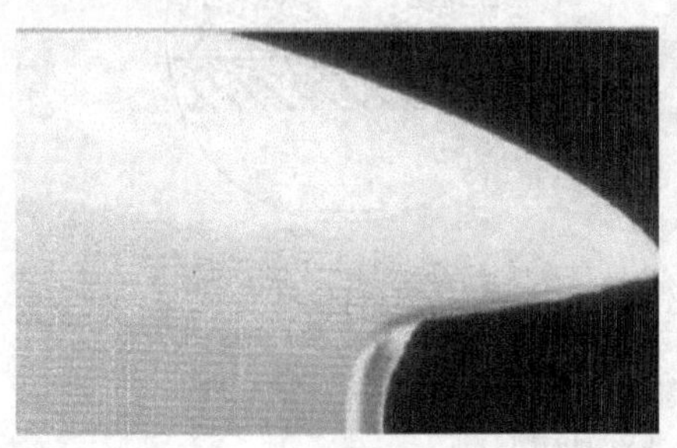

图2-37 车身表面的砂纸痕

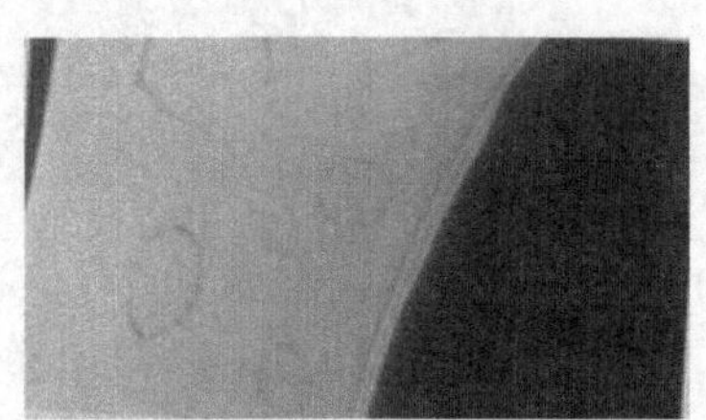

图2-38 车身表面的原子灰印痕

(1) 起因 主要是因为原子灰干燥不足。有时旧涂膜是硝基形式的，或1次喷涂厚的中涂底漆或面漆，都会导致原子灰印痕的发生。

(2) 修补方法

1）若损伤较小，则使用2 000#砂纸将缺陷部位研磨平顺。

2）用抛光将缺陷部位的纹路调整平顺。若使用砂纸，则必须去除砂纸痕。

3）若损伤较大，则使用适当目数的砂纸（400#砂纸）研磨该部位，然后使用调好色的涂料重新喷涂该部位。

(3) 防治对策 原子灰中混入适量固化剂，并将原子灰彻底干燥。选择适当形式的涂料稀释剂，并混入所规定的量。

9. 起泡

起泡是指在涂膜表面形成球状的凸起。通常凸起的直径在0.5～2.0mm的起泡会聚在一个小的区域，随着时间的增长，凸起会增大，如图2-39所示。

(1) 起因 湿气存在于涂膜底层，而将涂膜顶起。涂膜被喷涂在一个没有将油渍或湿气清洁干净的底涂层上，湿气渗入涂膜并聚集在污垢的周围。当外部的温度升高时，在涂膜下方的湿气就会蒸发，这样向上的压力就会导致涂膜凸起和起泡。通常空手或不正确的清洁会将手印或擦拭痕迹残留在涂膜表面，而导致起泡。当底涂层（包括中涂底漆和原子灰）是使用防水性低或附着力差的材质时，起泡将发生在整个喷涂区域。一般来说，车辆在高温和高湿的状态下喷涂时，较容易发生起泡的现象。

（2）修补方法

1）将旧涂膜磨除至钢板。

2）由底漆作业开始重新喷涂。

（3）防治对策 除油工作完成后，双手绝不可直接触摸被涂物表面。尽量不要使用防水性低和附着力差的涂料。在喷涂前，彻底清洁和脱脂被涂面。

10. 缩皱

缩皱是指涂膜被咬起而在涂膜面形成细纹缩皱的现象，如图2-40所示。

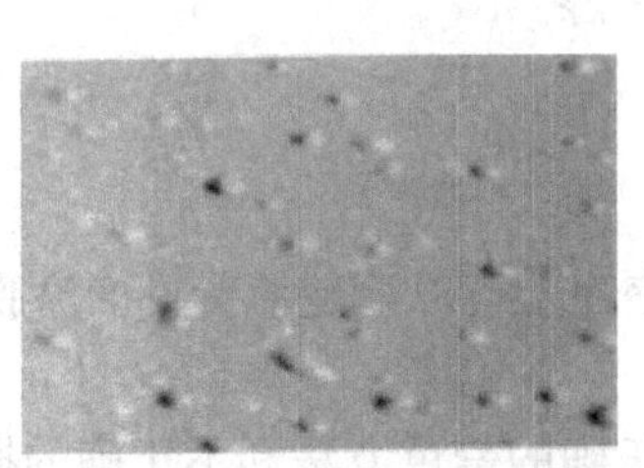

图2-39 车身表面的起泡

图2-40 车身表面的缩皱

（1）起因 由于上涂膜的溶剂渗入，使旧涂膜产生凸起，在收缩的过程造成内部涂膜紧缩，从而使上涂表面产生缩皱。当涂膜由于加热而膨胀时，在收缩时也有可能导致缩皱。旧涂膜在变质的情况下会产生缩皱。旧涂膜是由硝基形式的涂料所构成的。重新喷涂时，双组分型涂料在化学反应期间（缩皱期）内会发生缩皱的现象。

（2）修补方法

1）将涂膜彻底干燥。

2）彻底去除缺陷部位的涂膜。

3）使用已经调好色的涂料重新喷涂该部位。

（3）防治对策 若旧涂膜已经变质或是属于硝基形式的涂膜结构，则必须将其磨除或使用氨基甲酸乙酯的中涂漆密封隔离。在底涂层完全干燥后，必须使用双组分型涂料重新进行喷涂。

11. 起云（Clouding）

起云是指斑纹状或条状的或明或暗的颜色缺陷，常见于金属漆漆面，如图2-41所示。

（1）起因

1）喷涂不均匀。

2）清漆施工前或层间的闪干时间太短。

3）色漆层1次喷涂太厚或太薄。

（2）修补方法 如果在底色漆喷涂时就出现了起云现象，则可以在问题区域用正确喷涂方法再喷涂补救。如果出现在清漆之后，则只能待干燥固化后打磨，并用正确方法重涂。

（3）防治对策

1）施工时，喷涂要均匀，交叠正确。

2）清漆施工前或层间遵守正确的闪干时间。

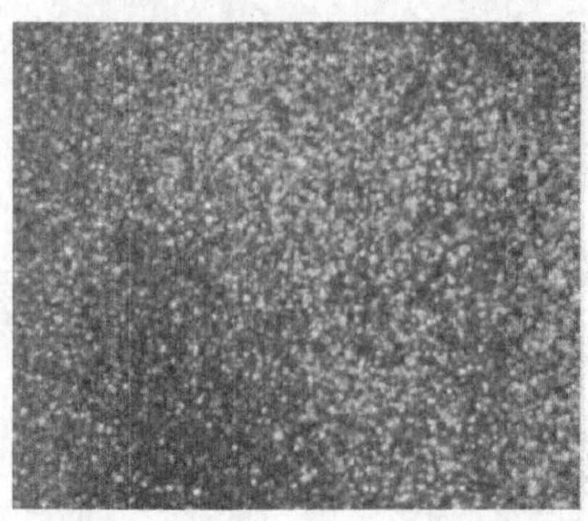

图 2-41 汽车漆面起云现象

3）按技术说明建议正确施涂底色漆。

12. 晕色失误

晕色失误是指可以明显看见晕色部位的边缘。在表面上可以清楚地看见旧涂膜和修补涂膜之间的接缝。

（1）起因 晕色失误的起因是不正确的调色、不正确的晕色方法和不正确的抛光作业。

（2）修补方法

1）若没有色差，则可以由修补部位往未修补部位单方向轻轻地抛光表面。

2）若存在色差，则使用适当目数的砂纸（400#砂纸）研磨表面。

3）正确的调色。

4）使用调好色的涂料重新喷涂该部位。

（3）防治对策

必须彻底地实施调色。晕色部位的抛光必须朝单一方向，由修补部位往未补修部位抛光。

13. 喷涂过度

喷涂过度是指涂料微粒附着在修补部位以外的区域。

（1）起因 喷涂过度的起因是遮盖不严密。

（2）修补方法

1）依照涂料供应商的指示按规定的时间干燥。

2）使用2 000#砂纸研磨涂料微粒，以去除喷涂过度的涂料。

3）利用抛光去除喷涂过度的部位。若受影响的部位为无涂装的塑料零件，则必须更换新品。

（3）防治对策 实施适当的遮盖。喷涂前，检查确认遮盖材料有无脱落的现象。喷涂时，不要让遮盖材料脱落。

14. 色差

色差是指修补过的部位的颜色与周围的颜色不相同。

（1）起因 色差的起因是错误的调色、涂料搅拌不足和不正确的喷涂技巧。

（2）修补方法

1）使用适当目数的砂纸（400#砂纸）研磨表面。

2）正确的调色。

3）使用调好色的涂料重新喷涂该部位。

（3）防治对策　调色时，要尽量采用各种方法使修补部位的颜色与原车颜色一致。涂料倒进喷枪前，必须彻底地进行搅拌，尤其是银粉漆和珍珠漆。确保稳定的喷涂环境，尤其是银粉漆和珍珠漆。

15. 飞漆

飞漆是指喷涂操作中，干了的喷涂雾化细粒子粘在涂膜表面，或者说这种雾化粒子未被漆膜吸收，如图2-42所示。

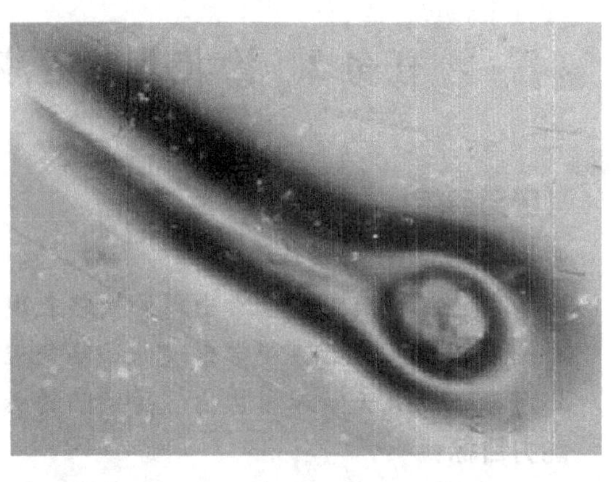

图2-42　汽车漆面的飞漆

（1）起因

1）针对喷涂环境或被涂物的面积，选择了不正确的固化剂和/或稀释剂，造成不良的漆雾粒子吸收。

2）喷枪运行时，喷幅交叠不够。

（2）修补方法　用细抛光蜡抛光，以适合的高亮度抛光法恢复光泽。

（3）防治对策

1）针对不同的喷涂条件或被涂物的面积，选择正确的固化剂和/或稀释剂（见温度与产品选择表）。

2）喷枪运行时，确保足够的喷幅交叠。

16. 漆尘

新喷的漆膜上有来自喷涂环境的漆尘粒，如图2-43所示。

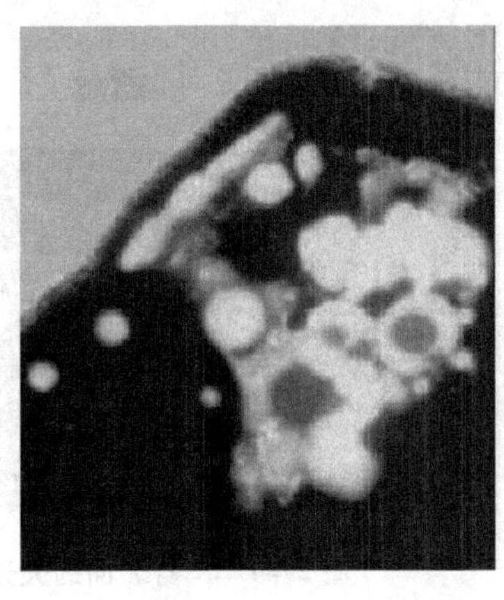

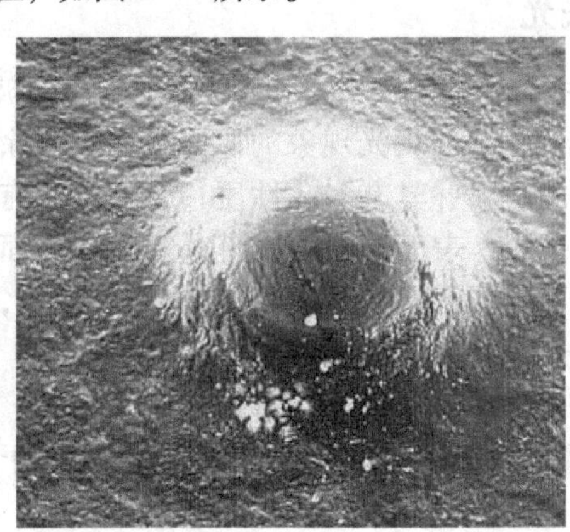

图2-43　汽车漆面的漆尘

（1）起因

1）从喷枪、气管和衣服上掉落的油漆污垢。

2）来自喷房的漆尘（多色的粒子）掉入湿的漆膜。如果换气不良或顶棉较脏，则喷房的顶部就会形成这些尘点。

3）邻近板块施工时的漆雾污染。

（2）修补方法　用细抛光蜡抛光，以适合的高亮度抛光法恢复光泽。更严重的缺陷需要进行打磨并重喷。

(3) 防治对策

1）定期清洁喷枪、气管和衣物。

2）定期维护喷漆房和过滤棉系统，确保喷房供应商气流设定正确。

3）保持施工区域与其他车辆油漆施工区域隔离开。

任务2　涂装几天后漆面常出现的缺陷处理

【学习目标】

知识目标：

1. 掌握涂装几天后漆膜常出现的缺陷表现及处理。
2. 理解涂装几天后漆膜常出现的缺陷处理原理。
3. 了解涂装几天后漆膜常出现的缺陷的成因。

能力目标：

1. 通过学习，能对涂装几天后漆膜常出现的缺陷进行正确处理。
2. 通过学习，会正确使用处理漆膜缺陷时用到的工具、设备及材料。

【知识准备】

由于涂料自身原因或操作不当或其他原因，在涂装几天后漆膜常出现的缺陷有：

一、失光

失光是指当涂膜表面丧失其光泽而呈现出麻玻璃的现象，如图2-44所示。

(1) 起因　引起失光现象的原因很多，底涂层含有大量的颜料并具有多孔性质、底涂层没有进行足够的干燥、表面涂层的涂膜太薄以及表面涂膜未彻底干燥前就在涂膜表面实施抛光作业等，都会导致失光现象。

图2-44　车身表面的失光

(2) 修补方法

1）依照涂料供应商的指示给予涂膜规定的干燥时间。

2）抛光表面使光泽呈现。若涂膜太薄，则使用适当目数的砂纸（约400#砂纸）研磨表面，再重新喷涂。

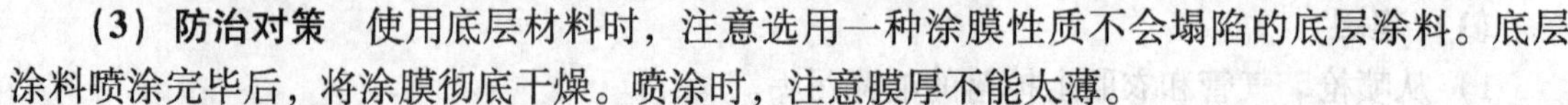

(3) 防治对策　使用底层材料时，注意选用一种涂膜性质不会塌陷的底层涂料。底层涂料喷涂完毕后，将涂膜彻底干燥。喷涂时，注意膜厚不能太薄。

二、抛光印痕

在浅色系的表面，这类缺陷会呈现黑色斑纹。若像阳光般的强光照射在深色系的表面上，则会有像极光般的白雾呈现在表面上，称为抛光印痕，如图2-45所示。

(1) 起因

对于浅色系的表面，污垢（或水斑）会聚集在抛光所产生的细微刮痕中而导致黑斑的产生。

对于深色系的表面，抛光所产生的细微刮痕会反射出不规则的光而形成像极光般的白雾面，若涂膜没有彻底干燥，则抛光后会产生细微刮痕。

(2) 修补方法

1）当干燥不足时，必须先让涂膜彻底干燥。

2）小心地抛光表面。

(3) 防治对策 最终抛光作业时，使用极细的抛光剂。依照涂料供应商的指示，将涂膜按规定的时间干燥后实施抛光作业。抛光垫在使用前必须保持干净，防止里面藏有大颗粒的硬物。

三、渗色

渗色是指当底涂层的颜色渗浮入外层涂膜而显现出来的现象。这是因为外层涂膜的溶剂分解底涂层中的颜料，导致底涂层颜料渗浮入外层涂膜，如图2-46所示。

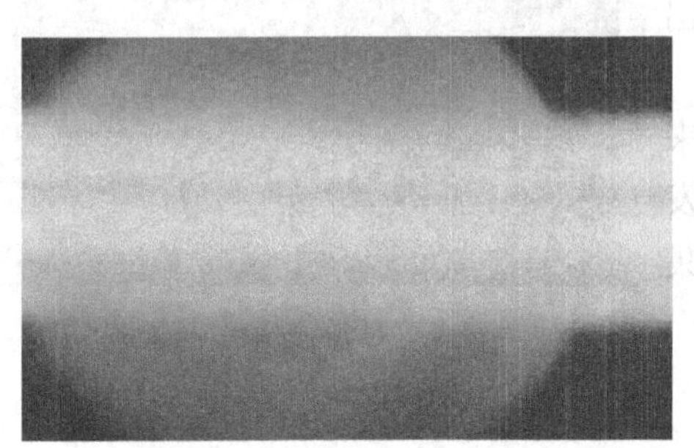

图2-45 汽车漆面的抛光印痕

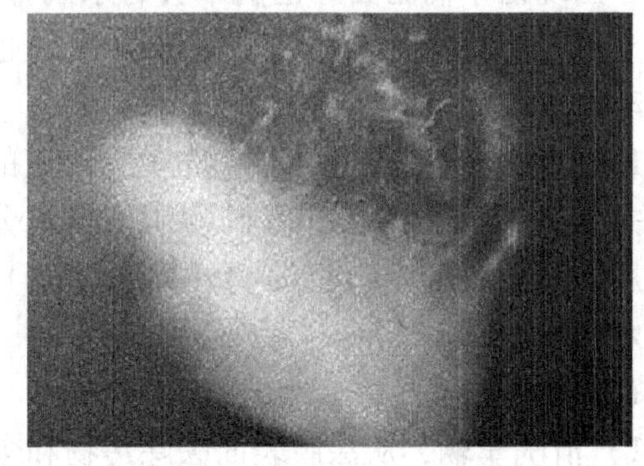

图2-46 车身表面的渗色

(1) 起因 渗色的起因是底涂层的材质为硝基形式的涂膜，底涂层并未进行彻底的密封，双组分型原子灰添加过量的固化剂。

(2) 修补方法

1）将缺陷部位涂膜去除。

2）使用调好色的涂料重新喷涂该部位。

(3) 防治对策 先确认底涂层涂膜所使用的材质，若为硝基形式，则喷涂一层氨基甲酸乙酯中涂底漆。依照涂料供应商的指示，在双组分型原子灰中混入正确量的固化剂。

任务3 漆面长期使用后常出现的缺陷处理

在漆面长期使用后，外界因素会导致的涂膜缺陷主要有水斑、花粉斑、酸雨斑、黑点、鸟屎、铁粉、油斑、蓄电池液斑、染料斑、塑化或硫化剂污染、飞石损伤、褪色或变白、烟灰斑和生锈等。本任务对漆面长期使用后常出现的缺陷处理作讨论。

【学习目标】

知识目标：

1. 掌握漆面长期使用后漆膜常出现的缺陷及处理。
2. 理解漆面长期使用后漆膜常出现的缺陷处理原理。
3. 了解漆面长期使用后漆膜常出现的缺陷的成因。

能力目标：

1. 通过学习，能对漆面长期使用后漆膜常出现的缺陷进行正确处理。
2. 通过学习，会正确使用处理漆膜缺陷时用到的工具、设备及材料。

【知识准备】

一、漆面长期使用后会出现的缺陷

1. 水斑

车辆水平面经常会有白色环状的水滴痕形成，但极少出现在车辆侧面。也偶尔会有水滴掉落后，涂膜干燥而产生条纹痕，称为水斑。水斑也会出现在车窗或饰条上，如图2-47所示。

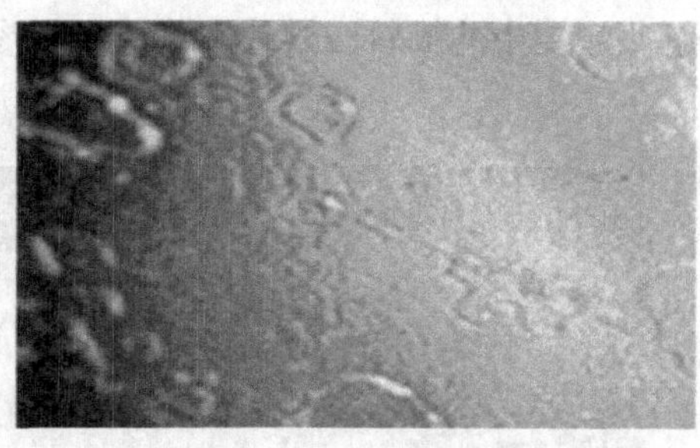

图2-47 车身表面的水斑

(1) 起因 水滴（雨水、洗车所使用的自来水或井水）中含有钙和硅等矿物质，当水分蒸发后，所残留下来的白色沉淀物（即矿物质）会集中在水滴的周围。

(2) 修补方法

1）清洗车辆，从涂膜表面去除污物和尘垢。

2）使用抛光剂抛光涂膜表面，以去除洗车后残留在车辆上的水斑。

(3) 防治对策 在阴凉处清洗车辆，而且擦掉洗车后残留在车辆上的所有水滴。对汽车表面喷涂后，要将车辆停放在室内直到涂膜完全干燥为止，避免涂膜表面与雨水接触。

2. 花粉斑

花粉斑是在涂膜表面形成轻微的皱纹和白色的污物。虽然大多发生在车辆的水平面，也会依照风运送花粉的方向而在车辆侧面形成。当花粉掉落在涂膜表面并且与水混合时，就会产生一个像水斑状的花粉斑的现象，而个别的花粉也会在涂膜面形成小点。

(1) 起因 当花粉掉落在涂膜表面与水接触时，会导致花粉壳破裂而使果胶流出，而果胶一般都含有高酸度和高甜度，果胶干燥后会收缩而使涂膜表面变形。

(2) 修补方法

1）清洗车辆，去除残留在涂膜表面上的花粉。

2）加热涂膜表面（70～80℃，10min）以释放应力来去除缺陷。

3）使用抛光剂抛光涂膜表面，去除任何残留的污物。

(3) 防治对策 在涂膜表面打上一层保护蜡可以有效地保护漆面。

3. 酸雨斑

酸雨斑在涂膜表面形成不均匀的、水滴般的凹陷，通常发生在车辆所有的水平部位，尤其是容易积水的车身钢板上，而很少发生在倾斜面的部位，如发动机盖前端，如图2-48所示。

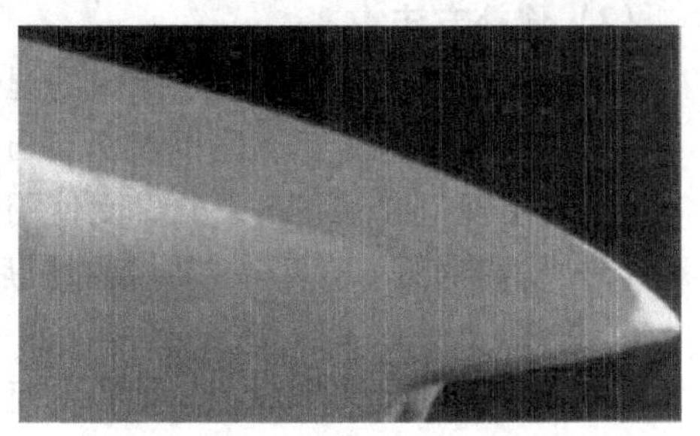

图2-48 车身表面的酸雨斑

（1）起因 与涂膜表面接触的酸雨在水分蒸发时酸性浓缩，导致涂膜内的三聚氰胺链接脱离。涂膜内分子的分散会导致涂膜的分解而形成凹坑。这种形式的损伤在高温下最容易产生，因为高温会加速湿气的蒸发且能促进化学反应。

（2）修补方法

1）用2 000#砂纸研磨缺陷表面，直到表面平滑为止。通过抛光缺陷表面（用2 000#砂纸研磨掉刮痕）来去除缺陷。

2）使用约400#砂纸研磨后，重新喷涂缺陷表面。

（3）防治对策 在涂膜表面打上一层保护蜡可以有效地保护漆面。若车辆淋到雨水，则应尽快将车辆清洗擦干。

4. 黑点

黑点大多是形成在银粉漆色的保险杆或车外后视镜上，没有喷涂清漆的银粉漆更容易形成，且多出现于水平表面。

（1）起因 当没有喷涂清漆的银粉漆面与酸雨接触后，浓缩后的酸会使铝颜料氧化，因此形成圆形的黑点。高温会让水更容易蒸发，这样会增加黑点的产生，因为热会促使化学反应加快。

（2）修补方法

1）使用约400#砂纸研磨缺陷部位。

2）使用调好色的涂料喷涂补修部位。

（3）防治对策 若车辆淋到雨水，则应尽快将车辆清洗。打上一层保护蜡可以有效地保护一个新漆面。

5. 鸟屎

这一类的损伤是由于鸟或昆虫的排泄物与涂膜接触所致，会在涂膜面上形成漆面凸起、龟裂和剥落的现象，如图2-49所示，因为排泄物中含有不同的成分。涂膜表面的凸起是由蜜蜂的排泄物所致的，会在涂膜上形成圆顶的形状。龟裂最初的阶段，小裂痕会聚集在一起且呈现白色。虽然缺陷大多形成在车辆的水平表面，也会因为风的影响而形成在垂直面上。昆虫的卵和尸体会导致涂膜产生相似的问题。

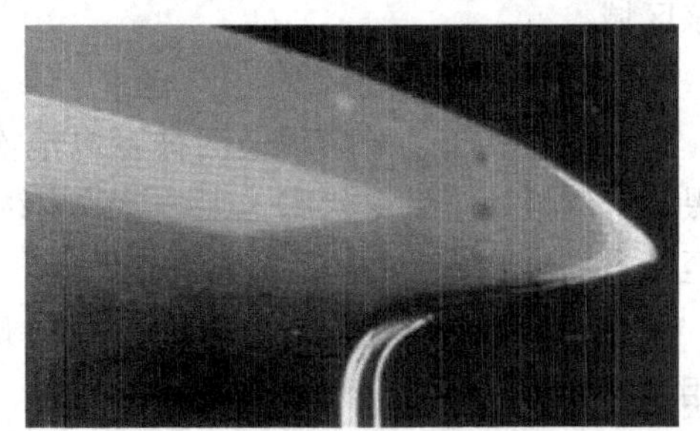

图2-49 车身表面的鸟粪侵蚀

（1）起因 排泄物中的有机酸渗透入涂膜而导致涂膜凸起。此外，有机酸会使涂膜的分子结构分离，加上温度的变化、紫外线和湿气，最后会导致涂膜龟裂和剥落。涂膜表面上的损伤范围和形状将依照鸟或昆虫的种类或它们的食物而有不同的变化。

（2）修补方法

1）加热涂膜表面以使渗入涂膜的湿气和有机酸蒸发出来。

2）若有残余的凸起部位，则研磨凸起部位并搭配抛光剂进行抛光。

3）若出现龟裂、剥落现象，则使用约400#砂纸磨除缺陷部位，并重新喷涂。

（3）防治对策 在鸟屎接触到涂膜后，立即将其去除。

6. 铁粉

这类型的缺陷是在车辆的水平表面显露出小的红色锈斑，摸起来有很粗糙的感觉，且无法用水洗去。当在涂膜表面涂抹除锈剂时，锈斑的颜色会改变成为微红紫色，如图2-50所示。

图2-50 车身表面的锈斑

（1）起因 当车辆停放在靠近会产生铁粉的铁路或钢铁工厂旁时，铁粉就可能与车身涂膜接触而附着在涂膜上，并且生锈，进而侵蚀涂膜。

（2）修补方法

1）大损伤首先使用除锈剂，除锈剂利用化学反应将铁粉转化成红锈（氧化铁），从而去除涂膜表面上的铁粉。然而，它并不能完全去除铁粉。

2）小损伤直接使用除铁粉黏土，去除已经深入涂膜表面生锈的铁粉。

3）抛光去除涂膜表面上的轻微刮伤。

7. 油斑

涂膜表面的颜色如果与油渍相接触，那么就会变为褐色。偶尔，涂膜表面会发生凸起的现象。

（1）起因 焦油、沥青或润滑油渗透入涂膜表面形成褐色的油斑。当涂膜表面接触到有色的油渍（如自动变速器油）时，油渍的颜色将残留在涂膜表面上。

（2）修补方法

1）使用浸泡溶剂的抹布去除油斑。

2）损伤较大时，使用研磨的方法去除缺陷的部位；若油斑仍无法被去除，则重新喷涂该区域。

8. 蓄电池液斑

蓄电池液斑是指涂膜表面被蓄电池液溶解的现象。在银粉漆车身中，铝颜料被氧化变黑。若钢板处于暴露状态，则会导致生锈。若车辆的蓄电池破损，则将从发动机舱内部损害至底盘部位。

（1）起因 这种形式的损伤是由硫酸所导致的，这种损伤的方式基本上与酸雨相同。

（2）修补方法

1）将缺陷周围部位的涂膜彻底去除，即使还没有出现损伤，但该部位仍然要整个研磨至钢板，因为这种类型的损伤会延伸遍及至涂膜表面。若已经生锈，则将锈彻底去除。

2）由底漆作业开始重新喷涂该区域。

9. 塑化或硫化剂污染

当塑胶板或橡胶材质的物体被放置在涂膜上时，顺着塑胶或橡胶物体的形状涂膜会凸起或变色。

（1）起因　这起因于塑胶板中包含的塑化剂（一种添加剂，具有易挠曲性、增进材料的耐冲击性和抗弯性）或橡胶材质包含的硫化剂（一种添加剂，由分子的链接形成架桥结构，将橡胶转换成弹性体）转移至涂膜表面，导致涂膜有凸起或变色的现象。凸起现象大多发生于塑胶材质，变色现象大多发生于橡胶材质。

（2）修补方法

1）若损伤较小，则将浸泡有脱脂剂、溶剂或煤油的抹布放置在污染痕上，并将其加热至40～50℃以去除斑痕。

2）若以上述步骤无法去除污染，则进行抛光来去除缺陷。

3）若损伤较大，则在研磨将污染痕去除后，重新喷涂该区域。

10. 飞石损伤

当车辆行驶时，会有一些小石子撞击涂膜而导致涂膜剥落，这种情形经常发生在车辆发动机盖或车顶的前端边缘部位。小石子弹跳起来也可能损伤到车门槛板、车门下围板或轮弧外板部位，涂膜剥落的部位通常会形成锐利或锯齿状的表面。偶尔，小石子会导致该区域中间部位产生小凹陷的现象，如图2-51所示。

（1）起因　小石子冲击涂膜表面，其结果使涂膜剥落。

（2）修补方法

1）研磨缺陷部位直到表面平顺为止。如果有生锈，则必须将锈完全去除。

2）使用调好颜色的涂料重新喷涂该部位。

还有简单的方法，就是在损伤的区域实施局部修补，然后将凸出部位磨除并抛光。

11. 褪色或变白

车辆使用很长的时间后，涂膜会有失光的现象（褪色）。浅色系会转变为微黄色。涂膜表面会变白、粉化且没有光泽，如图2-52所示。

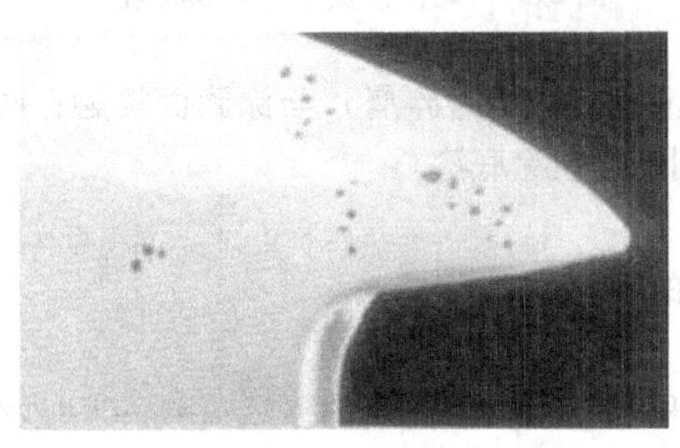

图2-51　车身表面的飞石损伤

图2-52　车身表面的褪色

（1）起因　这种缺陷的产生是由于紫外线、高温和湿气而导致涂膜中的树脂和颜料变质。褪色是由于颜料变质所致的，变黄是由于紫外线照射而导致树脂变质所致的，变白和粉化则是由于树脂变质而变成粉状所致的。

（2）修补方法

1）若损伤较小，则使用抛光作业去除缺陷层。

2）当抛光仍无法修复缺陷或修复不久后再度发生时，则将缺陷层磨除并重新喷涂该区域。

（3）防治对策 尽可能将车辆停放有遮挡的地方。重新喷涂时，使用双组分的氨基甲酸乙酯涂料取代硝基涂料。

12. 龟裂

这类缺陷是在涂膜面上形成裂缝或龟裂的现象，如图2-53所示。

（1）起因 车辆使用期间，涂膜暴露在自然环境中，如太阳光中的紫外线、高温或水，这些外界因素导致涂膜内部的分子分离。涂膜面经受温度的改变和湿气的影响，而反复地进行膨胀和收缩的循环，逐渐地涂膜会变硬变脆。若这样的恶化情形持续发展，则涂膜将无法承受外界的冲击而开始发生龟裂。使用不正确的固化剂量也可能造成涂膜龟裂。

（2）修补方法

1）彻底去除缺陷部位的涂膜。

2）使用调好色的涂料重新喷涂该部位。

（3）防治对策 喷涂过程中避免喷涂过厚的涂膜，添加正确的固化剂量。

13. 剥落

剥落是指涂膜脱落而暴露出底涂层或钢板的现象，如图2-54所示。

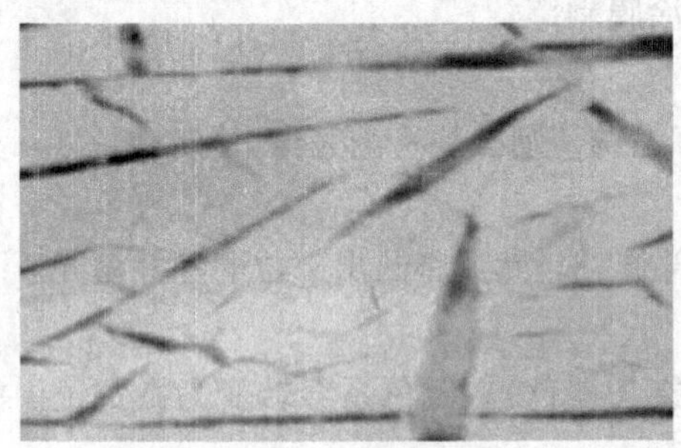

图2-53 车身表面的龟裂

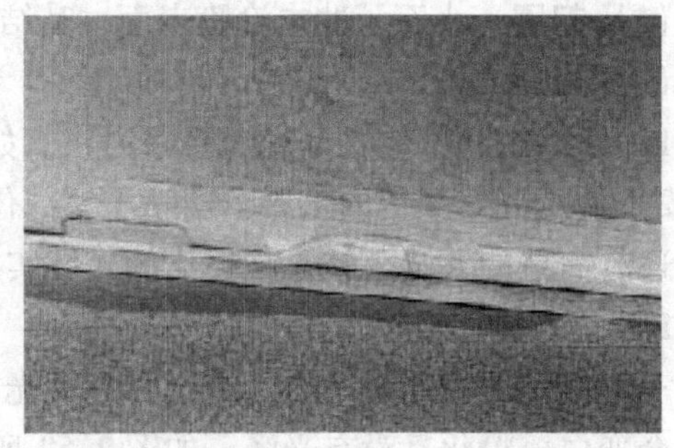

图2-54 划痕修复中的涂膜脱落

（1）起因 剥落的起因：外来的粒子（如油渍、硅或研磨碎屑）与涂膜面接触；底涂层没有研磨充分；双组分型涂料添加不足的固化剂；未喷涂底漆。

（2）修补方法

1）将有缺陷的旧涂膜彻底去除，不只是剥落的部位。

2）使用调好色的涂料重新喷涂该部位。

（3）防治对策 彻底地对涂膜表面进行清洁和脱脂。使用适当的砂纸（约400#砂纸）彻底地研磨底涂层，尤其是必须彻底研磨双色涂装的分界线。依照涂料供应商的指示，添加正确的固化剂量。确保涂抹底漆，若没有涂抹底漆，特别是在塑材零件上，如聚丙烯（PP）或超级烯烃聚合物，那么涂膜肯定会剥落。

14. 洗车产生的擦痕

在深色的车身漆膜上经常能见到平行的丝状擦痕。其表面会有些失光，色调也会显得灰白，如图 2-55 所示。

(1) 起因

1）洗车刷或机械洗车刷太粗、太脏或太旧。

2）预清洗时，水用得不够。

3）刚施工好的车辆漆膜不能过早地用机械方法清洗。如果漆膜干燥固化时间不够长、喷涂太厚或固化剂使用不当，那么新漆膜对产生划伤的敏感度会增加。

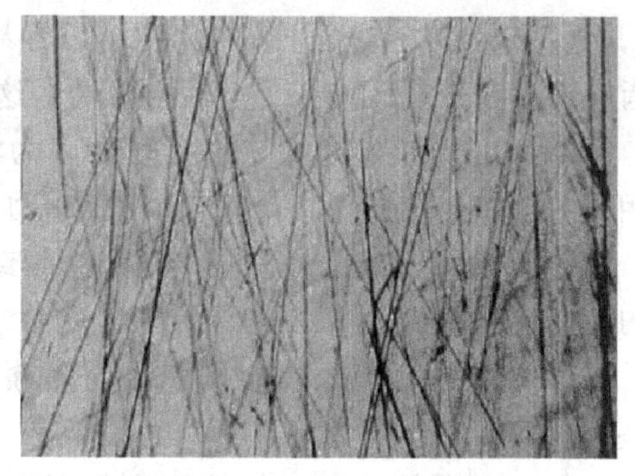

图 2-55 洗车产生的擦痕

(2) 修补方法 用细抛光蜡进行抛光，再用适合的高光泽蜡恢复光泽。不断地使用洗车机械设备而造成表面损伤是无法避免的。许多车辆原厂使用抗划擦清漆，当这类车辆需要修补时，必须用厂方推荐的抗划清漆施工。

(3) 防治对策

1）使用干净、正确的刷子。

2）在刷洗前用大量水彻底冲洗。

3）避免过早地用机械方法清洗刚施工好的漆膜表面。确保遵循所推荐的漆层厚度、干燥固化时间和固化剂比例。

二、油漆损伤鉴别

1. 磨穿区域鉴别

利用磨穿区域鉴别油漆损伤如图 2-56 所示。

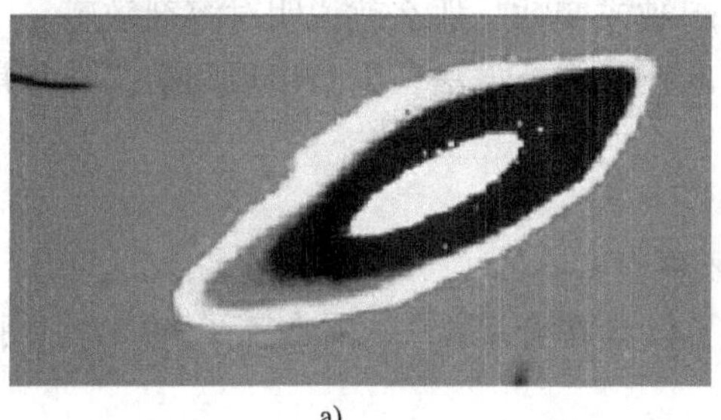

a)

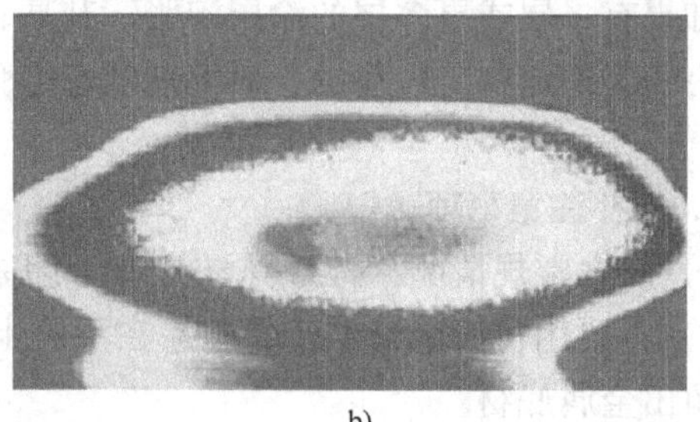

b)

图 2-56 汽车漆面磨穿区域

利用磨穿法诊断油漆损伤缺陷是在工作现场更加准确、简单的方法，并因此可以判断出最佳的所需修补方法。经仔细打磨不良区域至裸露底层（金属或塑料等）后，各种使用过的产品形成的涂层就会显现出来，可以清楚地进行鉴别，可以估计出它们的膜厚，可以使缺陷更明显。

先使用 P240 打磨至底层，再用尽量细的砂纸（如 P600）打磨同样的地方，最后该区域可以用细抛光蜡抛光，以便于清楚、精确地观察这些涂层和问题。下述油漆损伤类型可以用该方法简单地做出评估：

(1) 水泡 水泡较容易检查到。面漆经打磨后露出与面漆不同颜色的斑点，显露出下面一层涂层。

(2) 开裂　漆膜开裂的深度可以容易地在磨穿区域看到。为了更好地检查，可以使用指导层漆在开裂区域待干燥后再打磨，这样可以更清楚地进行鉴别。

(3) 溶剂泡　这类缺陷有时会因为泡很小，被错误地认为是尘点。但是利用磨穿法，相关的涂层上会显现小孔穴，很容易鉴别。

(4) 鱼眼　如果是鱼眼，则旧涂膜或新涂膜上会显现出浅浅的凹陷，也能显示出油漆的不良流动性。

(5) 针孔　针孔处会显现出与面漆不同颜色的小点，它来源于基底上的气泡或毛孔缺陷。

(6) 漩涡状磨痕　在磨穿区域底漆或中涂漆上出现有色的线条，线条的形状和尺寸会显示出原先打磨的方法（手磨或机器）和所用砂纸的粗细型号。

(7) 旧涂膜的层数　经打磨后，油漆涂层全部可以暴露出来。此法可以很精确地体现出一辆车喷涂了多少层油漆，是否过多了，是否还能重涂。

2. 溶剂测试

在作任何修补涂装前，建议在打磨过的区域上作溶剂测试，以暴露出该区域是否对溶剂敏感而需要特别注意，并作特别的前处理，以防出现问题。

溶剂敏感的涂层可能是：

1）TPA（热塑性丙烯酸）涂层。

2）硝基漆涂层。

3）未硬化的瓷漆。

3）在敏感、膨胀涂层上施工过的涂层。

打磨后，取一片擦拭布浸透强溶剂，然后在打磨的区域上擦拭。严密观察是否有反应迹象，如果有一层或更多层的涂层溶胀、升高、起皱或变粘，那么就说明对溶剂敏感。

有一个确定的、可靠的、对溶剂敏感涂膜的正确修补方法，以防出现问题，是非常有必要的。

3. 修补注意事项

1）较之常规情况，打磨得要更细，范围要更大些。

2）不要用任何聚酯类产品施涂在漆膜上（仅涂在金属上），要在腻子和旧涂膜羽状边之间留出金属底材。

3）底漆、中涂、面漆施工时，仅喷涂薄层，并给予充分的闪干时间。

4）不要使用湿对湿产品或工艺方法。

5）小心地用IR红外线干燥（不要用于TPA油漆）。

6）仅用适合的涂装工艺。

7）如果溶剂测试显示旧漆膜对溶剂极度敏感，则需要剥离旧涂膜至裸金属，再进行重涂。

三、汽车漆膜的护理

现代的恶劣环境条件给汽车的油漆涂膜带来了巨大的麻烦，例如酸雨、交通污染、公路化雪盐、鸟类排泄物、太阳光中的紫外线、潮湿、气温变化、工业气体、树胶液等，这些都会对车漆的环境产生不良影响。此外，在洗车时使用去污剂以及洗车对车身表面产生的物理摩擦作用，对车漆都有伤害。如果不进行定期的护理，漆膜光泽会减退，本身的抗潮湿性能也会丧失。因此，要用抛光剂和蜡等护理产品对漆膜进行定期维护。

在试图抛光任何油漆表面前，先彻底清洗表面是很重要的。不要在充足的直射阳光条件下抛光上蜡，否则较热的漆面会变得更敏感，而增大出问题的可能性。

新涂装的修补漆在开始的4~5个星期内只能用干净、清洁的水清洗，不能使用化学清洗剂。在此期间，漆膜将达到完全固化，并使残留的少量溶剂离开。仅可以用柔软的麂皮擦干表面水分。这个完全固化期过了以后，所有的常规清洁方法就可以使用了，如自动洗车、高压水洗等。建议用高光泽上光蜡来防护漆膜。用一块抛光布以圆周运动擦拭方法施涂于表面，干了以后，再用一块无纤维软抛光布擦亮。这种上光蜡将给予漆膜表面优良的脱水性能，即水到表面后会自动流掉，不易留在表面。通常情况下，漆膜需要最少一年2次抛光上蜡。

油漆表面轻微的雾状光泽（如在新车表面）可以用高光泽细抛光蜡来轻松地进行清除。该蜡应该在漆面清洗后施工，干燥后用软布擦掉。可以再用高光泽上光蜡进一步保护它的光泽。

对于较旧的、严重老化的漆膜，在清洗干燥后，先用一块软布沾油漆清洁剂以环形运动擦拭表面，一次只擦一个部分。当表面的污垢脏点被清除时，擦拭布可能会带上油漆的颜色。在彻底清洁后，对恢复光亮的表面上防护功能的光蜡。除了定期的漆膜维护护理外，建议每年要作一次严格检查（特别在冬季到来前），如石击伤痕等，以确定哪些部分有必要修补，以防损伤扩大变严重。

【思考与练习】

思考题

1. 思考涂装刚刚结束时漆膜易出现哪些缺陷，并逐一分析处理方法。
2. 思考涂装结束几天后漆膜易出现哪些缺陷，并逐一分析处理方法。
3. 思考漆面长期使用后漆膜易出现哪些缺陷，并逐一分析处理方法。

模块3

汽车装饰美容

汽车装饰是以舒适、美观、享受为最终目的，在不改变汽车本身的功能和结构的前提下，通过加装或改装前/后保险杠、大包围、导流板、扰流板和车窗等外饰件，来提高汽车表面美观性。或通过改装真皮座椅，增加一些附属的物品，来提高汽车内室的舒适性，从而使汽车更加靓丽、时尚、豪华，以满足人们审美和个性化的需求。

根据汽车被装饰的部位不同，可分为汽车外部装饰和汽车内室装饰。

项目 1

汽车外部装饰

任务 1　汽车防爆膜贴护

在炎热的夏天，汽车粘贴防爆膜可以使车内冷气需求下降 60%。除保持了车内凉爽外，还可以省下不少空调消耗的能源，紫外线长期直射除了伤害驾乘人员的皮肤，还会引起车饰龟裂与褪色，防爆膜粘贴还有保护车辆内饰，延长其使用寿命的作用。防爆膜还能有效避免意外事故引起的玻璃飞溅。当遭遇车祸时，好的防爆膜能黏附碎裂玻璃使之不飞溅，从而有效保护驾乘人员的人身安全。防爆膜还有加强私密性、有效防止小偷等窥探车内财物，保护驾乘人员财产安全及个人隐私的作用。

【案例】　少年高速扔砖块，3 月男婴车中被砸身亡

2011 年 4 月 6 日，高速飞驰的轿车内，母亲正在哄着怀里的婴儿，一块水泥砖块“从天而降”，击碎轿车风窗玻璃后，将婴儿砸得满脸是血，被送到医院后未经抢救就已经死亡。

如果案例中的车辆粘贴了防爆膜（由于防爆膜不但隔热，还具有防爆性，可以提升意外发生时的安全性，使汽车玻璃破碎可能性降到最低，最大限度地避免意外事故对乘客的伤害），膜的张力使得玻璃不会破碎，那么石块就不可能进入车内，这样婴儿也就不会夭折了。

资料来源：浙江在线-钱江晚报

【学习目标】

知识目标：

1. 了解贴护车窗膜的目的。
2. 掌握汽车防爆膜的基本结构和特性。
3. 了解汽车防爆膜的种类和特点。
4. 掌握汽车防爆膜质量的鉴别方法。
5. 熟悉汽车防爆膜贴护工艺。
6. 熟悉贴护质量评价标准。

能力目标：

1. 会正确使用车窗膜操作工具。
2. 掌握车窗膜质量优劣的评价方法。

3. 能够正确选用车窗膜工具进行规范车窗膜贴护作业。

4. 了解覆膜过程中产生质量问题的原因及预防方法。

5. 熟悉贴护质量评价标准。

【知识准备】

一、车窗防爆膜

车窗防爆隔热贴膜是一种高科技的功能性隔热材料，由多层特殊聚酯膜复合压制而成。在膜层中使用磁控溅射等方法镀上的一层纳米级的高反射率金属氧化物涂层后，使其不但具有很高的透光度，而且还具有极高的隔断红外线和紫外线辐射的能力，如图3-1所示。

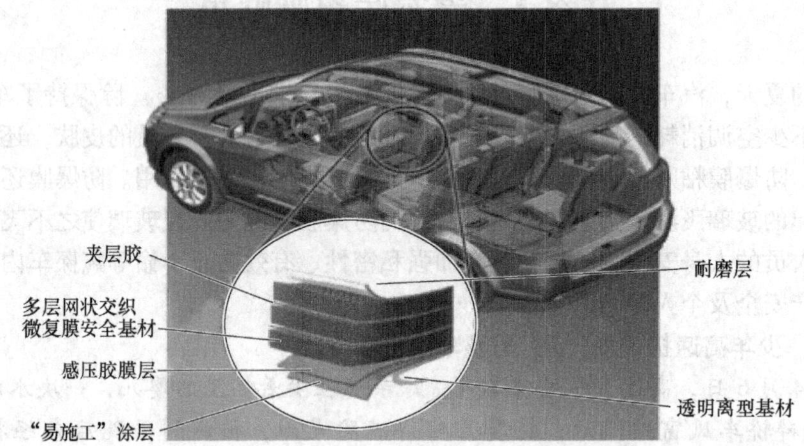

图3-1 车窗贴膜

当今汽车防爆膜以良好的透光性、无视线盲区、高隔热节能、防紫外线和防爆等优良的功能成了取代老式太阳纸的一种新型车窗隔热材料，受到了爱车一族及业内人士的青睐。

1. 汽车防爆膜的功能

(1) 创造最佳美感 五颜六色的汽车防爆膜可以改变车窗玻璃都是白色的单一色调，给汽车增添美感。

(2) 防爆、防振 减少意外伤害，构筑“隐形防盗网”保护私人财产。

(3) 提高空调效能 汽车防爆膜的隔热率可达50%～70%，能有效地降低汽车空调的使用，节省燃油，提高空调效率。

(4) 防止紫外线辐射 优质的汽车贴膜能够有效防止紫外线的直接照射，可防止车内设施褪色和龟裂，减少炽热，节省能源，防止汽车和驾乘人员“晒伤”，如图3-2所示。

(5) 有效防止眩光 汽车贴膜能够过滤部分眩光，减弱可见光的强度，改善行车时的视线，让进入眼球的光线更柔和。

(6) 保证乘车隐密性 汽车防爆膜的单向透视性可以遮挡来自车外的视线，营造私密的空间，增强隐蔽性和防盗性。

2. 汽车防爆膜的种类

(1) 染色膜 这类膜不含金属层，不能反射红外线，但具有控制眩光和一定的隔热功

a)

b)

图 3-2 汽车贴膜与未贴膜效果比较
a）未贴膜 b）贴膜后

能；主要是通过吸收太阳能后再向外释放来起到隔热的作用，其隔热效能比反射膜低得多。

（2）染色膜加真空镀金属膜（反射）的复合膜（又称为高性能膜） 这种高性能膜通常由一层本体染色膜和一层真空镀铝膜复合而成。与染色膜相比，在具有较高的可见光穿透率的同时，又有较高的隔热率，但因染色层会发生光线的散射作用，造成视觉的扭曲，故清晰度较差。

（3）磁控溅射金属膜（反射）（又称为纯金属膜） 这类膜用磁控溅射的工艺，在膜层基体上镀有一层对红外线反射率极高的不同金属离子涂层，所用的金属通常是铜、不锈钢和镍铬合金等。膜的颜色完全由所镀的金属成分来决定，具有更高的可见光穿透率和隔热率，金属成分稳定，永不褪色，清晰度极佳。

3. 汽车防爆膜的结构和特点

（1）基本结构 不同的车膜结构差异较大，即使同为防爆隔热膜，其结构也不尽相同。例如：3M 汽车防爆隔热膜主要由透明基材、“易施工”胶膜层、感压式粘胶层、隔热膜层、安全基层及耐磨外层组成，如图 3-3a、b 所示；Liumar 防爆隔热膜主要由保护膜、防粘层、安装胶、紫外线吸收剂、深层染色聚酯膜、合成胶、金属层及防划伤层等组成，如图 3-3c 所示。

（2）特点

1）抗磨性。抗磨层由耐磨聚氨酯组成，硬度高达 4H。

2）高透视性。例如 3M 8003MT 型全新高透视、高隔热的永久稳定的 C. S. film 基材技术取代了传统 PET 基材技术，具有不褪色、不起泡和不变质的永久稳定的性能。

3）隔热性。金属隔热层是在 PET 膜上通过真空蒸镀或真空磁控溅射金属铝、银和镍等对红外线有较高反射率的纳米级金属层。

4）复合胶粘剂。由耐候性良好、高透明的聚氨酯胶粘剂组成。

5）紫外线阻隔性。UV 吸收层由特种 UV 吸收剂构成，可阻隔 99% 的紫外线。

6）金属安全基层。金属安全基层由高强度、高透明的 C. S. film 基材组成，其目的是将金属层夹在中间，防止金属氧化，延长了金属膜的使用寿命，如 3M 8003MT 型金属安全基层。

7）安装胶粘剂。安装胶粘剂由耐候性良好高透明的丙烯酸酯胶粘剂组成。

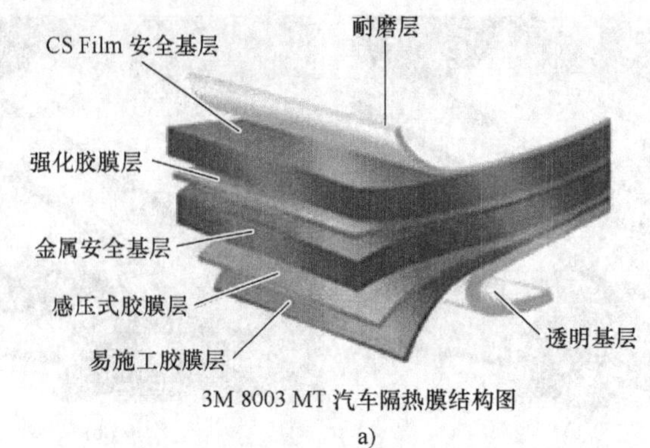

3M 8003 MT 汽车隔热膜结构图

a)

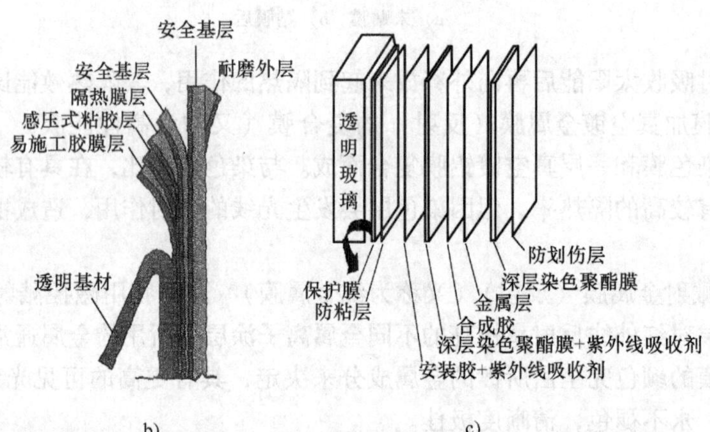

b) c)

图 3-3 汽车太阳膜结构

a）3M 型 b）3M 型 c）Liumar 型

8）高透明 PET 离型膜。

4. 防爆膜的隔热工作原理

通过真空喷镀或磁控溅射技术将铝、金、铜和银等金属制成多层致密的高隔热金属膜层。金属材料中的外壳层电子（自由电子）一般没有被原子核束缚，当被光波照射时，光波的电场使自由电子吸收了光的能量而产生与光相同频率的振荡，此振荡又放出与原来光线相同频率的光，称为光的反射。金属的导电系数越高，穿透深度越浅，反射率越高。图 3-4 所示为防爆膜的隔热结构分析图。

这些金属层会选择性地将太阳光中的各种热能源（包括红外线、紫外线及可见光热能）反射回去，再配合膜上的颜色对太阳光热辐射的吸收后，再二次向外释放，随着室外的空气流动带走一部分热量，从而有效地起到隔热的作用。防爆膜用金属反射材料，大都使用高导电性的金、银、铝和铜等材料。

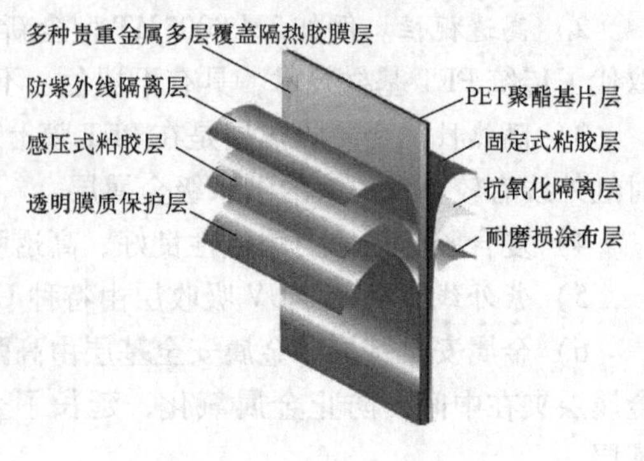

图 3-4 防爆膜的隔热结构分析图

几种金属反射膜在不同波长的反射率见表3-1。

表3-1 几种金属反射膜在不同波长的反射率

金属种类	800nm 反射率（%）	650nm 反射率（%）	500nm 反射率（%）
铝	86.7	90.5	91.8
银	99.2	98.8	97.9
金	98.0	95.5	47.7
铜	98.1	96.6	60.0

5. 汽车防爆膜的性能指标

（1）清晰性 **视野清晰以保证行车安全，是汽车防爆膜最重要的性能指标。**优质防爆膜的清晰度可高达90%，而且不论颜色的深浅，透明度都十分高，可缓解驾驶疲劳。

（2）隔热性 隔热性是**鉴别防爆膜质量好坏的重要指标之一**。车膜的隔热性能取决于其反射和吸收能力，反射越强烈，吸收能力越强，隔热率也就越高。但各国及各地区法律的不同，一般规定车膜的可见光反射率不得超过10%。汽车膜本身的吸热能力是有限的，其隔热率一般为40%～70%。目前，优质的防爆膜的隔热率可高达80%，高透光，高隔热，可提高乘车的舒适性、降低空调负荷、节省燃油。

（3）防爆性 这是**涉及汽车安全的一项重要性能指标**。优质防爆膜本身具有很强的韧性，其上的强力胶能将破碎的玻璃紧紧地粘在一起，能避免事故发生时飞溅的玻璃碎片对乘客产生二次伤害。防爆膜的防爆性使其抗冲击性能很强，如图3-5所示。

图3-5 防爆膜的防爆性

（4）防划伤 防爆膜的**防划性是车膜的一个基本性能**，指在其保质期内正常升降车窗时，膜的表面不会被划伤，从而保证视野的清晰。专业防爆膜的最外层都镀有一层坚硬的防划伤层，对于消费者而言，这种带有防划伤性的太阳膜便于车窗玻璃的上、下运动和日常的清洁维护，不会留下划痕；但非专业膜由于施工方式的不同，很容易被划伤。

（5）防UV **专业太阳膜能够阻隔99%的紫外线**并持续发挥作用，防止皮肤病变，延缓车内物件褪色老化。非专业膜的UV阻隔率不到50%。

（6）防眩光 好的车膜能过滤部分眩光，减弱可见光的强度，使人的眼睛更舒服，有助于改善驾驶人的视野，确保驾驶安全。**优质汽车防爆膜的遮眩光率应在59%～83%，透光率应在70%～85%**，无论颜色深浅，**夜间视野清晰度都应在60m以上，无视线盲区**。

（7）颜色 防爆膜通常是采用本体渗染和溅射金属着色的方法着色。纯溅射金属使防爆膜有金属色的，称为自然色。采用这两种方法着色的防爆膜是不易褪色的，尤其是自然色的防爆膜。但市场上很多低档、劣质防爆膜，大多采用粘胶着色法来着色，即在粘胶中加入颜料，然后涂在无色透明膜上使膜有颜色。这种防爆膜不耐晒，极易褪色，严重的会褪成无色透明。

(8) 胶与颗粒泡 胶层越薄越好。因为胶会老化，胶层越厚，老化越快，会影响防爆膜的使用寿命，更重要的是会影响太阳膜的清晰性能。因此，高质量防爆膜的胶层都极薄。

颗粒泡是由于空气中漂浮的尘埃产生的，在贴膜过程中是不可避免的。胶层厚了，贴膜时能将尘埃压进胶里，使颗粒泡并不明显。高质量防爆膜的胶层很薄，颗粒泡就比较明显，这也是区分防爆膜好坏的一个重要方法。

二、汽车防爆膜的鉴别

汽车防爆膜的质量评价指标有**不褪色、不起泡、不剥离、不脱落和正常使用无划伤**。汽车防爆膜的鉴别方法如下：

1. 看

(1) *看透光率* 不论防爆膜的颜色深浅，在夜间的可视距离要确保在60m以上。裁一小块膜下来，对着光亮的地方照一照，清晰度高的就是好膜，**劣质膜看上去给人一种雾蒙蒙的感觉**。

(2) *看颜色* 防爆膜通常是采用本体渗染和溅射金属着色的方法进行着色的，是一种高科技产品，不易变色，在粘贴过程中经刮板作用不会发生脱色；而低档劣质防爆膜大多采用粘胶着色法来着色，就是在粘胶中加入颜料，然后涂在无色透明膜上使膜有颜色，这种防爆膜不耐晒，极易褪色，严重的会褪成无色透明。

(3) *看气泡* 撕开防爆膜的塑料内衬后再重新合上，劣质膜会起泡，而优质膜合上后完好如初。

2. 闻

撕开保护层后，**劣质膜闻起来有一股刺鼻的气味**，而高档膜采用的是环保胶，基本上没什么气味，或是有一股淡淡的胶水味。

3. 摸

高档膜摸上去有厚实、平滑感，长期使用不会划伤表面。普通膜手感薄而脆，缺乏足够的韧性，容易起皱。

4. 试

对于防爆膜的隔热性只凭肉眼看和手摸是很难鉴别的，可以通过一个简单的测试方法作比较：在一个碘钨灯上放一块贴着防爆膜的玻璃，用手感觉不到一丝热的是优质膜，而立即有烫手感觉的是隔热性较差的劣质膜。

5. 擦

可以用一点酒精或是汽油擦拭一下膜的表面。劣质膜一擦很容易褪色，高档膜则不容易褪色。

一般普通防爆膜的使用期为2年左右，优质防爆膜的保质期至少为5年，有的达8年以上。

三、汽车防爆膜的选用

1. 适用性原则

根据对隐密性的要求，选择不同颜色深度的防爆膜。一般透光率较高的防爆膜颜色较浅。优质防爆膜具有很好的单向透视性能，无论膜颜色深浅，车外的人都不会窥视到里面，而车内的人看窗外景物却没有影响。

2. 美观性原则

注重防爆膜与汽车漆面颜色的合理搭配。浅色车身的车辆最好使用色彩鲜明的太阳膜，这类膜大多透明度较高，也不会影响隔热效果。车膜的颜色从贴后的效果来看，应该是越浅越好。在挑防爆膜的时候不能在太阳光下看其颜色的深浅，而要将其放在车窗上，并把车门窗关好；否则，看到的颜色可能与其实际的颜色不一样。

在选好膜色以后，应该对防爆膜的隔热率和透光率进行选择，尤其是隔热率，其效果直接关系着夏季车内的温度。在500W太阳灯的照射下，感受这一面贴膜窗玻璃的温度变化。

3. 前风窗膜的选择原则

前风窗玻璃是驾驶人获取交通信息的主要通道，为了不影响安全行车，按照国家公安部交通安全法规的规定，**前风窗膜的透光率必须大于70%**。因此，前风窗玻璃必须选择反光度较低、色系较浅的车膜。如果汽车前风窗玻璃斜度较大，在粘贴时必须注意尽量避免产生反射及波纹。现在市面上有一种完全无色的高档透明膜，尤其适合前风窗玻璃使用。这种膜称为白膜，其最大特点就是可以阻隔红外线和紫外线，而对大部分可见光则不加阻拦。因此，这种膜既不会对视野产生影响，又能起到隔热作用。

4. 侧风窗膜的选择原则

车窗膜尤其是前排两侧窗的膜，**应选择透光度在85%以上为宜**。侧风窗玻璃隔热膜以不影响驾驶人观察后视镜为前提，夜间行车时应能把后面来车前照灯照射在后视镜的强烈眩光反射减弱，使眼睛非常舒服。

侧风窗玻璃可选择的隔热膜较为灵活，颜色也比较多变，如有的车主喜欢偏蓝色的隔热膜等。隔热膜的隔热效果与颜色深浅并没有直接的关系，隔热膜内的涂层工艺才是决定隔热效果的关键因素。隔热率越高的隔热膜，反光越强。

对于车内装有GPS导航仪的汽车，建议车主选择非金属膜产品，因为目前市场上大多数的防爆膜仍然属于金属膜，对于GPS信号会造成干扰。在选购车膜时，要注意查看其是否有质量保证卡，优质膜的保质期通常为5年，长的可达8年。在保质期内正常使用，隔热膜不褪色、金属层不脱落、膜层不脱胶。

5. 常用防爆膜的品牌及特性

市场上常用防爆膜的品牌主要有3M、龙膜（LLumar）、雷朋FSK（FSK）杜邦圣膜（DoBons Film）、蓝钻FSK+冰钻（FSK）、联邦美装（FIL-ART）、北极光（AURORA）、威世（WELLS）、海酷超能威固（V-KOOL）、博世（BOSCH）威臣贝卡尔特-量子膜（BEK-AERT Quantum）等。部分进口车膜的品种及特性见表3-2。

表3-2 部分进口车膜的品种及特性

产品系列	产品代号	透光率（%）	隔强光率（%）	防紫外线率（%）	防爆效果
美国3M系列	6330	35	60	98	性能优良
	7710	21	76	99	
	8383	35	58	98	

（续）

产品系列	产品代号	透光率（%）	隔强光率（%）	防紫外线率（%）	防爆效果
美国3M系列	9010	30	70	99	性能优良
	AL-21	21	85	99	性能优良
	AL-35	35	85	99	性能优良
美国MADICO系列	AL-320	35	85	99	性能优良
	AL-321	35	85	99	性能优良
	AL-300	30	70	99	
	自然色-336	30	75	99	
日本FSK系列	500S	35	82	99	性能优良
	600S	25	85	99	性能优良
	035S	35	80	99	性能优良
	035BL	35	75	99	性能优良
	835BR	35	78	99	性能优良

【任务实施】

设备、工具和材料准备：

一、贴膜工具的选用

1. 专业的贴膜工具

专业的贴膜工具一般包括**裁膜工作台**、**烤枪**、**美工刀**、**各式刮板**、**毛巾系列**、**吸水布**、**喷壶**和**净水器**等，除了这些贴膜工具，还有专项使用的保护用品，主要有纯棉大毛巾、保护座套、门板保护套和脚踏垫等，如图3-6和图3-7所示。这些用具的主要功用是保护汽车漆面，防止电路进水而影响电路，防止弄脏其他内饰品。

图3-6 烤枪

图3-7 各式刮板

2. 防护用品

防护用品有工作帽和防静电工作服。

项目任务实施步骤及要求：

二、防爆膜粘贴工艺与要求

车窗防爆膜粘贴步骤见表3-3。

表3-3　车窗防爆膜粘贴步骤

步骤	操作内容	操作示范图	技术要求
1	选膜		根据客户需求选择隔热膜类型： 1）前风窗玻璃应为浅色 2）后风窗玻璃根据客户需求选择
2	清洁玻璃	 	清洁车窗 1）用毛巾细致地擦干净车窗内、外玻璃的灰尘 2）用遮蔽膜配合专用胶带对汽车内部电器部位及车内门板、窗边进行遮蔽，发动机盖铺好毛巾，避免在贴膜中不小心将其刮花。准备进行贴膜施工
3	放样裁剪	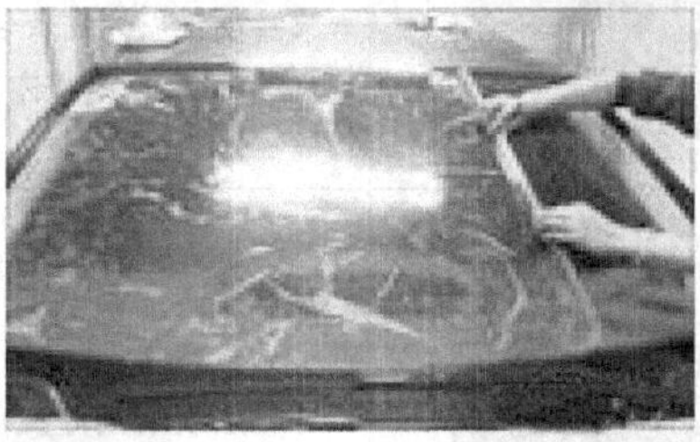 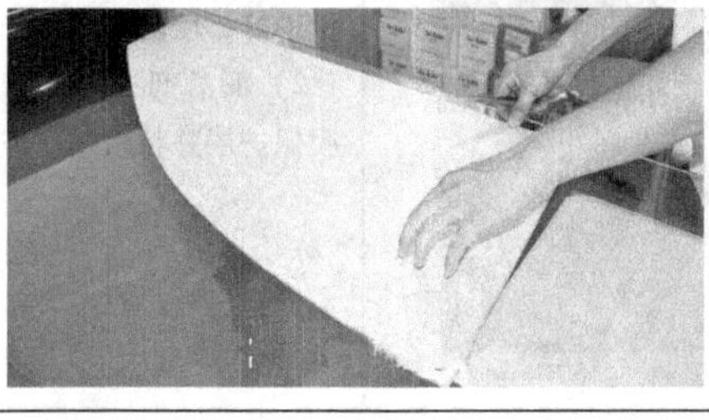	放样 1）按照车窗尺寸要求对客户已确认的防爆膜进行预切割 2）裁膜时注意要留出2cm的余量

（续）

步骤	操作内容	操作示范图	技术要求
4	烘烤定型	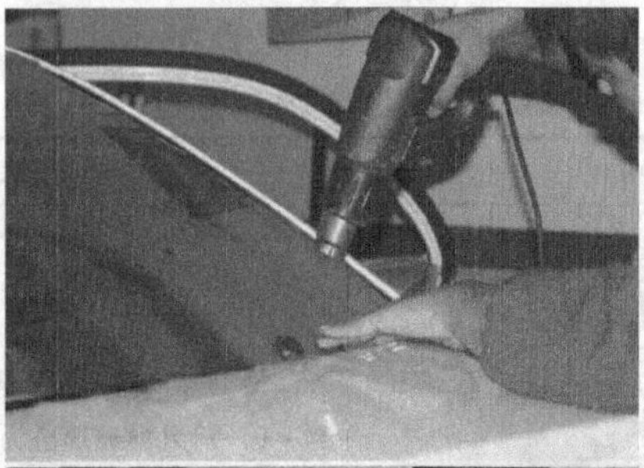  	1）由于汽车前、后风窗玻璃的弧度较大，所以在贴之前需要烤型；汽车玻璃贴膜中最重要的环节即烤型，弧度越大的玻璃，烤型越难 2）用烤枪对隔热膜进行烘烤整型，收缩定型；在定型完毕后进行切割 3）烤膜时必须控制好温度和注意手法，如果掌握不好，轻则会烤焦防爆膜，重则造成玻璃表面受热不均，从而导致玻璃爆裂 4）烤枪温度控制：一般温度控制在450～500℃
5	裁边切割	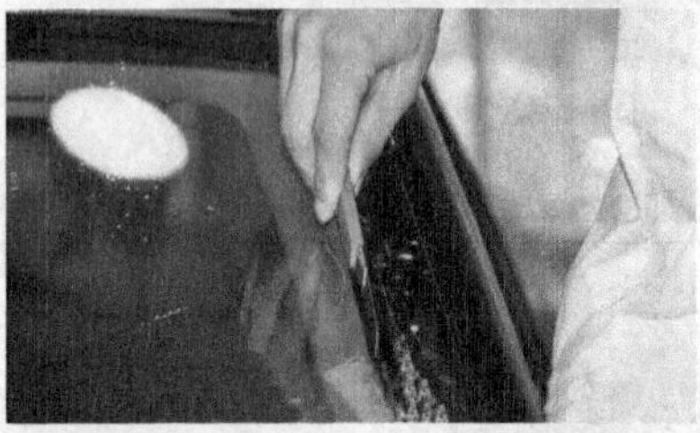	裁边切割拿捏要准确 1）刀片要锋利，才有利于把握力度，防止刮花玻璃 2）前、后风窗要多裁1～2cm，多余的留边可塞进侧窗缝隙内
6	贴前风窗膜		1）用润滑剂冲洗前风窗内玻璃时应用毛巾铺好，以防漏水时烧坏电路板。 2）润滑剂冲洗清洁玻璃内侧，除去防爆膜保护层并将膜贴在玻璃内侧

（续）

步骤	操作内容	操作示范图	技术要求
6	贴前风窗膜	 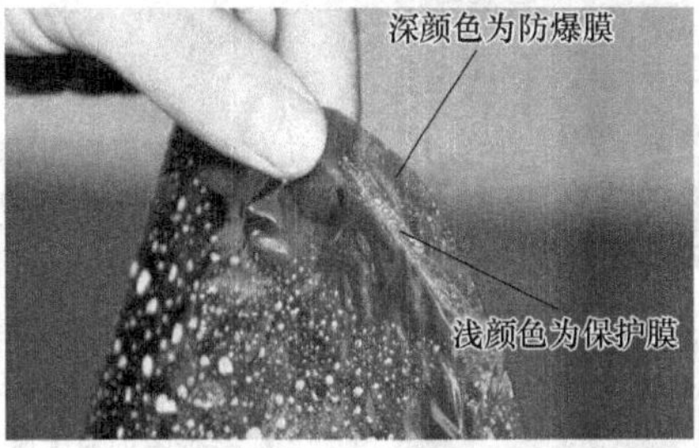 深颜色为防爆膜 浅颜色为保护膜	3）贴膜时，首先膜一定要与玻璃齐平，四个角除了首先贴好一角外，双手各握一角，剩下的那个角则用嘴唇含住，双手端平，一气呵成 4）前风窗赶水十分重要，任何的水纹或水泡都会影响驾驶。前风窗赶水用软刷，后风窗赶水用硬刷，用软刷收边。收边时要清除掉润滑剂和水，并仔细检查边角的水纹和气泡
7	赶水		1）前风窗赶水十分重要，任何的水纹或水泡都会影响驾驶。前风窗赶水用软刷 2）后风窗赶水用硬刷，用软刷收边
8	收边	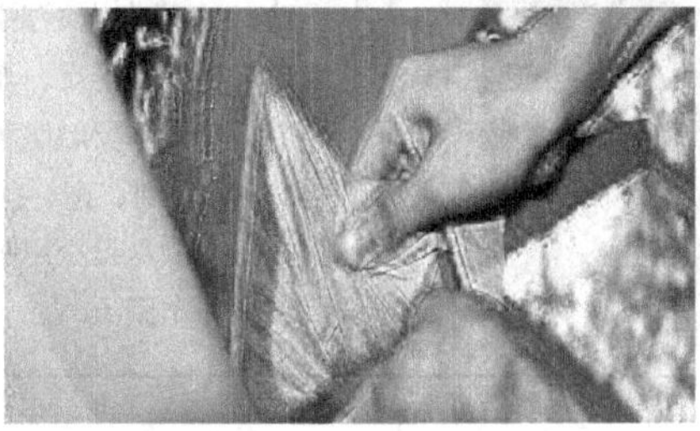	收边时要清除掉润滑剂和水，配合吸水纸并仔细检查边角的水纹和气泡

（续）

步骤	操作内容	操作示范图	技术要求
9	后风窗 清洁、粘贴	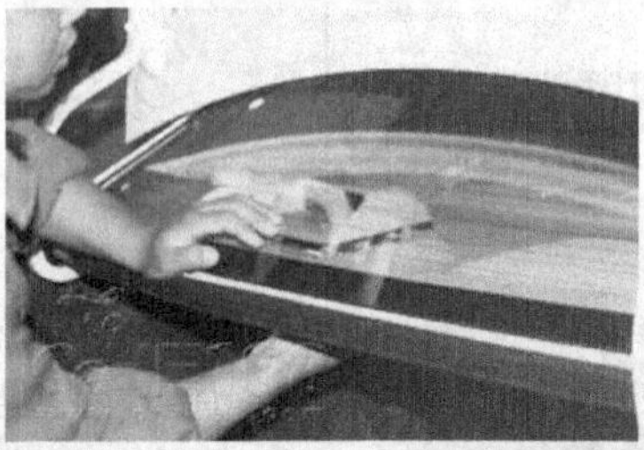	后风窗粘贴如果有高位制动灯，则需要提前拆卸下来，这样就不用预留位置了，一整块膜贴上去后再安装高位制动灯即可，这么做美观、方便，同时也不影响安全，还是可以很清楚地看到制动灯。 提示：后风窗有除雾加热电阻丝，违规操作会损坏部分电阻丝
10	粘贴质量 检查	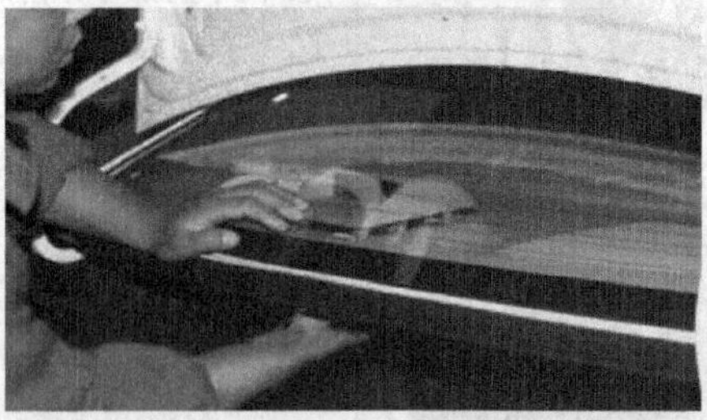 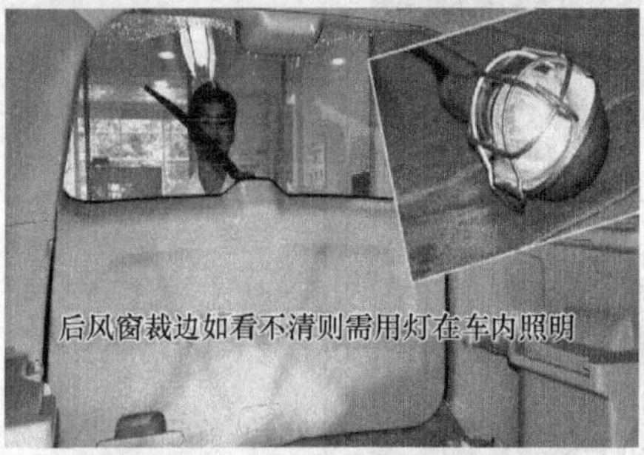	1）检查粘贴是否牢固，尤其是边角部位，不能出现直角边，边角部位要以圆弧过渡 2）检查有无气泡 3）检查车膜有无褶皱 4）检查有无刮痕 5）检查膜内有无脏点 如果发现问题，应立即返工
11	除遮蔽膜	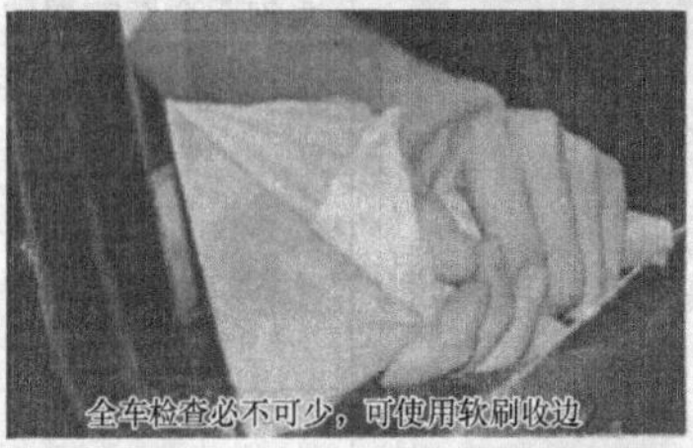	清除车窗及车身遗洒的水渍，且清洁客户内饰，提醒客户7天内不要升降玻璃，并在玻璃升降器开关部分粘贴贴膜小贴士
12	用车提示		1）1个星期内不要擦拭。新贴车膜后，如果出现雾气等情况，车主不要去擦拭，原理同上，尽量不要触碰车膜，防止位移 2）防止划、刮、挂。尽量避免硬物对车膜的损伤。尽量少用吸附类的玩具或者遮阳板吸附在车膜上

【小贴士】

一、贴膜注意事项

1）贴膜必须在密封、无尘的室内作业，而且还要随时保持地面整洁、空气湿润，避免灰尘起伏，环境清洁、光线充足、明亮，以确保施工质量。尽量不要使用电风扇，更不可在路边施工。无尘作业室如图3-8所示。

2）粘贴前，必须保证玻璃的绝对清洁，玻璃上残留有任何细微的粉尘，均会影响防爆膜的黏附力和透视率。

3）防爆膜仅贴于玻璃的内侧。

4）放样裁剪时，**裁定的尺寸要稍微大一点**，以便给贴膜时留有余地。

5）定型电吹风的温度不可过高，以免损伤防爆膜。

6）前风窗玻璃的弧度大、面积大，**必须整张贴**。

7）由于防爆膜是贴于车窗内侧的，贴膜前应在车内空间喷洒清水，使尘粒尽快沉降。

图3-8 无尘作业室

二、贴膜时避免沙粒的措施

1. 水要经过滤或沉淀

贴膜时，所用的水一定要经过过滤或沉淀。有70%以上的施工人员直接使用自来水，未经过滤或沉淀的自来水管路中有许多杂质或沙粒，或更换水管管路时均会影响水质。

2. 防止灰尘

在室外贴膜，大、小型汽车呼啸而过激起许多灰尘，有时风速较大时也有灰尘，因此，若没有在密闭室内粘贴，则必须关闭所有车门粘贴。

3. 穿工作服

粘贴时要穿防静电工作服，因为拆开防爆膜透明部分时会产生大量静电，贴膜时衣服上的棉絮或羊毛会被静电吸到膜上面。

4. 保持贴膜表面干净

粘贴时，裁剪好的膜经常放置于汽车脚垫上、椅套上或放于车顶、发动机盖上，造成内、外不干净，也因静电关系拆开膜时附着在外表的灰尘会吸到膜表面上。在未拆开透明膜时，贴膜必须洗净或表面喷一些水，可防止灰尘及沙粒。拆开膜时，也应注意勿太靠近椅套及车上纺织内饰，以免物体上的灰尘被静电所吸。

5. 关好车门玻璃洗好之后或拆开膜时，**不可让车外人员随意开、关车门**，因为有时用力开、关车门会造成空气快速流通而带入大量灰尘或沙粒。

6. 冷气风速调低后贴膜

夏天是贴膜的旺季，在车内开冷气贴膜时，冷气风速过大会使车内物品的灰尘到处快速飞动。在拆开膜时，应将冷气风速减调到最低直至拆完将膜贴上玻璃。

7. 采用正确刮水方式清洗玻璃

刮水清洗玻璃时有固定方式，若随便刮水或间断刮水或不知收尾，则会带来沙粒。

8. 注意车内物体

拆完膜、喷过水后在往玻璃贴膜过程中，像仪表板、转向盘、后视镜、椅套、玻璃框或顶棚、音响设备等，有时都会沾到脏物。

9. 勿大量移动贴膜位置

拆完膜、喷好水后在将膜贴上玻璃时，位置要准确，若贴上去之后发现位置差很多，则再移动会沾到玻璃四周物体，或橡胶及泥槽内的沙粒。

10. 注意赶水方向

刚将膜贴上去后下一个动作是赶水，即从中间部位向周围赶水，尽量让赶水的距离足够短，同时把水赶到边缘部位，配合吸水纸作业，以免水往下流带动沙粒下来。

11. 勿再掀开贴膜

防爆膜贴到玻璃上后不宜再掀起，掀起次数越多，沙粒、尘粒越多。

技术标准及要求：

一、专业汽车贴膜技术规范与要求

1）**有专用无尘贴膜间**。无尘间内部应设有水雾喷淋头和空调以达到空气除尘作用，地面有排水地沟和专用涂料，进一步起到降尘作用。

2）**有专用工作台**，专用工具摆放整齐。专业的贴膜工具分类清晰，易于辨认。

3）外观质量评判标准。

① 应该覆盖玻璃边框的黑色釉点区，不漏光，不翘边，美观协调。

② 不应存在因挤水用力不均匀和挤水路径无规则而产生的视觉重影、水痕。

4）安装工艺技术：专业的贴膜师应经过生产厂商技术培训；贴前、后风窗玻璃时，应采用整张铺贴和干法热定型工艺；膜应最大化地贴到玻璃窗的边缘等。

5）**有安装时的防护措施**，防止在安装过程中刮花漆面、损伤车内装饰品、造成车内电器和音响设备因受潮而短路失效；避免因安装窗膜而使座椅受潮损伤、仪表板表面意外刮伤或因受潮而失灵。

6）应**使用专用贴膜清洗液和安装液**，并用纯净水兑稀，使膜与玻璃达到最大粘结强度，不引起翘边、脱层的缺陷，达到长期的质保效果。

7）在膜内不应存在疵点和杂物，膜面不能有折痕气泡划伤。

8）在下摇式车窗顶部，只应留下1~2mm的微间隙，以粗略观察不容易发现为宜。

二、防爆膜粘贴质量控制措施

防爆膜粘贴质量控制措施见表3-4。

表3-4 防爆膜粘贴质量控制措施

选膜	贴膜操作	贴膜后
1）车膜与车身颜色和谐 2）测隔热效果 3）查清晰度 4）试柔韧性 5）试颜色	1）清洗玻璃 2）无尘环境贴膜 3）前、后风窗玻璃必须要整张贴 4）贴完膜后仔细观察 5）向店家索要贴膜保证卡	1）贴膜后，不要急于开冷气也不要暴晒 2）玻璃上有雾气、水纹或者气泡，返回到贴膜的店内处理 3）在贴膜后7天内不要开车窗，不要洗车 4）不要把粘贴性物品直接贴到膜上 5）在贴膜2~3个星期后可以对膜的表面进行清洗

【技能拓展】

防爆膜粘贴验收标准

1. 前风窗专用膜的验收标准

1）整张贴，不能拼凑。

2）不能有气泡、折痕（以刮水器有效使用范围为准）。

3）水必须刮干净（从玻璃的左、右两侧分别观察，可以看得很清楚）。

4）坐在驾驶位，透过前风窗看车外的景物不存在模糊、色差现象。

5）查看前风窗玻璃有没有强烈的反光现象（外侧）。

6）膜材的边缘粘贴完好，无起边现象。

7）膜材的边缘与玻璃的小黑点连接平滑，无明显的凹凸不平的感觉。

8）玻璃完好，并且施工单上有签名。

2. 侧窗用膜的验收标准

1）每块玻璃无明显的漏光现象。

2）驾驶座两侧的贴膜应整张贴，从驾驶位看，两侧后视镜应无影响视线的感觉。如果存在影响视线的现象，则必须通知车主，并采取挖孔处理，孔形按照车主的要求做好精裁工作，务必保证边缘线平滑。

3）车窗玻璃的上缘线与膜材的边缘保持基本平行，刀线平滑。

4）无较集中的沙粒夹在玻璃与膜材之间，无气泡折痕。

3. 后风窗玻璃用膜的验收标准

1）有金属加热线及天线夹在玻璃内侧的情况下，不得整张贴，必须拼贴，以免长时间加热导致影响其使用寿命。

2）拼接时刀法必须精确，无2次以上未对齐现象。

3）最下沿的膜材粘结无残留水夹在膜材与玻璃之间。

4）无密集的沙点及气泡。

任务2 加装天窗

如今，市场上越来越多的中档车都配有天窗，有天窗的轿车能够促进车内空气流动，通风效果好，使车内空间看起来显得更加宽敞、舒适，具有透气感，也可以使车体外观看起来更为美观、高档。

【案例】天窗的误用，身子探出车窗行驶中看风景

阳光明媚，微风扑面时，打开天窗沐浴着阳光远远不够，此时乘车的人大可以站起来将身子探出车窗，感受大自然的韵味。可这个看似美好的行为却存在着不小的危险，因为站立在座椅上，把头伸出天窗外，这样完全没有保护措施，当车辆急制动或是车辆遭到后车追撞时，整个人无法站稳，容易受伤，有可能被甩出车外。许多车型的天窗具有熄火自动闭合功能，万一熄火，则极易被夹伤。由此看来，那些扛着摄像机探出天窗拍摄迎亲大队的婚礼摄像师，可都算得上高危职业了。

【学习目标】

知识目标：

1. 了解汽车天窗的作用。
2. 了解汽车天窗的换气原理。
3. 掌握汽车天窗的种类。

能力目标：

1. 掌握天窗的安装工艺及技术规范与要求。
2. 掌握天窗的使用与养护。

【知识准备】

一、汽车天窗的作用

1. 换气

换气是汽车开天窗最直接、最主要的功能。天窗作为一种新型的换气设备，采用负压换气，抽出车内浑浊的空气，能改善车内空气的交换状况，保持车内新鲜空气充足。

2. 节能

开启天窗可降低车内温度，加强冷气效果，节省能源。经测试，太阳光暴晒下的车内温度可高达60℃。这时打开天窗，比开空调降低车内温度速度快2~3倍，并可降低能耗30%左右。在行车时，开启天窗比开启侧窗风阻系数小，因此在中速行驶时可以开启天窗，从而避免增加更多的油耗。

3. 除雾

春、夏两季雨水多、湿度大，前风窗玻璃容易形成雾气。打开车顶天窗至后翘通风位置，可以轻易消除前风窗的雾气，改善视觉效果，保证行车安全。使用天窗除雾，不仅快捷，而且不必担心雨水被吹进车内。

4. 提高汽车档次

天窗不仅是一种很好的换气设备，还起到增加轿车的美观、提高汽车档次和装饰效果的作用。

5. 开阔视野

开启天窗使驾驶人有投入大自然的感觉，沐浴着阳光，驱除被封在车厢内的压抑感。

二、天窗换气原理

车厢换气包括进气和排气，没有天窗的汽车的进气是由进风口采用鼓风等方法实现的，排气是利用行车时车体内、外产生的正、负压差，使车厢内气体通过缝隙和排气孔排出。此种进气、排气方式使得排气不通畅，进气受阻，车内空气无法快速更新。

天窗换气利用的是负压原理，**打开天窗时首先将车内的空气抽出，而不是直接进风，污浊的气体被抽走后，从进气口补充进来经过过滤的新鲜空气**。采用这种先排气、后进气的换气方式，可加快空气的更新速度，对空调的影响也很小。

三、汽车天窗的种类

1. 按动力形式分类

（1）手动式　用手开启和关闭的天窗，称为手动式天窗。

（2）电动式　以电力作为动力而进行开启和关闭的天窗，称为电动式天窗。

2. 按开启方向分类

按开启方向的不同，天窗可分为内藏式、外滑式、外掀式和敞篷式等。

（1）外掀手推式天窗　外掀手推式天窗是用手的力量推开或关闭的天窗，其结构和工作原理与公交车上的一样，采用绿水晶玻璃，可阻隔99.9%的紫外线和96%以上的热能，在行驶中天窗开启时没有噪声，如图3-9所示。

（2）外滑电动式天窗　外掀电动式天窗在开启后向车顶的外后方升起，它采用绿水晶玻璃，可阻隔99.9%的紫外线和96%以上的热能，具有防夹功能和自动关闭功能，配有可拆式遮阳板，如图3-10所示。

图3-9　外掀手推式天窗

图3-10　上掀外滑电动式天窗

（3）敞篷式天窗　敞篷式天窗在开启时分段折叠在一起，在开启后天窗完全打开，敞开的空间大，结构紧凑。使用三层高品质的特殊材料组合而成，外层采用特殊的防紫外线及隔热PVC材料，具有防紫外线和隔热的效果，如图3-11所示。此款天窗非常前卫，适合年轻人，但天窗的密闭、防尘效果要略差一些。

（4）内藏式天窗　内藏式天窗在开启后可以保持不同的弧度，它采用绿水晶玻璃，可阻隔99.9%的紫外线和96%以上的热能，具有防夹功能和自动关闭功能，能确保使用者不被天窗机构夹住，并采用自动控制，当发动机熄火后3s内自动关闭天窗，具有防盗功能，配有独立的内藏式太阳挡板。此类天窗结构复杂，功能齐全，使用方便，为豪华装饰精品，如图3-12所示。

图3-11　敞篷式天窗

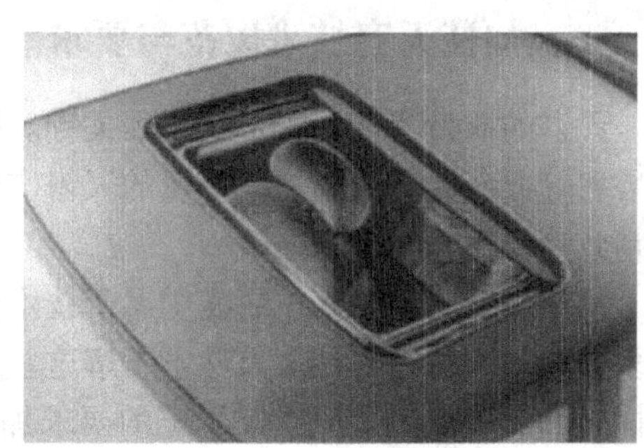

图3-12　内藏式天窗

（5）全景天窗　全景天窗实际上是相对普通天窗而言的。全景天窗面积较大，甚至是整块玻璃的车顶，坐在车中可以将上方的景象一览无余。全景天窗的优点是视野开阔，通风良好。不过全景天窗也有一些缺点：成本较高；落尘需要清理，否则影响视线；车身整体刚度下降，安全系数降低。但无论怎样，全景天窗超大视野的享受，还是受到众多消费者的青睐，如图3-13所示。

图3-13　全景天窗

【任务实施】

任务实施步骤及要求：

天窗安装的工艺与作业项目：

1）洗车。

2）检查车况。

3）把车门和座椅用保护套套好，防止污损。

4）定位。利用胶带将施工图固定在准备开天窗的位置。

5）画线开孔，用刀片将车辆内饰板切割下来，再用电剪将天窗位置剪出来。

6）切口打磨、清洁，涂防锈漆。

7）拆开仪表台，布线安装电动机。

8）加装天窗。

9）淋水测试天窗的密封性。

技术标准及要求：

一、加装天窗技术规范与要求

天窗的质量是保证正常使用的关键。挑选时应从天窗的外观、框架刚度、机械结构及电控装置等方面认真判别，高质量的天窗应外观光滑平顺、框架刚度较好、机械结构合理、工艺精致、使用舒畅。

汽车加装天窗在汽车装潢中属于技术要求较高的一类。目前国内用户要求加装天窗的轿车多数为国产轿车，许多人并不了解这些车辆在原设计中是否允许加装或需要在什么样的加固措施下加装。不按原设计规定的要求加装天窗的车顶，对车身（特别是车顶质量）会产生不利的影响。开天窗后车顶整体受力会变弱，在车身设计时，车顶是一个整体。横、纵顶梁与侧围成为一体，在车身受力时，力的传递通路已经设计好了，而天窗的切割面积相对较大，切割后势必会对车身的骨架造成破坏，对整体受力造成影响，在加装天窗时，车顶的刚度会大大降低，因力的传输通路改变，会发生很多不可预知的情况，毕竟整体被破坏，会影响到很多方面，而且很多是细微变化，不易察觉。另外，汽车的前、后各有一个压溃区，车身整体是一刚性体，加装天窗后，如果发生严重的碰撞事故，则天窗是无法吸收碰撞能量的，主要是因为天窗是固定在车顶，且加强点又不多，发生碰撞后天窗往往会脱落下来。

【小贴士】

车身设计专家指出：如已加装了天窗，车主尽量不要用加强梁进行补救。虽然加了加强梁后能够减少一些车身的细微变形，但这些加强梁采用的是局部焊接，由于车顶相对较薄，焊点强度一般不会很大，所以对车顶的结构不会起到实质性的加固作用，在发生事故时这些横梁还可能成为一把把锐利的武器，会对驾乘人员的安全造成直接的威胁。因此，**吉普车、跑车等特殊的车型不适合后加天窗**。由于吉普车和跑车的车顶有相对复杂的钣金结构，有的汽车车顶还有空调管路、电路和灯具等设备，所以这些车辆一般不具备后加天窗的条件。

不正确安装天窗会导致天窗下沉。由于一般的天窗都是固定在车顶上，为了保证车顶不变形，原装天窗的汽车在车顶都要作特殊处理，一般不会对车身的结构安全造成影响；而私自加装的天窗，如果安装得不正确，则车辆在经过多次颠簸后，天窗会下沉，有时也会造成车身变形。加了劣质的天窗后，出现漏水、车顶生锈和电路断路等情况也是常有的，一般出现这些问题时最好的挽救办法是重新返工，对车顶的锈蚀部位和电路进行重新处理。

二、天窗的使用与维护

天窗维护的重点在密封胶条和轨道上。日常洗车时，一般都不可能清理到天窗，这样被水枪冲掉的尘土就会流入天窗的轨道内，形成沉积物。如果不单独清洁天窗轨道，久而久之，天窗的开闭就会显得不顺畅，甚至发出异响。

1）春季在北方风沙较大的地区，天窗的滑轨和缝隙中会有不少沙粒沉积，如果不定期进行清理，则会磨损天窗的各个组成部件。应经常清理滑轨四周，避免沙粒沉积，用极细的滑石粉经常进行维护，可延长天窗密封圈的使用寿命。一般在使用2～3个月的时候，把密封胶条或滑轨用纱布蘸着清洗水清洗一下，待擦干净后涂抹少许润滑油或润滑脂就可以了。

2）开启天窗前，应注意车顶是否有阻碍玻璃面板运行的障碍物。天窗面板的设计有隔热和防紫外线的功能，用软布和清洁剂清洗，切勿用黏性清洗剂清洗。

3）使用天窗最大的顾虑就是漏雨、漏水，天窗的正确使用和维护能有效避免漏水。玻璃板由一个高弹性、防磨损橡胶密封垫圈密封，可用浸湿的海绵清洁以保持干净；在密封条等塑料部件上经常喷涂少许塑料防护剂或滑石粉，能延长橡胶垫圈的使用寿命。天窗的移动部分由低维护材料制成，应用一段时间之后需要用润滑油或润滑剂（不能用润滑脂之类）清洁其机械活动部分。

4）冬季在雪后或者洗车后，天窗玻璃与密封胶框可能被冻住，这时如果强行打开天窗，则易使天窗电动机及橡胶密封条损坏。正确的做法是在雪后或者洗车后，将天窗打开，擦干净边缘残留的水分。在平时洗完车后，要及时清理天窗的胶条及凹槽内的沙尘、树叶或小树枝等脏东西。同时需要强调的是，碰到雨季时，由于沿海地区雨水中含有酸性物质，在实际售后维护过程中，会发现车主的天窗玻璃出现斑痕，虽然对安全和材质没有太大影响，但影响美观，所以也需要细心处理。

5）在极为颠簸的道路上最好不要完全打开天窗，否则可能因天窗和滑轨之间振动太大而引起相关部件变形甚至使电动机损坏。

6）在使用电动天窗时，一定要特别注意旋钮的使用，因为很多天窗的故障都是由于旋钮被拧错方向所致。

7）天窗设有排水管道，如果沉积物较多，则也会堵住管道，影响排水，从而使水漏入车厢内。因此，车辆在长久停放前要用滑石粉彻底清洁一次天窗，以避免时间过长造成胶条老化。

【知识拓展】

温馨提示：根据最新的《道路交通安全法》，车主擅自改装车辆可能会跟该法案抵触，因此改装天窗可能会有汽车年检不过的风险。因此，打算加装天窗的朋友，一定要先咨询交管部门后再作决定。

任务3 汽车导流板与扰流板装饰

据德国奥迪公司风洞试验的结果表明：当汽车时速超过60km/h时，空气阻力就会大量消耗发动机的能量，影响车速。随着高速公路的快速发展，现代轿车的经常时速已达100km/h左右，最高时速更达200km/h以上，因此轿车的车身设计既要服从空气动力学，又要有尽量低的空阻系数。目前不少轿车在车身的前、后端安装了导流板和扰流板，以提高轿车的性能，保证轿车的行驶安全。从空气动力学的原理来讲，当车速达到一定数值时，气流对汽车所产生的升力有将车辆向上托起的倾向，从而减小了车轮与地面的附着力，使车子发飘，造成行驶稳定性变差。

【学习目标】

知识目标：

1. 掌握导流板与扰流板的概念。
2. 理解导流板与扰流板的作用原理。

能力目标：

1. 会正确选择加装项目。
2. 能够正确安装导流板与扰流板。

【知识准备】

一、导流板与扰流板的概念

汽车在高速行驶时，在轿车底盘下的气流会钻进车体底部不同形状的漏口内，由此而产生阻力，阻碍轿车行进。当气流通过轿车底部时，可对车体前部和发动机底部产生压力，这种压力使车体前端产生略微向上抬起的提升力，导致轮胎抓地能力降低，从而影响轿车转向的控制能力。导流板与车身前裙板连成一体，能减少涡流的产生，减小前端阻力；同时减少了进入车辆下部的空气总量，减小车底气压，降低前端提升力。

1. 导流板

为了减少轿车在高速行驶时所产生的升力，汽车设计师除了在轿车外形方面作了改进，将车身整体向前下方倾斜而在前轮上产生向下的压力，将车尾改为短平，减少从车顶向后部作用的负气压而防止后轮飘浮外，还在轿车前端的保险杠下方装上向下倾斜的连接板。连接板与车身前裙板连成一体，中间开有合适的进风口以加大气流速度，减小车底气压，这种连接板是指轿车前部保险杠下方的抛物线形风罩，也就是导流板，如图3-14所示。

图3-14　汽车导流板及其作用

2. 扰流板

扰流板是指在轿车行李箱盖上后端做成像鸭尾似的凸出物，将从车顶冲下来的气流阻滞一下形成向下的作用力。扰流板又称为汽车扰流器或汽车扰流翼。图3-15a所示为汽车扰流板。汽车尾翼则是安装在轿车后厢盖上的，如图3-15b所示。扰流板能阻滞从车顶冲下来的气流，从而形成向下的作用力，减少了车辆尾部的升力，提高了行车安全性。

a)

b)

图3-15　汽车尾翼和扰流板

有些旅行轿车的顶盖后缘安装扰流板，使顶盖上一部分气流被引导流过后窗表面。这样既可使后窗后部的升力降低，也可引导气流将后窗表面浮尘消除，避免尘污附着而影响汽车后视野。在许多普通轿车上，也装有扰流板。其实由于这些车辆的速度都不是很高，扰流板难以发挥实际作用，而美化车身外观则成了装扰流板的最大目的。

二、导流板的作用

轿车在高速行驶中由于车身上、下两面的气流压力不同，下面大、上面小，这种压力差必然会产生一种上升力，如类似于飞机的机翼在飞行时气流产生形成的机翼下压力大于上压力产生的升力。车速越快，压力差越大，上升力也就越大。这种上升力也是空气阻力的一种，汽车工程界称为诱导阻力，约占整车空气阻力的7%，虽然比例较小，但危害很大。其他空气阻力只是消耗轿车的动力，这个阻力不但消耗动力，还会产生托力危害轿车的行驶安全。这是因为当轿车时速达到一定的数值时，升力就会克服车重而将车辆向上托起，减小了车轮与地面的附着力，使车子发飘，造成车辆行驶稳定性变差。

三、扰流板的作用

在实际生活中，扰流板的作用主要是减少车辆尾部的升力。如果车尾的升力比车头的升力大，就容易导致车辆转向过度、后轮抓地力减小、高速稳定性差。利用扰流板的倾斜度可使风力直接产生向下的压力。以排气量为1.8L的轿车为例，如果装上尾翼，则空气阻力系数降低20%，在一般道路上行驶时耗油量减少或许不明显，但在高速公路上以120km/h的车速行驶时则能省油14%，此时汽车尾翼的作用就很明显了。如F1赛车尾部的扰流板一般倾斜15°，高速行驶时可达10kN以上的压力。但是，扰流板同时也增加了风阻，如F1的风阻系数接近1.0（一般轿车为0.3～0.5）。这里就要求在设计时必须“恰到好处”，使增加的风阻与改善的性能相对非常小。升力与风阻一样，与车速的平方成正比。车速为120km/h时的升力是车速为60km/h时的4倍，是车速为40km/h时的9倍。因此，行驶速度较高的汽车，如高档轿车和跑车，一般都装有扰流板。

汽车上的扰流板有多种式样，赛车上的扰流板安装较高，这是为了使气流直接作用在扰流板上，使气流产生的下压力不再作用在车身而抵消其效应，因此必须将扰流板离开车身表面安装。有些旅行轿车的车顶后部安装有扰流板，使得车顶上的一部分气流被引导流过后车窗表面，这样既可使车辆后部的升力降低，也可利用气流将后车窗表面浮尘清除，避免灰尘附着而影响汽车后视野。

【任务实施】

设备、工具和材料准备：

导流板和扰流板材料选择：

1. 玻璃钢

这类扰流板造型多样，有鸭舌状的、机翼状的，也有直板式的，比较好做造型，不过玻璃钢材质比较脆，韧性和刚度都不大，价格比较便宜。

2. 铝合金

这类扰流板导流和散热效果不错，而且价格适中，不过质量要比其他材质的扰流板稍大些。

3. 碳纤维

碳纤维扰流板刚度和耐久性都非常好，不仅重量轻，而且是最美观的一种扰流板，现在被F1赛车广泛采用，不过价格比较昂贵。

技术标准及要求：

加装选择标准如下：

1）是否加装导流板要根据汽车经常行驶的道路情况而定，因为加装了导流板的汽车的最小离地间隙变小，只适合在平坦、良好的道路上行驶，如果汽车经常需要在不平的路面上行驶，那么就不要加装了。

2）是否加装扰流板要根据车型确定。实际上，汽车在低速行驶时，气流对汽车的影响较小，扰流板的作用不大。因此，经济型轿车装扰流板益处不大，甚至将扰流板这么大的凸出物安装在汽车尾部反而会增大风阻，加装扰流板带来的直接后果是油耗上升。经济型轿车考虑更多的是经济性，因此，对于以经济性为主、车速又不是很高的经济型轿车来说，装一个不常用甚至根本用不到的扰流板，还要增加金钱的付出，这种做法完全与车辆的定位相悖，当然为了美观的目的除外。

3）如果可能，则尽量加装生产商认可的导流板和扰流板，因其形状尺寸是由设计师精确计算而确定下来的，只有这样，其空气动力学特性才能发挥出来（扰流板过大或过小都起不到应有的作用，甚至反而会增加车辆的行车阻力）。

4）为了充分发挥扰流作用，使没有乱流的气流直接作用在扰流板上，必须将扰流板离开车身表面安装。

5）扰流板的主要作用是减小车辆尾部的升力。如果车尾的升力比车头的升力大，那么就容易导致车辆过度转向、后轮抓地力减少以及高速稳定性变差。

任务实施步骤及要求：

一、导流板的安装工艺与要求

汽车导流板的安装如图3-16所示，具体步骤如下：

1）拆下前保险杠下部的车身板件。

2）在前保险杠的下面换上新导流板，并与两个轮罩对中，还要保证导流板前面的上缘落在前板的里边。

3）用台虎钳把导流板的边角夹紧到轮罩上。

4）将前车身板件的安装孔用画线方法转到导流板上。

5）用画线方法将导流板端部的安装孔转到轮罩上。

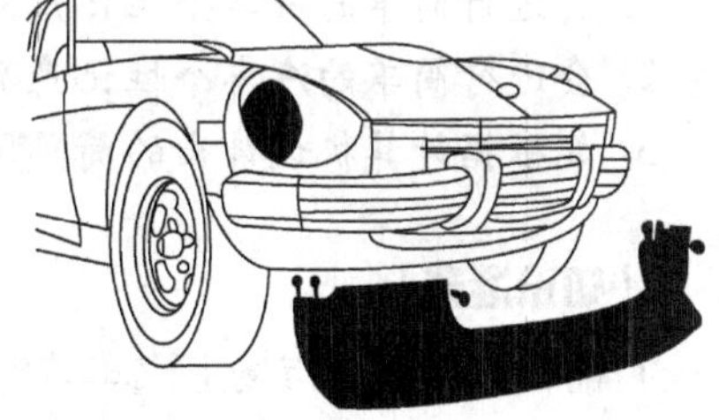

图3-16 汽车导流板的安装

6）用钻头钻6个孔，穿过金属薄板和导流板。

7）用螺栓松弛地将导流板安装就位，检查是否正确对中。

8）拧紧所有的6个螺栓。后部作用的负气压可防止后轮飘浮，在轿车前端的保险杠下方装上导流板，在轿车行李箱盖上后端装上扰流板等。

二、扰流板的安装工艺与要求

扰流板的安装方式主要有粘贴式和螺栓固定式两种。

（1）粘贴式　可避免破坏行李箱盖且不会漏水。

（2）螺栓固定式　固定牢固，但因有钻孔，所以会破坏行李箱盖的表面，且安装不好时会发生漏水现象。

螺栓固定式安装方法如下：

1）在行李箱盖上找到适合的位置，与扰流板上的螺栓孔配合，做好记号，在行李箱盖上打贯穿孔。

2）在钻孔位置与扰流板接合处注上硅胶以防漏水。

3）将固定螺栓由行李箱内侧往外固定锁紧。

任务4 汽车装饰个性化设计

当汽车已经普遍成为人们的代步工具时，个性化、时尚在生活中出现的频率越来越高。随着人们对自驾车个性化要求的提高，汽车喷绘、汽车涂鸦行业悄悄兴起。欧美国家的汽车喷绘在20年前就已经非常流行，但真正进入我国只有10年左右的时间，因为其比较高的制作价格，基本还属于“高端产品”。目前对车辆进行喷绘的客户多为年轻人和事业有成的中年人，这些人群比较爱张扬个性，喷绘的车型从普通的宝来、波罗到高端的凯迪拉克、宝马都有。

【学习目标】

知识目标：

1. 了解汽车装饰个性化产品的种类。
2. 了解车身彩贴材料的结构。
3. 了解汽车装饰个性化产品的特点。

能力目标：

1. 会进行简单的汽车个性化产品贴纸操作。
2. 会进行简单的汽车个性化产品贴膜操作。
3. 能根据计算机设计出的简单图样进行喷绘操作。

【知识准备】

目前，汽车装饰市场上汽车装饰个性化的形式并不多，主要是贴纸、贴膜和喷绘。

一、汽车彩贴

汽车彩贴起源于赛车运动，早期汽车彩贴一般都是赞助厂商的商标和车队的队标等。现代车主已不满足于单一色调的车身油漆颜色，车主们常将个性体现在绚丽多彩的车身上。汽车彩贴纸并非是年轻人的专利，各个年龄段的人，只要热爱汽车文化，热爱生活都能从汽车彩贴中发现乐趣。在这个个性化彰显的年代，车身彩贴给有车族带来了惊喜，汽车彩贴逐渐成为车主演绎自己个性和品位的一种方式。车身贴饰使汽车车身成为一件精致的综合艺术品，不仅能突出车身清晰的雕塑形体，还能以悦目的色彩使人获得美的感受，点缀人们的生活环境。

据了解，香港30%的汽车都有贴纸，日本高达50%以上，而我国国内不到1%。如何让自己的座驾与众不同呢？贴上贴纸是最快捷、最经济的方法，车辆的贴纸就像人的衣服一样，随时可换，完全出于车主喜好，而且价格便宜。贴纸是用特殊材料制成，使用寿命长，不会影响车身。汽车贴纸基本可以分为运动贴纸、改装贴纸和个性贴纸三类：运动化、艺术化、实用化，各种风格只要看起来和谐美观，可以自由选择搭配，自行设计，打造出自己的风格。

彩贴纸类型及选用见表3-5。

表3-5 彩贴纸类型及选用

项目 类型	应用车型	选用种类	贴纸特点
运动贴纸	赛车	拉力赛车：车队标志、赞助商标志	动感十足
		场地赛车：火焰、赛旗的图案	
改装贴纸	改装车或新车展车	专门设计的主题贴纸	绚丽多彩、引人注目
个性贴纸	私家车	依照车主个人喜好个性化制作	个性张扬

（1）运动贴纸　运动贴纸主要是指赛车运动贴纸，场地赛与拉力赛所用车型和赛道各有不同，汽车贴纸也有相应的区别。拉力赛汽车贴纸图案重点突出的是车队的标志及主要赞助商的标志，色彩上配合该车队的整体设计风格，以便更好地达到宣传效果。场地赛汽车贴纸常会见到火焰、赛旗和波浪等动感十足的图案，为赛车运动增色不少。运动型贴纸如图3-17所示。

运动风格汽车贴纸的图案简洁动感，利用简单的贴纸就可以从自己的车辆上找到赛车的感觉。

（2）改装贴纸　改装贴纸是指各个改装厂商为参展或推广新产品，在展车上为配合某款车型或产品而专门设计的主题贴纸，绚丽多彩，引人注目。还有很多图案是改装厂的标志和改装品的标志，经过一番精心设计和搭配，与改装过的展车相得益彰。改装贴纸如图3-18所示。

图3-17　运动型贴纸

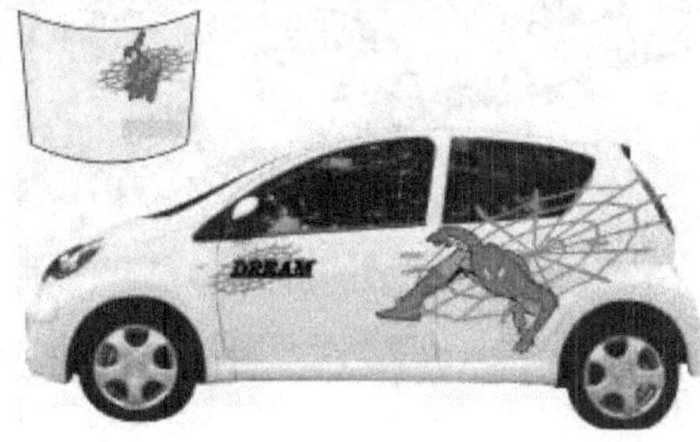

图3-18　改装贴纸

（3）个性贴纸　个性贴纸是依照车主个人喜好和品位，量车定做的个性化贴纸。艺术风格汽车贴纸常采用流线、几何图形或者动漫人物、卡通动物，也有一些车主喜欢中国传统图案的风格，如水墨丹青、书法篆刻、图腾脸谱等图案，车身就是车主表达自己生活方式的T形台。个性贴纸如图3-19所示。

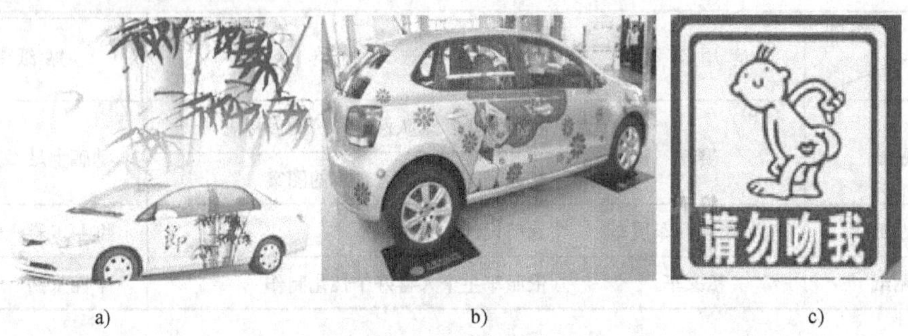

a) b) c)

图3-19 个性贴纸

二、汽车彩绘

汽车彩绘是一门艺术，既是车与人、车与自然的完美结合，也是车与艺术、车与商机的完美交融，既能体现独特的人文风貌和悠久历史，又能让大众感受到汽车文化的魅力。

从20世纪七八十年代开始，汽车彩绘在欧美国家正式进入了黄金时期。随着人们自我个性的张扬，改装车辆逐渐增多，而为了配合夸张的外形和音响系统等的改装，汽车彩绘也开始被更多的人接受和喜爱。汽车彩绘工艺的发展带来了行业的飞速发展。欧美国家的汽车和摩托车改装率超过50%，而每一辆改装的汽车和摩托车几乎都有大大小小的彩绘。科幻的空间、可爱的卡通人物和炙热的火焰等，这些汽车彩绘代表着每辆车的个性，包含着每个车主和设计师的设计灵感和追赶时代脉搏的心路。每一辆汽车的彩绘都像手上的指纹一样，是世界上唯一的图案，张扬着年轻的个性。汽车彩绘目前已成为商家全面提升竞争力宣传活动中的一个重要手段。欢庆类、涂鸦类彩绘如图3-20所示。

图3-20 欢庆类、涂鸦类彩绘

在我国穿梭于大街小巷的车流中，偶尔也会有画工精美、个性张扬、前卫时尚、“印”有自己喜欢图案的彩绘车从面前驶过，夺人眼球。作为一种时尚艺术形式，汽车喷绘艺术也被引入了工业领域。不管是汽车喷绘还是汽车涂鸦或汽车纹身，很多人对这个行业比较陌生，这都属于汽车装饰的一部分。其实并不复杂，就是通过计算机绘图，给车身张贴颜色丰富、有个性的贴纸，或者是喷上一些花纹装饰。

1. 汽车喷绘

汽车喷绘又称为“艺术烤漆”式“纹身”，这是一种在保护车身表面的同时又能装饰车体，彰显车主与众不同的个性化装饰形式，因其明亮光滑的漆面，图案更加形象逼真。当一辆原本“平庸”的车摇身一变成为惊艳的城市精灵时，汽车纹身也成为了一种文化。汽车上的涂鸦不但表明车主的时尚个性，更多的是表现车主的生活态度和人生理念。

随着汽车的普及，汽车“纹身”目前已经成为一种时尚，并发展成为一项庞大的产业。我国汽车市场在经过近几年的快速发展后，私人用车的保有量已经占据总汽车保有量的主要比例。不少车主开始狂热追求个性的、独特的表现形式，从用车到玩车的观念蜕变，必然促使汽车“纹身”演绎出其独特的汽车文化。充满文化韵味的汽车个性化纹身，哪怕是局部的一部分，如汽车的燃油箱盖、发动机舱盖，以非常精妙的小画面吸引客户的目光。还有些客户的汽车，不小心被碰掉了小面积的漆块或者很深的划痕，也可以借助汽车个性化纹身在损伤处进行艺术加工，喷上一个活灵活现的小动物或非常漂亮的图案，既有一定的美感，又将汽车漆面修复好，一举两得。汽车“艺术烤漆”式的个性化纹身，是一种主动性较强的创作过程，消费者通过与设计人员充分的交流，体现自己的意图，最后通过艺术加工彰显车主的个性。而在技术层面上，“艺术烤漆”式的个性化纹身能使汽车长期保持亮丽如新的同时，养护起来也很方便，日常封釉就可以，与传统的汽车养护方法一样，具有永不脱落的效果，即使是不小心剐蹭，也很容易修复，这也让消费者不必为以后的养护担心。

目前的“艺术烤漆”是把艺术绘画与烤漆技术完美结合，达到最佳的烤漆美容效果，因此对烤漆技术上要求很高。为了保证烤漆后漆面的亮度和美观，在隔尘处理和温度控制等方面都要求很高，同时还要使烤漆图像清晰、形象、逼真等。汽车艺术烤漆作为比较前卫的汽车美容装饰技术，具有烤漆高保真的还原性和保护性，不怕火、不怕酸、耐高温、耐摩擦、防静电且抗紫外线，能使汽车长期保持亮丽如新的效果，并把艺术融入其中，给了车主彰显个性、表达自我的自由空间。

北京车展上就有美伦美奂的汽车彩绘，如图3-21所示。

a)

b)

图3-21 美伦美奂的汽车彩绘

a）虎啸 b）关云长

2. 汽车喷绘设计要求

（1）汽车喷绘忌颜色乱搭 许多车主认为所谓“彩绘”就是用许多色彩融汇到一起，

跟着感觉走，越随意越好。这种想法是极其错误的，一个不懂得绘画艺术的人，往往会弄巧成拙。

（2）汽车喷绘忌缺乏主题　任何作品在创作之前（或创作过程当中）都要拟定一个主题，所有的“彩头”都是为这个主题服务的；否则，很容易就成为“四不像”，而丧失了整体感觉和其原本的价值。

（3）汽车喷绘忌乱用名画

（4）汽车喷绘忌一味地追逐潮流　“新潮”并不一定适用于所有地方。汽车彩绘不像买衣服那么简单，喷在车体上的漆料是不容易完全清除掉的，因此选择好图案和风格是很重要的。彩绘车如图2-22所示。

图3-22　彩绘车

三、车身个性化贴膜改色

汽车改色称为“炫彩车间”，改色因个性而存在。车体涂鸦彩绘、镀膜彩绘度身定制，高品质的整车改色以及内饰升级是个性存在的实质。穿什么样的衣服，有着怎样的生活状态，都由自己决定。炫彩个性汽车改色如图3-23所示。

图3-23　炫彩个性汽车改色

1. 车身贴膜改色与传统车身装饰对比

车身贴膜改色装饰工艺与传统喷漆及车身彩绘对比见表3-6。

表3-6　车身贴膜改色装饰工艺与传统喷漆及车身彩绘对比

区　分	车身改色贴膜	传统喷漆、车身彩绘
原漆损伤	无须打磨原漆，轻松一贴就可完成	复杂烦琐，需经过抛光、打磨、上光和喷漆等多重反复工序，破坏原漆
保护性能	覆盖车漆表面，隔离性保护，长久有效	原漆融合，随时间衰退减弱
色彩均匀度	整车完全一致，无色差	人工喷漆较难控制，容易产生色差

（续）

区　分	车身改色贴膜	传统喷漆、车身彩绘
色彩光泽度	色彩饱和逼真，长久保持与车漆一样的光泽度	色彩光泽及饱和度易受施工影响，保持时间短
质感处理	多种表现材质，无须特殊制作拿来即贴	特殊质感制作费用较高，难度较大
画面绘制	计算机喷绘，分辨率高，清晰逼真，可呈现任何复杂画面，长久不脱落、不褪色	对施工人员美术功底要求较高，喷绘技巧性强，难以展现复杂画面，清晰度高，易脱落
环保属性	安全环保，无污染	对汽车与环境的污染均较大
施工时间	2~3天	5~7天
汽车保值	揭除后原漆亮丽如新，车辆最大化保值	毁坏原漆，转手时易被怀疑成事故车辆而贬值

车身贴膜改色装饰工艺与传统封釉、镀膜对比见表3-7。

表3-7　车身贴膜改色装饰工艺与传统封釉、镀膜对比

区　分	透明保护膜	传统封釉、镀膜
保护方式	物理性隔离保护	化学性强化保护
车漆损伤度	不腐蚀车漆	腐蚀车漆
抗腐蚀性	密封漆面，防UV，避免腐蚀、氧化、褪色以及老化发生	能力加强，减缓腐蚀、氧化及老化发生
抗划能力	阻断划损，即使膜受损，漆面也不受损伤	漆面硬度高，易产生永久性划痕
环保属性	安全环保，无污染	具有一定的腐蚀性，污染环境
光泽度	长久保护新车光泽	短暂保持漆面光泽
养护度	易于清洗养护，不褪色、不变质	长期清洗，漆面老化、褪色
车辆价值	随时可揭，原漆崭新如初	原漆受损，很难恢复原有光彩
时效	保证4年（彩色）~5年（黑白）	保持时间6~15个月
养护费用	低	高

2. 车身改色膜材料

车身改色膜是由稳定型聚氯乙烯膜和高性能、低初黏度丙烯酸背胶组成的车身专业改色膜，带有“去泡”胶系统，特殊的低初黏度背胶与聚氯乙烯膜的柔性决定了产品卓越的可复位性。胶水对漆面不会产生影响，100μm的厚度也加强了对车身的良好保护，使车身极大地减少了因蹦石、刮擦等而产生的机械性损伤。需要去除时，膜很容易被揭掉，并且在车身上几乎不留有任何残胶。

汽车改色膜具有不留残胶、强力贴覆、增强耐磨耐划、便捷护理、色感饱满、防止腐蚀、隔热阻燃、任意曲面贴身包覆以及超级环保等基本特性，除此之外还具备完美保护原厂车漆、增强贴车耐久性及降低了施工难度、施工一步到位不浪费等优势。

常见的车身改色膜主要有以下几种：

(1) 亚光透明膜

1) 特点：具有透明磨砂面。亚光透明膜如图3-24所示。

图3-24 亚光透明膜

2) 功能：将亮丽车漆改成亚光效果；保护车身原厂车漆；不打磨、不伤漆；隔离性保护车漆；抗击行驶中飞起的石子和划痕；环保无毒施工；全车体包覆；随时去除，无残留胶体；车辆保值。

3) 贴饰效果：全车亚光，局部亚光。

(2) 亮光膜 亮光膜如图3-25所示。

图3-25 亮光膜

1) 特点：色彩丰富，可选颜色多达100余种。

2) 功能：改变车身颜色，保护车身原厂车漆，满足车辆特定颜色的需求，特种车辆（赛车、企业、执法机关、军队）创意改色，车漆质感，紫外线照射无色差，环保无毒施工，全车体包覆，去除无残留胶体，抗磨损和侵蚀，车辆保值。

3) 贴饰效果：全车单色，全车双色，局部改色（车顶、发动机盖等），创意图案效果。

（3）**汽车电镀膜** 汽车电镀膜如图3-26所示。

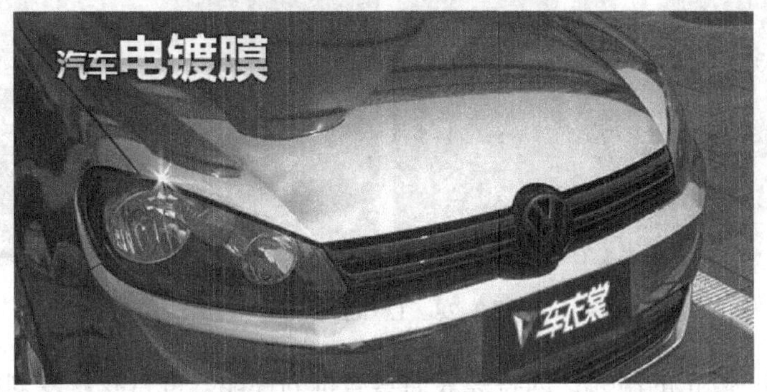

图3-26 汽车电镀膜

汽车电镀膜常见颜色及效果如图3-27所示。

图3-27 汽车电镀膜常见颜色及效果

（4）**LFC高光车漆**

1）特点：LFC高光车漆是用于汽车外观装饰用的铸压乙烯薄膜，坚固耐用，使用寿命长达5年，同时具有附着力极强的丙烯酸压敏胶层，配有硅质聚酯薄膜的保护膜，容易去除膜上的灰尘和杂质，如图3-28所示。

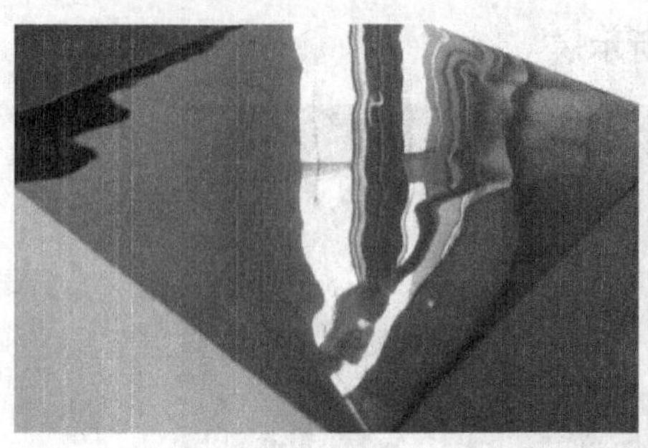
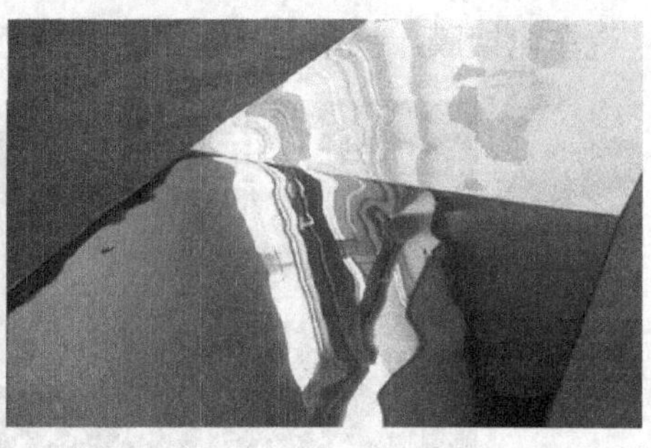

图 3-28 LFC 高光车漆

2）贴饰效果：真正的高光，因特殊表面具有抗划性能，可自我恢复划痕，极强稳定性、收缩率小于5%，完美的延展性，极易去除杂质或灰尘，亮黑膜为无与伦比的钢琴漆效果。

3）颜色：LFC 高光车漆颜色如图 3-29 所示。

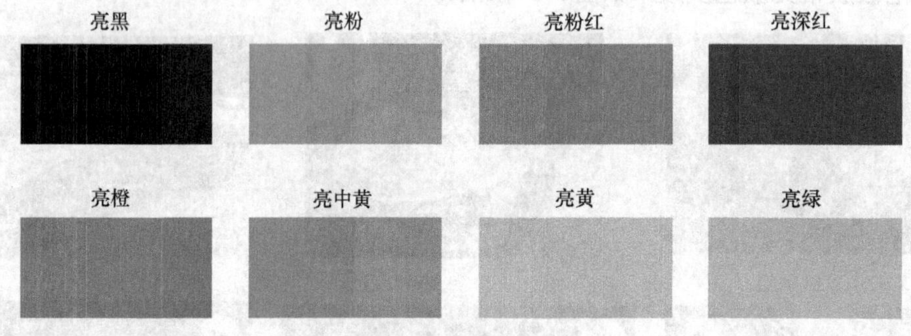

图 3-29 LFC 高光车漆颜色

（5）PermaFun 透明装饰膜 PermaFun 透明装饰膜分为珠光、拉丝和皮革三种材料。

1）特点：具有逼真的纹理表面，具有显著的装饰效果，可增强装饰表面的视觉效果和立体感，给单纯的颜色表面添加珠光、皮革或拉丝的修饰效果，保质期为5年，不受清洁剂的影响。

2）颜色：透明装饰膜颜色及贴饰效果如图 3-30 所示。

（6）亚光膜 亚光膜如图 3-31 所示。

1）特点：具有光线反射程度低的特殊效果。

2）颜色：常用颜色有亚光黑、亚光白、亚光绿、亚光黄、亚光红、亚光蓝、亚光灰、亚光银和亚光军绿。

3）功能：亚光涂装质感，保护车身原厂车漆，提高车身洁面效果、紫外线照射无色差，环保无毒施工，全车体包覆，去除无残留胶体，车辆保值。

4）贴饰效果：全车、局部或内饰亚光。亚光膜实车施工效果如图 3-32 所示。

（7）碳纤维膜 碳纤维膜粘贴如图 3-33 所示。

1）颜色：常用颜色如图 3-34 所示。

2）功能：车辆碳纤维膜有很好的视觉效果，成本低于碳纤维材料部件，保护车身原厂车漆，提高车身洁面效果、车漆质感、紫外线照射无色差，环保无毒施工，全车体包覆，去除无残留胶体。

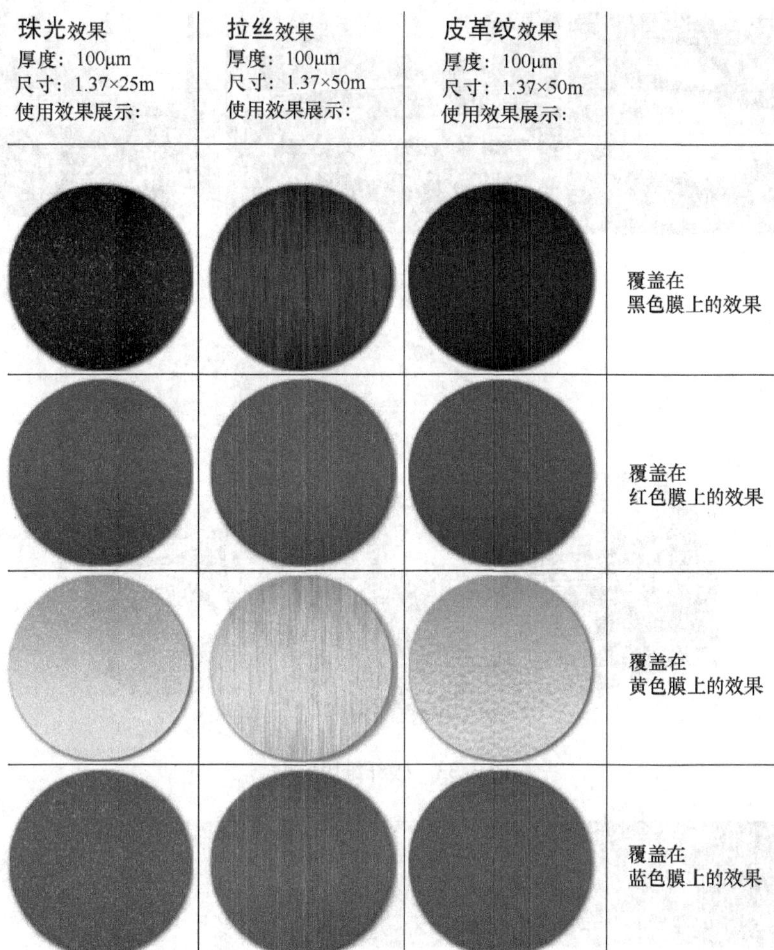

图3-30　透明装饰膜颜色及贴饰效果

图3-31　亚光膜

图3-32 亚光膜实车施工效果

图3-33 碳纤维膜粘贴

图3-34 碳纤维膜常用颜色

3）贴饰效果：全车、局部或内饰碳纤维。碳纤维膜实车施工效果如图3-35所示。

图3-35 碳纤维膜实车施工效果

（8）车灯改色膜 车灯改色膜具有超强弹力的聚氨酯材质，可用于前灯、后灯和雾灯上，具有多种颜色的装饰效果，如图3-36所示。

1）颜色：烟熏色、浅灰色、红色、黄色和蓝色。

2）功能：车灯有多种变色效果，可防止高速行驶中碎石的侵害，可防止日常的小划

图 3-36 车灯改色膜

痕，紫外线照射无色差，环保无毒施工，全车体包覆，去除无残留胶体。

3）贴饰效果：车灯改色，产生 HID 的光学效果。车灯改色膜实车施工效果如图 3-37 所示。

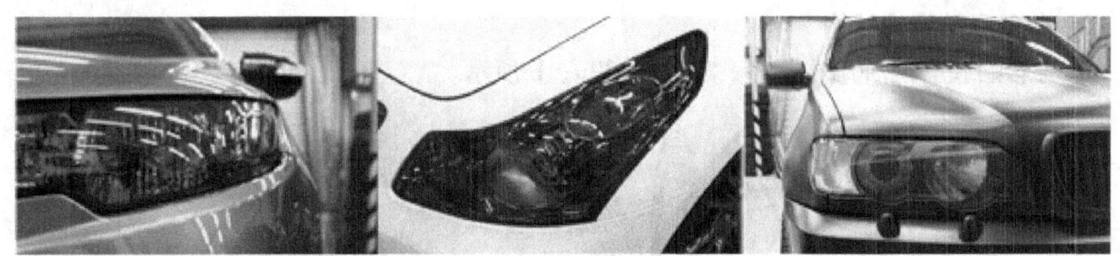

图 3-37 车灯改色膜实车施工效果

四、汽车保护膜装饰

1. 保护膜的作用

汽车保护膜用于保护车身易受擦撞的部位表面，当受到轻度擦撞时，不至于使漆膜受到刮伤掉漆，保护膜具有超强的韧性，无色透明，常用于保险杠、发动机舱罩、前/后车门和后视镜等部位的保护。

2. 保护膜的种类

（1）3M 犀牛皮 “犀牛皮”采用高科技质感的聚氨酯薄膜制成，具有强韧性，能保护车体各部位烤漆表面免遭剥落、划伤，并防止烤漆表面生锈及老化发黄。同时，“犀牛皮”还具有防碎石碰撞摩擦和抗击紫外线照射的能力。由于其卓越的材料延展性、透明性及曲面适应性，装贴后绝不影响车身外观，现在已被越来越多的汽车生产厂商所使用。

“犀牛皮”装贴的主要部位有前/后保险杠、发动机舱盖板前缘、轮辋前缘、后视镜外缘、门外缘、开门把手内缘、钥匙孔、行李箱及侧门踏板等，能有效保护车身、门边、踏板、后视镜、门把手和前/后保险杠等各个部位，既美观又耐刮擦，而且不易老化、褪色，耐热性和耐蚀性都很强。

(2) 门把手保护膜　由于把手是驾乘人员上、下车必须抓拿的部位，人指甲、戒指等碰擦很容易留下痕迹，对漆面造成伤害。门把手保护膜能呵护把手，使车身表面无划痕，防止掉漆，不发黑，不生锈，强耐磨性，抗高温，高黏性，操作简单，不留痕，防止车身表面受到损伤。门把手保护膜如图3-38所示。

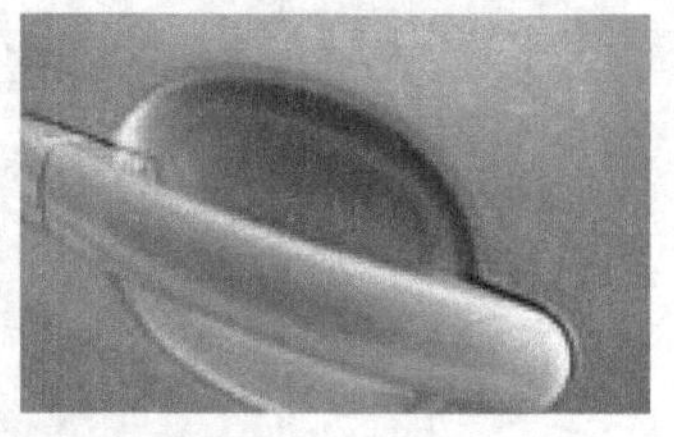

图3-38　门把手保护膜

【任务实施】

设备、工具和材料准备：

一、彩贴设备、工具和材料准备

1. 彩贴纸材料

汽车贴纸的材料主要是可以适应户外条件的PVC户外专用胶贴纸，它要求与比普通的广告级材料更具耐磨与防UV等，材质和色彩有普通、夜光、金属反光、镭射反光和金属拉丝等很多种选择。汽车贴纸全车上下无所不至，如车身两侧、发动机盖、灯眉、裙边、轮毂上，只要在现行法规允许的范围内都可以进行合理的创作，完全可以尽情演绎车主的个性爱好。

2. 车身彩贴膜的结构

车身彩贴膜有两种结构类型，如图3-39a、b所示。

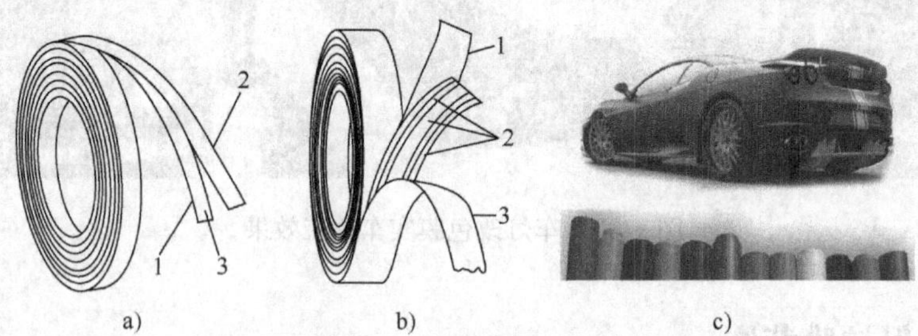

图3-39　车身彩贴膜的结构

a) 没有保护层　b) 有外保护层　c) 彩带贴膜效果

1—条纹　2—绊脚纸　3—黏性边

(1) 没有保护层的贴膜　没有保护层的贴膜由彩条层和背纸层组成，彩条层正面是彩条图案，背面是黏性贴面。

(2) 有保护层的贴膜　有保护层的贴膜由背纸层、彩条层和外保护层组成，彩条层也有彩条图案和黏性贴面两面。

3. 车身彩贴工具

彩贴工具主要有刮板（废电话卡和IC卡都行）、喷水壶（一个装清水和酒精的混合物，一个装泡沫水）、烤枪（吹风机）。

二、车身改色

设备、工具和材料准备：

1. 专业无痕裁膜线

专用无痕裁膜线用来取代刀片，是一种非常灵活的自黏性胶带，胶带背面带一根高强度细线，当细线被单独拉出时，就变成了强大的切割工具，可以把胶带上面贴覆的各种材料按胶带的走向进行完美的切割。

这种裁膜方法彻底改变了传统的刀片裁膜方法，避免了刀片在车身上可能造成的漆面损伤，并可以达到专业的工厂级切割效果，如图3-40所示。

图3-40 专业无痕裁膜线

【知识链接】

3M"车衣酷"车身改色膜，基于3M全球领先的双层铸造级贴膜及第三代导气槽和背胶技术专利，是世界顶级汽车车身改色膜；品质卓越、材质精细、色泽精美、质感优异、耐久性佳，是全世界（特别是欧美及日本）高端轿车、跑车改色的首选，由于是采用双层铸造级贴膜，能保证更简易施工；具有一定的延展性，能保证贴膜效果的一致性和拉伸性能，减少报废；多种表面材质制作，富有质感；安全环保，无污染；1.5m的超宽幅贴膜，在绝大部分汽车上使用没有拼接，整体贴膜更美观出众。

2. 汽车改色膜材料分辨

（1）手感 进口的汽车改色膜膜面比较细腻，厚度也比较适宜，不易出现折痕；而国产汽车的改色膜粗糙感明显，缺少韧性，折痕不易恢复。

（2）气味 气味的大小关系着汽车改色膜质量的好坏。一般进口改色膜执行的是全球环保标准，不会有刺激性气味。

（3）背胶 进口的改色膜背胶粘贴强度比较有保证；而国产的改色膜背胶在揭贴1～2次后，就会感觉粘贴力度的下降。

（4）色泽 从色泽上观察，一般进口的、比较好的改色膜的色彩都比较饱满均匀，而国产改色膜的颗粒感强。

任务实施步骤及要求：

一、彩贴的粘贴工艺

1）选择彩贴纸。选择适合本车型需求又优质鲜艳的彩条作为装饰彩贴。

2）彩贴工具准备。刮板、喷水壶2个（一个装清水，一个装泡沫水）、烤枪。

3）装饰前的清洗。在车身表面需要装饰的部位用专用清洗剂进行手工清洗，为使彩贴正常地贴上去，车身表面必须没有灰尘、蜡和其他污染物。必要时，还应进行抛光处理。

4）在贴纸上喷泡沫水，在车上也喷泡沫水（使车身与贴纸之间有一层泡沫水，贴纸可在车身上移动，不会粘住车身）。

5）把贴纸贴在车上（一定要带着转移膜）。

6）在车身上移动贴纸，将贴纸调整好位置。

7）用清水把泡沫水冲掉（以便粘牢）。

8）用烤枪把水烤干，同时用刮板刮赶出贴纸里面的气泡。

9）刮好后，确保贴牢固，再缓慢地把外面的透明胶带（转移膜）揭掉。

10）把在门缝上的贴纸裁开，再用烤枪和刮板贴牢，注意不要有翘角的地方，多余的要折贴到里面些。

二、保护膜的粘贴工艺

1）正确选择保护膜。

2）清洗装饰部位，用清洁剂清洗需要装饰的部位，清除油污、尘土及异物等，使表面清洁、干燥。

3）撕掉保护膜衬纸，将保护膜平整地粘贴到车身表面上。

4）消除保护膜与漆膜之间的空隙和空气，使保护膜牢固地粘贴在车辆上。

技术标准及要求：

（1）粘贴温度要求　粘贴彩条贴膜只能在16～27℃进行。若温度过高，会导致贴膜变大，湿溶液迅速蒸发；若温度过低，会影响贴膜的柔性，从而影响附着效果。

（2）车身表面清洁要求　为了使彩条正常地贴上去，车身表面必须没有灰尘、蜡和其他脏物。清洁粘贴位置，必要时还应进行抛光处理。揭去背膜，粘贴压牢即可。

（3）窍门

1）在粘贴位喷一层水，贴上贴纸仍可移动，确保位置无误。

2）边贴边撕背膜，随时赶出气泡。

（4）清除

1）指甲刮起边角再整个撕除，不留痕迹，也不伤害车漆。

2）当天冷无法刮起边角时，可用电吹风机适当加热，胶软后可轻易除去。

三、车身改色膜的粘贴工艺

（1）改色膜粘贴工艺要求

1）贴膜前将车身清洁干净。

2）要提前遮蔽，避免在贴膜时损伤到车身其他部位。

3）为了避免灰尘和杂质影响贴膜效果，贴膜时一定要快、准。

4）粘贴前要根据车身需要粘贴部位的尺寸进行初步剪裁。然后，前、后风窗分别进行粘贴。

5）施工完毕后，要进行进一步修正，即按照车身的形状，精心剪裁出相应的形状。

（2）改色膜干贴工艺　改色膜干贴工艺如图3-41所示。

（3）改色膜湿贴工艺　改色膜湿贴工艺如图3-42所示。

四、无痕裁膜线的粘贴工艺

“车衣裳”专业无痕裁膜线的施工流程见表3-8。

1. 检查产品和工具：
单车车身改色贴膜、
清洁抹布、裁纸刀、刮板、
烘枪

2. 清洁待安装部位，并
揭开贴纸背面保护膜

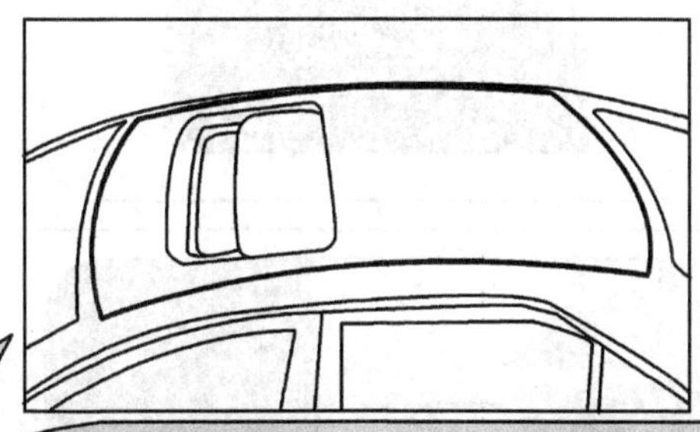

3. 将整张膜覆于车顶上，
由中间向四周赶出空气进
行粘贴，安装完成后揭开
产品表面保护膜
(注意根据天窗形状留出
包边余量进行裁剪，对天
窗边缘进行收边处理；车
顶四周依照边缘轮廓进行
裁剪，并使用烘枪、刮板
进行全面整平)

注意：
1. 粘贴改色膜时注意避免烘枪温度过高造成产品破损
2. 粘贴时注意留出包边余量，对天窗及车窗四周进行收边处理
3. 粘贴完成后，请48h内不要洗车
4. 除干贴粘贴外还可进行湿贴，操作方法如下所述
(湿贴可方便新手进行粘贴，但烘烤时间需要加长)

图 3-41　改色膜干贴工艺

1. 检查产品和工具：
单车车身改色贴膜、
清洁抹布、裁纸刀、
刮板、烘枪、喷壶

2. 清洁待安装部位，
用喷壶在待安装部位
喷水；揭开改色贴膜
背面保护膜，并在背
面喷上水

3. 将整张膜覆于车顶上，由中间向四周赶出空气和水进行
粘贴，安装完成后揭开产品表面保护膜
(注意用吹风机烘干水分后，根据天窗形状留出包边余量
进行裁剪，对天窗边缘进行收边处理；车顶四周依照边缘
轮廓进行裁剪，并使用烘枪、刮板进行全面整平)

图 3-42　改色膜湿贴工艺

表3-8 "车衣裳"专业无痕裁膜线的施工流程

步骤	操作内容	操作示范图	技术要求
1	塑形	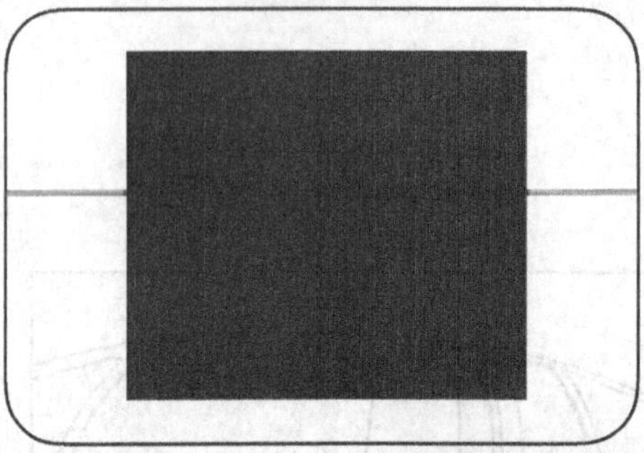	将裁膜线按照客户需要的形状贴在车漆表面或者膜上（胶带中的细线形状就是做出的实际形状）。在裁膜线上贴上膜，并在膜的边缘外留出10cm左右的胶带，以便拉出切割线
2	做切口	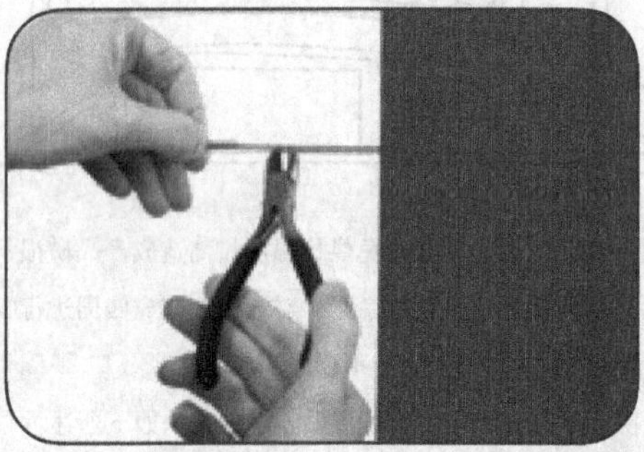	用剪刀在距胶带头3～5cm的位置做一个切口，但不要把胶带里面的细线剪断
3	制作拉线头	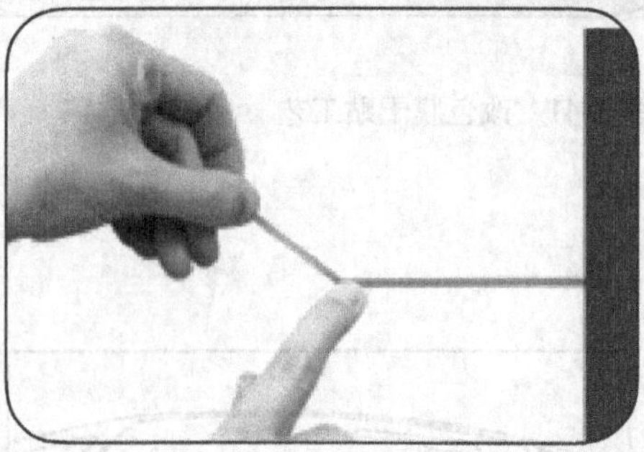	用手指按住切口处的胶带，用力拉剩余部分的胶带，将这部分胶带作为拉线头
4	拉出细线	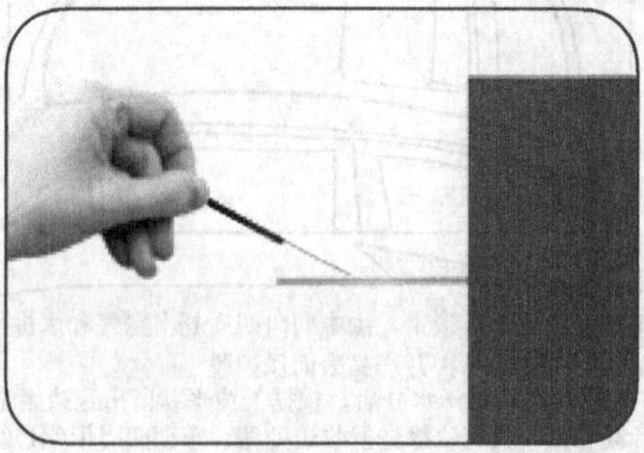	拽住拉线头，将胶带中的细线从胶带中拉出，然后从膜的边缘拉出细线

（续）

步骤	操作内容	操作示范图	技术要求
5	开始切割		用手压住细线和膜接触的边缘，瞬间用力快速拉扯细线开始切割膜
6	切割		沿胶带拉出细线，保持动作的平稳，并使细线与膜面一直保持45°
7	揭掉残余胶带和膜		同时揭掉残余胶带和膜，也可以先揭掉膜，再揭残余胶带
8	揭掉残胶		膜已经沿切割线揭除后，可以从膜下面揭掉残余在膜下面的胶

任务5　汽车底盘防护

俗话说“烂车先烂底”，汽车底盘是除轮胎以外最贴近地面的汽车部件，工作环境异常恶劣，终年不见阳光；车辆在行驶过程中，路面上飞溅起的沙砾不断撞击底盘，细小的沙石像锋利的小刀切削底盘，形成划伤和斑点，底盘上原有的防锈层逐渐被破坏，金属暴露在外面，严重时还会使底盘变形、漏油、尾气泄漏、转向受损和制动失灵等；在凹凸不平的路面上，汽车底盘还可能“托底”，甚至发生燃油箱破裂而造成严重事故。

底盘装甲是高档汽车的必备，在国外底盘防锈受到高度重视，因为它会破坏车架原有支撑力，像奔驰、宝马等高档汽车出厂时就有比较完善的底盘防护措施。而国内绝大多数汽车厂家出于成本考虑，对底盘的处理非常简单，只喷上了薄薄一层车底涂料（有些是 PVC 材质），甚至一些车辆只喷涂局部，而出厂时底盘的防锈漆和镀锌层，只能在理想环境下才能对底盘起到防锈的作用，所以给车辆穿戴一件底盘装甲是非常有必要的。底盘装甲和汽车底盘封塑可以使底盘免受以上损害。

【学习目标】

知识目标：

1. 掌握底盘装甲的概念。
2. 了解汽车底盘锈蚀的原因。
3. 掌握底盘装甲的作用。

能力目标：

1. 会正确选用底盘装甲材料。
2. 会进行底盘装甲的涂装操作。

【知识准备】

一、汽车底盘锈蚀的原因

1）在公路上行驶时，底盘钣金的意外刮伤、路面沙石对底盘的高速撞击。

2）空气中的水分对底盘钣金的腐蚀（如潮湿地带和梅雨季节、地下停车场）。

3）高寒地区冬季在公路上撒盐防滑时，盐分对底盘钣金的腐蚀。

4）沿海地区海水盐分对底盘钣金的腐蚀。

5）酸雨对底盘钣金的腐蚀。

车身最容易锈蚀的部位如图 3-43 所示。

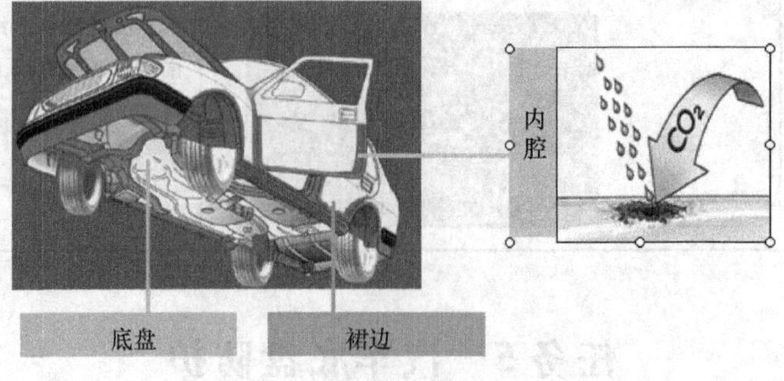

图 3-43　车身最容易锈蚀的部位

二、汽车底盘装甲概念

底盘装甲的学名是防撞防锈隔声保护底漆，是专门为车辆底盘开发的一种高科技的黏附性涂层，具有防锈、防振、防撞击、防水、吸声降噪等功效，不仅增强了对汽车底盘的保护，同时也提高了驾乘的舒适性，可以延长底盘3~5年的使用时间。因此，在没有生锈以前，给底盘做一次全面彻底的装甲是很有必要的。

【小贴士】

底盘装甲最佳时机：新车底盘干净，使底盘装甲附着力高，更持久保护。

三、底盘装甲、封塑的作用

1）确保行车安全。受损的底盘可能会导致底盘的一些零件变形，特别是上/下摆臂、左/右方向拉杆等容易发生变形，一些轻微碰刮同样会引起燃油箱油底壳等发生轻微渗漏。这些变形和渗漏不容易被检测到，但是会严重影响行车安全。数据显示，很多交通事故都是由于底盘变形导致的。为了确保行车安全，国家规定每年车辆年检时要检查底盘，任何发生底盘锈蚀的车辆要进行修补后才能重新上路行驶。

2）确保汽车价值，延长汽车的使用寿命。车辆养护得越好，价值越高。经过一段时间的行驶之后，无论自己使用还是准备换车，经过底盘防锈处理的车辆肯定能够拥有更高的价值。

3）提高行车舒适度。由于底盘防锈采用具有弹性的材质进行密封性处理，一方面大大增加了车辆行驶时的平稳度，另一方面极大地降低了行驶过程中的风噪和路噪，极大地提高了车主在行驶时的舒适度。

4）减弱共振。车辆的振动在某一频率上会与底板产生共振，使人产生很不舒适的感觉，而底盘装甲会大大减弱共振。

5）在冬季，底盘装甲可以阻止车内暖气往底盘下方散发。

6）降低汽车行驶中的摩擦噪声，同时提高车内音响设备的隔声效果。

7）底盘污渍易冲洗。

四、底盘封塑与装甲的区别

底盘封塑（见图3-44）是很多车主熟悉的养护项目，普通封塑为2mm的施工厚度，主要成分是聚酯材料。

图3-44 底盘封塑

底盘装甲除具有封塑的两项功能外，还有显著的隔声降噪作用，装甲的功能更全面，因为装甲后在底盘上形成施工厚度为4mm左右（局部5mm以上）的橡胶和聚酯材料混合涂层。这种涂层具有高弹性，有效减弱了砾石直接打在金属上发出的噪声。

五、底盘装甲材料的种类及选择

底盘装甲材料有含沥青成分的底盘防锈胶、油性（溶剂型）底盘防锈胶和水溶性底盘防锈胶三种。

1）含沥青成分的底盘防锈胶。这是第一代的底盘装甲产品，目前市场上已经淘汰。

2）油性（溶剂型）底盘防锈胶。这是第二代底盘装甲产品，其中的稀释剂多为甲苯，是对人体有害的剧毒成分；施工后形成的胶层很硬，容易开裂，隔声效果一般。

3）水溶性底盘防锈胶。水溶性底盘防锈胶又称为环保型底盘防锈胶，现在欧美国家大多是选用这类产品。水溶性底盘防锈胶附着力强、胶层弹性较好，底盘隔声效果显著，是做底盘装甲的首选材料。

底盘装甲常见品牌有固盾、3M、汉高、伍尔特、霍尼韦尔、雷朋、保赐利和标榜等。

【任务实施】

设备工具和材料准备：

1. 设备工具

底盘装甲设备工具有汽车举升机、气泵（需要配备油水分离器）、拆装工具、喷枪，如图3-45所示。

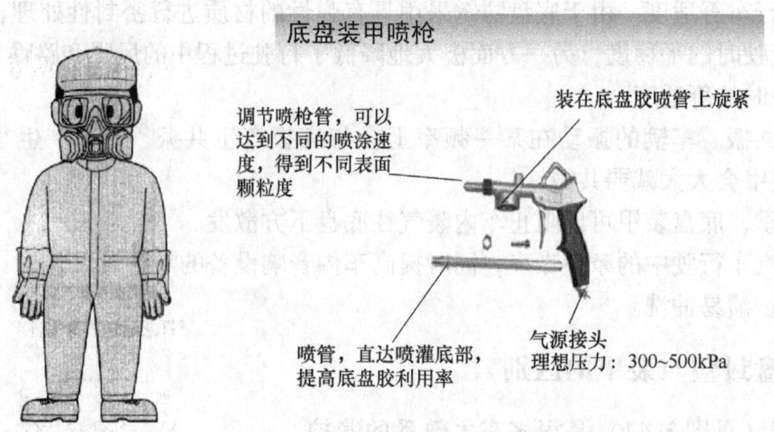

图3-45 底盘装甲喷枪及防护装备

2. 耗材

底盘装甲耗材有清洁剂、专用清洁剂、抹布、遮蔽胶带、快捷遮蔽膜、报纸、大张塑料薄膜（遮挡车轮也可用一次性塑料台布）和盛满清水的桶。

3. 人员防护用品

底盘装甲人员防护用品有工作服、防毒面具、防溶剂手套、工作帽和全封闭面罩。

技术标准及要求：

底盘封塑技术规范与要求：

1）车辆进入施工区后，用举升机推升到一定高度。

2）用高压气枪进行污渍冲洗，彻底清洗干净，如果旧车有锈皮的，则要铲除。

3）对车底特殊的部位进行遮蔽。

4）底盘装甲的选材：在喷涂材料选用方面，采用油、漆、PVC和柔性橡胶等为主要基材的材料基础结构。产品特性：高密蔽性、防水防锈、耐酸耐碱、耐热耐寒、弹性耐磨及无毒环保等。

5）施工工艺：采用各组分材料多层喷涂覆盖的方法，使具有防锈防水、弹性耐磨等不同特性的各组分材料恰当地分布在各层面上，提高了防护结构的合理性和耐久性。

6）施工人员进行喷涂施工，可以多次进行，也可以一次喷涂。一次喷涂省事但固化慢，实际效果相同；多次喷涂相对费事但固化比较快。需要注意的是：两次喷涂要间隔20min左右，待第一层喷涂干燥之后再进行第二次喷涂。

7）施工完成后，等待约1h，喷涂面表干（即表面已经不粘手了）才能把车辆开走。新车喷涂由于底盘比较干净，时间短一些；而旧车清洁起来较费时，需要3h左右。

【实施步骤】

一、底盘装甲操作工艺及要求

底盘装甲操作工艺及要求如图3-46所示。

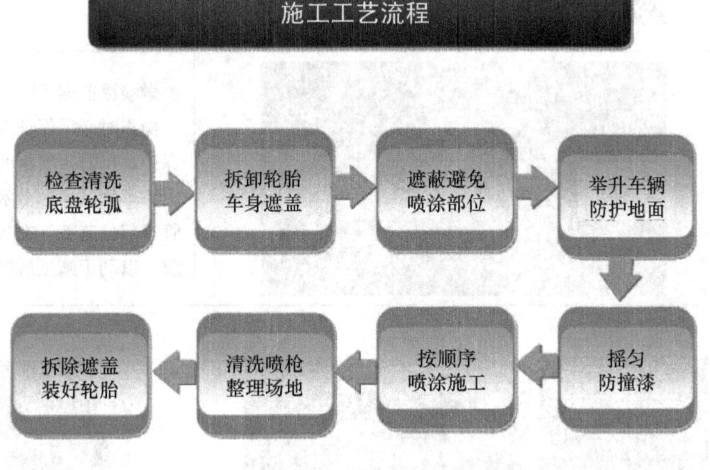

图3-46 底盘装甲操作工艺及要求

二、底盘装甲操作步骤

底盘装甲操作步骤见表3-9。

表3-9 底盘装甲操作步骤

步骤	操作内容	操作示范图	技术要求
1	清洁底盘		将车辆停放在施工现场的汽车举升机上，固定好支撑点。卸下4个车轮，并给各轮注明相应的位置。彻底清洁底部表面，除去油脂、污染物及残余蜡。新车只做简单的清洗工作
2	除锈		举升汽车，用高压水枪冲洗底盘，先涂上发动机外部清洗剂或发动机去油剂，去除底盘上粘结的油泥和沙子，或用特制砂纸打磨掉原防锈层。注意车辆轮弧、挡泥板及挡泥板衬边的污垢。用水冲洗轮弧、挡泥板及挡泥板衬边。对于顽垢，可以用刷子刷洗。对于旧车，清除锈蚀点的锈斑
3	干燥		底盘清洁后需要用压缩空气吹干清洗过的各部位。对于难以吹干的部位，用毛巾擦干
4	保护		做喷涂前准备 操作时必须保证对非施工部位的遮蔽保护，以防因喷涂而影响车辆的性能 将车辆油漆部分和底盘的油管、排气管等部位遮蔽。在施工场地上铺好遮蔽膜，以利于施工后的清洁
4-1	全车遮蔽	用专用塑料遮蔽膜沿着车辆的边缘粘贴后展开，对车辆全身进行严密包裹，以防喷漆施工时污染车辆；应沿着车辆边缘最接近车辆底盘的边缘粘贴薄膜，如果距离过大，则在喷涂时会污染车身 喷漆时应绝对避免喷射到轮毂、减振杆和减振弹簧	

（续）

步骤	操作内容	操作示范图	技术要求
4-2	遮蔽	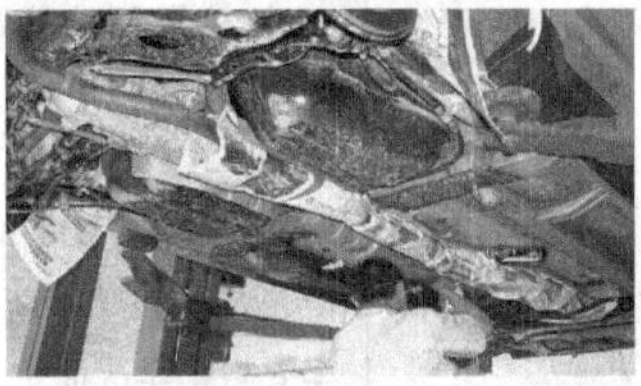 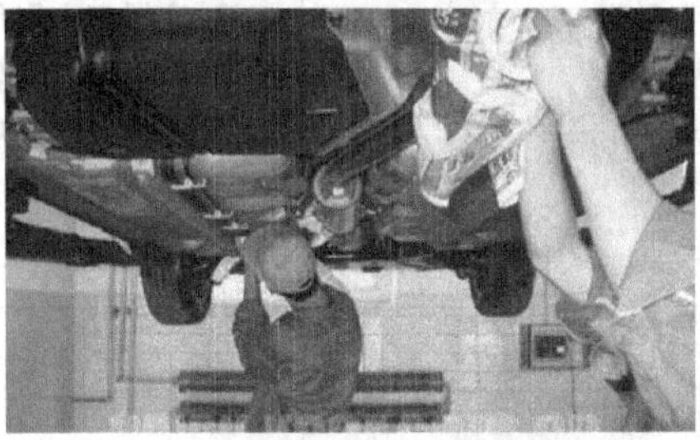	1）利用报纸和遮蔽带将不能喷涂的部位包覆：如排气管、发动机、传动轴、三元催化转化器和镀锌板类散热部件（一般在排气管的上方）各种管线及接口、螺钉；利用大张塑料薄膜包覆轮胎；利用遮蔽膜包覆整个轮弧，并沿车身裙边贴好 2）有的车辆轮弧部位是用整块 PVC 板保护的，这样就需要拆下车轮，再拆下 PVC 板然后对里面的裸露金属部位进行喷涂
5	喷涂	 	1）施工部位车辆底盘钢板、轮弧 2）检查喷机气压是否充足，如果不足，则应充足后使用。先对车辆翼子板进行喷涂，使用前充分摇晃容器。注意：作业人员施工时做好必要的防护措施，将口罩和防护手套戴上 3）涂料使用前用力摇匀容器罐，拉开拉环，将喷枪吸管插穿铝膜，并拧紧容器罐与喷枪的对接口，即可开始喷涂。保持距离 30cm 喷涂，先水平喷涂，然后保持一定角度喷涂。最佳厚度为 1.5mm 以上 4）将底盘装甲各组分材料依次喷涂到底盘；喷涂之后，防撞防锈底漆应均匀分布，并有足够厚度 5）注意不要喷涂在车轴、驱动轴、发动机、变速器和排气管等移动部件上
6	涂层局部修补		1）约 30min 后，进行第二次喷涂。作业后，等待喷涂部位表干。底盘装甲分布均匀，呈黑色颗粒状，至少喷 3 层，厚度约为 4mm 2）涂层局部修补，保证遮蔽性，越强越好

（续）

步骤	操作内容	操作示范图	技术要求
7	等待风干		1）去除周边遮蔽物，用专用清洁剂清洗周边非喷涂部位，等待风干，并做好场地清洁工作 2）喷涂后20～30min，用手轻触底盘装甲，装甲表干，新车约1h即可上路，旧车要根据车况而定 3）涂层完全固化时间为3天左右，在此期间，不影响车辆的使用（不要洗车） 4）将轮胎装好后，仔细检查车身漆面是否有装甲残留物，如果有，则应及时清理干净
8	施工后清洗工具	清洗喷枪 施工完毕后，必须马上用有机溶剂清洗喷枪	1）立即清洗喷枪；不慎粘在车身及其他部位的底盘胶用清洁剂去除 2）清除遮蔽用的报纸、塑料薄膜和粘贴胶带，并清洁场地

【技能拓展】

底盘装甲利润分析：

1. 底盘防锈处理

建议售价：（1 200～1 500）元/辆。

5支涂料，450元/辆（成本）→利润：（750～1 050）元/辆。

2. 底盘防锈、防振处理

建议售价：1 500元/辆。

8支涂料，720元/辆（成本）→利润：780元/辆

成本利润分析：每月平均20辆车，利润 = 1 050元/辆 × 20辆/月 = 21 000元/月。

任务6 汽车隔声工程

汽车隔声工程既可以降低行驶过程中车内的噪声，又可以提升汽车音响设备的声压和音色。汽车隔声原本是为真正热爱汽车的享乐主义者而创立，目的是让更多车主的生活得到完美的升华，享受更美妙的驾驶乐趣。汽车隔声工程是运用专业声学产品进行车体减振及车内吸声，从噪声的传播途径上进行隔除，使车主能够拥有一个安静、舒适的驾驶环境。对于时下越来越风靡的汽车个性化装潢，汽车隔声工程也逐渐扮演起非常重要的角色。

【学习目标】

知识目标：

1. 了解汽车隔声工程的意义。
2. 了解汽车噪声的来源与分类。
3. 掌握发动机盖隔声隔热棉的功用。
4. 了解汽车隔声工程的部位。
5. 掌握隔声工程的施工方法。

能力目标：

1. 会正确选择隔声降噪材料及施工方法。
2. 会设计制订合理的隔声降噪方案。
3. 会分析隔声工程对整车的影响。

【知识准备】

一、汽车噪声的来源与分类

1. 汽车噪声的三种主要表现形式

1）按部位的不同，汽车噪声可以分为发动机噪声、轮胎噪声（路噪）和风噪声。

2）按传播途径的不同，汽车噪声可以分为结构噪声、空气噪声和共鸣噪声。

2. 汽车噪声的来源

根据汽车噪声对环境的影响，可将汽车噪声分为车外噪声和车内噪声。

1）车外噪声是指汽车各部分噪声辐射到车外空间的那部分噪声，主要包括发动机噪声、排气系统（风扇）噪声、高速行驶产生的风噪声（气动噪声）、轮胎与地面摩擦的噪声、制动噪声和传动噪声等。

2）车内噪声是指车厢外的汽车各部分噪声通过各种途径传入车内的那部分噪声，以及汽车各部分振动传递路径激发车身各部件的结构振动向车厢内辐射的噪声。这些噪声声波在车内空间声学特性的制约下，生成较为复杂的混响声场，从而形成车内噪声。汽车噪声来源如图3-47所示。

二、汽车隔声工程对整车的影响

一般来说，隔声工程无须改动车身结构、动力系统和电气油气线路，因此车主们不必太

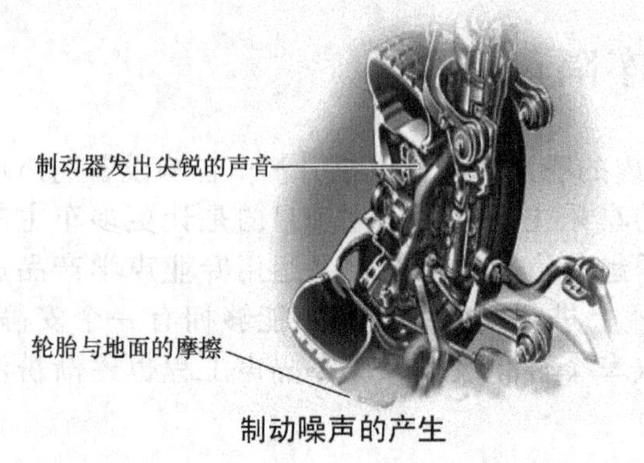

制动噪声的产生

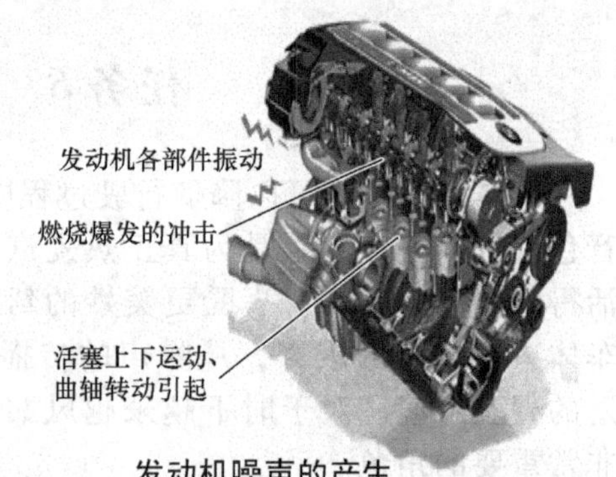

发动机噪声的产生

图3-47 汽车噪声来源

担心。但建议车主选择设施完善的店家进行改装，因为隔声施工必须保证在密封、敞亮、干净的车间内，由经过严格专业化培训的安装技师进行安装，而且在施工过程中需要严格遵照工艺流程，才能保证不会损伤车体及内饰件。隔绝或衰减振动的传播安装如图3-48所示。

并非每辆车都适宜进行隔声改装。车主需要首先了解车辆的噪声来源以及驾乘时候感受到的噪声来源和影响程度，然后根据需要选择改装的方案。

1）当汽车噪声主要是结构噪声时，减振是治理汽车结构噪声的主要方法。

汽车的外壳一般由金属薄板制成，车辆行驶过程中，振源把它的振动传给车体，在车体中以弹性波形式进行传播，这些薄板受激振动时会产生噪声，同时引起车体上其他部件的振动，这些部件又向外辐射噪声，在该传播途径上安装弹性材料来隔绝或衰减振动的传播，就可以实现减振降噪的目的。

声源 噪声 钢板
声源 钢板 隔声减振垫

图3-48 隔绝或衰减振动的传播安装

2）隔声治理空气噪声。在汽车上治理低频噪声（发动机噪声、路噪）是对隔声材料的考验。隔声处理着眼于隔绝噪声自声源点（发动机、轮胎噪声）向驾驶室的传播。隔声材料的最佳应用部位是在车身钣金缝隙孔洞处、车地板及挡火墙，由于发动机噪声在挡火墙及车地板发出的噪声频率为低频噪声，而能量大、穿透性强且没有方向性是低频噪声的显著特点，所以多孔、疏松、透气的吸声材料根本无法吸收或阻隔低频噪声向驾驶室的传播；在汽车上阻隔低频噪声必须用高效易用的密实材料，一般低频隔声材料太重、不易成形及安装。

3）吸声治理共鸣噪声。汽车上的共鸣噪声主要是发动机舱内的机械噪声和行李箱的共鸣噪声。可用特种被动式材料来改变声波的方向，以吸收其能量。合理的布置吸声材料，能有效降低声能的反射量，达到吸声降噪的目的。大多数吸声材料同时是非常优异的隔热材料。

汽车隔音方式分为阻尼减振、吸声滤声、密封隔声和填充补强等几大类。

三、汽车隔声材料

因为汽车室内的噪声主要是车辆在行驶过程中颠簸产生共振而发出的声音以及汽车发动机发出的声音，所以阻尼减振中减振板的性能对整车的降噪效果影响最大。

1. 减振板的分类

减振板按其主要成分的不同可分为沥青类减振板、塑料类减振板和橡胶类减振板。

（1）沥青类、塑料类　沥青类减振板和塑料类减振板由于环保原因在发达国家已经逐步被淘汰。

（2）橡胶类　橡胶类减振板是目前汽车隔声工程中使用的主流产品，通常正规的品牌都使用橡胶类减振板。

2. 减振板材料的分辨

减振板材料的分辨最简单的方法就是用打火机烧烤一小块边料进行辨别。通常沥青类材料不但不防火，反而在燃烧时会有黑色液体滴落。而橡胶类产品不但阻燃性好、不易着火，而且即使燃烧也不会产生黑色液体。另外，从厚薄程度看，减振板一般有 2mm 和 3mm 两种，其中 3mm 效果最好；而从外观上看，主要有无胶型、单胶型和覆膜型，其中覆膜型是指胶板上覆有金属降噪铝片，其减振降噪性能最好。

四、发动机盖隔声隔热棉的功用

打开一般汽车的发动机舱盖，会看到裸露的钢板，但高档汽车会再加一层深颜色隔热衬板。发动机舱盖的防护应该以吸声和隔热为主，理想的发动机舱盖防护产品应该是深颜色的吸声隔热材料，同时应具备防火、防腐、防水、环保和轻量化的特点。

发动机舱盖隔声隔热棉采用平静技术异型吸声槽专利设计后，能将隔声、吸声二合一，外观呈灰黑色，如图 3-49 所示，材料柔软并富有弹性，具有很好的吸声隔热性能，易粘贴、易裁剪。粘贴施工后，站在车辆前即可以明显感觉到怠速时发动机噪声的改善。隔声隔热材料优秀的耐火阻燃特性，可以阻隔来自发动机的热能，在保护发动机盖漆面不受高温烘烤的同时，也杜绝了由于热反射给发动机和相连线路带来的老化作用。由于其防水、防腐的设计，使车体在雨天或洗车时不会带来自重增加或因材料吸水对车体造成腐蚀等问题。

图 3-49　发动机盖隔声隔热棉装饰

五、汽车隔声工程

1. 汽车隔声的五个主要施工部位

1）汽车隔声的重点施工部位是车门1和行李箱2，如图3-50所示。车门和行李箱是车内传递噪声的主要部位，包括路噪和发动机噪声。车门和行李箱的隔声处理是汽车隔声的基础工程，为车内施工的重点。

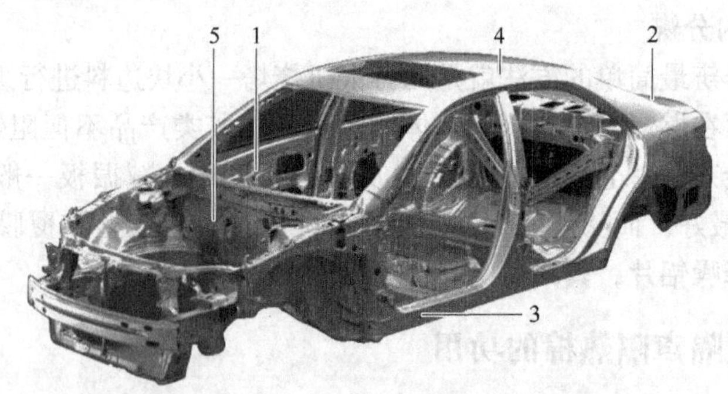

图3-50 汽车噪声的五个主要施工部位

1—车门 2—行李箱 3—车地板（含内挡火墙） 4—车顶 5—发动机舱

2）汽车隔声的次要施工部位是车地板（含内挡火墙）3、车顶4和发动机舱5。车地板、内挡火墙、发动机舱及车顶虽然在车内占据面积较大，但它们作为汽车隔声的次要部位，只有在车门和行李箱进行隔声处理后才能发挥有效的隔声作用。

2. 全车隔声施工

全车隔声施工部位包括发动机盖、前翼子板、挡火墙及U形槽、驾驶室底板、行李箱地板、后轮毂内侧及两侧后翼子板、行李箱盖板、顶棚、车门。不同类型汽车噪声的特性及汽车各个部位的噪声来源都是不同的。其中发动机噪声所占的比例最大，通过对发动机舱盖、挡火墙、两边裙墙及翼子板的治振及密封，可以有效地控制并降低发动机舱的噪声，减少传入驾驶室的发动机噪声。

当车辆在良好、平直路面上高速奔驰时，车辆行驶的高速噪声又成为另一个主要的噪声源。其中行李箱因为内部的空腔会产生很大的共振，是一个很大的噪声源。因此，加装降噪设备不能忽略行李箱。车辆的空气动力性能通常会产生车辆的摩擦噪声。而通常容易产生风噪的主要部位是车门。对车门采取措施，是在车门内安装减振材料和吸声材料，并加强车门的密封性，如图3-51所示。

3. 汽车隔声工程全程指导

1）在发动机舱盖处粘贴防火吸声毯。吸声毯能大量吸收发动机运转时的噪声，并且还具有隔热功能，能有效保护发动机舱盖的面漆，避免长时间高温使用导致面漆变色。

2）在车厢内中央底盘和后车厢底盘上加装减振隔声垫及防潮吸声地毯。其主要作用是缓解中央底盘、行李箱下底盘件在高速行驶时由于钣金结构件的振动而引起的共鸣，减少由于轮胎转动所产生的路面噪声传递，降低由排气管传入后车厢的共鸣声压等。

3）在车门饰板内贴上专用吸声毯。它可降低行车时车门钣金结构件因较薄而较易产生的共振，减少车门内饰板及零件的松脱，降低因车龄较长或长期在崎岖路面上行驶的情况下

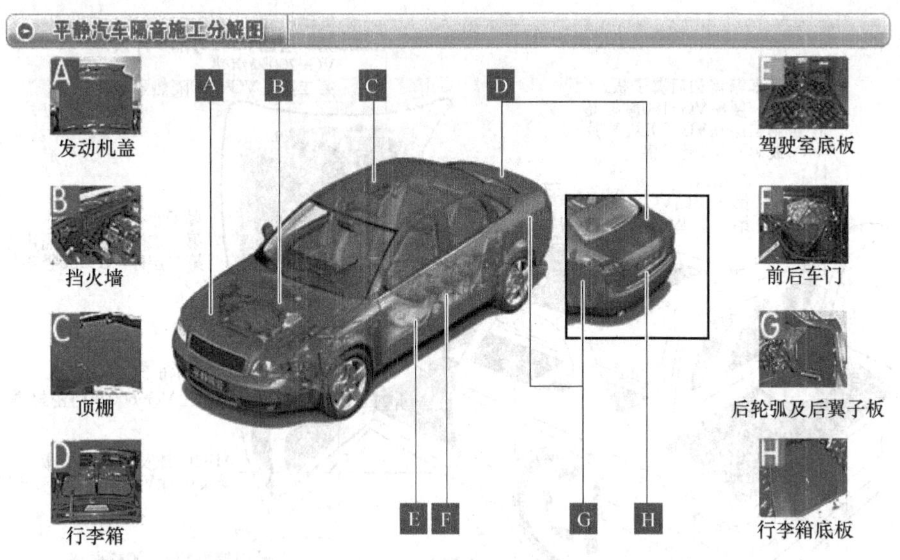

图 3-51　汽车隔声施工分解图

由于金属疲劳与车身扭动时产生的杂声。

4）强化 A、B、C 各柱下方的刚度，补强后座侧板。一般情况下，比较名贵的车型都已配有较佳的隔声措施，但大部分轿车由于车身结构上的原因，造成车身综合刚度不足，从而产生较大的行驶噪声。因此，有时只需稍稍提高车身的结构刚性，便能有效降低噪声。

5）在车门内饰件的内表面贴上一层丝绒质吸声毯，在门板的内侧贴附一种特殊的减振垫，加装车门隔声条以加强车门与车门框的密封性。经过这样的施工，不仅能加强车门的刚性和减少共鸣声，而且能有效降低汽车高速行驶的风噪声。

6）前、后轮翼子板是底盘噪声传入车厢的主要地方，在前、后轮翼子板处喷吸声材料，可减少行驶时减振器传入的异声，以及抑制轮胎与路面、钣金结构件所产生的撞击杂声。

7）在发动机挡火墙加装隔声垫以及在仪表座下层加消声垫，减少发动机噪声的传入。发动机是最主要的噪声源，也是离驾驶人最近的噪声源，在加强仪表板下部及发动机防火墙的厚度后，能抑制发动机运转时传入车厢内的高频声压，这是隔声工程效果最明显的部位。

8）给车厢内车顶粘上一层隔热吸声棉，这除了能有效阻隔太阳暴晒，防止车厢内温度直线上升，还能强化车顶钢板的刚度，有效减少雨天时雨滴撞击车顶的声音传入车内。汽车隔声工程全程指导简图如图 3-52 所示。

【任务实施】

设备、工具和材料准备：

隔声施工材料：

标准的门板隔声材料组合一般是止振材料＋隔声材料＋吸声材料＋密封材料。

1. 减振材料

蓝金刚是具有铝箔约束层的强制性高效减振材料，有高纯度的丁基橡胶基层，具有优异的减振性能，同时也有良好的强化钣金、隔热能力及密封性能，是汽车隔声降噪工程的重要

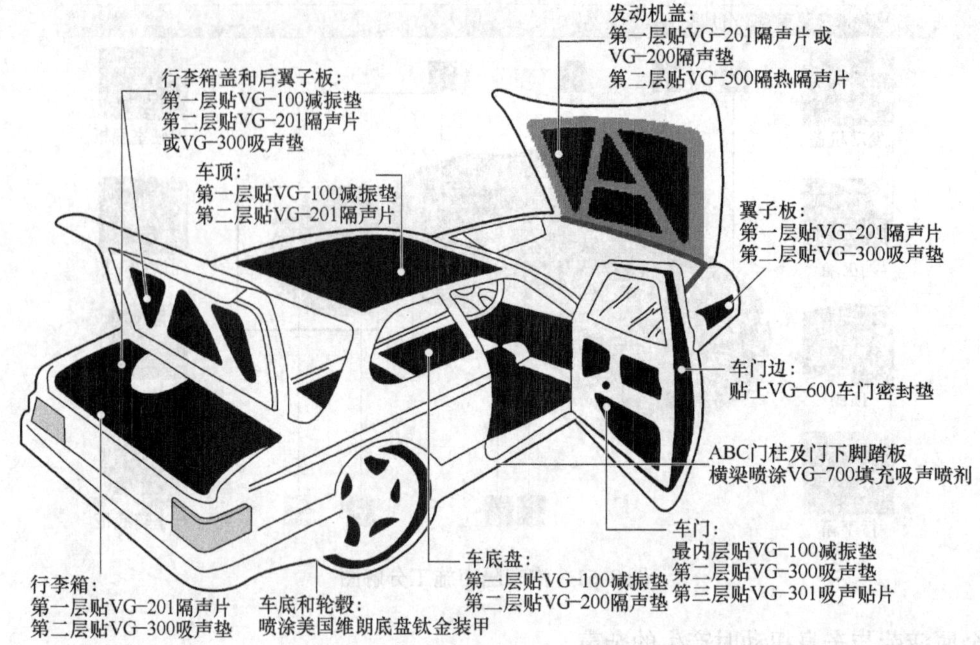

图3-52 汽车隔声工程全程指导简图

材料。

2. 隔声材料

低频王独有的声学五层结构，使其在超低频段具有强大的阻隔功能，是路噪和发动机噪声的“超级克星”，同时又具有优异的隔热性能，可有效阻挡发动机排气管向车内排热。低频王在车内使用非常方便，直接铺设于地毯下方，无须粘贴，可重复使用。

3. 隔声吸热材料

发动机舱盖隔热膜是一种外面覆有一层增强铝护膜的吸声泡沫，这种产品能大量隔除发动机盖下面的热量，减缓发动机盖漆面的老化，是保护漆面的重要手段；同时还能有效吸收发动机舱内的机械噪声，降低发动机通过发动机舱盖板向车内传递的噪声和振动，让驾驶更舒适。

技术标准及要求：

一、操作规范及要求

1）在向车体粘贴隔声棉时，将车体裸露的螺钉（特别是要将被隔声棉覆盖的螺钉）进行检查与紧固。有的螺钉是不可以被隔声棉覆盖住的，如车门把手的固定螺钉，目的是减少日后更换这些易损件的麻烦。

2）全车进行隔声降噪应先做好驾驶室的密封，其次是做好车体的减振，再次是做好隔声，最后才考虑吸声。

3）隔声板施工的质量直接影响到车辆施工后整体降噪效果，粘贴隔声棉的原则是将材料与车体紧密牢固地粘贴，至于粘贴的面积要求处于次要位置，当然粘贴的面积越大，效果越好，但是与粘贴质量相比就显得不是那么重要了，毕竟有些地方是很难施工的，在一般条件下也不可能100%地将车体进行粘贴。

4）粘贴隔声隔热棉前务必将要粘贴的地方擦洗干净。

5）拆卸过程中拆卸的螺钉和卡扣一定要用透明胶粘贴在拆卸位置的附近，不要凭记忆。

6）在施工过程中裁剪下的所有边角料不要遗弃，可以粘贴在一些隐蔽的地方。

二、质量控制措施

1）在所有粘贴过程中，最好一次成功，不要重复撕下再贴，以免破坏粘贴效果。

2）如果想增强音响效果（特别是低音效果），用波形吸声棉粘贴在门和内饰板上，还有尾厢四周，做成音响内吸声效果，增强重低音。

3）如果只做一个车门就想在听觉上有效果是不可能的，施工要求完整。

三、隔声工程施工的注意事项

1）在拆卸时一定要注意拆卸技巧，不可用蛮力损坏板面和漆层，所有卡扣要使用专用的起扣工具。

2）处理附着物一定要注意用力强度和方向，防止划伤油漆和划破面板。在使用清洁剂后，一定要及时盖上盖子，避免清洁剂挥发或撞翻清洁剂瓶。

3）下料时，尽量避免拼接过多和重复下料。

4）底盘的线路和空调孔切不可覆盖。

5）地板的安装步骤要在做完天花板后完成，避免弄脏或损坏座椅和地毯。

6）在有安全气囊的车上作业时，一定要拔出点火钥匙，轻拆轻装，防止气囊爆破导致人车受损。

四、施工要点

1）产品严禁直接安装在发动机、散热器和排气管等高热部件上。安装时，需要离这些部件15cm以上。

2）清洁底板时，不要使用油性清洁剂，应用酒精或清水进行清洁，以免影响粘贴效果。

3）不要粘贴到安装内饰板的卡口位置上。

4）不要粘贴到影响电动车窗、门锁等动作的位置上。

5）为了保持材料的最佳应用效果，不使其脱落或者剥离，要确保用力压实材料。

6）根据车型的内饰板不同，其卡口的位置会有所不同，操作时要加以注意。

任务实施步骤及要求：

一、隔声工程的施工方法

减振材料可以满铺在钣金件上，也可以分块形式粘贴于钣金件上，只要贴实面积达到需要减振面积的50%以上也可达到理想效果，如图3-53所示。

对于特别薄弱及关键位置的面板，双层粘贴可达到3倍的效果，尤其对于板材厚度超过1mm的，更需要使用这种粘贴方法，越多层粘贴，效果越好。减振材料铺贴厚度方式如图3-54所示。

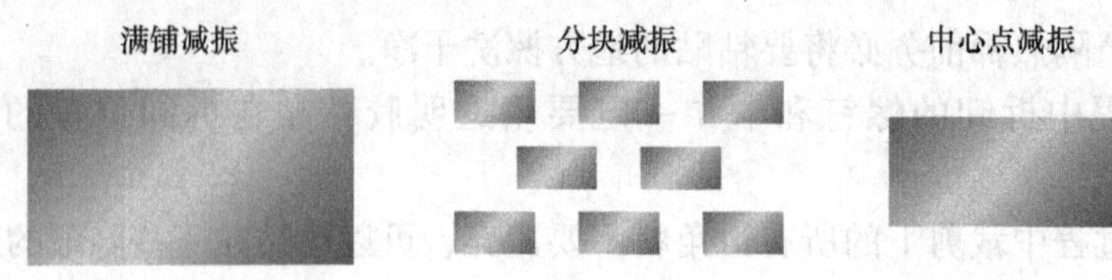

图 3-53 减振材料铺贴分布方式

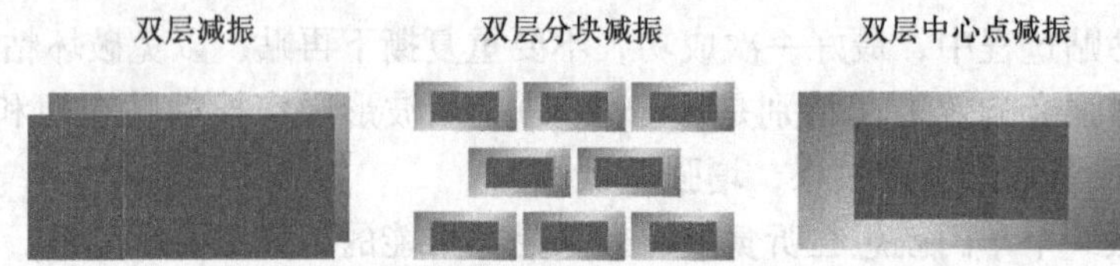

图 3-54 减振材料铺贴厚度方式

目前流行的汽车隔声技术都是根据发动机、底盘、风噪声以及车身共鸣等这几个噪声源进行防治，以隔绝噪声进入车厢，营造一个安静的车内空间。

二、汽车隔声施工步骤

1. 车门隔声施工步骤

车板隔声时，一般要处理门板的三个部分，包括挡板内部、外部以及塑料门板，见表 3-10。

表 3-10 车门隔声施工步骤

步骤	操作内容	操作示范图	技术要求
车门结构图		车门把手、外板防撞杆、拉杆、外板、检修孔、扬声器、内板（扬声器底板）、检修孔；内饰板、内板（扬声器底板）、外板防撞杆、外板、扬声器	
1	拆卸门板	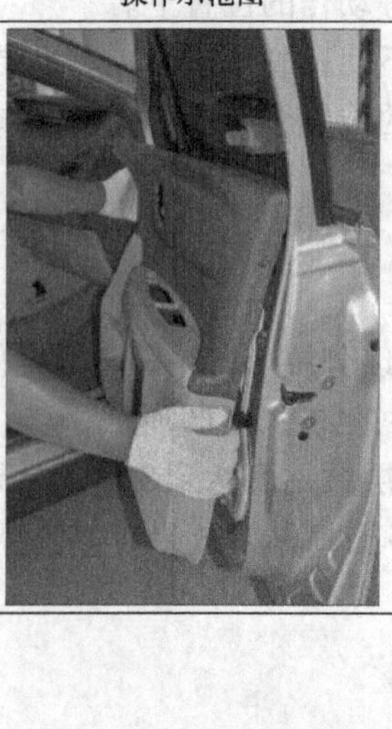	1）关闭窗玻璃 2）拆下内饰板上安装的螺钉（注意会有隐蔽的螺钉，多在把手下、车门把手周围等）

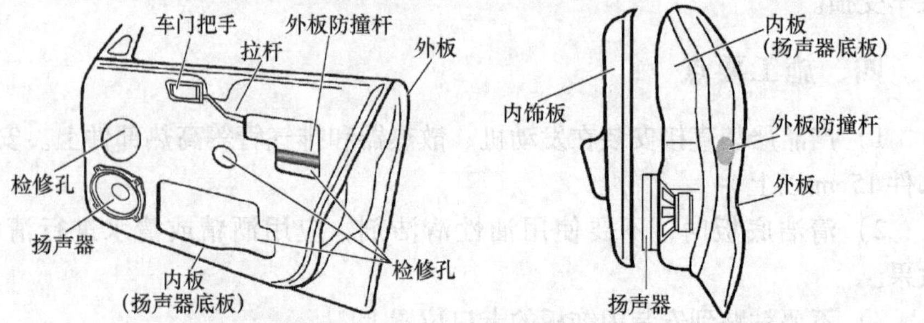

（续）

步骤	操作内容	操作示范图	技术要求
2	拆卸内饰	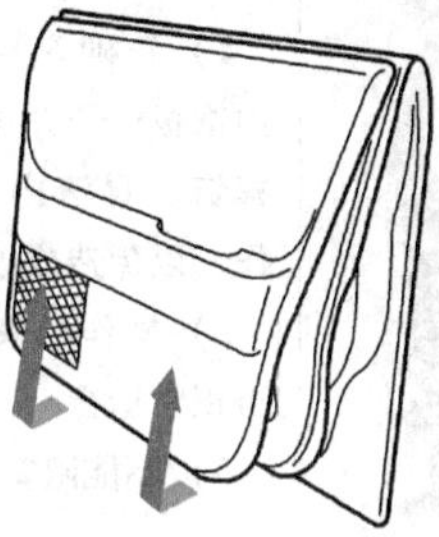 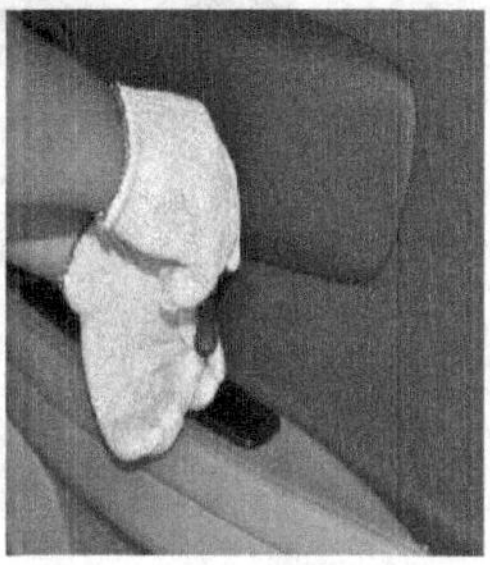	1）拆下一部分门镜上的塑胶封套 2）内饰板剥离后拆下其下方的卡子，尽量在仰起的状态下拆取 3）拆下电动车窗的插接器
3	揭下防水塑料薄膜	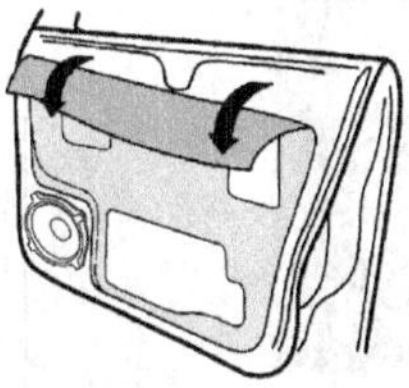	1）揭下塑料薄膜，除去残留在内板上的胶粘物 2）揭下的塑料薄膜，不可再使用
4	清除油渍水分、脏污	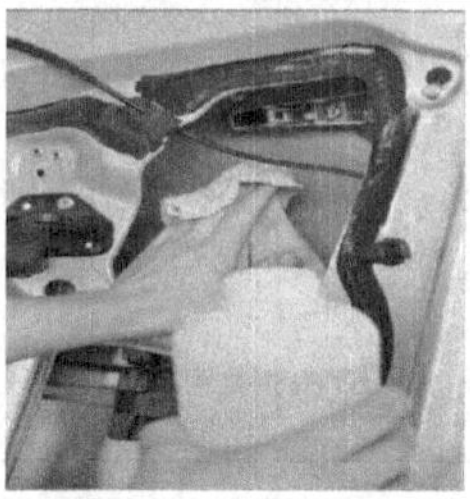 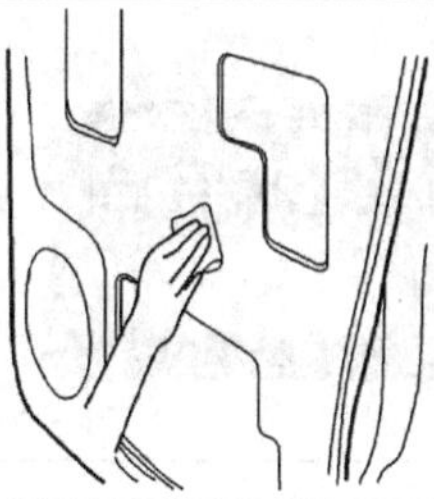	1）使用清洁擦布等将外板的油渍、水分和脏污清除干净。 2）不要使用油性清洁剂，因为会使隔声减振垫很难粘贴，即使粘贴上去，也很容易发生剥离
5	将隔声减振垫粘贴在外板内侧上	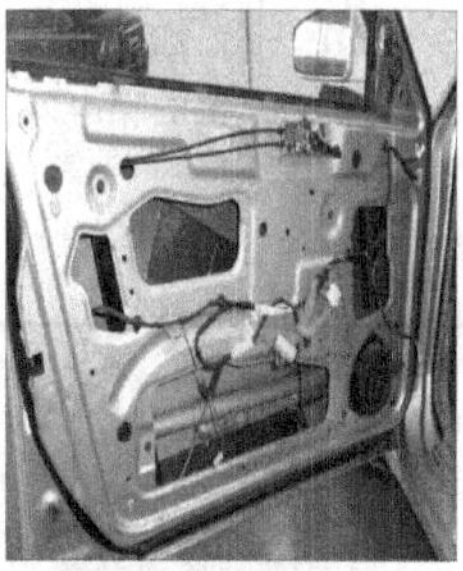 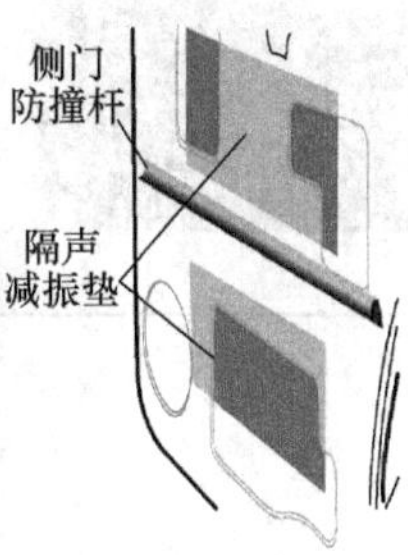 侧门防撞杆 隔声减振垫	1）将隔声减振垫裁剪成容易粘贴的尺寸 2）使用专业的刮刀进行充分按压，除去残留空气 3）不要粘贴到外板下方容易积存水处 4）粘贴铝箔面减振垫时，需要在贴上后用电吹风机加温使之变软，然后用手压紧压实。如果室温低于5℃，则先不要去掉包装上的牛皮纸，先用太阳灯把铝箔面减振垫烤热变软，再粘贴在需要的部位
6	扬声器附近的处理	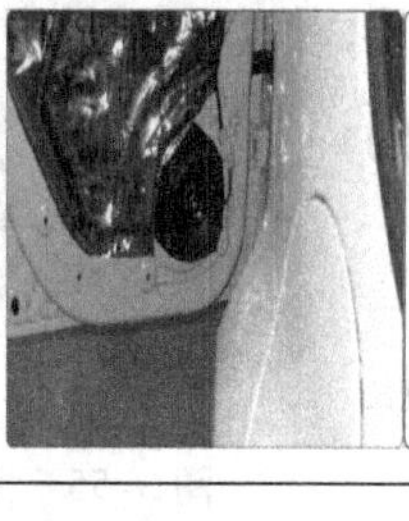 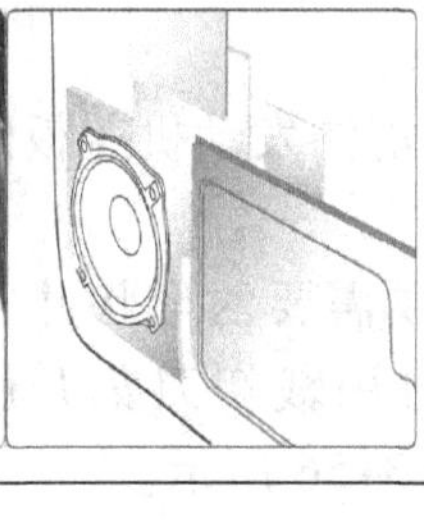	1）连接扬声器的插接器，固定扬声器 2）扬声器的周围一定要粘贴隔声减振垫

（续）

步骤	操作内容	操作示范图	技术要求
7	安装内饰板		1）正确安装插接器及把手，对照内饰板卡子并压入卡扣，安装拆下的螺钉。看清内饰板的卡孔，慎重操作，以免造成破损 2）操作结束后，确认各项功能是否正常运行 3）不能阻塞漏水孔
8	密封表面再覆盖减振材料		表面再覆盖一层减振材料，这样门板就形成了一个坚固的箱体，将不受外界振动的干扰
9	处理塑料门板		在塑料门板在脆弱的部位贴上减振条
10	加吸声棉		加一层吸声棉，消除塑料和铁皮摩擦的噪声

2. 发动机盖隔热膜施工要点

发动机舱盖隔热膜如图3-55所示。

发动机盖隔热膜施工步骤如下：

1）拆卸原厂隔热板，用清洁剂清洁发动机盖板的污渍。

2）将发动机舱盖隔热膜切割成需要的形状并粘贴在发动机舱盖底板上，有气泡时用裁切刀裁开压覆。发动机舱盖隔热膜的粘贴如图3-56所示。

图3-55 发动机舱盖隔热膜

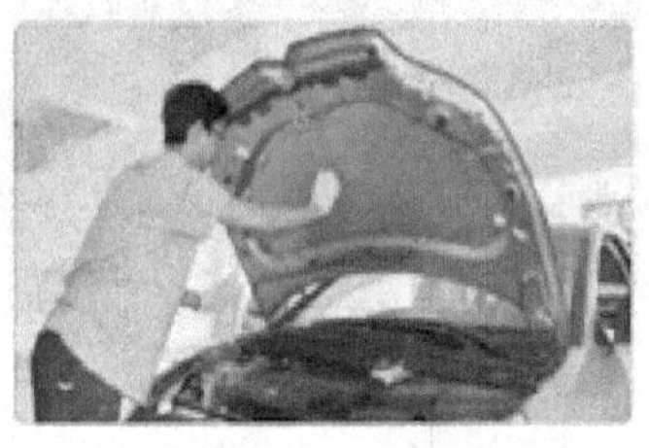
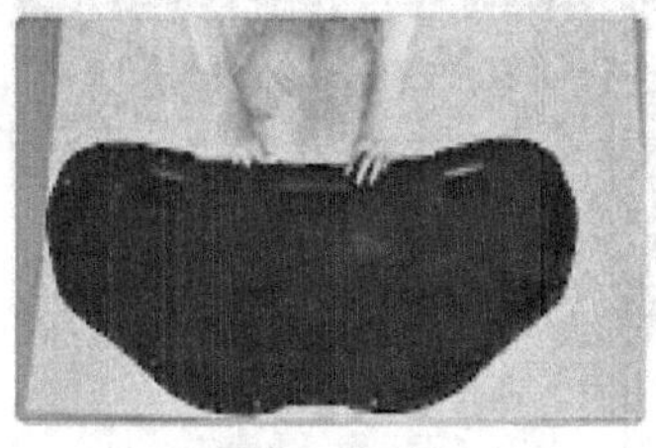

图 3-56 发动机舱盖隔热膜的粘贴

3）使用封边胶带将贴覆好的发动机舱盖隔热膜封边。

4）施工后无需将原厂隔热板复原，如图 3-57 所示。

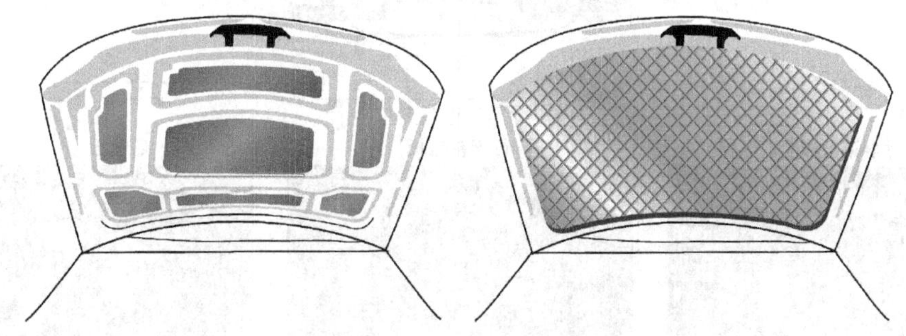

图 3-57 贴覆好的发动机舱盖隔热膜

【技能拓展】

一、三厢轿车行李箱隔声减振施工要点

1）详细了解行李箱螺钉紧固孔位，使用专业工具进行拆卸。

2）对行李箱内、外板分别进行清洁处理，以确保材料的粘贴稳固。

3）将已裁切好的隔声减振垫粘贴到行李箱内、外板表面，施工重点依次是后盖板、后肩板、后轮弧、两侧板和行李箱地板。

4）使用专用工具压实紧贴，以确保材料发挥最佳效果。

5）为达到最佳的隔声效果，在施工中将所有行李箱上不需要使用的安装孔洞进行密封粘贴。三厢轿车行李箱隔声如图 3-58 所示。

二、两厢轿车/商务车/SUV 后侧墙裙及后门隔声施工要点

1）详细了解后侧墙裙、后门螺钉紧固孔位，使用专业工具进行拆卸。

2）对后侧墙裙、后门钣金分别进行清洁处理，以确保材料的粘贴稳固。

3）将已裁切好的隔声减振垫粘贴到后侧墙裙、后门内外板表面，使用专用工具压紧，以确保材料发挥最佳效果。

4）为达到最佳的隔声效果，在施工中将所有后侧墙裙、后门上不需要使用的安装孔洞进行密封粘贴，如图 3-59 所示。

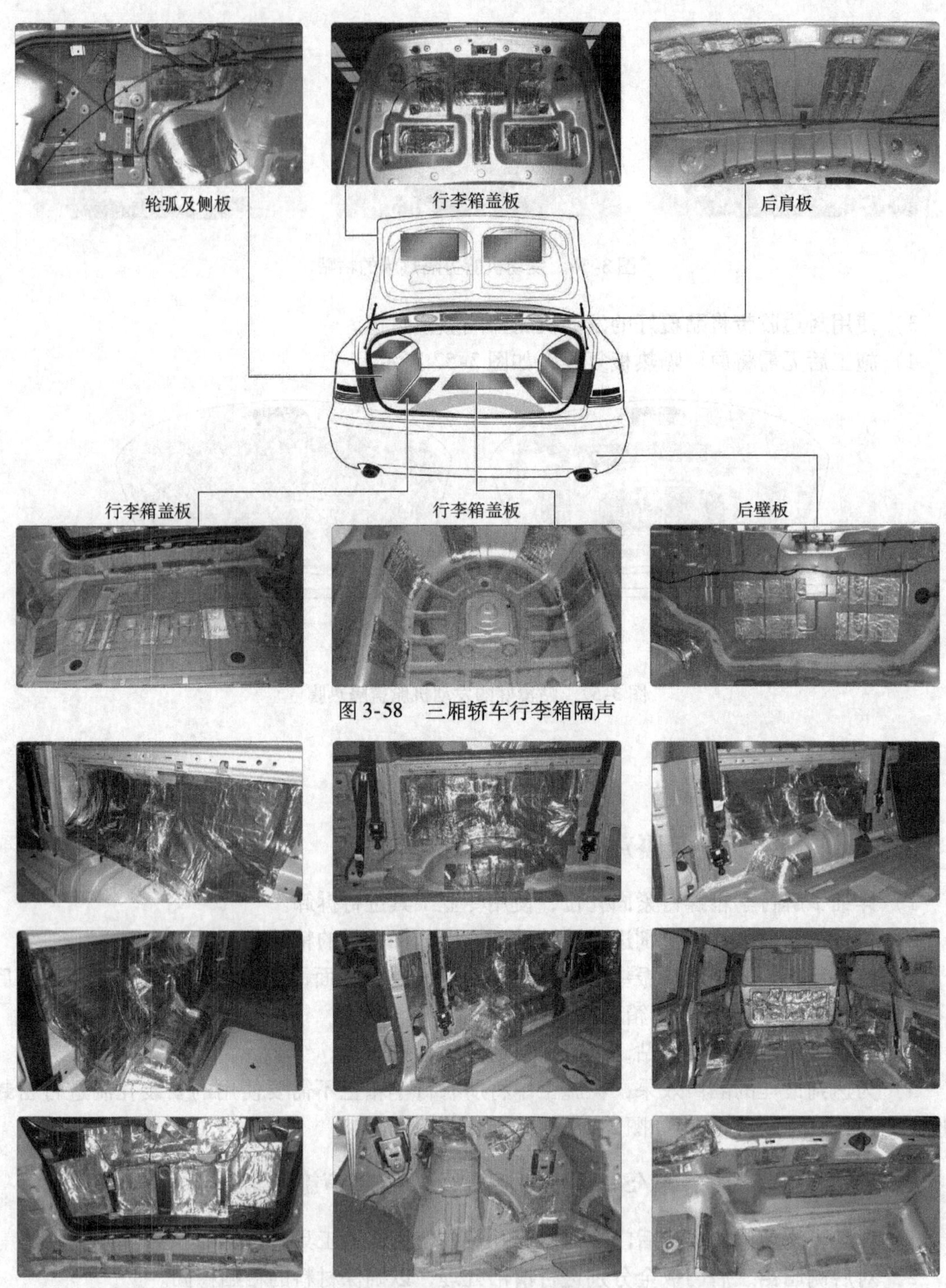

图 3-58 三厢轿车行李箱隔声

图 3-59 两厢轿车/商务车/SUV 后侧墙裙及后门隔声施工

三、车地板隔声减振施工要点

1）清洁底板，无须将原厂减振材料去除。

2）将隔声减振垫裁剪成合适的尺寸，用专用刮刀压实在地板上。

3）将隔声隔热毯裁剪成适合的尺寸或直接放置于地板上。车地板隔声减振施工如图3-60所示。

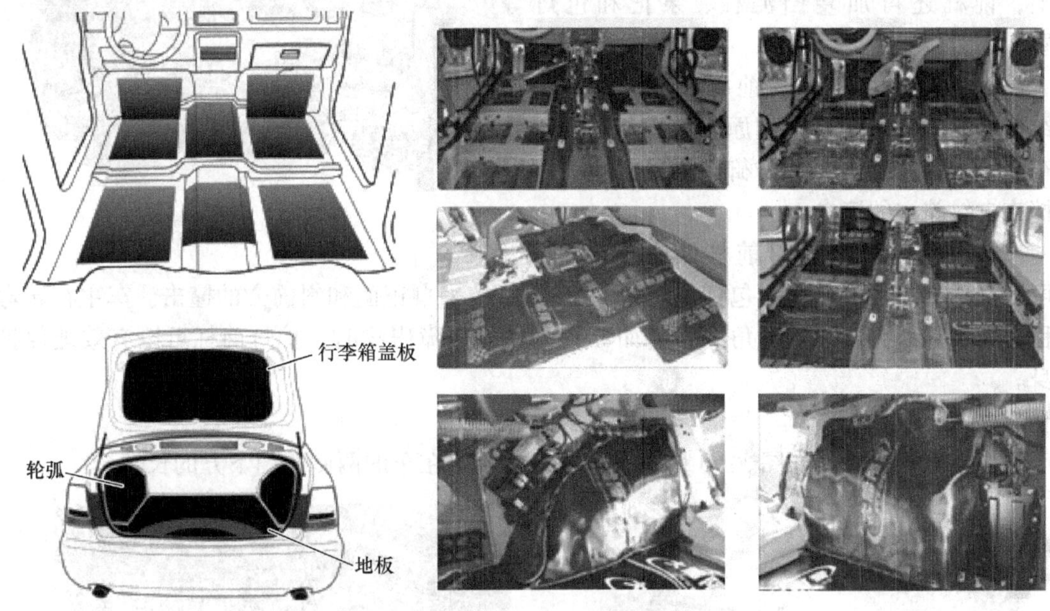

图3-60　车地板隔声减振施工

任务7　汽车护杠及车身局部装饰

汽车外部的装饰一般因车主个性不同而突出美观、实用、与众不同等特色。例如加装汽车护杠，这是越野车最基本的改装项目，除此之外，越来越多的旅行车、平头面包车、货车也都选配了护杠。护杠一方面能够在事故中缓冲撞击力，保护车身；另一方面还使车辆具备鲜明的个性。在车身外部装饰中，有些较小的部位，看起来装饰量不大，若装饰起来，也非常显眼，引人注目。

【学习目标】

知识目标：

1. 了解汽车护杠装饰的分类。
2. 掌握车身局部装饰的内容。

能力目标：

会正确进行车身局部装饰的安装操作。

【知识准备】

一、汽车护杠装饰

从结构上护杠可分为前杠、侧杠（或称为侧踏板）和后杠三类。

1. 前杠

前杠分为护灯前杠和U形前杠两类，在此基础上，前杠还可加装挡泥板、泵把和色灯等装置。

图3-61 U形前杠

(1) U形前杠 U形前杠如图3-61所示，它结构简洁，可以保持车型原有的面貌，几乎什么车都可以用，但它只能防御正面的撞击，不能抵挡来自斜前方的撞击。

(2) 护灯前杠 护灯前杠如图3-62所示，它可以全方位地保护前脸（包括车灯和泵把），抵挡来自正面和斜前方的撞击。车主在转弯过程中如果判断错误，转弯角度不够而导致车辆撞击障碍物时，护灯前杠可以有效地保护车身。

2. 侧杠

侧杠也称为边杠，如图3-63所示，是用螺栓固定在车的两侧车门下方的长管。

图3-62 护灯前杠

图3-63 侧杠

侧杠的功能是方便驾乘人员上、下车，当车主需要放置物品到车顶的时候，它还可以充当垫高物。同时，侧杠还可以起到轻微的防侧撞保护作用。越野车在山地行驶时侧杠也可以顶住一部分山石对车辆的破坏。在越野比赛中，车辆极度倾斜时，可以让人员踩在车高一面以防车辆翻车，起到保持车辆平衡作用。此外，侧杠还能起到挡泥和装饰车身的作用。

侧杠有粗、细之分，以及越野车专用和微型车专用之分。侧杠的主体材料一般为不锈钢，为了实用和美观，还另外以塑料件或铝管进行装饰。越野车的底盘高，而且底盘结实，可以安装粗管；微型车底盘低、轮距短，只适合安装细管。安装时，注意侧杠不能低于车架，否则会影响车辆的通过性。

3. 后杠

后杠的作用一方面起到防护功能，另一方面可以通过杠体中央的拖车方口安装一个拖车钩，为同行者提供救援保障。后杠可分为单轴、双轴（见图3-64）和无轴三种，即油桶架和备胎架的选装方式。

图3-64 双轴护灯后杠

后杠的材料与前杠相同，具有极强的硬度和极好的韧性。

二、车身局部饰件

1. 金属饰条

目前的金属饰条主要分为镀铬、金属铝片和钢片冲压等材料，主要用于灯眉、灯尾和后门装饰条等部分，以增强车辆的金属感。

对于加装金属饰条，**可将三种金属结合起来灵活运用**。例如，后视镜等醒目的部分用镀铬；迎宾踏板等对抗压性要求高的部位，则可以采用钢板冲压的金属；而扶手箱等次要位置则可用喷涂金属色，以增强全车的金属感。

2. 车轮饰盖

(1) 车轮饰盖的作用 车轮饰盖位于汽车外部的醒目位置，是重要的外装饰件。高品质的饰盖能烘托出整车的造型效果，提高车辆的价值，更能让用户加深对轿车品牌概念的理解。

(2) 对车轮饰盖的要求

1）造型优美。由于饰盖的位置醒目，如果造型欠佳，就会降低整车的装饰效果。

2）质量可靠，必须有足够的强度，结构可靠，装卡牢固，不能轻易掉下，否则饰盖容易破裂。饰盖破裂掉落后容易引起安全事故，特别是在城市，车辆行人都比较多的情况下，飞落的饰盖易碰伤其他车辆或行人，后果不堪设想。

3）色泽配合要协调。车轮有色泽，整车也有各种颜色，要求装饰的饰盖色泽必须与车轮和整车协调一致，达到和谐美观。

(3) 车轮饰盖的类型 按材料的不同，车门饰盖主要分为铝合金盖和塑料盖两种。

1）铝合金车轮饰盖。铝合金车轮饰盖有闪亮的金属光泽，有各种各样的外形，但价格也很高。

2）经电镀的塑料车轮饰盖。经电镀的塑料车轮饰盖具有较好的装饰效果，价格比铝合金车轮饰盖便宜得多。

(4) 车轮饰盖的安装

1）选择质量可靠、色泽协调的车轮饰盖。

2）安装前，对车轮及饰盖进行清洁处理，清除尘土污物，使车轮和饰盖清洁、干燥。

3）将车轮饰盖牢固地固定在车轮上的，以保证其使用的安全性。

车轮饰盖除了外观装饰，更有其安全特性。车轮饰盖用不锈钢钢丝卡簧和固定支夹固定在车轮毂上，合格产品必须经过制造商的拆卸力测试，以确保产品的安全性。在选用时，要注意饰盖的装配件，如果卡口不紧、弹簧材料不过关，则易导致饰盖脱落，特别是在高速行驶时，脱落饰盖对于行车和行人都是相当危险的。图3-65所示为车轮饰盖。

三、后视镜

后视镜也可以对车辆起装饰作用。通常汽车所安装的后视镜都是平面镜，观察物体无变形，符合人的视觉习惯。但是平面后视镜的尺寸和视野往往过小，有一定的盲区，在下雨天易出现水珠，让驾驶人的视野大受限制。目前，许多汽车加装了无“无盲点”后视镜，使用这种后视镜可以看到与车宽差不多的范围，方便倒车；另外，有的汽车采用经亲水处理的

图 3-65 车轮饰盖

防水珠后视镜，以提高雨天的视觉辨认性，如图 3-66 所示。

四、汽车灯饰

图 3-66 防水珠后视镜

装饰性车灯外形各异，制造精美，神秘的色彩给车辆增添了鲜明的个性。除此之外，装饰车灯不但可以提高夜间行车的安全性，同时也给予汽车外观造型设计更大的创意空间和美感，为城市的夜景带来一道绚丽的色彩。装饰性车灯如图 3-67 所示。

图 3-67 装饰性车灯

1. 安全、高效、节能车灯

图 3-68 氙气车灯

1）设计优良的氙气车灯能提高行车的安全性，可以取代卤素灯，汽车有效照射距离约 200m，远远超过 55W 卤素灯，而右侧（右行车）照宽范围也超过卤素灯一倍，大大提高路面的照明度，提高行车的安全性，如图 3-68 所示。

2）氙气灯的体积小，使灯具设计更为简单、体积更小，从而使汽车头部设计的自由度更大、创造最佳美感。

3）高效、节能。一个标准的35W车用氙气灯的功耗仅为标准卤素灯的64%，而辐射光通量则为卤素灯的2倍以上，同时电能转化为光能的效率也比卤素灯提高70%以上，因此氙气车灯具有比较高的能量密度和光照强度，而运行电流仅为卤素灯的1/2。

2. 底盘装饰灯

底盘灯属于灯光车迷的发烧装备，有红、蓝、绿等多种色彩可选，不仅可以装饰照明，还可以起到制动警示、转向灯和停车显示的作用。

底盘灯采用防水防振的PVC管，里边灯管为节能超亮LED灯，而且底盘灯自带安装支架及安装电源线，安装非常方便，只需在车底盘凹槽处（如脚踏板处）找一处地方固定，安装时把电源线接入汽车电源即可，也可直接接入汽车小灯开关，夜晚开小灯时底盘灯就会亮起绚丽光彩。在夜间、雾天、雨天以及能见度差的路上，它可以很好地为行人或其他车辆提供车辆行驶或者泊车的位置标志。

五、汽车尾梯

汽车尾梯同样可以缓解来自后方的冲击，款式大多以实用为主，如图3-69所示。尾梯的材料有不锈钢和铝合金两种，前者防腐性能强、光泽度高、承重能力高，因此在实际应用中最为普及。

六、晴雨窗罩

汽车装饰了晴雨窗罩后，雨天行车，车窗开下大半，雨水仍不会直灌车里；车内吸烟，可摇下车窗；高速行驶时不会有狂风吹头；热天停车，可开窗保持空气对流，降低车内温度；晴天遮阳，可防止侧面刺眼强光，如图3-70所示。

图3-69 汽车尾梯

图3-70 晴雨窗罩

七、挡泥板

挡泥板的作用：有效防止行驶途中小石子或沙砾飞溅而打伤车身的漆面；可以防止泥土溅到拉杆和球头上，导致过早地生锈；雨天行驶或在泥泞地行车时，防止污泥、污水溅及车身下部。图3-71所示为汽车挡泥板。

挡泥板在车上安装的方法有两种：一种是螺钉或拉拔钉固定法，另一种是粘贴法。无论固定法还是粘贴法，都可以按以下步骤进行：

1）将要安装挡泥板的位置清洁干净，尤其是使用固定法时，要彻底清除挡泥板凸缘内侧污泥，并加以防锈，以防安装后因不清洁而生锈腐烂。

2）使用固定法时，要用钻头在挡泥板凸缘唇上钻孔以便安装。

3）使用固定法也要在安装部位涂硅胶，以利于紧密结合，并可防止因水分积存而腐烂。

4）将挡泥板装上，用固定法将螺钉或拉拔钉固定好。

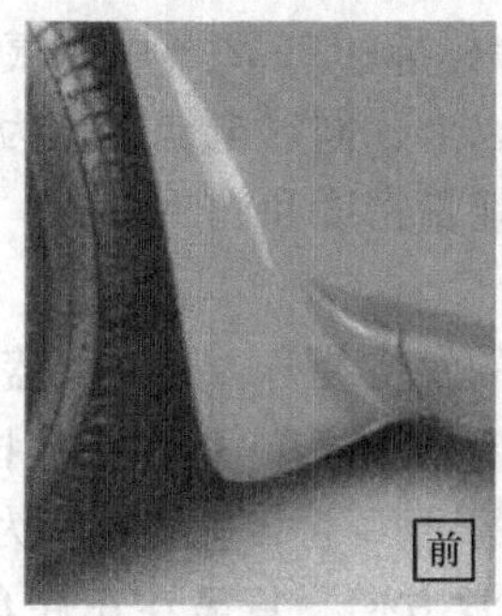

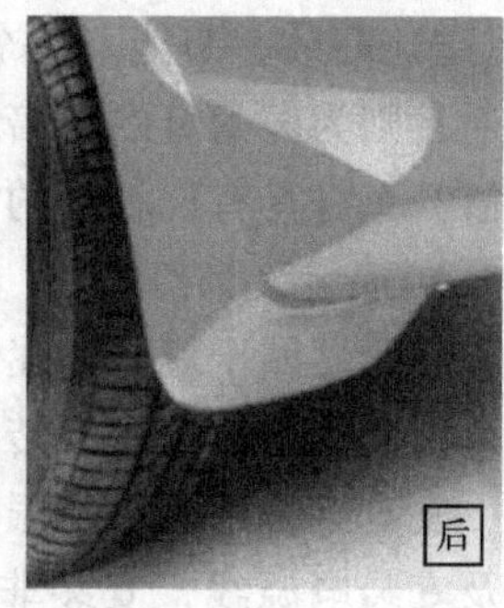

图 3-71 汽车挡泥板

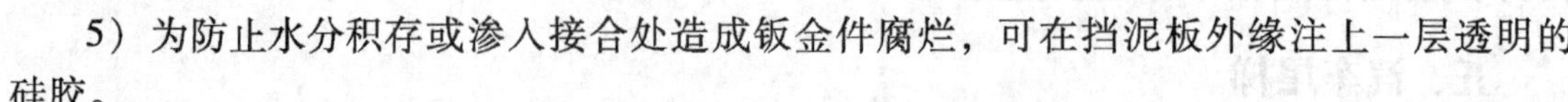
5）为防止水分积存或渗入接合处造成钣金件腐烂，可在挡泥板外缘注上一层透明的硅胶。

八、行李架

考虑到长途跋涉的需要，可以在车顶安装行李架。行李架分为安装在车顶的行李架杆和之上的行李架盘两部分，如图 3-72 所示。

图 3-72 汽车行李架

九、车身密封条

如果车身密封不太好，特别是对于中、低档车辆，可用金属亮条将车门四周密封一下。这种密封条贴上后既可美化车身，又有助于保留车内的冷、热气。

十、静电带

静电带可以充分释放行车途中产生的静电，完全消除因静电积聚而引起的不适感。

十一、防撞胶

防撞胶是涂于车身表面的一层特殊涂层，可进一步加强车身表面防擦抗振功能。使用前，将车身擦净，贴上后轻压一次，3h 后再压一次，24h 内避免与水、油类接触。防撞胶可安装在车门上，每门 1 个，一袋 2 片装，能起到装饰、防撞的效果。

使用说明：防撞胶背后自带双面胶，撕下贴纸后在门边相应的位置粘贴牢固即可。防撞胶的粘贴效果如图 3-73 和图 3-74 所示。

十二、尾管装饰

尾管装饰可增加整车尾部动感造型，防止汽车尾气管变形，同时起到增压和扰流作用，还可在一定程度上减弱尾气管发出的噪声，如图 3-75 所示。

图 3-73 防撞胶

图 3-74 防撞迎宾贴

十三、迎宾投影灯

迎宾投影灯在车门打开后自动发亮，方便用户夜间上、下车。例如，雪铁龙汽车 LOGO 光影均匀、图像清晰、色泽饱满、持久恒定，设置了延时保护，亮灯 1min 后自动熄灭，环保节能，温馨时尚，给人赏心悦目的光影视觉感受，如图 3-76 所示。

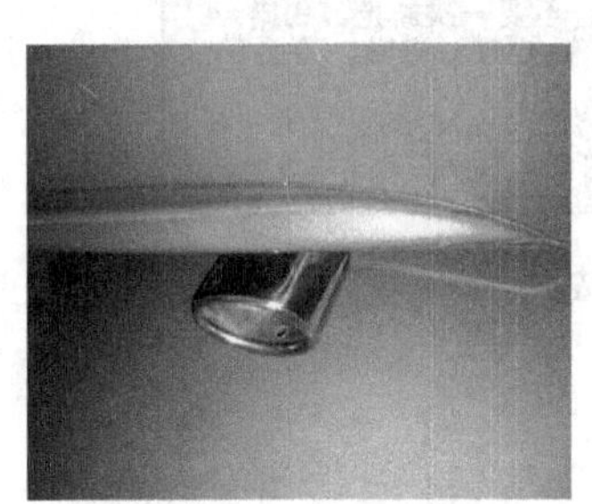
图 3-75 尾管装饰

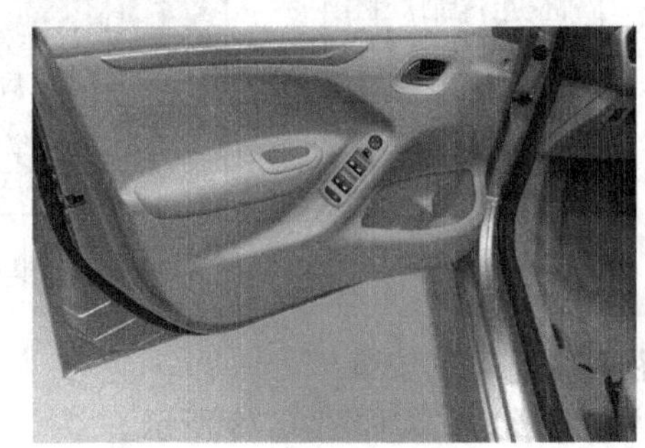
图 3-76 迎宾投影灯

十四、寻车器

在锁车状态下，报警功能启动，有振动或有人动车时，报警器会驱动紧急灯和汽车喇叭报警。车主可以通过原车遥控车匙解除报警状态。当车主按原车钥匙解锁键时，寻车器会驱动原车灯亮、喇叭鸣响，提示车辆停放位置，方便车主寻车。寻车器内部设有振动传感器。

【任务实施】

设备、工具和材料准备：

1）冷水高压清洗机 1 台。

2）空气压缩机 1 台。

3）手电钻、切割机、长臂电动螺钉旋具、吸尘机和高压气流发生器等各 1 台。

4）通用维修工具 1 套。

5）车门和座位保护座套。

6）软毛刷 1 把，干净棉布、海绵若干。

7）各种清洁剂、护理剂等若干。

8）1.3M 胶粘贴配 3M 助粘剂。

任务实施步骤及要求：

1. 雾灯装饰条的安装

雾灯装饰条的安装如图 3-77 所示。

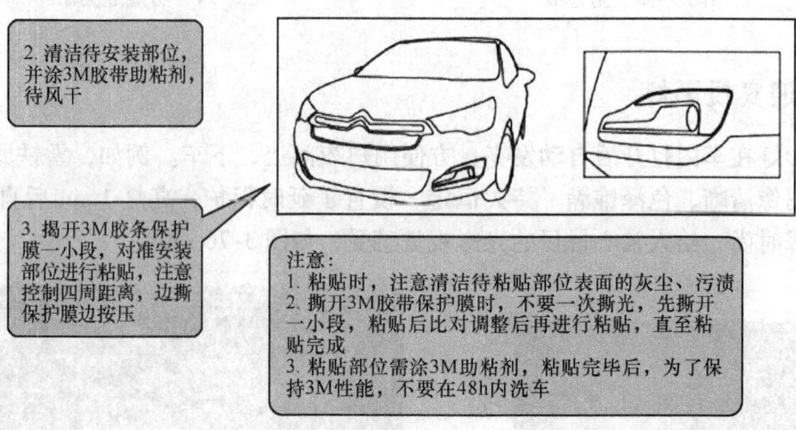

图 3-77 雾灯装饰条的安装

2. 后视镜装饰罩的安装

后视镜装饰罩的安装如图 3-78 所示。

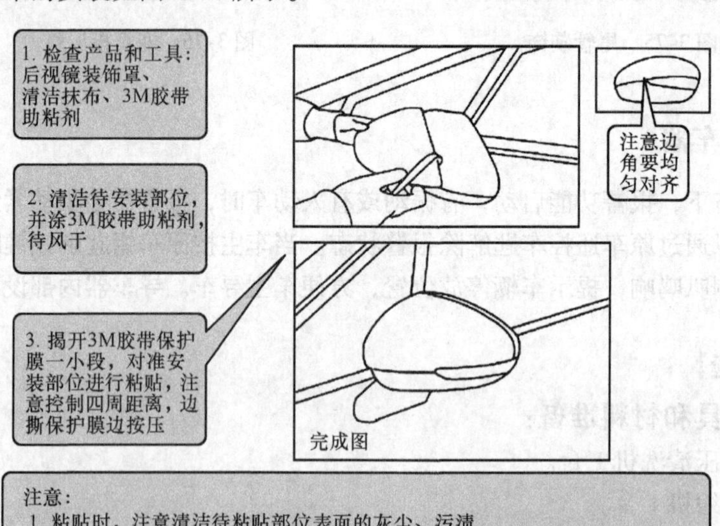

图 3-78 后视镜装饰罩的安装

3. 后包围装饰亮条的安装

后包围装饰亮条的安装如图3-79所示。

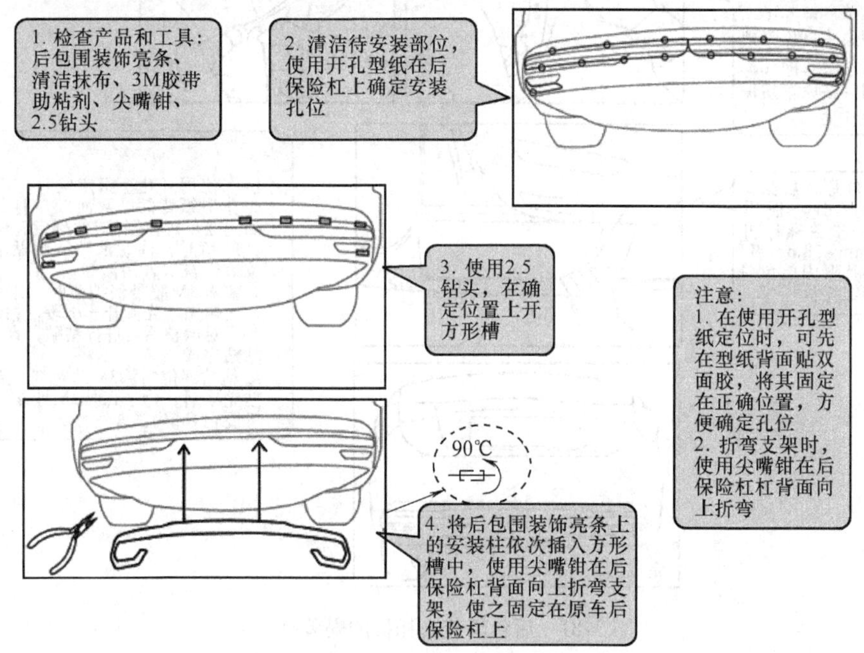

图3-79　后包围装饰亮条的安装

4. 后包围装饰托板的安装

后包围装饰托板的安装如图3-80和图3-81所示。

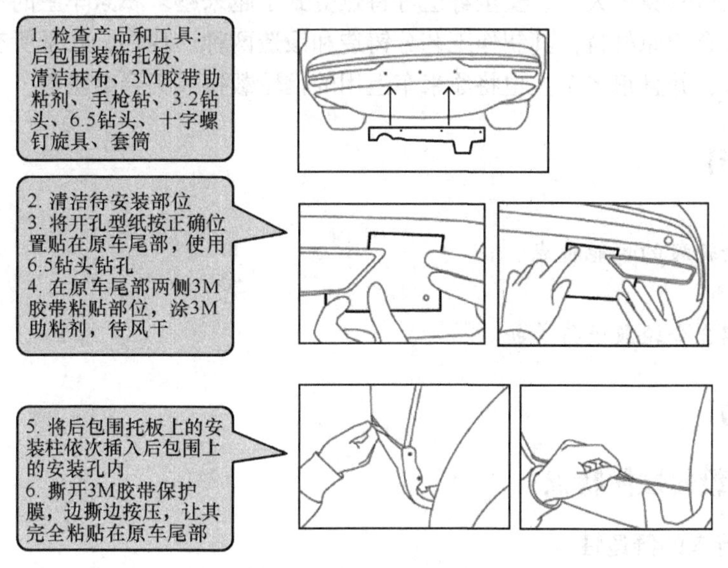

图3-80　后包围装饰托板的安装（一）

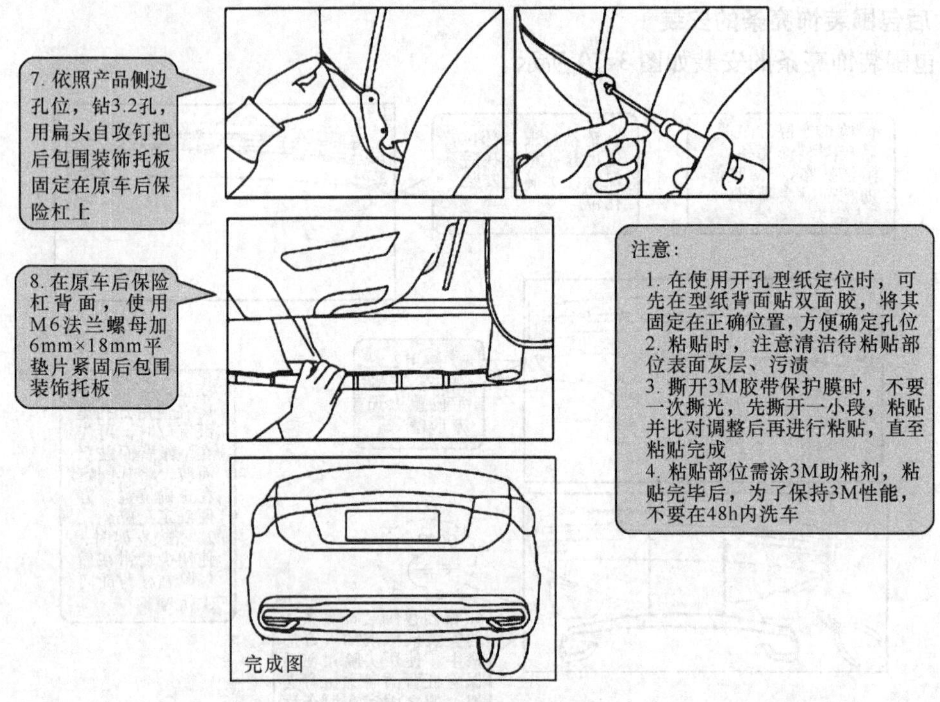

图3-81 后包围装饰托板的安装（二）

任务8 车轮改装

铝合金轮毂以其美观大方、安全舒适等特点受到了越来越多私家车主的青睐。汽车用铝合金轮毂以铝合金为原材料，其制作工艺分铸造和锻造两种。现在，几乎所有的新车型都采用了铝合金轮毂，并且很多车主也将原来车上用的钢轮毂换成铝合金轮毂。

【学习目标】

知识目标：

了解铝合金轮毂的性能特点。

能力目标：

会正确对铝合金轮毂进行养护。

【知识准备】

铝合金轮毂的性能特点：

1. 提高了行车的舒适性

铝合金轮毂具有吸收振动和反弹力量的金属特性。经数控机床加工尺寸精度、真圆度高，精度高达0.05mm，运转平衡性能佳，有利于消除转向盘抖动和轮胎偏磨现象。偏摆跳动小、平衡好，才使汽车行驶平稳、舒适。铝合金轮毂如图3-82所示。

图3-82　铝合金轮毂

2. 正常行驶，节省燃油

平均每个铝合金轮毂的质量比相同尺寸的钢轮毂的质量小2kg。根据日本的相关试验，5座轿车的质量每减小1kg，一年约节省20L汽油。而美国汽车工程师学会发表的研究报告指出，铝合金轮毂虽然比一般钢轮毂贵，但每辆汽车行驶到2万km时，其所节省的燃料费便足够抵回改装轮毂的成本。铝合金轮毂的质量小，减少了四轮的转动惯性，使汽车的加速性提高了，并相对减少了制动的能量需求，从而减少了油耗。

3. 提高了行车的安全性

铝合金轮毂的散温系数是普通钢铁轮毂的3倍，散热效果好，制动盘和制动卡钳能保持优良的制动性，长途高速行驶时，也能让轮胎保持在适当的温度，使轮胎不易老化，延长了使用寿命，降低了爆胎的概率。

4. 提高了整车的美观

铝合金轮毂外观设计精美，造型多样化，可以做到车毂合一，尽显完美，提高整车的美感。

【任务实施】

铝合金轮毂的养护措施：

1）当轮毂温度较高时，应让其自然冷却后再进行清洁，千万不能用冷水来清洗，否则会使铝合金轮毂受损，甚至使制动盘变形而影响制动效果。另外，在高温时用清洁剂清洁铝合金轮毂，会使轮毂表面发生化学反应，失去光泽，影响美观。

2）当轮毂上沾有难清除的柏油时，可用刷子试着清除，但切忌使用过硬的刷子，尤其是铁刷子，以免损伤轮毂表面。

3）车辆所在地方若潮湿，则轮毂应勤进行清洗，以避免盐分对铝表面的腐蚀。

4）必要时，清洁干净后可对轮毂进行打蜡养护，使其光泽长驻。

【思考与练习】

一、填空题

1. 防爆膜的等级大致可分为__________、__________和__________三种。

2. 按结构形式的不同，天窗可分为__________、__________、__________和__________四种类型。

3. 护杠从结构上可分为________、________和________三类。

4. 挡泥板在车上安装的方法有两种：________和________。

5. 汽车倒车安全装置有________和________。

二、判断题（正确的画√，错误的画×）

1. 可用碘钨灯来检查太阳膜的隔热性。（ ）

2. 内藏式天窗四周有排水管，会将积在天窗周围的水排走。（ ）

3. 在普通轿车上安装扰流板可减少汽车行驶时风的阻力。（ ）

三、选择题

1. 进行底盘封塑作业时，（ ）必须用胶带封起来再进行刷涂。

A. 传动轴 B. 变速器 C. 主传动器

2. 赛车上扰流板的安装位置（ ）。

A. 较低 B. 较高 C. 中间

四、问答题

1. 简述防爆膜选用原则。

2. 简述汽车防盗装置的组成及工作原理。

3. 选用车轮饰盖时要注意什么？

4. 为什么说天窗是天然的空气净化器？

5. 为什么天窗能除雾降噪？

项目 2

汽车内部装饰

一辆好的车，不仅是外形的设计有新意、美观，内饰所用的材质也同样重要，做工更是精益求精。汽车使用者大部分时间是在车内度过，外观的漂亮、炫耀更多的时候是给路人看的，精致的内装、细腻的手感、舒适的使用体验才是一辆好车必须具备的要素。纵览世界各国的豪华车型，无论是尊崇的商务座驾，还是集科技与豪华于一身的超级跑车，都对内饰的用料非常讲究。

汽车内部装饰主要是对汽车驾驶室和乘客室进行装饰。随着私家车越来越普及，轿车逐渐成为众多爱车一族的第三空间。时尚、温馨、尊贵逐渐成为车主装饰车内空间的流行与个性的方向。例如移动音响、车载氧吧、布艺椅套和桃木内饰等个性化内饰都能营造良好的氛围，带给车主及乘客美好的心灵体验。

任务1　汽车内饰的选用及安装

【学习目标】

知识目标：

1. 了解汽车内饰的选用原则。
2. 熟悉实用型与精品美化内饰项目。
3. 熟悉内饰件的更换工艺流程。

能力目标：

1. 能够正确选择内饰件。
2. 熟悉内饰件的固定方式。
3. 能够正确指导车主选择内饰用品。

【知识准备】

一、汽车内饰的选用原则

1. 美观协调原则

内饰造型、色彩及质地选用要求能给人带来美感。车内饰品要保持干净、卫生、摆放有序，给人一种轻松、舒适的感觉。饰品的颜色必须与汽车的颜色相协调，不可盲目追求高品位、高价位的内饰，以免弄巧成拙。

2. 舒适实用原则

根据车内空间的大小，车内饰品的色彩和质感尽可能地选用一些能体现车主审美情趣、个性的小巧、美观、实用的饰物，如茶杯架、香水瓶和储物盒等，香水要清新，不宜太浓。

3. 行车安全原则

车内饰品绝不能有碍行车安全，如车内顶部吊物不宜过长、过大和过重，后风窗玻璃上的饰物不要影响倒车视线等。

4. 环保健康原则

为了保护乘员健康，汽车环保法规对车内空气污染物浓度进行了限制，对内饰材料的使用和限用提出了高要求。

二、车身的室内装饰部位及主要内容

1）汽车顶棚内衬装饰。
2）侧围内护板和车门内护板装饰。
3）仪表台装饰。
4）座椅装饰。
5）地板装饰。
6）内室精品装饰。
7）方向控制区装饰。
8）驻车制动杆装饰。
9）后风窗玻璃区装饰。

三、座椅的装饰及选用

汽车座椅套是汽车的“时装”，能表达出车主的情趣，体现出车主的个性。在汽车内装饰中，座椅的装饰对汽车整体的装饰风格有非常大的影响。选择皮套、布套或各式座椅都可体现车主品位。

1. 真皮座椅

真皮座椅（见图3-83）作为高档豪华车上的标配装备，俨然已经成为汽车内饰方面拉开档次的重要标志。为了彰显车主的品位，提升乘坐的舒适度，改装真皮座椅成为很多车主为车辆做升级项目中最简单、最见效的一种。

a)

b)

图3-83 真皮座椅

真皮座椅美观耐用，容易清理，与人体表皮功能接近，触感舒适，其毛细孔具有良好的透气性，表面平滑，有良好的散热性能。另外，真皮坐垫不易燃烧，不怕烟蒂烧破，还可增加制冷效果，节省空调能耗等，是许多座椅装饰的首选。

2. 布艺椅套

与真皮座椅相比，布艺座椅的透气性能、吸水性能和隔温性能更优。布艺椅套有相当大的选择空间，各种材质、各种花色琳琅满目。椅套按材料的不同可分为化纤、棉混纺、纯棉、丝绒和裘毛几种。其中，棉混纺椅套是市面上最常见的，易洗拆，结实耐用，不易磨损，是许多车主的首选。目前，椅套的款式已趋向家居化和装饰化，可根据车型的座椅结构和个人爱好来进行设计，量身定做。但选择椅套要注意颜色和汽车的颜色搭配，尤其是与仪表台、地板和门板的颜色要和谐，小车一般多采用色调鲜艳、花式较丰富的椅套，大车多选用色调较沉、花式统一的椅套。

按材质的不同，坐垫可分为纯毛坐垫、混纺坐垫和帘式坐垫三类。混纺坐垫如图3-84所示。

图3-84　混纺坐垫

(1) 纯毛坐垫　纯毛坐垫具有乘坐舒适、柔软度好和透气性能优良等特点，同时还可以有效防止车室静电产生，但价格较高，适用于中、高档汽车。

(2) 混纺坐垫　混纺坐垫根据用于编织的原料不同，可细分为棉麻混纺坐垫和棉毛混纺坐垫等。其中，棉麻混纺坐垫具有透气性能优良、韧性强和易于日常清洁护理等特点，但若护理不当，则会出现黄变，影响视觉效果。混纺坐垫含棉毛量越高，其柔软程度越好。还有一类化纤与棉麻混纺坐垫，价格低、透气性好但易产生车室静电，适用于中、低档汽车。

(3) 帘式坐垫　帘式坐垫一般用硬塑制品或竹制品串连而成，其透气性极佳，适于高温季节或车室空调环境不良的情况下使用。

四、汽车桃木内饰及选用

桃木装饰美观、高雅、豪华，其优美的花纹具有特殊的装饰效果。作为一种品味和身份的象征，桃木内饰现在已经成为越来越多高档车的必备品，装桃木内饰，不仅仅是一种含蓄的品味的象征和表达，同时也是一种追求个性的需要。桃木内饰主要镶嵌在仪表板（见图3-85）、中控板（副仪表板）、变速杆、门扶手和转向盘等地方。桃木内饰有木质材料和仿木质材料之分。

图3-85　桃木内饰中控

目前桃木内饰已经有100多种颜色和花纹可供选择，有哑光和光面等种类，较常用的是光面桃木，因为它漂亮而且不影响视线。车主可以根据自身需要选择不同类型的内饰件。

汽车桃木内饰的种类如下：

(1) 木质材料　木质材料一般是指胡桃木和花梨木，多用胡桃木，因为这些木材的优点是纹理优美、坚韧、不会变形。因此，一些中、高档轿车用胡桃木作为内饰材料，配上真皮或丝绒面料座椅，相辅相成，尽显一种优雅与华贵的气氛。

（2）仿木质材料 仿木质材料是一种塑料制品，如用ABS、PVC（聚氯乙烯）和PC（聚苯乙烯）等材料制造，现代的贴膜技术可使仿制品做得惟妙惟肖，以假乱真，纹路、光泽与真的木质材料极为相似。

（3）复合材料 在塑料基体上粘贴上一层极薄的木质镶饰，看上去与木质装饰件完全一样，因此可以称为桃木装饰件。中、低档轿车在桃木内饰上使用仿木质材料以提高档次。

五、汽车顶棚内衬装饰（见图3-86）

随着汽车制造技术的不断进步和人们对汽车安全性要求的提高，未来汽车装饰的发展将突出。

1. 安全化

为确保行车安全的各种新型的通信设备、自动识别路况的超声波传感器和自动导航系统等将被逐步采用。

2. 舒适化

正撞保护的内部凸出物法规对内饰件的设计形状提出了要求。北美头部碰撞保护法规迫使顶饰零件和立柱零件进行吸能结构设计。

图3-86 汽车顶棚内衬装饰

为了满足侧撞法规要求，门饰板要进行防撞设计，如安装泡沫防撞块，对侧撞区域尺寸形状提出要求等。侧撞法规对座椅的承载能力提出了更高的要求。A柱上护板进行了重新造型设计，体积有所减小，对改善驾驶人的视野有帮助。

六、其他车内饰品和用品

车内用品主要分为实用型和美化型两大类，也有两者兼顾的。汽车内饰部位如图3-87所示。

1. 头枕

人们常错误地认为头枕是舒适配置，其实头枕是头部保护装置。头枕被安装在车内，与肩、膝安全带一样，是安全装置。当发生追尾事故时，有效的头枕能减少乘员头部向后运动并且降低头、颈受到的伤害。

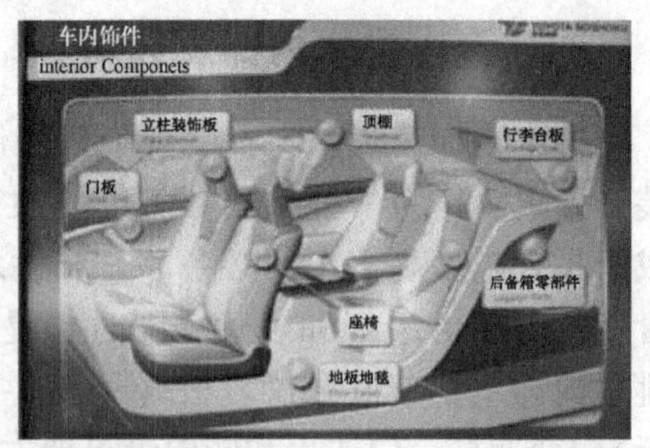

图3-87 汽车内饰部位

为了减少撞击中的头、颈受到的伤害，颈部扭曲必须控制在最小幅度内。设计优良且正确安装的头枕对此至关重要。有些车型的头枕高度可调，有些则不可调，一些低配置的车型后排座椅甚至没有头枕，而一些高端车型的头枕则安装了主动安全装置。头枕应该安装在至少与耳朵上沿平行的地方或者乘员头下约8.89cm的地方。后脑与头枕之间的间距越小越好，最好不要超过10.16cm。由于乘员身高各异，因此头枕的调节范围也不同。

很多轿车的头枕位置太靠后，车主如果要直视前方，根本挨不到头枕，所以颈部在开车时会很累。安装一个附加头枕（见图3-88）可以减轻颈部的疲劳。附加头枕固定在原有的头枕上，可支撑颈部和头部，使头部和颈部得到最佳的呵护。

2. 腰靠

使用非常符合腰部曲线的按摩护腰靠垫，可以有效按摩后腰部位的穴位，减轻乘坐疲劳增进新陈代谢。按摩腰靠垫如图3-89所示。

图3-88　附加头枕

图3-89　按摩腰靠垫

3. 地胶、脚垫

一般汽车座椅底下都是一种地毯似的物品，是原车整体铺制好的，一旦有脏物和污垢留在上面，很难清理。因此购买新车之后，大多数人都会在座椅底下铺上一层防水、易擦洗的保护物——地胶。地胶分为手缝地胶和成型地胶两种。成型地胶是一次性压制成的，中间无缝，防泄漏性好，但在遇到凹凸大的车内地面时，铺出的美观性就差一些。一般地胶是用3mm厚的橡胶制品做成的，颜色有灰色、米色和黑色。手缝地胶平整度好，可挑选的颜色较多，同样能有效防止灰尘等杂物进入地毡，但防水性能稍差一些。手缝地胶还可选择不同的厚度（有2mm与3mm之分），铺较厚的地胶，耐磨性及隔声效果会更好一些。由于地胶是橡胶制品，有点气味，颜色又少，一些高档轿车铺上后觉得档次低，所以改铺地毯，效果较好但清理起来比较麻烦。为了解决这个矛盾，有的人不在全车铺地胶，只是在前、后座椅底下摆上各种花色、质地的脚垫，这样既美观又环保。脚垫和地胶装饰分别如图3-90、图3-91所示。

图3-90　脚垫

图3-91　地胶装饰

整体材料：总厚2.8mm，表层耐磨层0.6mm，中间PVC发泡1.8mm，底层隔声棉0.4mm。

特性：超强耐磨、超强防滑、防火阻燃、防水防潮、吸声防噪。

工艺：打版—裁剪—模压 LOGO—精工缝制。

4. 安全带套和 CD 套

新款高档布艺系列安全带套，光洁亮丽，柔软抗皱，做工精细，感触细腻顺滑，方便实用，完美装饰车内空间，可有效降低安全带瞬间紧拉或外物碰撞之不适感，设计新颖，质感细腻。安全带套和 CD 套如图 3-92 所示。

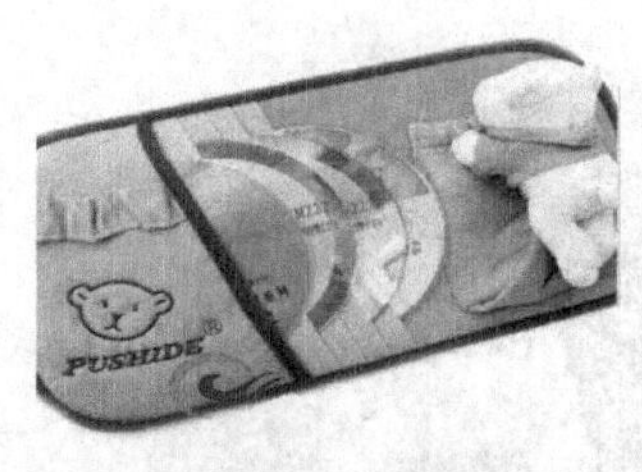

图 3-92 安全带套和 CD 套

5. 享受型装饰

手机支架的底座可以通过吸盘吸在前仪表台上，既轻巧又实用。手机支架和书报袋分别如图 3-93、图 3-94 所示。

图 3-93 手机支架

图 3-94 书报袋

6. 行车安全信息安装

与每一个驾驶人的切身利益密切相关，安全驾驶是车友享受有车带来的方便与乐趣的前提。一些有助于提高人们驾驶过程中安全性能的汽车用品，虽然体积都不大，却各自有着不可忽视的作用。

（1）车用水平仪 车用水平仪的作用是随时监测汽车倾角、仰角以及车身左右旋转的角度变化，直接、清楚地显示车身所处的水平状态，为驾驶人及时、准确地提供有关行车安全的信息，如图 3-95 所示。这种专为汽车设计的水平仪可用于各种车型，特别适合于 SUV 等越野车型。

车辆在上、下坡时，如果驶入角度及驶出角度超过安全角度，则车内水平仪会显示车辆现在所处的角度，提醒驾驶人调整车辆的角度以保持车身平衡。当车身恢复到平衡状态后，警示信号会自动消除。安装车用水平仪简单方便，有的可直接粘贴在风窗玻璃下，有的可连接于点烟器接口。安装时，一定要把车辆停放在水平路面上，然后手工将车用水平仪调校至水平状态即可。

（2）倒车雷达 倒车雷达（见图3-96）是安全泊车的好助手。

图3-95 车用水平仪

倒车雷达有距离显示、声响报警、区域警示和方位指示等基本功能。倒车雷达的提示方式可分为液晶、语言和声音提示三种。大多数倒车雷达产品的报警距离为2m，探测距离在0.3～1.5m之间。安装时，只需将倒车雷达的探头安装在后保险杠上，接收器安装在仪表台内即可。要注意探头的颜色应与车身颜色相符合，保险杠较宽的车型应安装探头较大的产品。

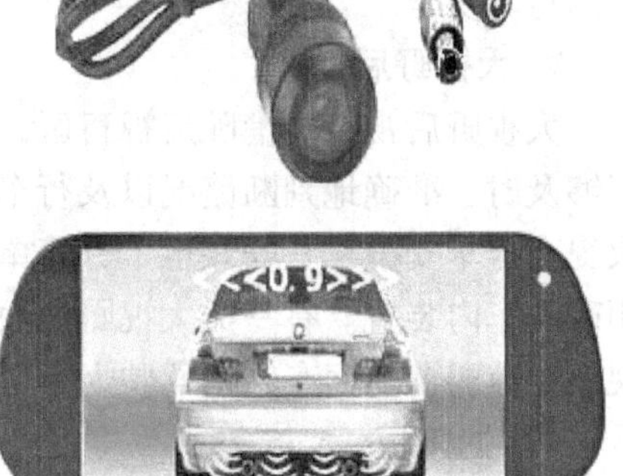

图3-96 倒车雷达

7. 车载显示器

随着汽车的室内装饰正在不断地向家电化和高品质享受发展，设置在车内的车载显示器不仅灵活的运用电视和导航系统，在不久的将来，通过网络化实时地获取各种各样的信息也会成为现实，购物和加油等也有可能通过网络操作来完成。车载显示器如图3-97所示。

■ 7英寸3D全智能导航系统

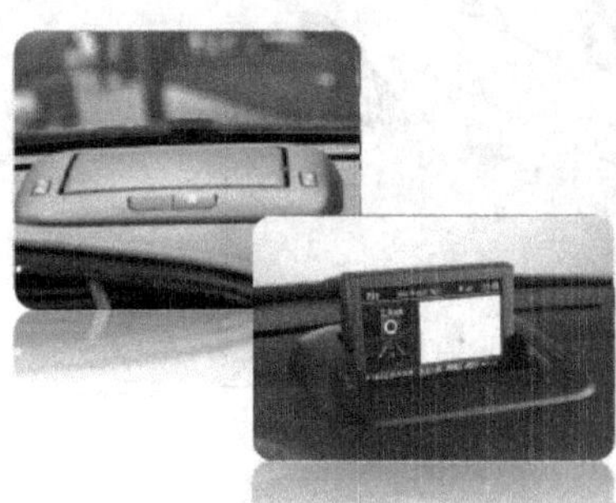

F：可折叠式设计
- 显示屏角度可调节，可折叠
- 7in大屏幕
- 显示屏位于中控台上方

B：强烈的科技感、信息显示清晰易读、位置合理，提升行车安全性

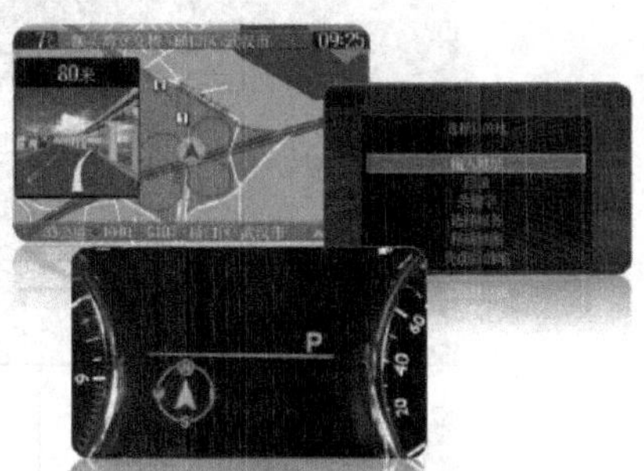

F：智能导航系统
- 交叉路口3D显示
- 快速目的地输入功能
- 双屏显示导航路名

B：操作简单、显示直观、出行旅游更便利

图3-97 车载显示器

8. 电子胎压计

胎压不稳定会直接导致驾驶不安全性的提高，胎压过高可能引发爆胎状况的发生。过高的胎压还会缩短轮胎的使用寿命，同时影响汽车的制动性能；过低的胎压则会增加油耗量，并且因轮胎无法支撑车身重量而破坏轮胎结构。

电子胎压计通过 LCD 液晶显示胎压，准确易读，造型小巧，便于随车携带。

具体的使用方法是拔去电池绝缘片，点压胎压计按钮，液晶显示屏就会启动；然后用胎压计的气嘴压住轮胎气嘴阀门，保证气嘴与阀门之间对接处密封严密，此刻轮胎压力值就显示在显示屏上；当把胎压计从轮胎气嘴移开后，胎压值将在显示屏上保持显示 20s，随后压力计自动关闭。

现在市面上流行的电子胎压计集多种功能于一身，不仅能够准确、方便地测量胎压，还可用作照明用手电筒、紧急救生用破窗尖锤和安全带割刀，从各个方面充分考虑到了驾乘人员的行车安全。

9. 大视野后视镜

大视野后视镜能消除后视盲区，拓宽视野。后视镜的可视范围关系着驾驶人行车时是否能够及时、准确地判断路况以及行车安全问题。加装更大宽度和可视角度的后视镜，可以大大提高行车安全。其安装也十分简单，只需将大视野后视镜直接夹在原有后视镜上即可，不用改动车内装置。有一类大视野曲面镜还具有防炫目的特点，使后面车辆的灯光在前车的后视镜中减弱，前面车辆的驾驶人不会觉得晃眼，从而确保自身行车的安全。

10. 遮阳板

遮阳板分为折叠式遮阳板、侧窗太阳挡和防紫外线静电遮阳贴。

1）折叠式遮阳板。折叠式遮阳板可以在停车时打开放在前风窗位置，能有效保护仪表板，也可使座椅不那么烫人。各种遮阳板如图 3-98 和图 3-99 所示。

图 3-98 太阳能遮阳板

2）侧窗太阳挡。对于侧晒或是车尾对着太阳，则将遮阳板放在后风窗或侧窗位置。吸

图3-99　普通遮阳板

盘式转帘或卷轴式遮阳帘也可供选择，只是随后使用起来没有静电吸附的那么方便，如图3-100所示。

3）防紫外线静电遮阳贴。防紫外线静电遮阳贴（见图3-101）图案漂亮、易粘贴，适合各款车型；能隔绝99%的紫外线，并且可以隔热；贴在侧窗上，既美观又方便，利用静电贴上随时可以摘下，能反复使用。

使用方法： 取出静电贴，贴在车窗上，揭下保护玻璃纸，轻轻按上即可。

图3-100　侧窗太阳挡

图3-101　防紫外线静电遮阳贴

七、汽车静电器

汽车静电的产生主要有两个来源：一个是纤维织物（如地毯、座椅、衣物等）摩擦产生的；另一个是由于在汽车行驶过程中，空气中的尘埃与车身金属表面相互摩擦产生的。无论是哪种原因产生的静电，都给乘员带来诸多不便，甚至造成伤害。

1. 消除车内静电的方法

（1）选择合适配置的内饰纤维　纤维织物的摩擦是重要的汽车静电来源，特别是化纤产品，更易摩擦起电，因此在选择座套、坐垫及脚垫等用品时，推荐使用真皮、麻或纯棉制品。

（2）选择合适的车蜡　不同种类的车蜡，其防静电能力不同。在秋、冬季节采用防静电专用车蜡，防止汽车产生静电的效果明显。

（3）注重静电放电器的使用　静电放电器（见图3-102）可以随时将车辆运行使用中产生的静电释放掉，以免静电电压过高而击伤乘员或给乘车带来不便。

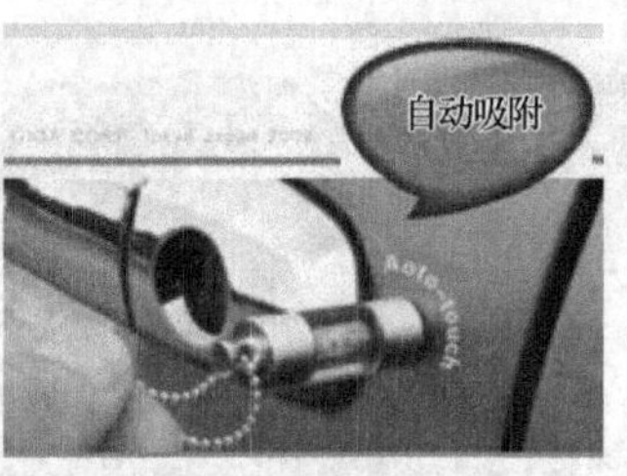

图3-102 静电放电器

静电放电器分为接地式、空气式和磁静电式三种类型。接地式放电器是较为传统的式样，而空气放电器则外观比较新颖，有些可以和车载天线共用。若想取得最佳的防静电效果，最好让这两种放电器结合使用。通常采用磁性材料与防静电功能相结合的磁静电放电器。

2. 静电器的使用方法

将汽车静电器金属一端接近带静电物体（如车门钥匙孔、车身、金属门窗和金属水管等）进行放电，可立即消除静电，如果放电时达到一定电压，则闪光灯会闪闪发光。

警告：本款产品含有磁性材料，不要在禁磁场所中使用，如信用卡、机械手表和精密仪器等，为此引起的磁化可能会导致这些物品的故障和损坏。静电器的使用方法如图3-103所示。

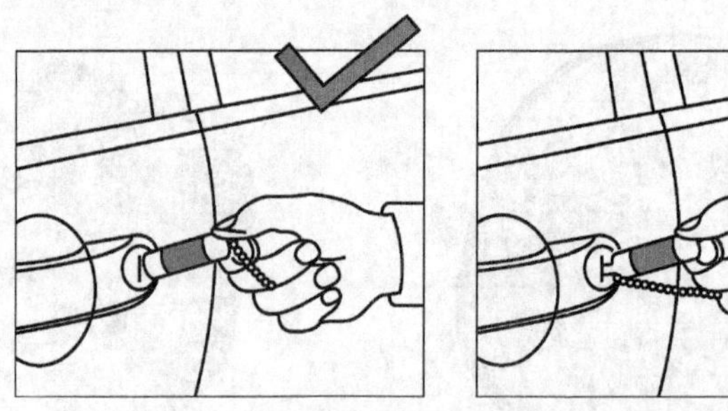

图3-103 静电器的使用方法

八、汽车内饰美化精品

1. 车用香水

带着香水上路，车辆有了香味，人的心情自然愉悦，用香水装点自己的车辆已经成为一种时尚。

（1）车用香水的分类 车用香水一般是由调香师对天然的合成香料经过反复提炼和筛选，将各种香精按照一定的比例勾兑而成，香气持久；有的是从天然香物中提取的香料，还具有杀菌除异味的作用。目前市场上常用的车用香水主要有气雾型、液体型和固体型三种，如图3-104所示。

（2）香水的选用 车用香水有镇定功效型香水和舒缓压力型香水两种，要根据实际情况选用。

1）镇定功效型车用香水。镇定功效型车用香水具有清凉的药草香味、宜人的古龙香味、薄荷香味、果香味和清甜的鲜花香味，这些味道能使人神清气爽，消除异味，让大脑清醒，保持心情愉快。

a)

b)

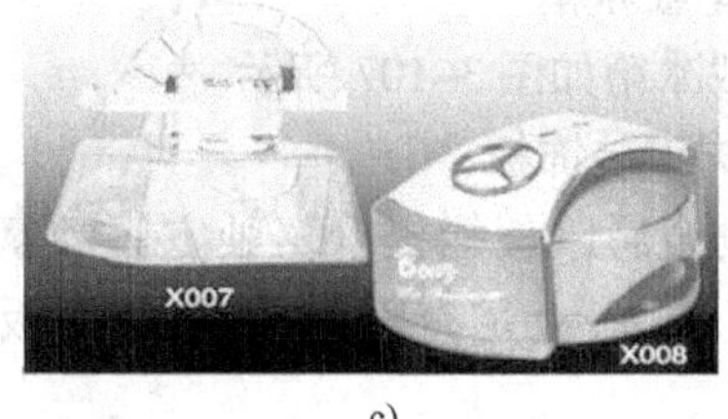

c)

图 3-104 车用香水的分类

a）气雾型 b）液体型 c）固体型

2）舒缓压力型车用香水。对于工作压力比较大的车主，可以选一些甜甜的鲜花香味的香水或清凉的药草香味的香水，有一些镇定功效，可以尽量舒缓压力。对于有在车内吸烟习惯的车主，最好选择有很浓的药草香和清新的绿茶香的香水，可以舒缓车内的烟味。另外，在冬季车主尽量不要选择薰衣草香型香水，因为它的味道过于香甜，容易让人产生困意。

（3）香水质量的鉴别 优质香水不仅制作精美、香味持久，还能杀灭细菌，清除异味。劣质的化合产品香水挥发较快，香气刺鼻，可能造成车内的二次污染，其成分会对人体器官（特别是对呼吸系统）造成不同程度的刺激。在太阳光的照射下，车用香水经过一段时间颜色会逐渐成为白色，消费者可据此作简易的判断。

2. 布艺椅套

汽车布艺椅套（见图 3-105）以其色彩丰富、款式多样、富含时尚、温馨、典雅、大方的风格特点，在汽车装饰中日趋展现出其独特魅力，有“汽车时装”的美誉。汽车布艺椅套具有易于清洗、便于安装、保护座椅、常换常新和结实耐用等特点，兼具保护与装扮的双重功效，广受车主青睐。

3. 转向盘套

转向盘是车与人进行“沟通”的最重要的通道之一，许多消费者都非常重视转向盘的舒适性和便利性。大多数车转向盘都是塑料的，到天凉的时候在车主握转向盘时往往会感到手冷，这时车主可给它戴上合适的转向盘套，这样就可以舒服享受开车的乐趣。

转向盘套分为绒套和真皮套两种，如图 3-106 所示。绒套摸起来舒服，而且颜色更多、更活泼，适合女性车主。真皮套显得更高档，设计者在驾驶人的手握位置上设置了凹槽，握上去比较顺手。

图 3-105 布艺椅套

图 3-106 绒布、真皮转向盘套

4. 车载冰箱

车载冰箱如图3-107所示。

图3-107 车载冰箱

5. 脚踏装饰板

运动金属踏板能提升驾驶室运动氛围，舒适防滑，光洁亮丽，质感十足，瞬间提升脚踏板档次，如图3-108所示。

6. 仪表板的装饰

仪表板的装饰如图3-109所示。

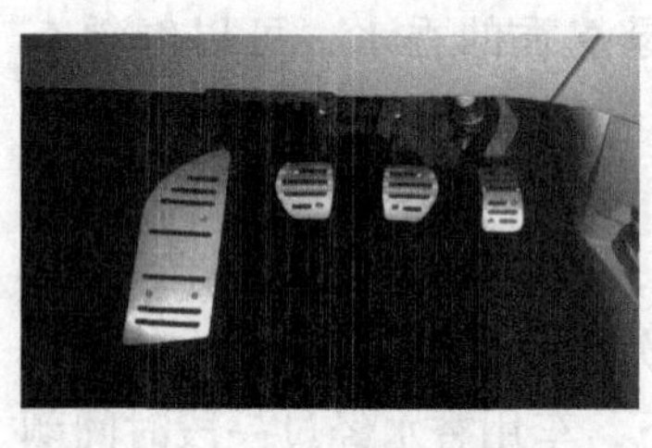

a)

b)

图3-108 脚踏装饰板

a）手动档轿车 b）自动档轿车

图3-109 仪表板的装饰

任务2 汽车音响改装

汽车音响作为流动的音乐厅把孤旅变成了一种享受，优雅的音乐能给人带来愉悦的心情，能降低驾驶人的驾驶疲劳。汽车音响也越来越得到广大汽车音响爱好者的喜爱，尤其是年轻人喜欢独创显现各色，将车辆酷扮一番。

汽车音响如图3-110所示。

图3-110 汽车音响

【案例】

车载多媒体导航娱乐系统

神龙408导航娱乐系统采用3G技术，具备安防、资讯和娱乐等多种功能，它使得汽车不再是传统意义上的代步工具，而真正成为多功能的私人移动空间，驾驶人伙伴理念的完美体现，如图3-111所示。

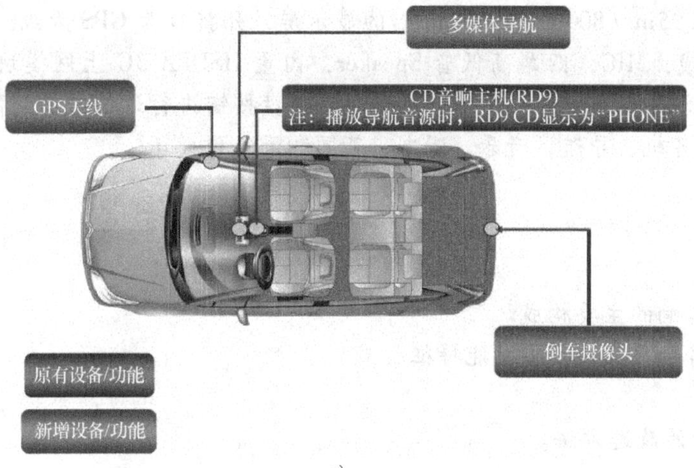

a)

b)

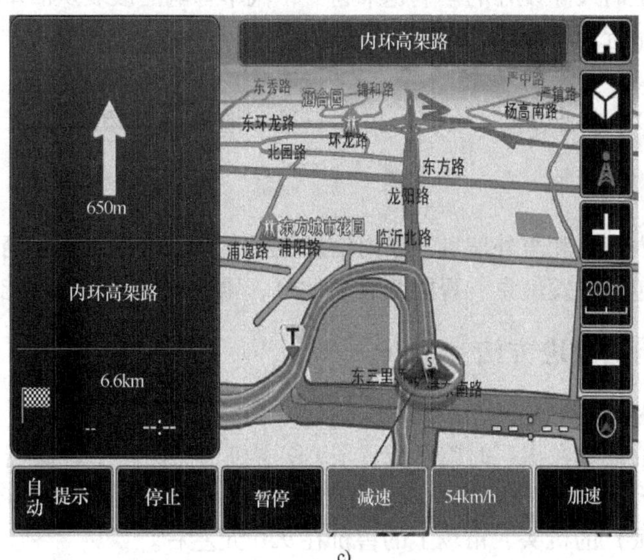

c)

图3-111 导航娱乐系统

a）系统构成 b）、c）主界面介绍

使用可触摸6.95in（800mm×480mm）的显示屏，外接口为GPS天线，AV接口，USB接口，AM/FM天线，MIC，四路高低音Speaker，内置HSDPA 3G上网模块，WIFI、TF卡槽，SIM卡，通过SPI实现与主机通信，可通过转向盘按键进行远端控制功能模块，实现的功能有AM/FM收音机、导航、音乐、听书、新闻和天气预报等。

【学习目标】

知识目标：

1. 了解汽车音响的主要构成。
2. 了解汽车音响产品的主要功能特征。

能力目标：

掌握车内音响的改进方法。

【知识准备】

一、汽车音响的主要构成

目前市场上主流的经济型车内音响的改进方法主要有更换CD主机、加装MP3播放器、外挂MP3转换器和改进扬声器等，投资从几十元到几百元不等。当前汽车音响的主要构成是收音+功放、CD/DVD、导航、TFT屏、USB/SD、蓝牙。采用计算机化的硬件和软件集成技术来构建新一代汽车音响的技术已经成为趋势。

二、汽车音响产品的主要功能特征

1. 专车专用化

采用国际标准柜筒尺寸设计的车辆越来越少，汽车音响的改装从旧车转向新车，市场细分后专用化设计更贴近消费需求。

2. 娱乐多元化

收音、CD/DVD、卡带媒体、数字广播（卫星和地面台）、数字电视、游戏、与各种手持设备互联。

3. 信息化

车辆信息分车内信息和车外信息。车内信息包括车辆故障信息、车辆安全信息和车辆维护信息。车外信息包括位置信息、智能交通（ITS）、紧急救助和网络功能。

三、车内音响的改进方法

1. 改进CD主机

现在越来越多的汽车在出厂时就已配置了CD主机，然而在中、低档车的行业，卡带机头还是占据着相当大的份额。CD主机改进在汽车的扬声器效果还可以的情况下，考虑换装一套Alpine（阿尔派）的机头，市场上的售价在930元左右。

改进CD主机的优点是能彻底改变车辆的音响效果，机头的显示面板做工精细，如图3-112所示。

2. 加装 MP3 播放器

图 3-112 改进 CD 主机

小巧灵活的 MP3 播放器具有体积小、容量大（一个 256M 的 MP3 至少能容纳近百首高音质的歌曲），还可以按自己的习惯播放编辑歌曲的特点，因此成了当前最炙手可热的音乐宠物。目前，国内已经有许多汽车音响制造商推出了可以直接接驳 MP3 的汽车 CD 主机，只需到专业的音响改装店去置换一套新型的音响装备就可以让车辆欣然接纳 MP3 了。

例如市面上一种全能型的车载音乐播放器，能兼容 U 盘、MP3 机、SD/MMC 卡以及 CD 光盘、MP3 格式的光盘，甚至连 iPod 也能兼容使用，大幅提升了车辆的音响便利度。

3. 更换 MD 机头

MD 是一种数码录音格式的光盘，享有高质的反复录音性，极大程度地方便了编制个人音乐等特殊用途。

MD 机头的优点是可将录制的音乐、会议、课堂记录、现场音乐等及时在车内播放出来，还能编辑所有心爱的歌曲于一张 MD 碟并享受数码音质。

4. MP3 转换器

能使 MP3 和车内音响“通联”是很多车主最大的愿望，因此一种称作 MP3 的车内音响转换器（也称为接收器）的装备应运而生了。其工作原理是把 MP3 的音源转换成 FM 信号，然后通过车内主机的收音机接收，虽不及 MP3 直播的音质好，但也不用再麻烦地改装车内的线路了，MP3 转换器如图 3-113 所示。

MP3 转换器的优点是投入小，仅需几十元钱就可以解决从 MP3 到车内音响的转换了。

5. 扬声器的改进

对于那些原车已有不错匹配的音响系统来说，如果只想有针对性地改进一下音质，那么可以有选择地更换车内的部分扬声器，或加装功率放大器，但这需要到专业的音响店按具体的车型搭配。扬声器如图 3-114 所示。

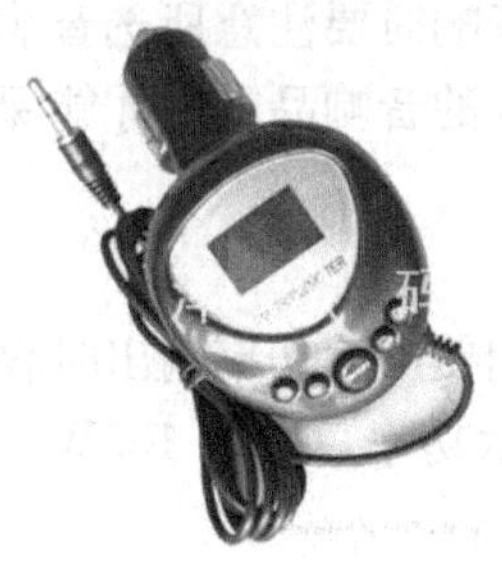
图 3-113 MP3 转换器

图 3-114 扬声器

【任务实施】

技术标准及要求：

汽车音响改装的注意事项具体如下：

汽车音响不像家庭音响，放好后就不再移动。汽车行驶的路况千变万化，行车时的强烈振动会引起机身抖动，使激光头无法进行正常扫描，出现跨接线甚至损坏激光头的现象。因此，选择哪家音响店来进行科学的安装就显得非常重要。业内人士建议：汽车音响最好在同一家店里购买和安装，这样如果出现问题，相对来讲也比较容易解决。

1. 选择规模大的专业店

尽量选择大型汽车音响专业店。一般有实力的汽车音响品牌繁多，知名的汽车音响品牌企业一般会选择有实力、成规模的店作为自己产品的指定销售点。在这里，音响的陈列规范有序，可以自由选择。

2. 一定要有试听设备

如果已经基本上选好了汽车音响店，那么这时就要打探一下是否有专业的试听设备或试音车。这是非常重要的，因为在安装汽车音响之前，只有通过专业的试听装置进行试听，才能确定所选择音响品质的优劣。

3. 一定要进行专业调音

业内有一种说法：汽车音响效果不是买来的，而是设计安装调试出来的。可见，设计安装调试在音响安装过程中的重要性。同样一个主机、几个扬声器、几根线束，不同的安装工人施工，效果会迥然不同。专业店为了改善车主收听的环境，会对车辆进行科学的安装设计，安装后凭借专业的测试设备进行调音，使所有音响器材的效果发挥到最佳状态。从事汽车音响行业的人员要具备综合的素质和理论，掌握汽车电路、电工原理、声学原理、安装技术工艺和乐理知识等。要求调试者是“音响发烧友”，这样在调音时才会把音响系统调整到最佳状态。因此，调试是安装音响系统的最后一个重要环节。

4. 安装人员要有资格证书

安装人员必须经过考核，获得“汽车音响安装施工资格证”才能上岗。不合格的安装施工人员不但不能使器材发挥应有的效果，甚至还会破坏原有汽车的相关设备。

5. 认清品牌进行改装

现在市场上经营汽车音响设备的商家很多，为了避免买回一套假冒伪劣产品，最好要看该商家是否拥有该种品牌音响设备厂家授权的指定代理许可证，有无售后服务能力和质量三包的承诺措施。为解决汽车音响的养护与故障排除问题，在选购音响时要注意所选音响品牌在当地是否有专业认证的售后服务维修站。只有具有完善售后服务的音响品牌，才能保证车辆的音响在出现故障时得到专业、方便的维修服务。

6. 考虑主机的功放能力

尽量选用功放大于扬声器指示功率的，因为若功放小，在长期使用大功率输出时容易烧坏，还会导致音质差、失真等故障出现。例如：所有扬声器的指示功率总和为100W，那么功放的功率要达到100～150W才能有良好的匹配。

7. 了解扬声器的性能

中高档主机的性能差别不会太大，扬声器的差别就大得惊人。一个扬声器动不动就标上几百瓦的功率，使很多内行人也糊涂起来，很多扬声器只是用其标注的1/10的功率来试用几分钟，恐怕就要冒白烟了。

8. 试听音质、音色效果

车主试听时，最好找几盘有代表性歌曲、乐曲和打击乐等的唱碟，对各种音响效果的纯真度进行鉴别，再确定是否购买。

9. 安装技术和工艺差

汽车音响是半成品，需要有受过汽车音响专业培训的人员安装，才能保证音响的质量。使用没有经过培训的人员安装，只是把器材简单地连接起来，声场定位错误，相位错误，加装功放不安装保险，会发生火灾；安装时速度快，不按规范的工艺执行，使用的线材差，做工粗糙，后果是音质差、故障率高、器材的使用寿命短。

10. 安装的器材之间的匹配

一套好的音响系统配置，不仅仅是简单的搭配，更主要的是要充分发挥每一个器材的作用，挖掘器材的潜力。通过合理的搭配、专业的安装和精心的调试能使器材发挥最佳效果，超过器材的自身价值，甚至可以与名牌器材效果相比，这才是“音响发烧”。

11. 管好产品的发票、维修证明

为了避免发生不必要的纠纷，同时保障自己的权益，要注意保管好产品的发票、维修证明。

设备、工具和材料准备：

1）汽车音响线材的电阻越小，在线材上消耗的功率越少，则系统的效率越高。即使线材很粗，由于扬声器本身的也会损失一定的功率，所以整个系统的效率不会达到100%。

2）线材的电阻越小，阻尼系数越大；阻尼系数越大，扬声器的赘余振动越大。

3）线材的截面面积越大（越粗），电阻越小，容限电流值越大，则允许输出的功率越大。

任务实施步骤及要求：

1. 音频信号线的布线

1）用绝缘胶带将音频信号线接头处缠紧，以保证绝缘；当接头处和车体相接触时，可产生噪声。

2）保持音频信号线尽可能地短。音频信号线越长，越容易受到噪声信号的干扰。

注意：如果不能缩短音频信号线的长度，则超长的部分要折叠起来，而不是卷起。

3）音频信号线的布线要离开行车计算机单元和功放的电源线至少20cm。如果布线太近，则音频信号线会拾取到感应噪声。最好将音频信号线和电源线分开布置在驾驶座和副驾驶座两侧。

注意：当靠近电源线、微型计算机单元布线时，音频信号线必须距离它们20cm以上，当音频信号线和电源线需要互相交叉时，建议最好以90°相交。

2. 电源线的布线

1）所选用电源线的电流容量值应等于或大于与功放相接的保险管的值。如果采用低于标准的线材制作电源线，则会产生交流噪声并且严重破坏音质。

2）当用一根电源线分开给多个功放供电时，从分开点到各个功放布线的长度和结构应相同。当电源线桥接时，各个功放之间将出现电位差，这个电位差将导致交流噪声，从而严重破坏音质。当主机直接从电源供电时，会减少噪声，提高音质。

3）将电源（蓄电池）插头的脏物彻底清除，并将插头拧紧。如果电源插头很脏或没有拧紧，那么接头处就会有接触电阻。而接触电阻的存在会导致交流噪声，从而严重破坏音质。用砂纸和细锉清除接头处的污物。

4）当在汽车动力系统内布线时，应避免在发电机和点火装置附近走线，发电机噪声和点火噪声能够辐射入电源线。当将原厂安装的火花塞和火花塞线束更换成高性能的类型时，点火火花更强，这时将更易产生点火噪声。

5）在车体内布电源线和布音频线所遵循的原则一致。

3. 接地的方法

1）用砂纸将车体接地点处的油漆去除干净，将接地线固定紧。如果车体和接地端之间残留有车漆，那么就会使接地点产生接触电阻。接触电阻会导致交流噪声的产生，从而严重破坏音质。

2）将音响系统中各个模块的接地集中在一处。如果不将它们集中一处接地，则音响各组件之间存在的电位差会导致噪声的产生。

注意：主机和功放应该分别接地。

3）当系统消耗电流很大时，蓄电池接地端一定要牢固。提高电源接地性能的方法是在电源和接地间用粗直径的线材布线，如绞股线。这样做能够加强连接，有效地抑制噪声并提高声音质量。

4）不要靠近行车计算机布线。

注意：主机接地点靠近行车计算机的接地点或固定点时，会产生行车计算机噪声。

【小贴士】

汽车音响的维护

1. 经常用湿润的小棉签擦拭

音响中卡带机的压带轮和CD播放机的磁头都是容易堆积灰尘的部位。CD播放机中最重要的部位是激光头，因为激光头是易损零件且比较昂贵，应重点养护。虽然现在部分汽车音响在设计过程中都考虑了防尘的问题，但防护措施也是必要的，可以经常用湿润的小棉签擦拭卡带、带盒和CD机的碟槽以及音响系统的面板。正确的做法是用湿布将尘土轻轻地吸下来。至于按键和旋钮的清理，可以再次使用棉签。

2. 用清理工具清洁磁带和光碟

除了音响的主机保持清洁外，磁带和CD光碟也要保证洁净。磁带和光碟上的污物不但会影响播放的音质，甚至会对音响造成损伤。CD机的磁头在高速运转时，如果遇到尘土会使磁头偏离原有的激光轨道，造成声音的失真，并对磁头造成损害。磁带和光碟的清理工具在大多数的音响店中都可以买到。

3. 经常检查磁带的松紧程度

扬声器是不能被忽略的，其栅格罩是非常容易积灰的地方，积灰会使扬声器的音量降低。听音乐前最好先检查一下磁带的松紧程度，松了就要将其卷紧，紧了就要用倒带的方式使之放松。

4. 慢放盘、少换碟

冬季是汽车音响激光头损坏的高发期，因为气候干燥，容易产生静电。放盘时最好不要用手直接去摸，不要拿中间，要缓慢放进去，尽量不要频繁换碟，塞盘时要尽量轻。

5. 音量不要突然调到最大

音响在使用中要避免突然将音量调到最大，这样扬声器线圈会损坏，会对功放造成影响，振幅突然加大也会烧毁功放。

【思考与练习】

一、填空题

1. 汽车内饰品选用原则：______________、______________和__________________环保健康原则。

2. 车内用品主要分为________________和____________两大类。

3. 汽车内饰美化精品有用香水、布艺椅套______________、________________、________________和____________。

二、判断题（正确的打√，错误的打×）

1. 真皮座椅美观耐用，容易清理，还可增加制冷效果。（　）

2. 汽车氧吧可以过滤空气，达到除烟、降尘的目的。（　）

3. 头枕跟肩、膝安全带一样，是头部保护的安全装置。（　）

三、选择题

1. 当发生追尾事故时，(　　) 能减少乘员头部向后运动并且降低头—颈受伤的发生的可能性。

A. 附加头枕　B. 头枕　C. 安全带

2. (　　) 坐垫具有透气性能优良、韧性强、易于日常清洁护理等特点。

A. 棉毛混纺坐垫　B. 纯毛坐垫　C. 棉麻混纺

四、问答题

1. 简述汽车内饰品选用原则。

2. 简述儿童汽车安全座的作用。

3. 汽车内饰美化精品内容有哪些?

项目3 汽车安全防护装饰

汽车防护是在汽车上安装必要的防护及示警装置，通过这些装置的工作最大限度地为汽车和乘员提供预防性保护。其防护意义如下：

1）汽车防护可以为乘员提供保护。例如，防护安全带在发生交通事故时能防止或减轻乘员受二次碰撞所造成的伤害。

2）汽车防护可以为车辆安全管理提供保障。例如，语音报警系统可以及时地向乘员提供汽车运行信息，有效地保障汽车行驶的顺畅和乘员的安全，减少意外的交通事故和麻烦，给出行带来极大的方便；车用防盗器在具有防盗示警的主功能的同时，还具有行车时控、寻车以及求救等服务功能，可以使汽车自动做到点火后自动落锁、熄火后自动开锁、停车场内寻车及发生意外报警求救等。

3）汽车防护可以为乘车或驾车提供便捷服务。例如，语音报警系统可以提供车辆的运行信息，如倒车信息，提醒行人及时回避，为驾车提供方便。

任务1 汽车安全带及安全气囊安装

【学习目标】

知识目标：

1. 熟悉汽车安全防护用品的种类及选用。
2. 熟悉汽车安全防护的主要内容。

能力目标：

掌握汽车安全防护装饰作业的技能。

【知识准备】

一、汽车主动安全与被动安全的概念

汽车主动安全性是指防止汽车发生交通事故的性能。

汽车被动安全性是指交通事故发生时，汽车本身具有保护乘员、行人不受伤亡或伤亡程度减至最小的性能。

目前，汽车上广泛安装使用的被动安全装置主要有座椅安全带与安全气囊。被动安全要求车辆在发生碰撞时能够保护乘员。各种汽车安全带如图3-115和图3-116所示。

图 3-115 汽车安全带

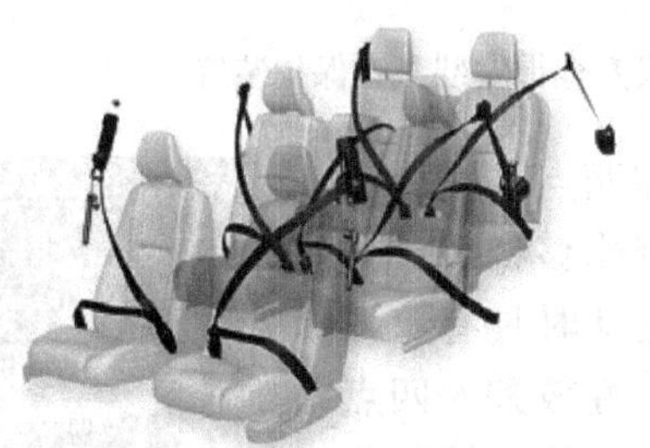

图 3-116 三点式安全带

二、汽车安全带

1. 安全带的作用

汽车安全带的作用是当汽车遇到意外情况紧急制动时，将驾驶人和乘客束缚在座椅上，以免前冲，从而保护驾驶人和乘客免受二次冲撞造成的伤害。

根据美国运输部的调查，使用三点式安全带，驾驶人座位上的负伤率可降低 43%~52%（因车速不同而异）；副驾驶人座位上的负伤率可降低 37% ~45%，而且在低于 95km/h 的碰撞速度下，不会有死亡事故发生。如果不装用安全带，则即便是在 20km/h 的速度下碰撞，也会发生死亡。

2. 安全带的种类

按固定方式的不同，安全带分为两点式、三点式和四点式三种。

（1）两点式安全带　两点式安全带是指与车体或座椅仅有两个固定点的安全带。两点式安全带的软带从腰的两侧挂到腹部，形似腰带，在碰撞事故中可以防止乘员身体前移或从车内甩出。其优点是使用方便，容易解脱；缺点是乘员上身容易前倾，前座乘员头部会撞到仪表板或风窗玻璃上。这种安全带主要用在轿车后排座位上。

（2）三点式安全带　三点式安全带是指在两点式安全带的基础上增加了肩带，在靠近肩部的车体上有一个固定点，可同时防止乘员躯体前移和上半身前倾，增强了乘员的安全性，是目前使用最普遍的一种安全带。这种安全带由腰带式和肩带式组合而成。

三点式安全带的正确系法是将斜拉部分从肩膀的上部经过胸部与下方固定点连接。从腋下通过的系法是错误的。对于儿童来说，正确系好安全带尤为重要。儿童不系安全带将遭受成人 7 倍以上的伤害。特别要注意的是：安全带必须紧贴身体才能发挥保护的作用。利用三点式安全带安装儿童保护装置如图3-117所示。

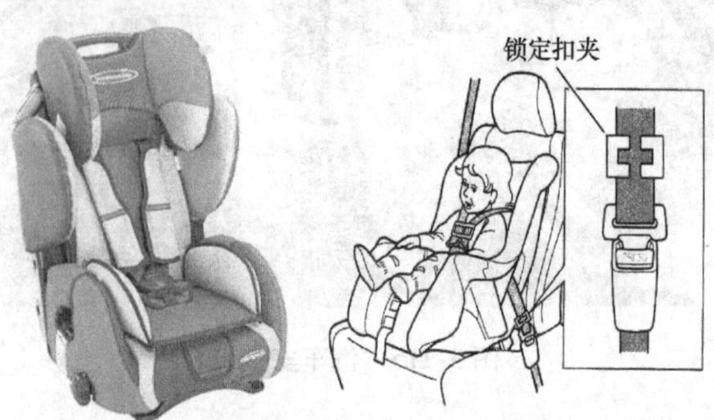

图3-117 利用三点式安全带安装儿童保护装置

（3）四点式安全带 四点式安全带是在两点式安全带上再连接两根肩带而构成的。四点式安全带能够将乘员身体牢牢地固定在座椅上，在车辆进行激烈运动时具有更强的安全性，但长度不能自动调节，佩戴舒适性较差。四点式安全带通常应用在赛车上，由于儿童对于身体的控制能力较差，所以在儿童座椅上一般使用的也是四点式安全带，如图3-118所示。

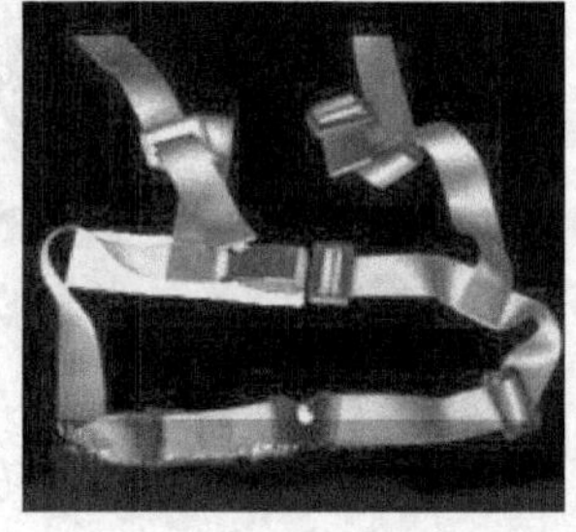

图3-118 四点式安全带

【小贴士】

儿童汽车安全座椅

专门为新生儿到学龄儿童设计，适合体重为2.5~18kg，参考年龄为新生儿~4岁。双向放置：0~2岁时，安全座椅朝后放置安装；大一点的孩子，可朝前放置安装。10kg以下，面朝后安装；10kg以上，面朝前安装。舒适灵活：适合的高度，使儿童在旅程中可以舒适地观赏车外景色。坐垫还可以根据需要调整角度。肩带三度调节：随着身高的增长，肩带可以不断提高。安全耐用：五点式锁扣，安全带与座椅一体化设计，稳固安全，结实耐用。充分保护：重点保护头部及内脏，儿童坐在座椅上时，后头部不会高出靠背顶部。舒适透气：婴儿用的内垫由全棉网纹新颖材料制成，柔软、透气，特别适合婴儿的细嫩肌肤。安全可靠：底座与座椅一体化设计，避免强烈撞击下分体，主体结构为高强度PP，具有优秀的硬度和韧性，同时也正是由于优质的选料，整套座椅自重10kg，重心也稳。贴身设计：安全带系统非常容易操作，不论儿童身体大小或是冬夏季节衣服厚薄的不同，安全带的松紧都可以快速而容易地调整适应。易洗易藏：外套全部可以拆洗，安装容易。配有便携防尘套，方便储存在行李箱中。

按智能化程度的不同分，安全带分为被动式安全带和自动式安全带两种。

1）被动式安全带需要乘员的操作才能起作用，即需要乘员自己佩戴。目前大部分汽车所装配的都是被动式安全带。

2）自动安全带是一种自动约束驾驶人或乘客的安全带，即在汽车起动时，不需驾驶人或乘客操作就能自动提供保护，而且乘客上、下车时也不需要任何操纵动作。自动安全带有全自动式安全带和半自动式安全带两种。

3. 安全带的结构

（1）被动式安全带的结构　目前，汽车上普遍使用的被动式安全带主要由织带、卷收器和安装固定件（附件）等部件组成。织带是构成安全带的主体，多用尼龙、聚酯和维尼纶等合成纤维丝纺织成宽约50mm，厚约1.5mm的带子，具有足够的强度、延伸性能和吸收能量的性能。卷收器的作用是储存织带和锁止织带拉出。目前，使用最多的是当车辆遇到紧急状态时可将织带自动锁紧，而在正常情况下乘员可以在座椅上自由运动的卷收器。安装固定件是与车体或座椅构件相接的耳片、插件和螺栓等，它们的安装位置和牢固性直接影响安全带的保护效果和乘员的舒适感。

（2）自动式安全带的结构　采用了自动式安全带的汽车，只要乘员上车关上车门，安全带就能自动佩戴在乘员身上，不需要乘员做任何动作，从而大大提高了使用的便利性。有的自动式安全带还采用微型计算机控制，当控制系统确认乘员安全带的使用正确无误时，发动机才能起动，否则汽车无法开动。

4. 安全带的选用

选购安全带时，在确定了选择何种安全带后，主要应检查安全带的性能和质量。

（1）检查织带性能　织带是安全带的最主要部件，其性能包括带的抗拉强度、宽度、宽度收缩率、伸长率、能量吸收性、耐候性、耐磨性、耐寒性、耐热性、耐水性以及不褪色性等。

（2）检查带扣　带扣装脱应容易且可靠，表面应平滑而无锐利的棱角。乘员用单手就可脱下，紧急时应容易被第三者松开，其脱开力应小于137N。

（3）检查长度调节件　长度调节件与带扣一样，若为金属件，要进行耐蚀性试验；如为塑料件，要进行耐热性试验。在规定条件下的调节力应小于49N。

5. 安全带的安装

为了充分发挥安全带的作用，安装时应注意以下事项：

（1）腰带的安装　安装腰带时，应注意腰带的两个固定点设在车身地板、座椅骨架或车身侧壁上（大多都设在地板上）。固定点在地板上的位置与座椅上乘坐者臀部有关。腰带固定点与H点的边线和车身水平基准之间的夹角应尽可能成45°。

（2）肩带的安装　肩带上部固定点的位置范围，应依照规定执行。肩带固定点至座位中心线的距离不得小于140mm。

（3）附件的安装　附件安装的位置恰当与否，是决定安全带能否有效发挥作用的重要条件之一。一般要求两点式安全带和三点式安全带两个下部安装附件的横向间距不得小于350mm，且这两个安装附件离座位中心线的距离应尽可能相等。

三、汽车安全气囊

安全气囊是汽车被动安全中一项技术含量很高的产品，其保护效果已经被人们普遍认识。当汽车碰撞后，乘员与车内构件尚未发生二次碰撞前迅速在两者之间打开一个充满气体的气垫，使乘员因惯性而移动时“扑在气垫上”，从而**缓和乘员受到的冲击并吸收碰撞能量，减轻乘员的伤害程度**。

1. 安全气囊的分布

安全气囊分布在车内前方（正、副驾驶位）和侧方（车内前排和后排）两个方向。在装有安全气囊系统的容器外部都印有 Supplemental Inflatable Restraint System（SRS）的字样。在正驾驶位（驾驶人位置）的气囊安装在转向盘的中间位置，副驾驶位（副驾驶人位置）的安全气囊安装在正前方的平台内部，在意外发生的瞬间可以有效地保护正、副驾驶位乘员的头部和胸部。因为正面发生的猛烈碰撞会导致车辆前方大幅度地变形，而车内乘员会随着这股猛烈的惯性向前俯冲，造成与车内构件的相互撞击。另外，车内正驾驶位的安全气囊可以有效地防止在发生碰撞时转向盘顶到驾驶人的胸部，避免其受到致命的伤害。不同的安全气囊形式如图 3-119 所示。

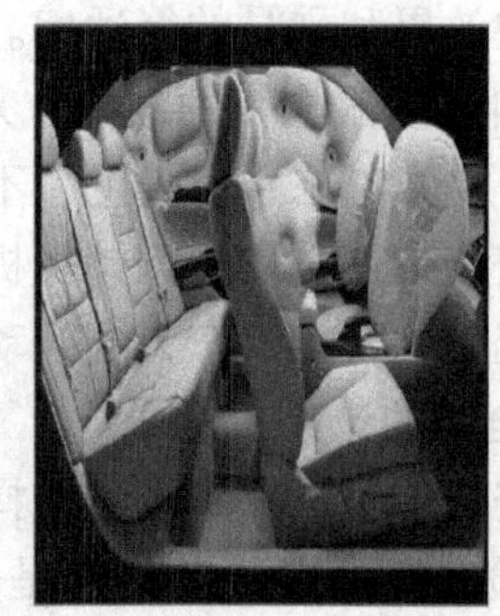

图 3-119 不同的安全气囊形式

2. 安全气囊的结构

安全气囊主要由传感器、微处理器、气体发生器和气囊等部件组成。传感器和微处理器用以判断撞车程度，传递及发送信号；气体发生器根据信号指示产生点火动作，点燃固态燃料并产生气体向气囊充气，使气囊迅速膨胀，气囊容量在 50～90L。同时，气囊设有安全阀，当充气过量或囊内压力超过一定值时会自动泄放部分气体，避免将乘客挤压受伤。安全气囊所用的气体多是 N_2或 CO。安全气囊的结构如图 3-120 所示。

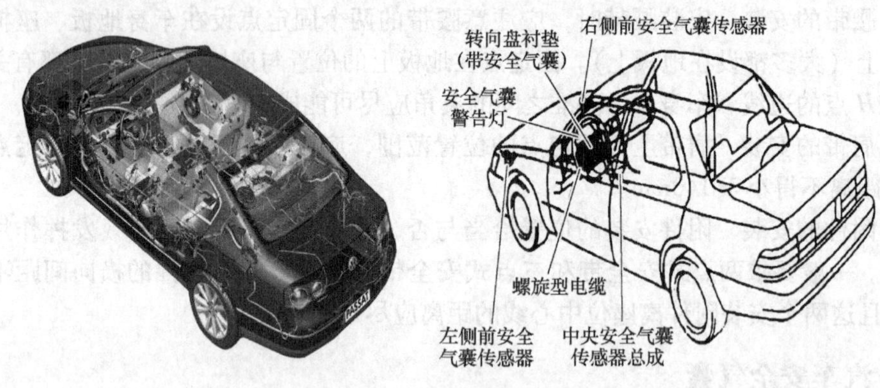

图 3-120 安全气囊的结构

3. 安全气囊的保护原理

当汽车受到前方一定角度内的高速碰撞时，安装在汽车前端的碰撞传感器和安装汽车中部的安全传感器，就可以检测到汽车突然减速，并将这一信号在 0.01s 内传递给安全气囊系统的 ECU。ECU 在经过分析确认后，立即引爆气囊包内的电热点火器（即电雷管），使其发生爆炸，这一过程一般只需 0.05s 左右。点火器引爆后，固态氮粒迅速汽化，产生大量氮气，立即吹胀气囊，在强大的冲击力作用下气囊冲开转向盘上的盖而安全膨开，在乘员的身体与车内设备碰撞之前起到铺垫作用，减轻乘员身体所受的冲击力，从而达到减轻乘员所受伤害的效果。安全气囊充气系统的工作原理如图3-121所示。

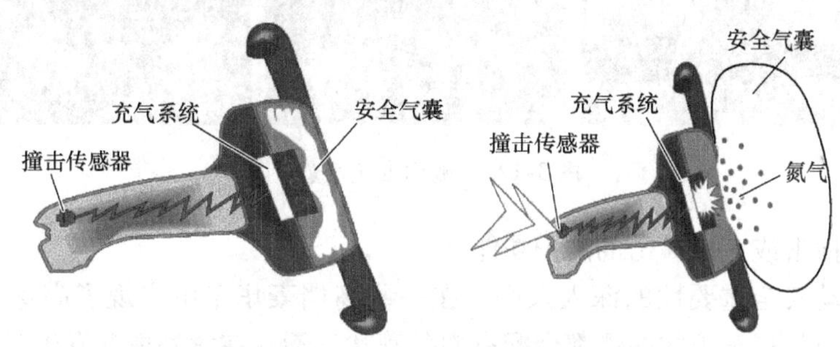

图3-121 全气囊充气系统的工作原理

4. 安全气囊的组成部件及功能

安全气囊有以下三个部件可以助其完成功能。

(1) 气囊 气囊本身由纤细的尼龙纤维制成，折叠后装入转向盘或仪表板。近来还出现了装入座椅或车门的气囊。

(2) 传感器 传感器是通知气囊充气的设备。当撞击力相当于以16～24km/h的速度撞击砖墙时，气囊便会开始充气。当质量位移使电接触断开时，某个机械开关将被触动，告知传感器已发生撞击。传感器从内置于微芯片中的加速计接收信号。

(3) 充气系统 安全气囊充气系统中的叠氮化钠（NaN_3）和硝酸钾（KNO_3）发生反应，生成氮气（N_2）。氮气形成的热流会让气囊迅速膨胀，气囊充气系统与固体火箭助推器的原理相同。安全气囊系统点燃的是固体推进剂，燃烧极为迅速，可产生大量气体为气囊充气。随后，气囊爆炸般地冲出原始安装位置，时速高达322km/h，1s后气体通过气囊上的小孔迅速消散，气囊收缩，因此乘客又可以自由移动。安全气囊充气系统使用固体推进剂和点火器的示意图如图3-122所示。

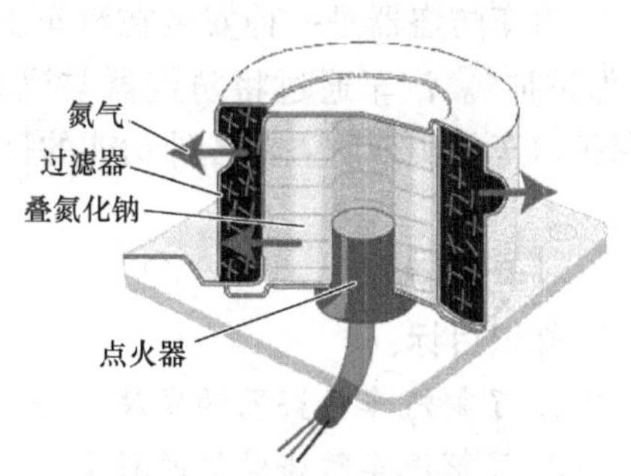

图3-122 安全气囊充气系统使用固体推进剂和点火器的示意图

尽管整个过程只经历短短的1/25s，但多出的这点时间已足以防止乘员遭受重创。安全气囊只有在速度高于16km/h的正面撞击中才能发挥作用，因此，专家提醒：安全气囊仍需要结合安全带使用才能发挥作用。这是因为只有安全带能够在侧面撞击、追尾以及二次撞击中起到一定的保护作用。

5. 安全气囊的应用

侧面气囊系统用于保护汽车发生侧面碰撞以及车辆翻滚时乘员的安全，一般安装在车门上，在车辆遭到侧面碰撞而导致车门严重变形，以至于无法开启车门时，车内乘员被困于车内，侧面安全气囊可以有效地保护车内驾乘人员避免因侧面撞击而导致的腰部、腹部、胸部外侧以及胳膊的伤害，保证身体上肢的活动能力和逃生能力，如图3-123所示。

车门气囊：与其他气囊不同，头部气囊看上去有点像大香肠，可以保持膨胀状态5s，

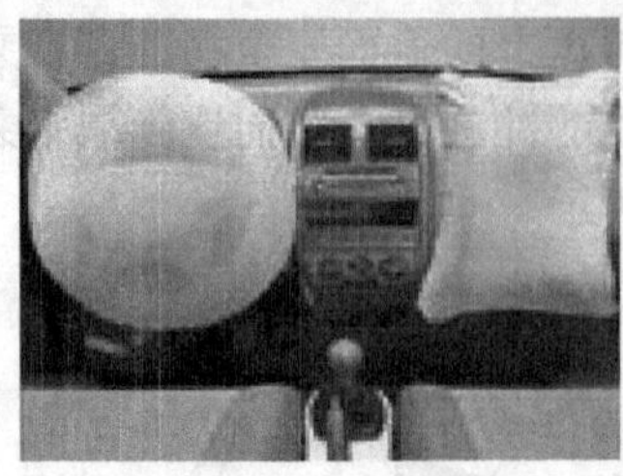
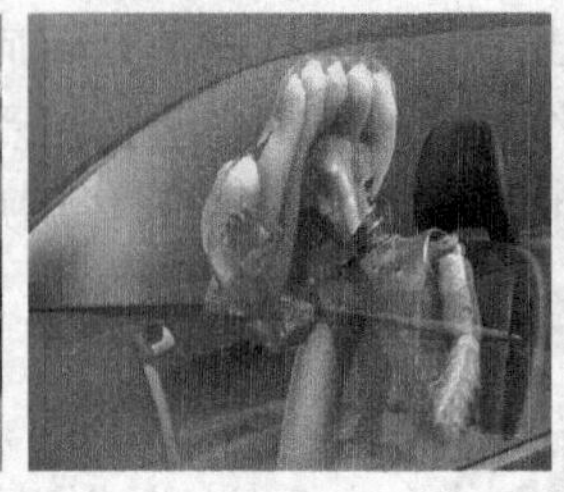
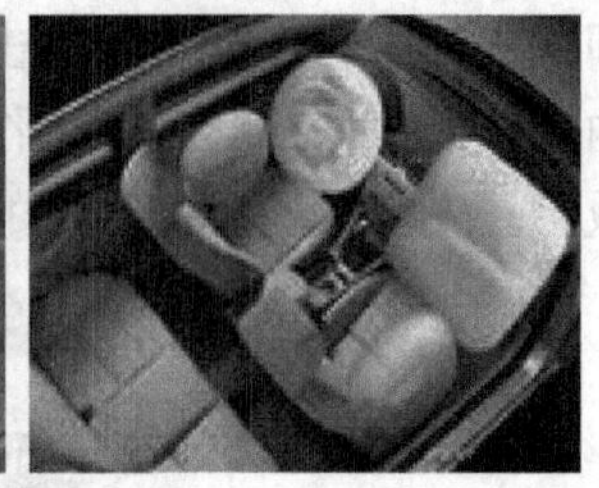

图3-123 侧面安全气囊

以提供针对二次撞击或三次撞击的防护功能。

随着整车被动安全重要性的深入人心，在一些高档豪华车中出现了高达30几个气囊，从颈部、膝部甚至是在车顶的两侧都会配有两条管状气囊，在意外情况发生时能够有效地缓解来自车顶上方的下压力，配合侧面气帘有效地保护乘客的头部和颈部。膝盖部分的气囊位于前排驾驶座椅内，一旦打开，能够有效保护后排乘客的腰下肢体部位，从而缓解来自正面碰撞的前冲力。车外气囊系统又称为保险杠内藏式气囊。当汽车在正面碰撞行人时，气囊迅速向前张开和向两侧举升，托起被撞行人的同时防止行人跌向两侧。目前，车外气囊系统正处于研制阶段。

任务2 汽车防盗装置安装

汽车防盗器是一种安装在汽车上用来增加盗车难度、延长盗车时间的装置，是汽车的“保护神”。汽车通过将防盗器与汽车电路配接在一起，从而达到防止车辆被盗、被侵犯，保护汽车并实现防盗器各种功能的目的。

【学习目标】

知识目标：

1. 了解汽车防盗器的发展。
2. 了解汽车防盗装置的种类。

能力目标：

会为车主正确选装汽车防盗器。

【知识准备】

一、汽车防盗器的发展与应用

目前汽车防盗器已由初期的机械控制，发展成为钥匙控制—电子密码—遥控呼救—信息报警的汽车防盗系统，由传统的机械钥匙防盗技术向电子防盗、生物特征式电子防盗发展。电子防盗系统主要由电控遥控器或钥匙、电控电路、报警装置和执行机构等组成。

1. 钥匙控制式防盗系统

钥匙控制式防盗系统的作用是当驾驶人将车门锁住时接通电子防盗系统电路，电子防盗系统开始进入工作状态，一旦有人非法打开车门，电子防盗系统一方面用喇叭报警，另一方面切断点火系统电路，使发动机不能起动，从而起到了防盗报警的作用。

2. 电子密码防盗系统

防盗器的电子密码就是开启防盗器的钥匙。电子密码一方面记载着防盗器的身份码，区别各个防盗器的不同；另一方面又包含着防盗的功能指令码和资料码，负责开启或关闭防盗器，控制完成防盗器的一切功能。根据密码发射方式的不同，遥控式汽车防盗器主要分为定码防盗器和跳码防盗器两种类型。早期防盗器多采用定码方式，但由于其容易被破译，现已逐渐被技术上较为先进的、防盗效果较好的跳码防盗器所取代。

3. 遥控电子防盗系统

目前，遥控电子防盗系统广泛应用于许多原厂配置防盗系统的汽车。遥控电子防盗系统是利用发射和接收设备，通过电磁波或红外线对车门进行锁止或开启，也就是控制防盗系统进行防盗设置或解除。遥控电子防盗系统种类繁多，常见的有电磁波遥控电子防盗系统和红外线控制防盗系统。遥控电子防盗系统在夜间无须灯光帮助就能方便、快捷地将车门锁止或开启。

二、汽车防盗器的类型

随着科学技术的进步，为应对不断升级的盗车手段，人们研制出各种方式、不同结构的防盗器。目前防盗器按其结构与功能可分为五大类：机械类、机电式、电子式、芯片式和网络式。

1. 机械式防盗器

机械式防盗器是采用机械的方式来达到防盗的目的。机械防盗产品是市面上最简单、最廉价的一种，其原理是将转向盘和控制踏板或变速杆锁住。其优点是价格便宜，安装简便；缺点是防盗不彻底，机械式防盗器主要是起到限制车辆操作的作用，对防盗方面能够提供的帮助有限，很难抵挡住铁撬、钢锯和大剪刀等重型工具的盗窃。但如果窃贼用特制的开锁工具，或者用高腐蚀性化学试剂通过锁孔腐蚀锁芯，那么偷盗汽车也只是几分钟的事情了。此外，每次拆装机械式防盗器很麻烦，不用时还要找地方放置。

机械式防盗产品有以下几种：

（1）变速锁　变速锁（见图3-124）是目前车主最欣赏的防盗装置之一，这种防盗装置简便又坚固，材质采用特殊高硬度合金钢制造，防撬、防钻、防锯，且采用相同材质的镍银合金锁芯和钥匙，没有原厂配备的钥匙极难打开。如果钥匙丢失，可用原厂计算机卡复制钥匙。

图3-124　变速锁

优点：可将变速杆锁定在停泊车档位置而防止汽车被开走。变速锁使用较为方便。

缺点：安全性不够。对大多数车而言，车贼只需打开车前盖，从车头处用杆拨弄变速部件，便可挂上档将车开走。

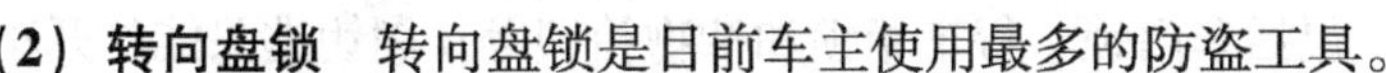

（2）转向盘锁　转向盘锁是目前车主使用最多的防盗工具。

目前市场上推出了一种护盘式转向盘锁，如图3-125所示。这种锁较为隐蔽，有一层防锯防钻钢板保护，材质比传统的拐杖锁坚固，锁芯也设计得更加精密，因而可靠性更高。但是车主必须找一个空间储存这个拆下的转向盘锁。

2. 机电式防盗装置

机电一体式防盗装置（中控门锁）是以电来控制门锁的开启或锁止，并由驾驶人集中控制所有车门门锁的锁止或开启。中控门锁系统具有下列功能：当锁住（或打开）驾驶人侧车门门锁时，其他几个车门及行李箱都能锁止（或打开）；用钥匙锁门也可锁好（或打开）其他车门和行李箱；在车内个别门锁需要打开时，可分别拉开各自门锁的按钮。防盗装置在汽车上的布置如图 3-126所示。

图 3-125 护盘式转向盘锁

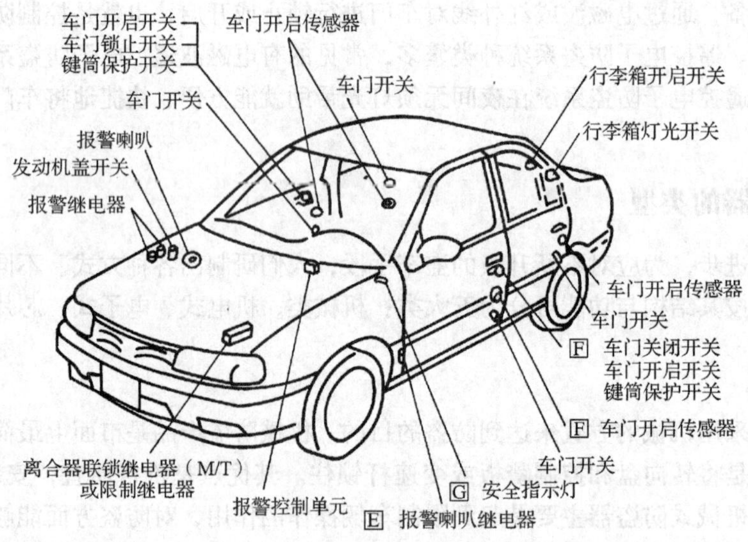

图 3-126 防盗装置在汽车上的布置

3. 电子式防盗器

为了克服机械锁只防盗不报警的缺点，电子报警防盗器应运而生。汽车电子防盗系统是在原有中控门锁的基础上加设了防盗系统的控制电路，以控制汽车移动的同时报警。电子防盗系统不仅具有切断起动电路、点火电路、喷油电路、供油电路和变速电路以及将制动锁死等的功能，同时还会发出不同的求救声光信号进行报警，给窃贼一个精神上的打击，以阻止窃贼行窃。

1）钥匙控制式。钥匙控制式电子防盗系统通过钥匙将门锁打开或锁止，同时将防盗系统设置或解除。

这种电子防盗系统通过电子技术还可以将钥匙区分“主次”身份，即主钥匙及副钥匙。主钥匙可打开车上所有的锁，包括车门锁、行李箱锁和杂物箱锁等；副钥匙只能打开车门锁及点火锁。其作用是保护车主私人财物不受侵犯。

电子钥匙编码控制装置靠带编码的点火钥匙来控制汽车发动机的起动，以达到防止汽车被盗的目的。它主要由有身份代码的点火钥匙和编码器构成的控制器、发动机 ECU 等组成。

带编码的点火钥匙中镶有电阻管芯，在电阻管芯内设有身份代码（电阻值）。点火锁筒内存储有代码，当插入的钥匙与存储的代码不符，即电阻值不符合点火锁内存储的电阻值时，则点火系统的电路不能接通，从而起到了防盗作用。

随着电子技术的发展，汽车电子锁的形式也越来越多，目前比较先进的是电子钥匙式电子锁。当钥匙插入电子锁锁孔时，隐藏在钥匙柄中的电子编码发射器就会发出密码信号，通过读写线圈与控制器进行双向数据通信，控制器的鉴别电路会对密码进行比较运算，同时控制器还与发动机 ECU 进行密码识别，只有这两部分密码都“确认无误”，控制器的鉴别电路才会输出电信号，允许 ECU 进行下一步动作，使发动机起动。

2）报警式。报警式电子防盗系统遇有汽车被盗窃时，只是报警但无防止汽车移动功能。

3）具有防盗报警和防止车辆移动功能的电子防盗系统。当遇有窃贼盗车时，除发出音响信号报警外，该防盗系统还切断汽车的起动电路、点火电路或油路等，起到防止汽车移动的作用。

4）电子跟踪防盗系统。该系统分为卫星定位跟踪系统（GPS）和利用对讲机通过中央控制中心定位监控系统。

电子跟踪定位监控防盗系统是利用电波在相关地图上显示被盗车辆位置并向警方报警的追踪装置。设跟踪定位监控防盗系统，需有关单位专门设立这样一套机构和一套专用的设备，并需 24h 不间断地监视，否则，即使安装了该防盗系统，也还是起不到防盗作用。

5）插片式、按键式和遥控式电子式防盗器。遥控式汽车防盗器的特点是可遥控防盗器的全部功能，且可靠方便，可带有振动侦测门控保护及微波或红外线探头等功能。随着科技的快速发展，遥控式汽车防盗器还增加了许多方便实用的附加功能，如遥控中控门锁、遥控送放冷/暖风、遥控电动门窗及遥控开行李箱等。现在市场上已有双向功能的电子防盗器，这种防盗器不仅能使车主遥控车辆，还能将自身状态传送给车主，车门被开启或车窗玻璃被破坏等。但是电子防盗器普遍存在误报警现象，而且也没有从根本上解决车辆的丢失问题。

三、网络式防盗

网络防盗是指通过网络来实现汽车的开/关门、起动电动机、截停汽车、汽车的定位以及车辆会根据车主的要求提供远程的车况报告等功能。网络防盗主要是突破了距离的限制。

目前主要使用的网络有无线网络（BB 机网络）和卫星定位系统（GPS），其中应用最广的是 GPS，如图 3-127 所示。

GPS 汽车防盗属于网络式防盗，它主要靠锁定点火或起动达到防盗的目的，同时还可通过 GPS 将报警信息和报警车辆所在位置无声地传送到报警中心；可以在全国范围内实时监测车辆位置，还可以通过车载移动电话监听车内声音，必要时可以通过手机关闭车辆油路、电路并锁死所有门窗。如果 GPS 防盗器被非法拆卸，那么它会自己发出报警信息，但缺点是价格较为昂贵，每月要缴纳一定费用的服务费，因此目前车主选用的为数不多。

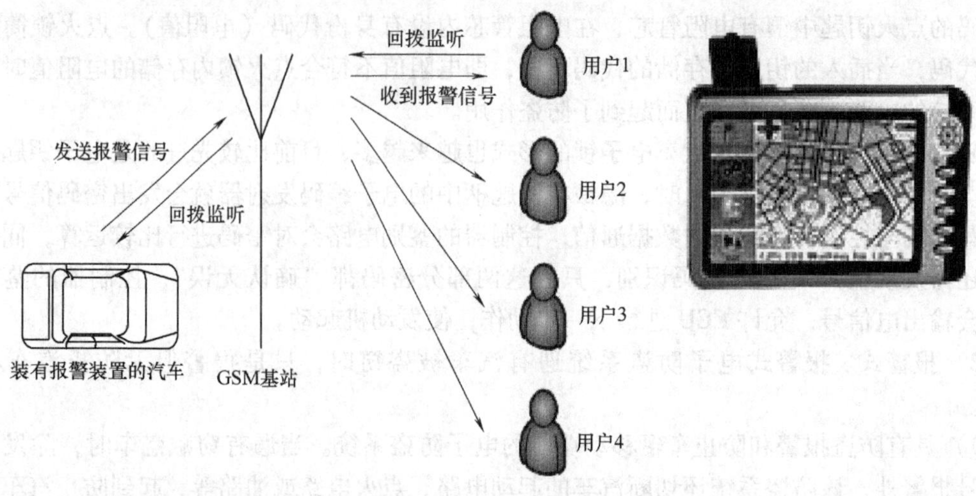

图3-127 GPS汽车防盗

四、汽车指纹防盗器

汽车指纹锁是利用每个人不同的指纹图形特征制成的一种汽车门锁。制作时，先在锁内安装车主的指纹图形，当车主开启车门时，只要将手指往门锁上一按，如果指纹图形相符，车门即开。眼睛锁是利用视网膜图纹来进行控制的汽车门锁。这种锁内设有视网膜识别和记忆系统，车主开锁时只需凑近门锁看一眼，视网膜图形与记录相吻合时，车门会自动打开，否则就会将人拒之车外。汽车指纹防盗器如图3-128所示。

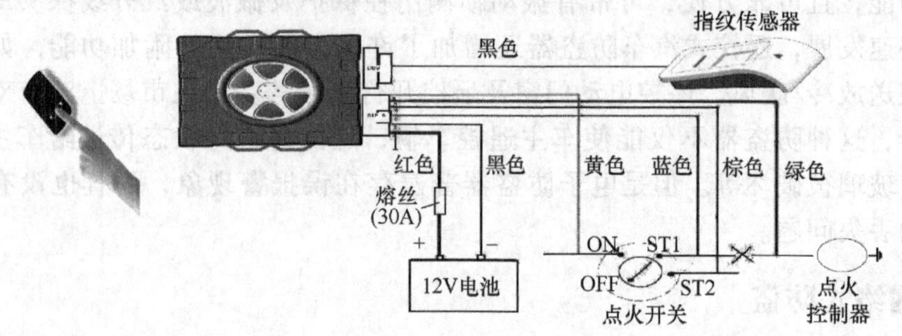

图3-128 汽车指纹防盗器

五、寻车器

在锁车状态下，报警功能启动，有振动或有人动车时，报警器会驱动紧急灯和汽车喇叭报警。车主可以通过原车遥控车匙解除报警状态。当车主按下原车钥匙解锁键时，寻车器会驱动原车灯和喇叭鸣叫，提示车辆停放位置，方便车主寻车。寻车器内部设有振动传感器、单片机分析、继电器驱动等电路。

六、各类汽车防盗器的对比

各类汽车防盗器的对比见表3-11。

表3-11 各类汽车防盗器的对比

名称	全球卫星定位防盗器（GPRS）	网络式防盗器（GSM）	卫星定位（GPS）防盗器	110地网式防盗器	普通、机械、电子式防盗器
功能特点	全球卫星定位系统（GPRS），使汽车所到的每一个地方，都可以精确定位，保证对汽车的报警布防，一部手机或电话，便使车辆一切尽在掌握之中	电信网络，信号覆盖面较广，但有盲区，像地下停车场或地下车库等场所往往信号不佳	信号一般，极易受干扰，受天气、高楼大厦及建筑物、甚至货柜车都会阻断信号，盲区多，有延时现象	信号一般，受区域限制，易受干扰，有阻隔，盲区多，不可全国漫游，其网站主要靠沿主公路建立	机械锁易被专用工具破除，信号差，易受干扰，易受阻隔，遥控密码易被复制
防盗方式	电子四门锁及动力电动机锁、加速锁；密码采用不断更新滚动的原码和附加码双重保护，使任何破译密码行为成为泡影；防盗升级技术	采用奔驰车的无损伤锁断方式，电子四门锁及动力电动机锁、加速锁；跳码遥控技术，使盗窃行为较难得逞	电子四门锁及简单油路或电路锁，防盗锁技术普及；用手机信号屏蔽器轻易破解，让监控中心束手无策	电子四门锁及油路或电路，防盗技术普及	锁转向盘，电子四门锁，易被专业工具或解码器破除
报警监控方式	出现警情，立即连续循环报告车主手机、公司或私宅电话；手机可监视、监听车内一切情况，喊话，同时锁断汽车电路、油路；中控门锁自动锁门，遥控发动机，指令熄火	10s内报车主手机或公司、私宅电话，向车内监听喊话，确认被盗后可用电话锁车；按紧急求助开关，监控中心可即时对车辆进行监控门锁车等监控中心，车主双向监控车辆，无滞后现象	向中心报警，中心解码，再向车主确认，车主同意认可，可实施锁车；必须在信号开通区域内，有滞后现象	向中心报警，中心解码，再向车主确认，车主同意后可实施锁车，必须在信号开通区域内，有滞后现象	就地、就近、就时，如被盗、被抢后，对车辆无有效控制手段
定位	全球卫星定位（GPRS）	手机网络全球定位（GSM）	全球卫星定位（GPS）	地面基站定位	不可以
监听	监视、监听、喊话	车主直接监听，喊话	中心监听，无喊话	中心监听，无喊话	无
注解	即时报警，报警时不受距离限制。锁车方式：油路或电路+GSM或SIM手机卡网络报警。让小偷无能为力，真正做到万无一失	遇盗即时报警。锁车方式：油路或电路+GSM手机网络报警，同时锁断	只能定位，受天气及建筑物干扰有盲点。锁车方式：油路或电路，只锁一点，防盗技术一般	锁车方式：油路或电路，只锁一点，防盗技术一般	

任务3 汽车避撞技术与倒车雷达安装

据初步调查统计，15%的汽车事故是由汽车倒车“后视”不良造成的。因此，增强汽车的后视能力，尤其是增强大型、重型车辆的后视能力，对于提高行车安全，减轻驾驶人的劳动强度和心理压力是十分重要的。

【学习目标】

知识目标：

1. 了解汽车避撞技术。
2. 了解倒车雷达的类型及原理。

能力目标：

1. 掌握倒车雷达的安装要求。
2. 能正确进行倒车雷达的安装操作。

【知识准备】

一、汽车避撞技术概述

汽车避撞技术用于辅助汽车驾驶人对影响公路交通安全的人、车、路环境进行实时监控，在危急情况下由系统主动干涉驾驶操纵，辅助驾驶人进行应急处理，防止汽车相撞事故的发生。

汽车避撞技术主要解决的问题是汽车之间的安全距离。汽车与汽车之间的距离超过了这个安全距离，就应该能够自动报警，并采取制动措施。测定汽车的安全距离目前一般采用的技术有超声波测距、微波雷达测距和激光测距三种。

超声波测距利用其反射特性。超声波发生器不断地发射出40kHz超声波，遇到障碍物后反射回反射波，超声波接收器接收到发射波信号并将其转换为电信号。

微波雷达测距利用目标对电磁波的反射来发现目标并测定其位置。根据微波雷达用途的不同，所测定的目标可能是飞机、导弹、车辆、建筑物和云雨等。

激光测距的工作原理与微波雷达测距的相似，具体的测距方式有连续波和脉冲波两种。

1. 倒车避撞装置

（1）超声波汽车倒车避撞装置 单片机控制的超声波倒车避撞报警器利用超声波回声测距的原理，测量车后一定距离内的物体，并以MCS-51系列单片机作为中心控制单元。这种新型避撞报警器可及时显示车后障碍物的距离和方位，显示范围为0.5~9.9m，当距离大于2m时，显示车后障碍物的方位；当距离小于2m时，除了显示其方位外，还可按照三段距离分别给出三种报警信号，以警示驾驶人三种不同程度的紧急状态，使驾驶人据此做出相应的操作，防止事故的发生。

倒车避撞装置利用超声波对车后的障碍物以三种特定距离（2.1m、1.1m和0.6m）向驾驶人进行报警。报警方式有声报警和光报警（发光二极管）两种，驾驶人可以根据三种不同音调和声音或三个发光二极管的亮灭得知障碍物的实际距离。YDH型汽车倒车避撞装置是采用超声波发射与接收装置作为检测器，其中心频率为40kHz，超声波灵敏度为-78dB，探测垂直角度为55°，水平角度为120°。该装置由检测器和控制器两部分组成。

(2) 汽车避撞雷达 汽车避撞雷达利用电磁波发射后遇到障碍物反射回的波对其不断进行检测并计算与前方或后方障碍物的相对速度和距离，经过分析和判断，对构成危险的目标按程度的不同进行报警，控制车辆自动减速，直到自动制动。

当发射器采用微波调频连续波方式时，在车辆行进中，雷达窄波束向前发射调频连续波信号，当发射信号遇到目标时，被反射回来为同一天线接收，经混频放大处理后，可用其差频信号间的相差来表示雷达与目标的距离，把对应的脉冲信号经微处理器处理计算即可得到距离数值，再根据差频信号相差与相对速度的关系，计算出目标对雷达的相对速度；微处理器将上述两个物理量代入危险时间函数数字模型后，即可算出危险时间。当危险程度达到不同级别时，分别输出报警信号或通过车辆控制电路来控制车速或制动。

主要技术参数：作用距离不小于100m时，误差为±0.5m，微波发射频率为24.125GHz。

主要的功能：测速测距，对前方100m内的危险目标提供声光报警；兼备汽车黑匣子功能；自动巡航系统，行驶中自动保持与前面行驶车辆之间的距离；紧急情况下自动制动。

装有避撞雷达的汽车上了高速公路以后，驾驶人就可以启动车上的避撞雷达。雷达选定好跟随的车辆以后，被跟随的车辆就成了后面车辆的“目标车”，无论是加、减速，还是停车、起动，后面的车辆都能在瞬间予以模仿。如果前面的车辆在行驶一段时间后不再适合作自己的“目标车”，那么驾驶人可以重新选择另一辆“目标车”。

汽车避撞雷达在美国一些公司研制开发的时间较长，如美国TRW公司研制出的24GHz波段微波雷达已在货车和公共汽车上投入使用。

(3) 激光雷达避撞装置　防追尾碰撞激光报警装置由发光部、受光部、计算车间距离的激光雷达、信号处理电路、显示装置和车速传感器等构成。

激光镜头使脉冲状的红外线激光束向前方照射，并利用汽车后部反光镜的反射光通过受光装置检测其距离。使用汽车反光镜，检测距离约为100m，最大检测宽度在35m以上。关于报警发生范围，通过控制电路的控制，三个激光束中的左、右激光束取35m以上，宽度控制在3.5m，中央激光束的检测距离取80m以上，这样就能够尽早地检测插入车流的车辆并发出警报，同时它还能抑制弯道上的标志物而发出报警，使之达到最优状态。

控制部分由微型计算机进行下列运算：本车的车速、前方行驶车辆的车速、车间距离、根据车间距离和安全车间距离的比较发出警报声或警告灯闪烁。显示装置安装在仪表板上进行距离显示。

2. 汽车主动避撞技术

汽车主动避撞技术是利用现代信息技术和传感技术等手段，扩展驾驶人的感知能力，将感知技术获取的外界信息（如车速和其他障碍物距离等）传递给驾驶人，同时在路况与车况的综合信息中辨识是否构成安全隐患，并在紧急情况下自动采取措施控制汽车，使汽车能主动避开危险，保证车辆安全行驶，从而减少交通事故，提高交通安全性。目前研究开发的汽车主动避撞系统有以下三种类型：

1）车辆主动避撞报警系统（Collision Warning System，CWS）。该系统对探测到的危害情况发出警告。美国已经将该系统在一些重型载货车和公交车辆上实现商用。

2）车辆自适应巡航控制（Adaptive Cruise Control，ACC）系统。该系统可以实现简单交通情况下的主动避撞及巡航控制，一些汽车公司在高档车型上已经开始采用ACC技术。

3）复合型车辆智能控制系统。该系统针对复杂交通情况，特别是市区交通环境，采用ACC系统辅以车辆停走系统，提高车辆智能控制的实用性。

二、汽车倒车雷达概述

倒车雷达（见图3-129）又称为泊车辅助系统，由超声波传感器（俗称探头）、控制器和显示器等部分组成。现在市场上的倒车雷达大多采用超声波测距原理，驾驶人在倒车时将汽车的档位推到倒档，起动倒车雷达；在控制器的控制下，由安装在车尾保险杠上的探头发送超声波，遇到障碍物后产生回波信号；传感器接收到回波信号后经控制器进行数据处理，判断出障碍物的位置，由显示器显示距离并发出警示信号，从而使驾驶人倒车时做到心中有数，使倒车变得更轻松。

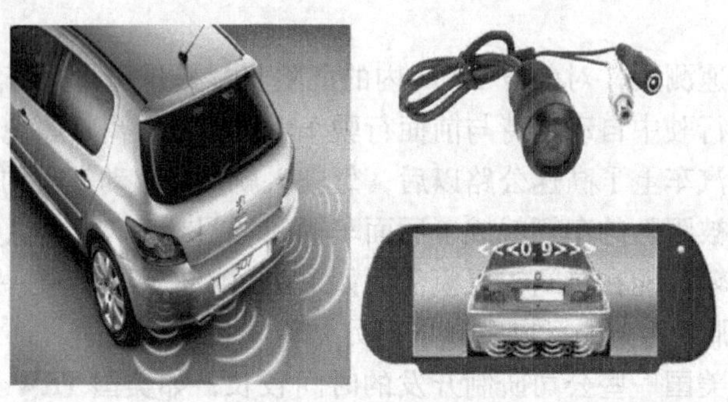

图3-129 倒车雷达

1. 倒车雷达的工作原理

当汽车档位挂入倒档时，倒车雷达自动开始通电工作，主机控制器此时先自动检测传感探头的工作状态并提示检测结果，同时，向传感探头发送40kHz的脉冲信号，传感探头将脉冲电信号转换为超声波机械振荡信号发射出去，脉冲后停止振荡。此时，传感探头用于感测障碍物反射回来的超声波信号，并将检测到的机械波信号转换为电信号，传回主机控制盒，主机控制盒经过信号处理和计算机换算，再根据程序设定进行声光显示提示。倒车雷达的主要功能是保证倒车和泊车时车辆行进的安全，探测车辆后方障碍物，并提示驾驶人防止发生碰撞。

（1）倒车雷达的功能 最新的倒车雷达具有以下功能：

1）雷达测距。嵌入式雷达测距，数码显示，使泊车更容易、更安全。

2）语音报距。能及时报出与障碍物之间距离。

3）和弦警示音。根据不同的距离发出不同的警示音。

4）车载免提。开车打手机，不用拿起手机即可完成通话。

5）录、放音。通话时，可随时录下谈话重要内容，免去找纸笔的烦恼。

（2）倒车雷达的组成 倒车雷达由探头、主机和显示器三部分构成，探头可以根据需要安装不同的数量，目前比较常见的是4探头（安装在后保险杠上）、6探头（2前4后）和8探头（前面4个后面4个）的，如图3-130所示。

（3）倒车雷达系统的组成部件

1）传感器（探头）。传感器（探头）是安装在后保险杠上的圆柱形物件，其功能是负责发送和接收超声波，并与主机通信。因为传感器（探头）直接和外界接触，所以有防水、防尘、保证信号清晰的基本要求。

2）线束。线束担负着在传感器与主机之间传递数据的任务。

3）主机。主机的地位犹如“大脑”，其主要功能是负责收、发、处理超声波信号，以及声响报警，主导着整个系统的行为。

图3-130　倒车雷达的组成

4）显示器。显示器用于显示障碍物与车的距离及方位。其显示方式为波段显示、颜色显示和数字显示。

2. 倒车雷达的种类

目前市场上的倒车雷达品牌种类繁多，有几十种品牌，价格也是几百、上千元不等，有些厂家还根据车型的不同设计专用的倒车雷达。倒车雷达的应用实例如图3-131所示。

B：倒车、入库、移位、掉头等操作轻而易举

V：对于经常开轿车或者刚刚获得驾照的新手，SUV高大的车身会让倒车变得比较麻烦。3008配备了全方位可视泊车辅助系统，前后8个倒车雷达再加上清晰的倒车影像系统，坐在车里面，看着屏幕就能轻松地倒车

■　全方位可视泊车辅助系统

前4后4泊车雷达

N：便利性

F：全方位可视泊车辅助系统
- 前4后4泊车雷达
  - 设有控制按键，可自如开启或者关闭
  - 带有辅助模拟显示，对障碍物位置及距离全面掌控
- 倒车影像系统
  - 图像清晰、响应快速，切入倒档后自动显示
  - 后部摄像头具有超大的监控范围
  - 画面带有倒车引导辅助线

图3-131　倒车雷达的应用实例

【任务实施】

设备、工具和材料准备：

倒车雷达的各种安装工具如图3-132所示。

【实施步骤】

技术标准及要求：

安装倒车雷达需要注意的地方有以下几点：

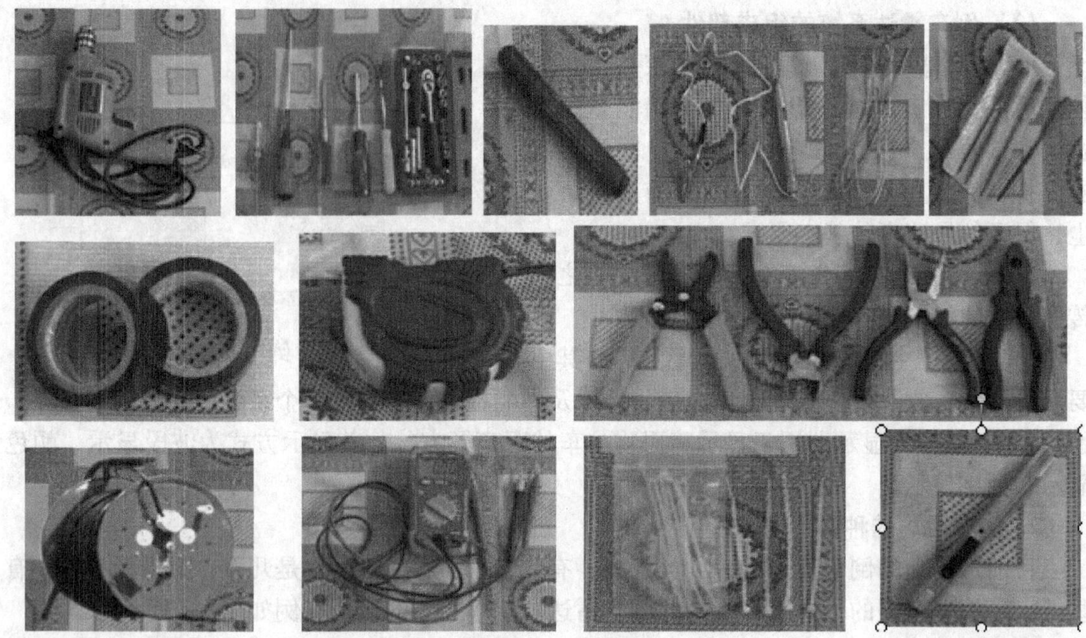

图3-132 倒车雷达的各种安装工具

1）探头安装必须要和车身比例协调，开孔间距要均匀，左右要保持水平。

2）开孔前必须要先用专用的美容纸在开孔处贴上，然后用尺子测量并计算合适标准的间距，距离地面的垂直高度根据车型约为50cm。若太高，会测量不到地面比较低的障碍物；若太低，会造成误报。

3）安装探头时，应特别地注意，探头内侧表面有一个表示向上的标记。另外，4个探头A、B、C、D分别按从左到右的顺序排列，一定不能排错，否则会导致雷达对障碍物距离和方位的识别错乱。

4）内部排线一定要隐蔽，对于比较长，需要卷起来的线束，一定要先理顺，然后有条理地包扎好，安置于行李箱侧边内部，并固定好。

5）探头线必须远离排气管，因为排气管温度很高，距离很近会引起电路短路，烧坏雷达主机。

6）连接倒车灯时一定要包扎好破口连接处，以免造成短路现象。搭铁线必须牢固。

【小贴士】

倒车雷达注意事项

一、选装倒车雷达注意事项

1. 质量方面

可按照产品的说明书对倒车雷达进行距离测试（用尺子去测量车尾与障碍物之间的实际距离，看其与倒车雷达显示的数据是否一致），即看一看当障碍物处于说明书中所说的各个区域时，雷达的反应是否与说明相符合，雷达是否敏感，有无误报等问题；其次，要对探头进行防水测试（用矿泉水或水龙头的水冲探头），看一看在雨雪和较湿润的天气雷达能否正常工作。

优质倒车雷达提供的服务较好，承诺的保修期较长，因此最好选购保修期2年以上的产品。

2. 功能方面

倒车雷达从功能上区分可分为距离显示、声音提示报警、方位指示、语音提示和探头自动检测等，一个功能齐全的倒车雷达应具备以上这些功能。有的产品还具备开机自检的功能。

3. 性能方面

倒车雷达的性能主要从探测范围、准确性、显示稳定性和捕捉目标速度来考证。探测范围至少在0.4~1.5m（将障碍物通过不同角度切入探头的测试范围进行测试，一个探头的正常测试范围的夹角为90°）。准确性主要看两个方面：首先看显示分辨率，一般为10cm，好的能达到1cm；其次看探测误差，即显示距离与实际距离之间的误差，好产品的探测误差低于3cm。显示稳定性是指在障碍物反射面不好的情况下，能否捕捉到并稳定地显示障碍物的距离。捕捉目标速度反映倒车雷达对移动物体的捕捉能力。倒车雷达性能方面的要求是测得准、测得稳、范围宽和捕捉速度快。

4. 外观工艺方面

作为汽车的内、外装饰件，显示器和传感器安装后应美观大方，与汽车相协调。例如：传感器的颜色是否与保险杠的颜色相一致，尺寸的大小是否合适。外形上，传感器一般有融合式和纽扣式两种：融合式传感器表面有造型变化，追求与前、后杠的自然过渡；而纽扣式传感器的表面侧一般是平的。显示器一般根据车主的习惯，分为前置式和后置式两种，主要以清晰美观为标准。

二、使用倒车雷达注意事项

（1）盲区问题　千万不要以为装了倒车雷达就万无一失了。倒车雷达只能作为一种参考，因为雷达的探头也有盲区，装两个探头的车主，特别要注意车后的中间地带。

（2）适应问题　倒车雷达的使用需要一个适应过程。一般在刚开始使用时，尽量要多下车看一看，以便准确地了解雷达显示的数值与实际目测距离的差别，由于雷达测量角度的关系，总有一些误差。

（3）目测结合问题　碰到光滑斜坡、光滑圆形球状物和花坛中伸出的小树枝时，要加以目测，因为这时的探头探测能力下降，提供的数据就不会非常正确了。碰到天气过热、过冷、过湿，路面不平或沙地时，也不能掉以轻心，要多回头看看后面的情况。

（4）进退问题　听到蜂鸣器连续音时，应及时停车，因为这说明车辆已到危险区域。倒车时车速一定要慢，以免车辆因惯性而碰到障碍物。

（5）注意清洁和养护　探头要经常清洁，特别是雨雪天后，泥水和冰雪会覆盖住探头，有附着物存在肯定会影响探测精度。

一般来说，探头可以侦测到大部分的障碍物。但是碰到个别情况，就可能不会报警或者误报警，传感器系统技术含量再高，探测能力再强，它毕竟只是一个辅助工具。在倒车时，还是要相信自己的判断，并且在实践中逐步提高自己的驾驶技术。倒车雷达误报警示意如图3-133所示。

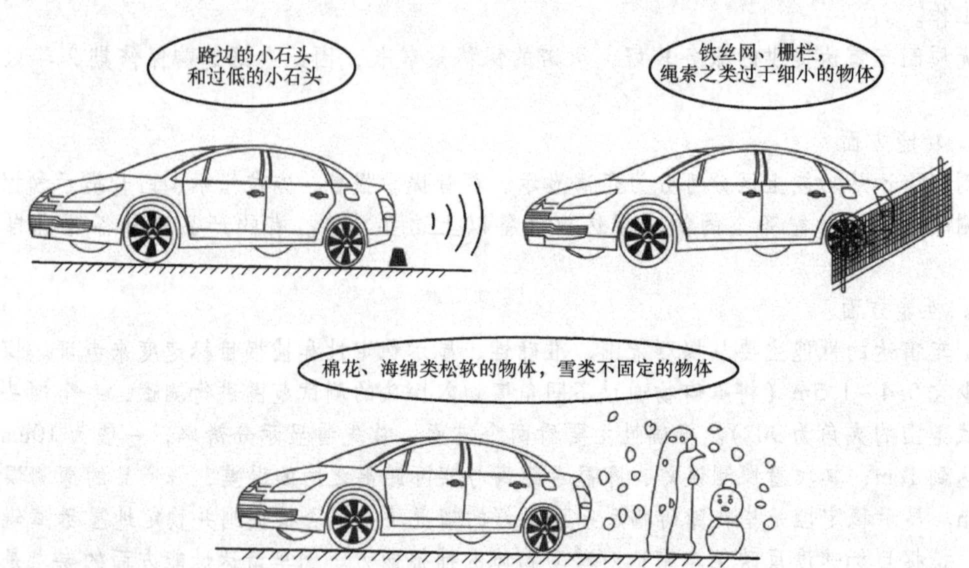

图 3-133 倒车雷达误报警示意

任务实施步骤及要求：

一、倒车雷达的安装方式

倒车雷达的安装方式有粘贴式和开孔式两种。

1. 粘贴式安装

粘贴式安装仅限于具有粘贴性探头的报警器，这种方法无须在车体上开孔，只需将报警器粘贴在适当位置即可。这种报警器一般安装在尾灯附近或行李箱门边，探头安装的最佳宽度为0.66～0.8m，安装的最佳离地高度为0.55～0.7m。具体的安装方法如下：

1）将附带的橡胶圈套在传感器（探头）上，引线向下并与地面垂直。

2）确定传感器（探头）安装位置。

3）将传感器（探头）沿垂直方向贴合。

4）用电吹风将双面贴加热，然后撕去面纸贴到确定部位。

5）将报警器的闪光指示灯安装在易被驾驶人视线捕捉的仪表台上。

6）将控制盒安装在不热、不潮和无水的行李箱侧面。

7）将蜂鸣器安装在后风窗玻璃前的平台上。

8）将感应器（探头）屏蔽线隐蔽铺设，以防压扁、刺穿，并起到美观的效果。

2. 开孔式安装

开孔式安装适用于具有开孔式探头的报警器，探头安装在汽车尾部或保险杠上，其他部件的安装方式与粘贴式安装相同。开孔式倒车雷达的安装方法（以4探头为例）如图3-134所示。

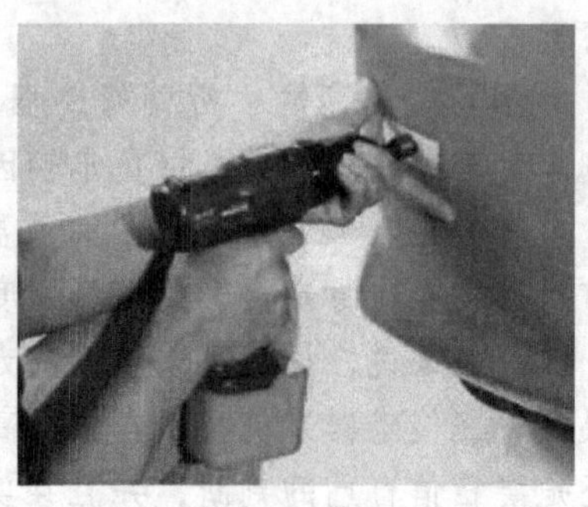

图 3-134 开孔式倒车雷达的安装

（1）安装位置 开孔式探头的安装位置如图3-135所示。

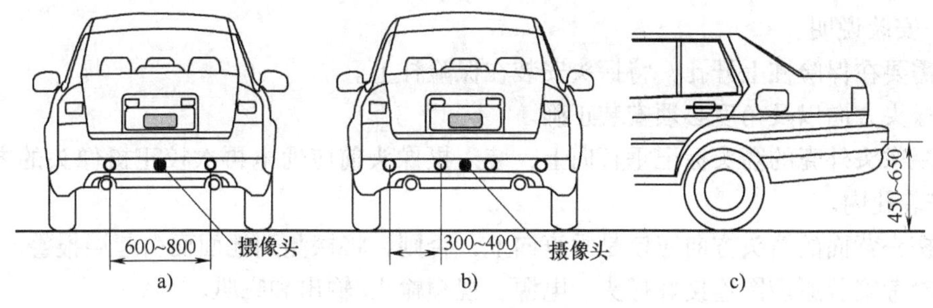

图3-135 开孔式探头的安装位置

a）2探头最佳安装位置 b）4探头最佳安装位置 c）安装高度

（2）安装原理 开孔式探头的安装原理如图3-136所示。

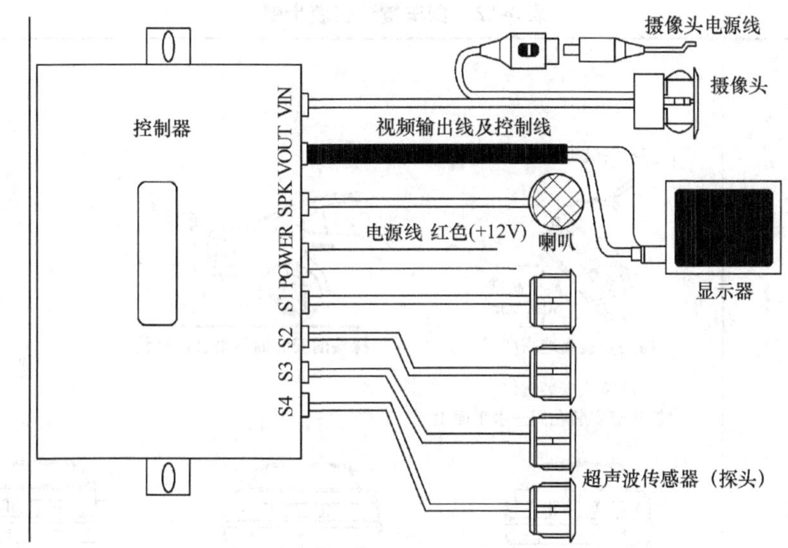

图3-136 开孔式探头的安装原理

（3）内置式开孔安装 内置式开孔安装如图3-137所示。

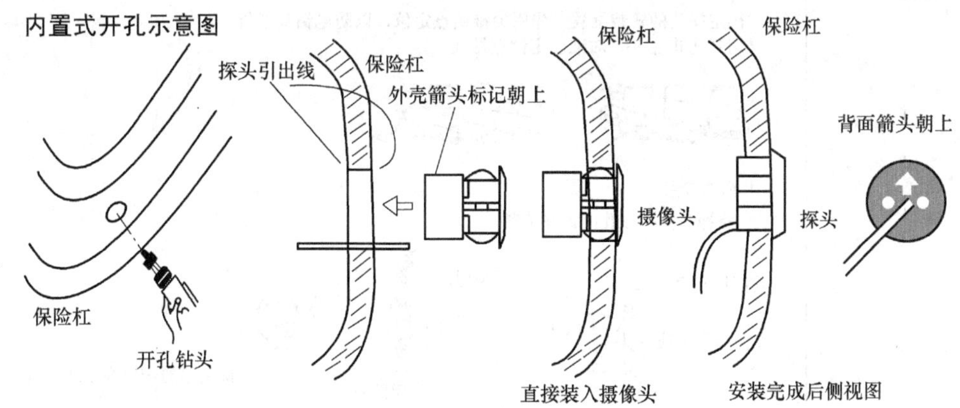

图3-137 内置式开孔安装

(4) 安装说明

1) 需要在保险杠上开孔，将探头安装在保险杠上。

2) 探头方向以及角度必须安装正确。

3) 摄像头外壳的箭头标记垂直向上，装入摄像头前应通电再次校正摄像头的方向，最后装入安装孔内。

4) 探头背面的箭头方向应该是垂直向上，否则，将探测到地面而引起误报警。

5) 参考安装原理图连接好探头、电源、视频输入/输出和喇叭。

二、倒车雷达安装步骤

倒车雷达安装步骤见表3-12。

表3-12 倒车雷达安装步骤

倒车雷达安装流程	1. 探头安装方法  探头安装离地高度 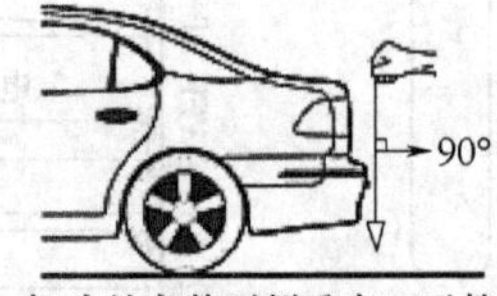 探头的安装面须垂直、平整 2. 车后探头安装选位 *探头应安装在同一水平面上 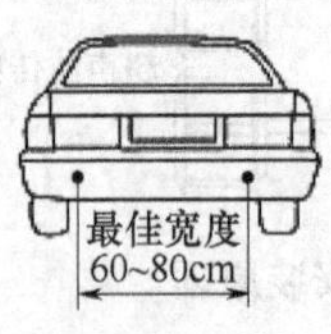 安装2个探头 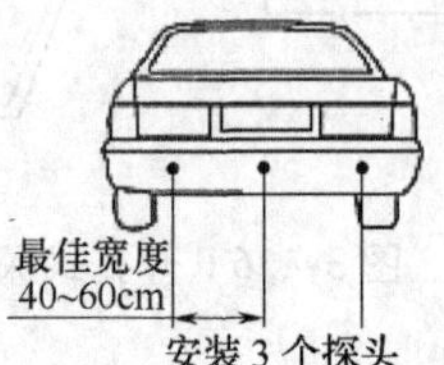 安装3个探头 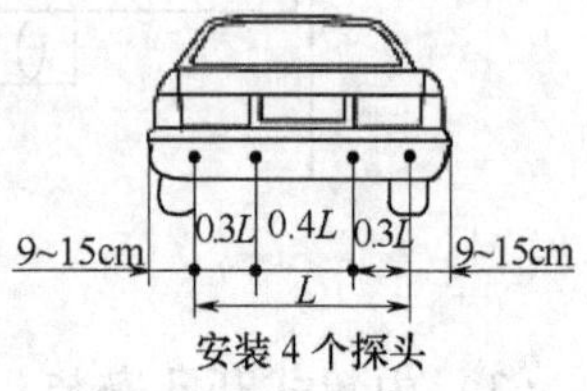 安装4个探头 3. 钻孔 *确定探头的安装位置、先用尖锥钻点定位，以防电钻头滑位 *用开孔式钻头，对准已定位点钻孔   4. 探头安装 将探头安装在孔内，并卡紧  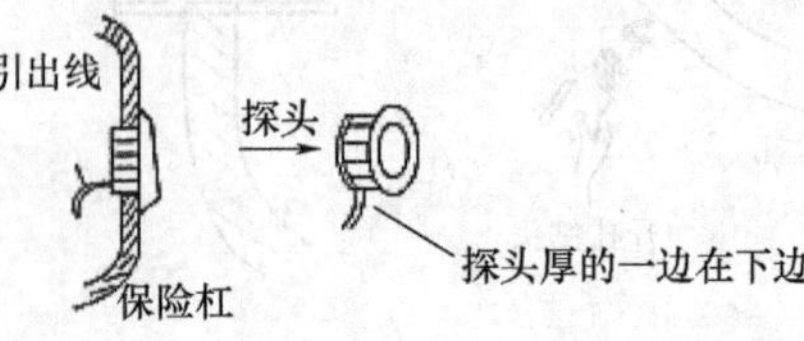

（续）

步骤	操作内容	操作示范图	技 术 要 求
1	安装探头	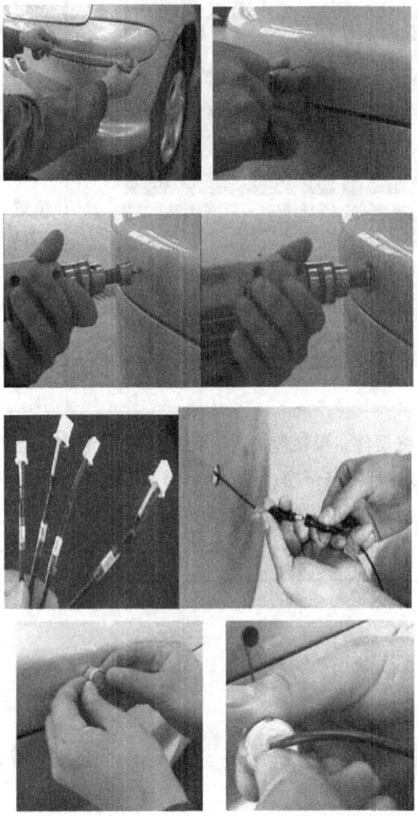 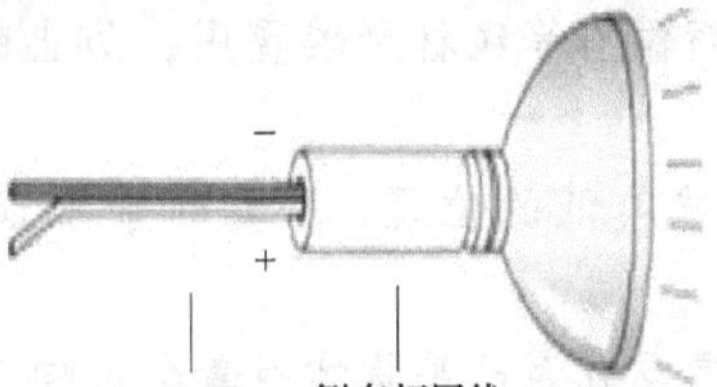	选点。A、B、C、D 这 4 个探头的钻孔点必须在同一水平线上 1）探头位置：将“L”三等分，A 和 D 中间的两个等分点为 B 和 C 探头的位置，做上标记 ① 高度离地面 0.5～0.65m，建议 0.55m ② 水平间距：两边探头距车身边 9～15cm，中间三段比例是 3∶4∶3（即中间两探头间距偏宽些效果好） 2）钻孔：必须选用配备开孔器钻孔；先用丝锥或钻头打点定位，以防钻头滑位。使用原配置的金属开孔钻头，对准已定位点钻孔 3）探头组装： ① 探头后标有“UP”标记的朝上 ② 隐蔽辅线不旋转坏，拉脱线皮露铜 ③ 根据保险杠水平平面的角度，合理调整探头的角度。把探头逐个塞入孔内，并预留约 10cm 的探头线
2	接线	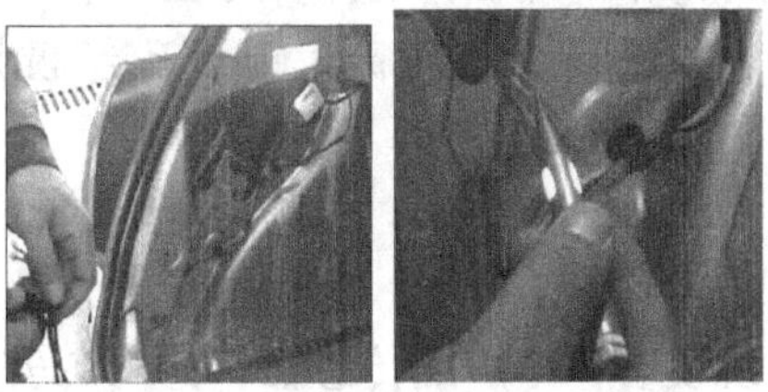	红线接倒车灯正电，黑色接负电或搭铁。根据各种车型，进行隐蔽铺线

（续）

步骤	操作内容	操作示范图	技术要求
3	固定显示屏		1）插上对应插孔，检测产品性能并调试好 2）将显示屏线从行李箱布到前仪表板下 3）把显示器底座粘贴在车前仪表板上方的平台上车主要求的最佳位置 4）将各控制线与主机一一对牢接固，最后接上电源线。主机盒安装在行李箱内安全、不热、不潮、无溅水的位置 5）安装完毕进行测试
备注	1）因探头是传感器件，灵敏度高，其固定空边有毛边，会使探头受压而损坏，可能会产生异常现象，所以钻后需修干净 2）针对表面光滑度不同的物体，其探测距离范围会有所变化 3）遇暴雨、冰雪等致探头面污垢，损坏会影响探测效果，必须维护，擦干净		

【小贴士】

一、安装注意事项

1）倒车雷达的探头应该与主机盒上插孔一一对应，不能插错，否则可能引起非正常报警。

2）探头、喇叭、摄像头和视频输出等线材严禁重压，防止断裂或者短路；探头安装不能过紧。

3）应保持倒车雷达在一个干扰较低的位置，否则可能引起探测不灵敏或者不能正常工作。

4）探头应保持干净状态，冰雪或者泥巴等物体附着会影响工作。

二、故障检修步骤

1）无任何反应。检查电源是否正常，喇叭、摄像头和视频等连接线是否连接正确。

2）显示“0.0m”。检查车后是否有障碍物，或探头与主机接口是否对应正确，是否有强的干扰源，电源电压是否正常。如果以上都排除，则为已经损坏，应与公司或经销商联络。

【技能拓展】

奥迪 A6 轿车倒车声呐报警系统装有 4 个声呐传感器，并均匀安装在汽车后保险杠上未喷漆的部位内，如图 3-138 所示。

1. 系统结构

图 3-139 所示为奥迪 A6 轿车倒车声呐报警系统原理图。

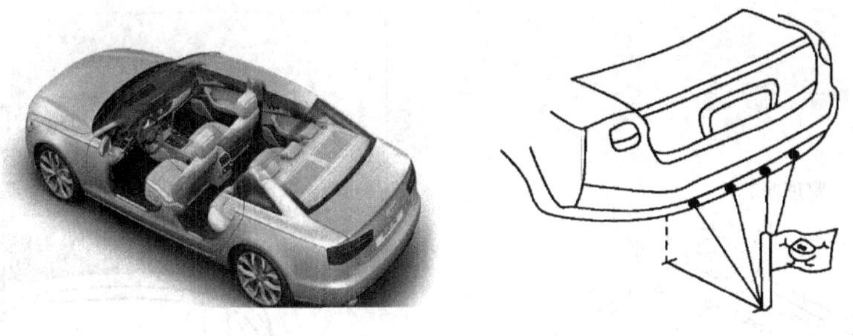

图 3-138 奥迪 A6 轿车倒车声呐传感器的安装位置

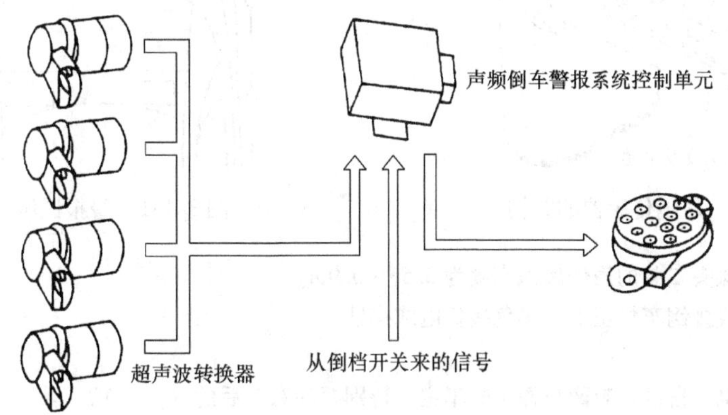

图 3-139 奥迪 A6 轿车倒车声呐报警系统原理图

声呐传感器既是执行元件，又是传感器，既发射信号，也接收信号，控制单元向 4 个声呐传感器中的一个发出命令，该传感器即发出超声波，4 个传感器都接收超声波的回波。在声呐传感器内，回波信号被转换成数字信号，并将其传递到控制单元，控制单元根据回波的传播时间计算出与障碍物的距离。

声呐传感器由一个无线电收发机和一个整理器构成，整理器将回波信号转换成数字信号传递给控制单元。其结构如图 3-140 所示。

2. 工作过程

1）当挂上倒档时，声呐倒车警报系统即开始工作，发出“嘟嘟”的声音表明该系统状态良好。

2）当车辆与障碍物相距 1.6m 时，可听见间歇警告声。离障碍物越近，声音越急促。如果距离小于 0.2m，则连续发出警报声。**警报区域如图 3-141 所示。**

【思考与练习】

一、填空题

1. 汽车倒车安全装置有__________________________和________________________。

2. 安全带的分类：按固定方式不同分为________式、____式、________式 3 种，按智能化程度来分，分为____式安全带与________式安全带。

3. 防盗器按其结构与功能可分 5 大类：____式、____式、____式、____式和____式。

二、判断题（正确的打√，错误的打×）

1. 安全带必须紧贴身体才能发挥保护的作用。 （ ）

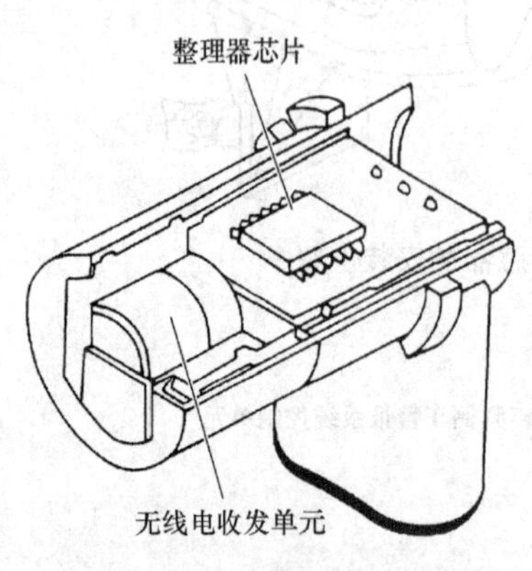

图 3-140 声呐传感器的结构

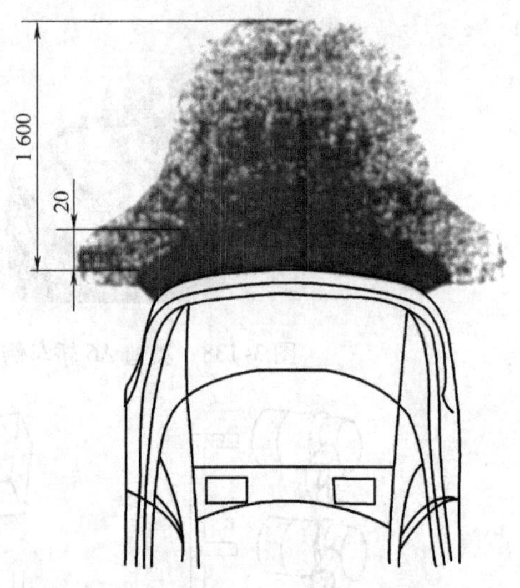

图 3-141 警报区域

2. 报警器粘贴探头安装的最佳离地高度为 0.55 ~ 0.9m。 ( )

3. 倒车雷达红线接倒车灯正电，黑色接负电或搭铁。 ( )

三、选择题

1. 雷达的探头也有盲区，装两只探头的车主，特别要注意车后的（ ）。

A. 中间地带 B. 两边 C. 危险区域

2. 安全气囊是汽车（ ）中一项技术含量很高的产品。

A. 被动安全 B. 主动安全 C. 安全技术

四、问答题

1. 汽车避撞技术主要项目有哪些？

2. 电子防盗系统主要由哪些执行机构组成？

3. 简述汽车安全气囊的保护原理。

模块 4

汽车美容店经营

项目1

汽车美容店创业与加盟

创业是当今时代的潮流，大学生创业是市场经济深化发展的产物。为每一个梦想和立志创业的大学生，在大学就读期间提供理性、实用、针对性强的创业教育，帮助他们在创业知识、创业能力、创业心理等方面打下基础，最终助推大学生成功创业，培养大学生的创业能力、塑造潜在创业者、服务就业与创业已经是高等学校教育的重要任务。

本模块的学习目的是培养学生自主创业能力，在具备汽车美容装饰基本知识及简单改装技能的基础上，培养汽车专业学生自主开店创业的能力。

任务1 汽车美容店开发投资分析

【学习目标】

知识目标：

1. 掌握市场调查的内容。
2. 理解市场调查的作用。
3. 掌握市场分析的内容。

能力目标：

1. 能够撰写市场调查报告。
2. 会对汽车美容店进行创业环境分析。
3. 会进行创业目标市场分析、经营模式分析。
4. 会设计市场调查报告。

【知识准备】

一、市场调查

1. 市场调查的概念

市场调查是指在系统规划的前提下，客观地收集、甄别、选择、分析和传递信息，用以解决市场营销中的问题，捕捉商机，为市场营销决策提供依据的活动。

2. 市场调查的作用

市场调查是帮助营销决策者们联结营销变量、环境因素和顾客群体的纽带，可提供相关的信息，评估信息需求，帮助制订决策，减少最终决策风险。市场调查对于企业的生存和发展有着至关重要的意义。因此，市场调查的作用主要归纳如下：

1）市场调查是企业经营决策的重要依据。

2）市场调查是提高企业竞争力的重要保证。

3）市场调查是提高企业经济效益的重要前提。

通过市场调查，企业可以发现营销活动中存在的问题，了解营销活动的执行情况和影响营销活动的环境因素及变化发展趋势，有针对性地开展市场营销活动，准确地开发市场所需的新产品，提高其经营管理水平。

3. 市场调查的程序

市场调查是一项涉及面广且比较复杂的认识活动。要顺利地进行市场调查，确保调查质量达到预期目标，必须科学安排市场调查过程中的各项工作，制订合理的工作程序。

（1）明确市场调查的任务　明确市场调查的任务是指明确为什么要进行此项调查，通过调查要获取哪些市场信息、资料，调查结果有何用途。提出问题是明确市场调查任务的前提。一般情况下，企业的问题主要涉及以下两个方面：

1）企业未来的发展方向。企业的进一步发展需要更深层次地了解市场的规模和结构，例如有关新产品的开发问题，新产品的需求量、市场潜力和发展前景等情况。

2）企业生产与经营中遇到的困难。企业在生产与经营过程中，会遇到这样或那样的困难，如销售不畅造成产品积压、资金呆滞、市场占有率下降等，企业需要找出产生问题的原因和解决问题的方法。企业存在的问题被提出后，就有了一个大致的调查范围或方向。

（2）制订市场调查的方案　市场调查方案的制订是对调查工作各个方面和全部过程的通盘考虑，包括整个调查工作过程的全部内容。正确地编制调查方案是整个调查活动取得成功的基础。一个完善而系统的调查方案至少包括调查背景、调查目的、调查区域与对象、调查内容、调查方法（抽样调查必须对抽样的步骤进行详细说明）、质量控制体系、费用预算、日程安排等内容。市场调查方案的主要内容及设计流程如图4-1所示。

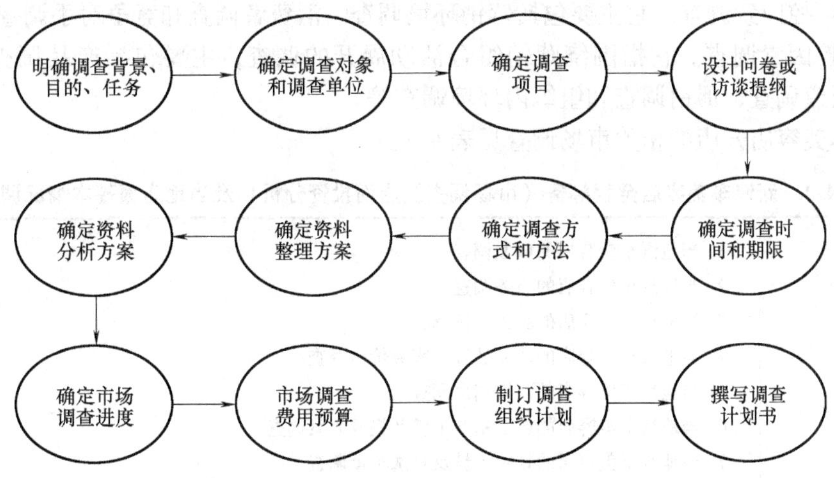

图4-1　市场调查方案的主要内容及设计流程

1）确定调查目的和调查项目。调查目的也称调查任务，就是企业进行市场调查所要达到的具体目标。确定调查目的就是明确在调查中要解决哪些问题，通过调查要获得哪些资料。

2）确定调查对象。确定调查对象就是根据调查目的、任务确定调查范围以及所要调查的总体，它由某些性质上相同的调查单位组成。

3）确定调查方式和方法。调查方式和方法主要包括方案调查法和实地调查法。一般来说，二手资料的获得可以采取方案调查法，一手资料的获得可以采取实地调查法。

4）确定调查人员。确定调查人员是指确定参加市场调查人员的条件和人数。由于调查对象是社会各阶层的生产者和消费者，其思想认识、文化水平差异较大，因此，要求市场调查人员应具备一定的文化基础知识，能正确理解调查提纲、表格、问卷内容，能比较准确地记录调查对象反映的实际情况和内容。

5）确定调查费用。每次市场调查活动都需要支出一定的费用，因此在制订调查方案时，应对调查费用进行预算。市场调查费用预算是指对市场调查活动中各种可能发生的费用项目和金额进行估计和测算，并用数字形式表达出来的费用开支计划。

（3）具体实施调查方案　具体实施调查方案是指按照调查方案的要求去收集市场信息资料，进入实地调查过程。市场调查的组织者必须集中精力做好外部协调工作和内部指导工作，力求以最少的人力、在最短的时间、以最好的质量完成收集市场信息资料的任务。

（4）整理资料，撰写市场调查报告

1）整理资料。运用科学方法对调查资料进行审核、分类和分析，使之系统化、条理化，并以简明的方式准确反映所调查问题的真实情况。

2）撰写市场调查报告。市场调查报告是市场调查研究成果的集中体现。市场调查报告是根据调查任务、目的和所收集到的市场信息资料，经过分析、研究得出判断性结论，提出建设性的措施、意见，使调查报告在企业生产、市场营销工作中发挥指导性的作用。

4. 市场调查的内容

市场调查通常包括以下两部分内容：

1）不可控因素调查。它主要包括营销环境调查、消费者调查和竞争对手调查。

2）可控因素调查。它指围绕营销组合活动展开的调查，主要包括产品调查、价格调查、销售渠道调查、促销调查和组织内环境调查等。

新汽车美容店开店的相关市场调查见表4-1。

表4-1　新汽车美容店全程筹备（市场调查及店面投资分析）及当地店面基本情况调查

前期市场	1. 当地汽车美容店的店面调查 2. 当地汽车美容店的服务调查 3. 当地汽车美容店的服务礼仪调查 4. 当地汽车美容店的产品品牌及服务价格调查 5. 当地汽车美容店的装修档次调查 6. 当地汽车美容店的员工基本工资及提成方案调查 7. 当地汽车美容店的日施工量及日洗车量调查 8. 当地汽车美容店的客户源分布调查 9. 当地车辆档次分布及车流量调查（最繁华的路口按小时计算车流量） 10. 当地4S店的分布情况及销售品牌车辆调查

（续）

店面选址分析	1. 备选汽车美容店店面调查分析 2. 拟选店面门口主干道车流量及车辆档次统计（每10min为计算基准） 3. 在拟选店面5km内竞争对手调查分析 4. 拟选店面周边小区或商圈车辆数量及车辆档次调查（以晚12点驶入小区为准）
市场调查报告出具	1. 当地汽车美容市场的竞争状况 2. 当地汽车美容市场的发展情况 3. 当地开设汽车美容店的可行性分析 4. 当地开设汽车美容店的模式分析（即传统汽车美容店、专业汽车美容店、汽车美容会所）

二、市场分析

1. 市场分析的概念

市场分析是指通过必要的市场调查和市场预测手段，对项目产品（或服务）的市场环境、竞争能力和竞争对手进行分析判断，进而分析项目产品（或服务）在可预见的时间内是否有市场，以及采取怎样的营销战略来实现营销目标。市场分析的必要性在于了解市场供求结构和项目未来的市场状况，确定基本的营销战略目标。市场可行是项目得以成立的必要前提，同时也是进行项目财务分析和国民经济分析的重要基础。

2. 市场分析的内容和思路

（1）可行性研究中市场分析的主要任务

1）分析和判断项目产品（或服务）是否有市场。

2）对市场环境、竞争者以及目标市场进行深入研究，以决定采取何种战略进行营销和制订什么样的营销组合策略和销售计划。

（2）市场分析的主要内容

1）项目产品（或服务）所处的营销环境分析，主要侧重于宏观层面的分析。

2）项目产品（或服务）所在市场的现状分析，如行业发展、消费需求结构、技术研发、企业竞争等微观层面的情况分析，其中包括国内市场现状和国外市场现状分析。

3）项目产品（或服务）所在市场的供求分析，包括国内外市场的供求量、市场容量、市场潜量、市场发展走势等。

4）项目产品（或服务）所在市场的竞争分析，包括进退障碍、市场结构、竞争状况、主要竞争对手及其市场占有率、产品品种、性能、档次、生命周期、技术替代及价格竞争等。

5）项目产品（或服务）的竞争力分析，包括自然资源、企业形象、品牌、技术研发、服务、产品品质、性能、渠道网络和人力资源等在内的竞争优、劣势分析，进而确定企业竞争优势所在。

6）项目产品（或服务）的目标市场选择和市场定位，即主要向哪些目标群体提供服务，如何在市场上确定企业、品牌和产品的定位以及定位的实现方式等。

7）项目产品（或服务）的市场目标的设定，包括市场区域选择、公司潜量预测、销售目标和市场占有率目标设定等。

8）项目产品（或服务）的营销组合策略选择，包括产品组合、价格体系、渠道开发模式、人力设置以及促销广告建议等。

9）项目产品（或服务）的市场风险分析，包括潜在竞争威胁、技术进步威胁和不可抗力风险等。

10）市场分析结论及发展建议。

三、投资环境分析

1. 行业宏观环境预测

（1）人口环境分析 常住人口数量占比的变化、人口文化结构层次的不断提升、人口素质的不断提高，为社会经济可持续发展奠定基础；人口城镇化水平的提升，产业结构和就业结构的改善，家庭规模逐渐趋小，都为汽车服务业的发展提供契机。

（2）经济环境分析 分析企业当地的政治、文化发展及经济发展速度，地区生产总值的增长比例。随着人们收入的增加和消费水平的提高，大部分市民从满足基本的生活保障逐渐追求生活品位，汽车也渐渐成为家庭出行的代步工具。

（3）社会文化环境分析 随着“有车族”团体越来越壮大，“爱车一族”也随之产生，他们有自己的圈子，有自己的爱车文化，他们乐于尝试新的与汽车相关的产品，喜欢交流相关的经验，并把爱护自己的车当作一种乐趣、一种时尚。因此，“呵护你的爱车”“享受汽车生活”已经不只是一句口号，这种观念已经深入人心，成为千千万万车主的实际行动。所以，为汽车提供全面服务的店面也会应运而生。

（4）政策环境分析 政府大力提倡大学生自主创业，并给予一定的政策和资金支持。政府为创业者提供良好的政策和制度保证，形成鼓励创业、创成业、创大业的环境氛围。各地政府在资金、费用等方面都给予自主创业者大力扶持。例如：南京市制定了对入驻科技创业特区的创业企业免费提供两年经营场地等扶持政策。这样的政策为大学生创业提供了很多帮助。

2. 行业微观环境预测

（1）供应商 国内有上万家汽车产品供应商，国外产品大举进入我国汽车美容、快保市场，产品质量良莠不齐。采用产品代理制是最有效、最直接的途径，在代理商品的同时，供应商的技术支持也更有利于快速进入市场。

（2）人员素养 汽车美容店需要工作人员具有扎实的汽车专业知识和实践操作经验，对员工的技术素质要求较高，汽车美容属于服务行业，店面的形象主要通过员工传递给客户，因此要求员工除了要具有较高的文化素质外，还要有坚强的意志来面对辛苦且复杂的工作。提高一线人员的服务意识，把服务他人作为工作的乐趣，用服务的魅力牢牢地吸引客户，可使之成为汽车美容店的忠实客户。

（3）产品（服务）的竞争力 我国的汽车美容及快修、快保行业主要分为三类。第一类是4S店，随着汽车销售利润的逐年下调，4S店不再把整车销售作为利润来源的主要途径。汽车的后续服务业务成为汽车保有量上升后的产物。虽然4S店在技术服务和产品质量上占有较大优势，但是昂贵的价格导致大多数车主望而却步。第二类是连锁加盟店，其财力雄厚，产品质量与服务态度也较好，深受客户喜爱。第三类是独立的店面，不太熟悉汽车维修技术与服务，且大多数从业人员素质较低，多以洗车为主要经营业务。

四、目标市场分析

1. 行业现状

不正规的汽车服务企业严重扰乱了市场秩序，汽车后市场逐渐形成了局部“散、乱、差”的局面，而且市场上大多是“单兵作战”的小型企业，很难得到用户信任，从而促成了4S店蓬勃发展的局面。但当人们对4S店的服务便捷性不十分满意时，对便利的汽车服务中心的需求就越来越强烈。“三分靠修理，七分靠养护”的观念逐渐深入人心，汽车的日常清理、定期养护、养护品的采购和使用等便会成为日常消费行为。

2. 创业前景分析

在一个成熟的市场中，汽车的销售利润在整个汽车行业的利润构成中仅占20%，零部件供应的利润占20%，50%～60%的利润是从汽车服务业中产生的。在欧美地区，汽车美容装饰及服务业一年的产值可达数千亿美元，而在中国这一行业才刚刚起步，远远没有达到饱和状态，这为民间投资者进入这个行业提供了机会。据统计，我国一辆中低档的家用轿车，每年用于车辆清洁、养护的费用至少需要2 000元，中高档汽车的各项费用远远超过这一数字，每年落入“擦车族”手中的擦车费就有3亿元。由此可见，汽车美容及服务业在我国有着相当大的市场发展空间。

3. 创业利润分析

在汽车美容店、快修店遍地开花的背后，却是鲜为人知的高额利润。汽车美容、快修的利润主要来源于原料差价及工时费，一般利润率达40%。绝大多数私家车都会进行二次装修，也就是美容，即使是汽车美容中最初级的项目，花费三四千元也是常见的，花费万元以上的也有很多。洗车业务也获利颇丰，一次洗车的价格从20～50元不等，实际上，洗车的成本只占到其中的20%～30%，其利润率非常高。汽车售后服务的利润之高、市场之大，已经使其成为众人投资的行业。

4. 创业风险分析

虽然汽车服务行业的市场发展空间很大，并且有可预见的巨大市场发展潜力，但也存在一定的风险。投资者必须对所处市场的需求有充分了解，对该区域汽车保有量及车流量要了然于胸，以决定是否投资兴建汽车美容店并确定其规模的大小。投资者对选址周边汽车行业的经营状况也要有全面的了解。因为选址是否正确将决定店面能否生存。即便是同一加盟连锁店，也会出现一系列不同档次的产品。投资者具体选用哪些项目，要根据当地消费者的需求而定。

创办一家社区汽车美容店，初始投资的跨度较大，少的可在10万元以内，多的可达50万元。经过实际调查了解，如果运作良好，投入为20万元的店，每月毛利润约有2万元，扣除运营成本及其他费用，大概一年多可以收回成本，但也有些店三四年都处于入不敷出的状况。因此，投资前必须仔细分析该地段是否适合开店，是否已有类似的店铺，所在地段社区的汽车保有量能否满足开店要求，调查车主及其家庭的消费能力，分析车主的职业层次和工资水平，研究消费者的消费习惯等。创业者需经再三考虑后才可出手，根据自己的投资规模来选择消费群体。表4-2为新汽车美容店的筹备工作（店面投资分析）。

表 4-2 新汽车美容店的筹备工作（店面投资分析）

市场状况	1. 当地汽车美容市场的竞争状况 2. 当地汽车美容市场的发展情况 3. 在当地开设汽车美容店的可行性分析 4. 当地开设汽车美容店的模式分析（即传统汽车美容店/专业汽车美容店/汽车美容会所）
投资规模与预算	1. 投资人拟开汽车美容店的模式定位 2. 拟开汽车美容店的设备投入预算 3. 拟开汽车美容店的产品投入预算 4. 拟开汽车美容店的装修投入预算 5. 拟开汽车美容店的洗车设备品牌定位 6. 拟开汽车美容店的清洁用品及耗材的品牌定位 7. 拟开汽车美容店的汽车美容产品的品牌定位 8. 拟开汽车美容店的汽车装饰产品的品牌定位 9. 拟开汽车美容店的员工人数及工资标准的确定 10. 拟开汽车美容店的装修形象定位 11. 拟开汽车美容店的试营业盈利情况分析 12. 拟开汽车美容店营业三个月后的盈利情况分析 13. 拟开汽车美容店营业一年后的盈利情况分析 14. 汽车美容店的整体投入预算 15. 店面服务网站的制作及设计（高端汽车美容会所备选） 16. 店面服务的定位及服务理念（适合高端汽车美容会所）

五、经营模式分析

1. 加盟连锁品牌

企业能够拥有一套成熟并证明是高效率的管理方法无疑是成功的基础，据权威部门统计，一家新建企业的成功率一般仅为20%，一家新企业要独立摸索出一套可行的管理方法，往往需要较长的时间，而以加盟方式新建的企业可以得到总部在管理技巧、经营诀窍和业务知识等方面的培训，其成功率在95%以上。实践证明：加盟连锁品牌不仅大大降低了企业的发展成本，也大大缩短了企业做强、做大的进程。

初涉汽车美容业的投资者可加盟连锁品牌的经营，总部能够为投资者提供优质、可靠的技术培训，可以为投资者提供科学、专业、规范的技术操作经验及良好的学习机会，可有效降低创业风险。

（1）加盟的优势

1）技术培训。投资者可获得长期的技术支持和培训，从而保持整个品牌在行业中的领先地位。

2）口碑与知名度。连锁经营的品牌已经建立了良好的公众形象和高品质的商品销售及技术服务系统，投资者可以任意选择加盟其中的一个或多个。

（2）加盟品牌的选择 据调查显示，国内多数汽车美容店的生存现状是“赔钱难赚钱也难，想做强做大难上加难”。这主要因为多数店主在管理能力和经营能力上有所欠缺，尤其是在产品和技术上无法在当地市场真正形成竞争优势。采用加盟的方式进行创业可以利用加盟商的递进式业务成长平台所提供的强大、持续的支持力，保障创业者在当地的汽车服务领域内真正地做大做强。

据市场调研发现：目前国内汽车美容业80%以上以连锁经营的模式开展。但加盟商鱼龙混杂，欲加入汽车美容行业的投资者要审慎对待、详细考察，最终做出正确的选择。要全面考察所要加盟的品牌，选择不仅品牌知名度高且其他配套系统也均健全、完整、合理、品牌质量有保障的品牌。投资者可以分享这些品牌的无形资产，使自己的知名度和信誉度随之大大提高。良好的品牌在产品质量、管理机制、技术支持、售后服务、宣传策划上都有一整套完整、详细、标准的成功体系，投资者可以充分借鉴。

（3）加盟的配套服务

1）技术培训。

2）店长培训。

3）上门技术指导。

4）派人上门进行店址确认和市场调研，提供店面设计。

5）提供开业广告策划、营销策划、开业筹备等的指导。

6）可上门安装设备，并进行操作使用培训。

7）享有代理供货价格，建立终端客户数据库。

8）提供上门策划、开发终端客户进入渠道。

9）长期提供新技术、新产品。

（4）加盟的权益

1）制订市场战略决策，明确代理商的市场目标，依法履行双方约定的权利和义务。

2）培训专业技术人员并提供后续技术支持，全力为加盟店服务并协助处理突发事宜。

3）确定分店经营一体化要求，指导经营，为分店提供全国广告支持。

4）制订加盟战略及促销方案，提供相关信息，反馈行业有关信息。

5）由专业学校进行培训，全套技术一步到位。

6）由总部提供全套门面、内构、平面、施工效果图设计。

7）加盟店享有区域保障，即在承诺区域内限额加盟，在总部授权的区域内享有独家经营权。

8）按总部要求装修营业场所及制作门店招牌。

9）统一授权悬挂汽车美容养护加盟店招牌。

10）统一配送产品和设备。

11）享有总部经营技术资产使用权。

12）可使用总部品牌及服务商标，对外公开营业。

13）享有新项目、新技术的优先受让。

2. 自主创业

作为自主创业的项目，可以采用自主研发产品销售、品牌产品代理、网店与实体结合的服务中心经营模式。

SWOT分析方法是一种企业战略分析方法，通过此种分析可以更加清晰地认识到企业的竞争力。SWOT即根据企业自身的既定内在条件进行分析，找出企业的优势、劣势及核心竞争力。S代表Strength（优势），W代表Weakness（劣势），O代表Opportunity（机会），T

代表 Threat（威胁），其中，S、W 是内部因素，O、T 是外部因素。表 4-3 为社区汽车美容店 SWOT 分析。

根据 SWOT 分析模型结果展示，本企业适合实施增长型战略。增长型战略鼓励企业的发展立足于创新，开发新产品、新市场、新工艺和就产品的新用途，以把握更多的发展机会，谋求更大的风险回报。因为只有增长型战略才能不断地扩大企业规模，使企业从竞争力弱小的小企业发展成为实力雄厚的大企业。

表 4-3 社区汽车美容店 SWOT 分析

优势（Strength）	劣势（Weakness）	机会（Opportunity）	威胁（Threat）
1）拥有一定的资金，能满足创业初期的资金运转 2）通过调查，对该行业有一定的了解 3）重视服务、价格低廉、省时快捷，人员素质较高，便于融入 4）有广告宣传和较完善的经营管理体系 5）有专业的营销人员和管理人员 6）实行会员制顾客管理，建立系统客户信息档案 7）装潢简洁、温馨 8）服务水平一流，注重企业文化	1）人才紧缺，人才获取渠道不明确 2）员工培训制度不完善 3）技术、产品更新快，后期资金储备不足 4）与已经具有一定规模的汽车服务店实力相差悬殊，客户忠诚度不高，知名度不高，竞争压力大 5）与品牌连锁店相比，技术、新产品信息需要自己收集，没有权威的技术支持	1）社区人口多，“有车一族”人数庞大并增长迅速 2）经济发展迅速，社区居民对汽车的需求持续增加 3）社区居民有一定的消费能力，市场潜力巨大，利润高 4）简单的汽车服务已经被社区居民接受，需求巨大 5）普通消费者对产品依赖性强 6）汽车美容技术、相关产品更新快速 7）社区内同类门店较少	1）设备较昂贵 2）需要具备专业的技术人才 3）普通车主不接受社区汽车服务 4）美誉度有所下降 5）市场细分众多，很难提供大众化服务 6）技术、产品更新快，掌握难度大，造成资金浪费 7）行业竞争激烈
SO 战略（增长型战略）	WO 战略（扭转型战略）	ST 战略（多种经营战略）	WT 战略（防御型战略）
1）加大广告宣传力度，有完整的宣传策划方案，扩大知名度 2）整合资源，实行积极的市场战略 3）重视企业文化建设，在为客户提供技术服务的同时传授简单的汽车知识 4）注重关系营销，培养客户忠诚度，提高企业美誉度 5）建立客户管理档案，定期对客户进行跟踪回访	最好的方案是转型成品牌连锁店，以获得技术支持，有一定的客户群和品牌知名度，省去大部分广告宣传费用和员工培训费用	1）发展多项经营，包括汽车代驾、养护、美容等多种服务项目 2）灵活运用各种资源，制定积极的市场战略 3）保证资金周转顺畅，需要健全的财务制度 4）提供优质的服务，建立良好的企业形象，扩大企业知名度和美誉度 5）加强企业员工的业务素质，定期进行培训，掌握最新的技术和产品信息	1）建立车主信息管理档案，定期对客户进行跟踪回访 2）培养客户的忠诚度 3）参加校园招聘，采用多种招聘手段，广招人才 4）高薪聘请有经验的技师 5）对员工进行定期培训，包括业务培训和服务培训

六、汽车美容社区店市场调查报告数据分析及结论制作

【案例】某市区汽车社区服务调查报告数据分析及结论

1. 车主对汽车美容、养护途径分析调查（图4-2）

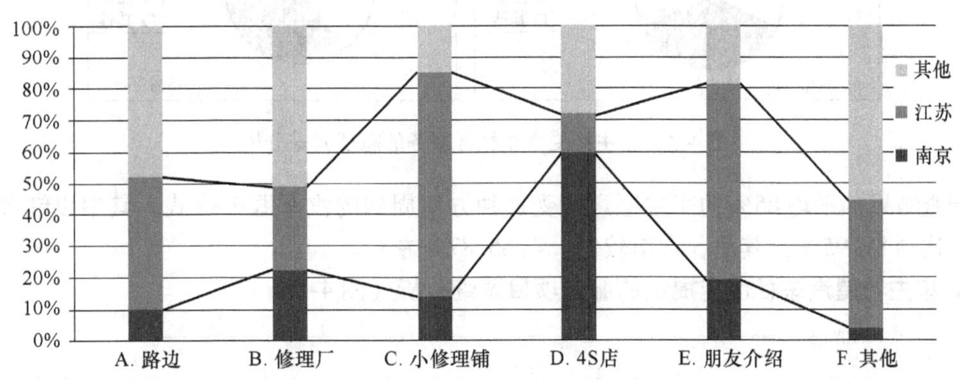

图4-2 汽车美容、养护途径分析调查

南京地区车主对爱车的美容养护多选择在4S店进行，江苏整体则较偏爱小修理铺，其他省市的车主则对路边和修理厂较为偏爱。造成这种结果的原因可能是各地汽车服务发展主体的不同和车主消费水平不同。

2. 车主选择美容、养护店理由调查分析（图4-3）

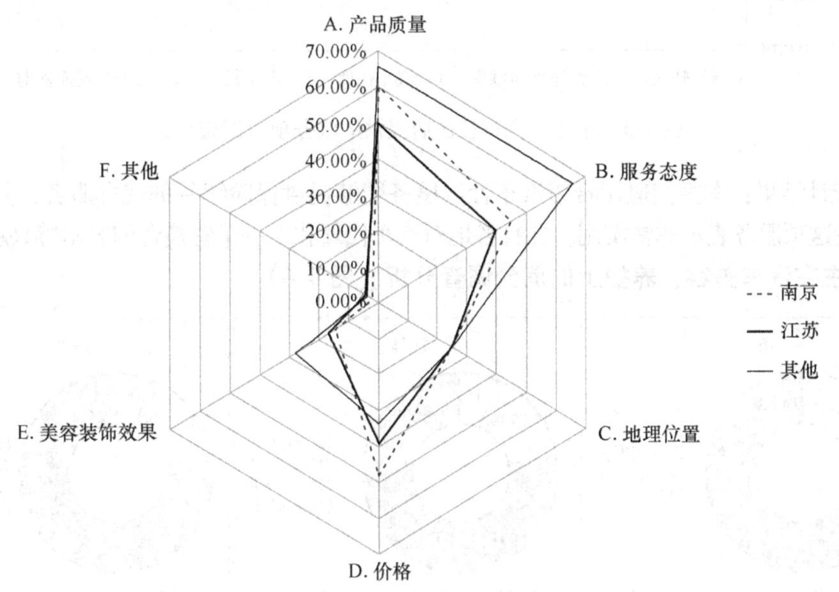

图4-3 车主选择美容、养护店因素

影响车主选择汽车维修养护的重要因素是产品质量、服务态度和价格。同时可以看出各地车主都十分重视维修养护店的地理位置，对车主选择左右率真达到25%左右。

3. 车主接受汽车社区服务的态度调查分析（图4-4）

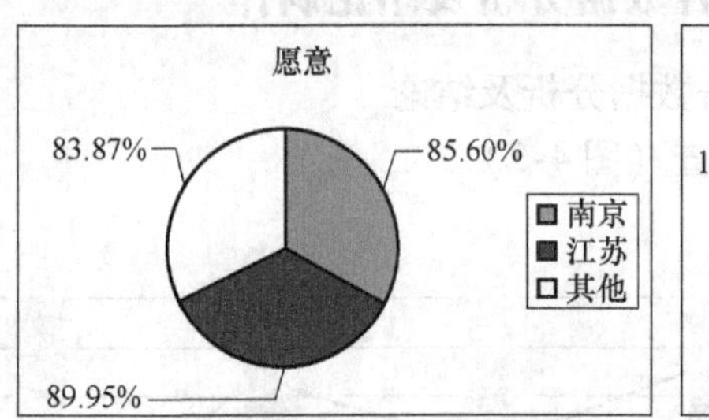

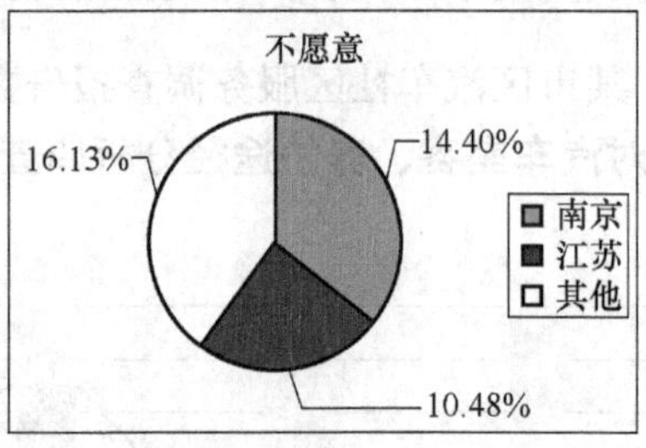

图4-4 车主接受汽车社区服务的态度调查分析

调查结果：平均85%的车主愿意接受这种方便周到的汽车服务形式，其中以江苏地区最高，达到89.95%，其他各省市较低，在85.87%左右。

4. 车主希望汽车社区店提供的服务项目调查分析（图4-5）

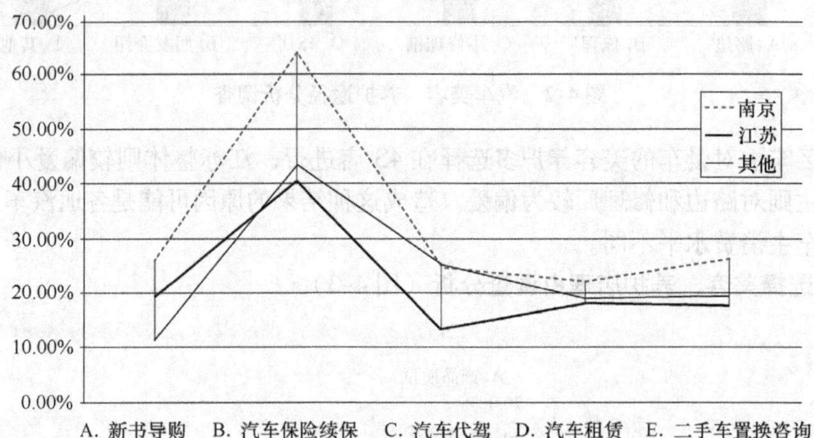

图4-5 车主对汽车社区店提供的服务项目调查分析

调查统计结果：车主们迫切希望汽车社区服务能够提供保险续保的代办服务，其中64.03%的南京车主这项服务表示非常实用。并且各地对汽车代驾和二手车置换咨询表示感兴趣。

5. 车主在汽车美容、养护上的消费调查分析（图4-6）

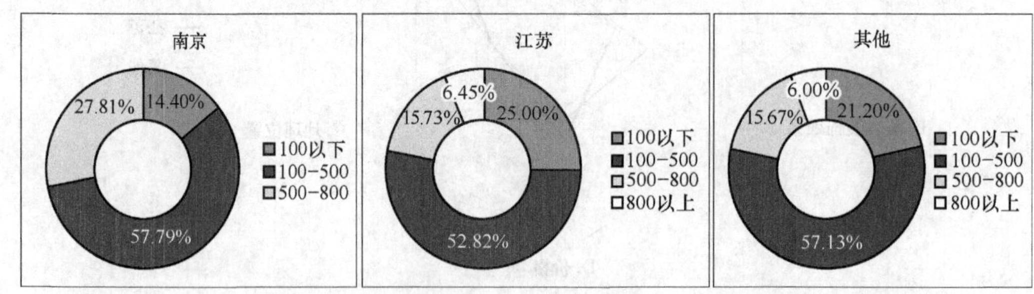

图4-6 车主对汽车美容、养护上的消费意愿调查分析

由图4-6可见车主愿意花费在汽车美容养护上的金额在500～800元之间。

【任务实施】

任务：为某社区汽车美容店做一份市场调查

社区汽车美容店的市场调查报告内容如下：

1. 项目选择分析
2. 项目实施的意义
3. 项目调查地点及对象分析
4. 汽车社区服务需求调查数据

1）车主用车不便统计。

2）车主对汽车社区服务接受态度的调查。

3）车主对汽车美容、养护费用的调查。

4）车主进行美容装饰、快修养护的途径选择调查。

5）车主日常养护中常选的服务项目。

6）车主在选择养护维修店时的注重因素。

7）车主希望社区汽车美容店提供的服务项目及促销手段。

8）车主对社区汽车美容店的DIY套餐服务的态度。

5. 调查数据分析及结论

任务2 汽车美容店选址与商圈分析

店址是一种战略性资源，一旦决定就很难改变，否则将使企业遭受重大调整和损失。因此店址的选择必须慎之又慎。为了保证门店选址的正确性，需要对拟选择的店址进行详细评估和比较。其中评估的一个重要依据就是对门店店址的商圈进行分析，以便确定店址是否合适，是否具有可持续性。

汽车美容店的地理位置是影响客户选择汽车美容店的重要因素，地理位置是否满足车主日常洗车要求、车辆的进出是否方便、店铺门前是否方便停车等因素直接影响着客户对店铺营销因素的可感知效果。汽车美容店服务的对象是汽车，所以选址无需在市中心人流密集的繁华地带，但必须要求在车流量大、车速较低、允许随时停车的道路旁。

【学习目标】

知识目标：

1. 了解门店选址的重要性和程序。
2. 了解汽车美容店选址的原则和方法。

能力目标：

1. 能够运用商圈选择准则进行正确选址。
2. 能够运用方法对某一区域的商圈进行系统的分析。

【知识准备】

一、门店选址的重要性

俗话说，好的选址是成功的一半。因为开设地点决定了门店可以吸引有限距离或地区内的潜在客户的多少，这也就决定了门店可以获得销售收入的高低，从而反映出开设地点作为一种资源的价值大小。创业店或加盟店的正确选址不仅是其成功的先决条件，也是实现连锁经营标准化、简单化、专业化的前提条件和基础。店址的选择是一项战略性长期投资，关系着门店和连锁企业的发展前途。

店址不管是租借的还是购买的，一经确定，就需要大量的资金投入，营建店铺；当外部环境发生变化时，它不可以像人、财、物等经营要素可以作相应调整，而具有长期性、固定性的特点。因此店址的选择要作深入调查、周密考虑、妥善规划。

店址是创业店确定经营目标和制订经营策略的重要依据。不同的地区有不同的社会环境、地理环境、人口状况、交通条件、市政规划等特点，它们分别制约着其所在地区的零售店铺的客户来源和特点，以及零售店铺对经营的商品、价格、促销活动的选择。所以，企业经营者在确定经营目标和制订经营策略时，必须要考虑店址所在地区的特点，以达到策略的可实施性和目标的可实现性。店址选择是影响零售店铺经济效益的一个重要因素。店址选择得当就意味着享有“地利”优势。同行业中，在规模相当、商品构成和经营服务水平基本相同的情况下，拥有“地利”优势的连锁企业必然能够获得较好的经济效益。所以在分析经济效益的过程中，不可忽视店址的影响效果。

二、汽车美容店的选址条件与标准

开一家汽车美容店必须对所选地点作全面考察，了解该地区的人口密度、消费水平等。开店选址应该掌握以下原则：

1）交通便利，车流量大。在主要汽车卖场附近，或者在客户行车不超过20min路程内的加油站附近设店。观察道路两侧的车流量，以车流量较多的一侧为好。

2）选择由冷变热的区位。与其选择现在被商家看好的店铺经营位置，不如选择与其相距不远的将来会由冷变热但目前未被看好的街道或市区。

3）要选择有广告空间的店面。有的店面没有独立门面，店门前自然就会失去独立的广告空间，也就失去了在店门前发挥营销智慧的空间。

4）选择人口增加较快的地方。企业、居民区和市政的发展会给店铺带来更多的客户，并使其在经营中更具发展潜力。

5）选取自发形成这类市场的地段。在长期的经营中，某街某市场会自发形成销售某类商品的“集中市场”，事实证明，若能集中在某一个地段或街区，则更能吸引客户。

三、门店选址的注意事项

1）快速车道边不宜开店。快速车道、高速公路上多设有隔离设施，两边无法穿越，公路两边少有停车设施，不宜开店。路旁有流动的客户群与固定单位的，也不宜作为新店的选址区域。

2）周围居民少或增长慢的区域不宜作为新店址。

3）同一地区层高的地方不宜开设店铺。因为一般情况下广告效果较差，也不方便客户消费，并且给商品补给和提货都带来不便。

4）近期有拆迁可能的地区不宜作为新店址。新店局面刚刚打开就遭遇拆迁，会给投资者造成很大的损失。

5）要与房东签订明晰的店铺产权合同。店铺产权至少可使（租）用五年。如果确实为理想地段，那么为了达到长期盈利及压低房租的目的，应签订五年甚至为期更长的合同。

6）对附近经营店铺进行调查，发现优势及问题。客观的评价要胜于主观的臆断。在发现一个“不错”的位置后，还要对周边店铺的经营者进行有效的咨询。这样，一方面可以更加明确该位置的房价，另一方面可以了解周边的竞争激烈程度，有效地制订产品销售价格及促销方案，抢占先机。

7）根据经营内容来选择店址。店铺销售的商品种类不同，其对店址的要求也不同。有的店铺要求开在人流量大的地方，如专门经营汽车用品的门店；而如果只经营一家汽车美容店，就不适合把店址选在“人山人海”的地方。

8）选址应接近车流聚集的场所。如机关单位附近，这样一方面可以吸引出入的车辆，另一方面客户易于记住该店铺的地点。

9）选址地区应治安状况良好。

10）选址应避开汽车修理密集的地区。

四、汽车美容店的选址原则

1. 方便车主的原则

满足车主需求是经营的主旨，因此门店位置的确定必须首先考虑车主的便利性，为此选址要符合以下条件：

1）最好在中高档住宅区。在此处开店具有较为稳定的客流，有利于提高客户保有量。

2）交通便利，车流量大，车速低于35km/h的社区旁，必须允许随时停车，方便车辆通行和进出；附近最好有足够的公共停车面积，周边环境整洁。

3）房屋所有人允许在店内挖排水槽。一般洗车用水可直接排入下水道，油污较多的水要设置废油收集装置，以免污染土壤和水源，破坏生态环境。

4）门面形象好，门上方能竖起较大的招牌，广告效应好。

5）门面必须开阔，门前必须有2~3个停车位，以便于车辆停放，一般稍加改造即可。有专门停车场；门口不能有太大的坡度，以免影响车辆进出。单层面积尽量不小于100m^2；进深最好大于6.5m或者大于13m，方便设置施工位；柱子数量尽量少，间距最小为3.5m；没有隔墙，视线通透，整体效果好；层高3m以上，可以设置4个以上车位。

6）靠近人群聚集的场所。这类场所便于客户随时取车，如影剧院、大型超市地下车库、公园名胜、娱乐场所、旅游地区等附近，这些地方可以使客户享受购物、休闲娱乐、旅游等多种服务的同时为爱车美容，是最佳的选择。但此种地段属于黄金之地，寸土寸金，地价高、费用大，竞争性也强，虽然商业效益好，但并不适合所有的门店，一般只适合大型综合门店或有鲜明个性的专业商店。

2. 有利于门店开拓发展的原则

门店选址的最终目的是要取得经营的成功，因此要着重从以下几方面来考虑便利经营：

1）提高市场占有率和覆盖率，以利于企业长期发展。门店选址时不仅要分析当前的市场形势，而且要从长远的角度去考虑是否有利于扩充规模，如有利于提高市场占有率和覆盖率，并在不断增强自身实力的基础上开拓市场。

2）有利于形成综合服务功能，发挥特色。不同行业的商业网点设置，对地域的要求也有所不同。门店在选址时，必须综合考虑行业特点、消费心理及消费者行为等因素，谨慎地确定网点所在地点。尤其是大型百货类综合商场，更应综合、全面地考虑该区域和各种商业服务的功能，以求得多功能综合配套，从而创立本企业的特色和优势，树立本企业的形象。

3）有利于合理组织商品运送。门店选址不仅要注意规模，而且要追求规模效益。发展现代商业，要求集中进货、集中供货、统一运送，这有利于降低采购成本和运输成本，合理规划运输路线。因此门店选址应尽可能地靠近运输线，这样既能节约成本，又能及时组织货物的采购与供应，确保经营活动的日常进行。

【小贴士】

如果创业者资金较少，则选店原则如下：①选自己居住的地区；②选与自己人事上或经济上有关系的地区；③选自己希望的地区；④选预算范围内的适当地区。前两项是运用地缘，可以广泛利用已有的人际关系来拓展业务，打下创业的基础；后两项必须针对当地情况进行一定的调查和分析，并根据调查结果确定营业内容、规划、定价策略、营业时间等。

五、汽车美容店的选址方法

以一条街道为例，汽车美容店的选址对比判断方法如下：

1）位于汽车交易量很大的汽车展销厅的同一侧优于在其对面。

2）位于最近人口增长较快的一侧（如新的住宅楼盘项目会带来很多新人口）优于人口增加缓慢的一侧。

3）位于最不受气候影响的一侧优于气候多变的一侧。

4）位于有停车位的一侧优于没有停车位的一侧。

以一个地段为例，汽车美容店较好的开设位置应符合以下因素：

1）商业活动频率高的地区。

2）交通便利的地区。

3）城市中心区或大型社区旁。

六、汽车美容店的选址流程

1. 确定店面地点

运用选址对比法，再加上自己的特殊需求，对相关地段的多处地址分别进行考察，对每一处店址都进行综合情况评判，最后对情况较好的店址再进行下一步考察。

在确定店址时要考虑得尽量长远一些，因为目前的城市化建设步伐非常迅速，今天的郊区就有可能是明天的繁华地带，因而有眼光的店主会考虑城市的总体规划，如新建车站、新增公交车线路、道路扩宽计划、工业区的建设、住宅小区的建设、大型商场及大型医院的建设等，这样自己的店铺才会有前景。

2. 进一步考察选址地点

在初步选定开店的地点后，还应作进一步的全面考察，对相关的情况进行一定的调查分析后，才能决定是否最后定点于此。主要考察以下几方面的情况：

（1）店面本身的情况　要租到便宜的房屋，被多次转租的廉价店面就成了许多人的第一选择。但值得警惕的是，有些房屋出租者往往不是真正的房东，在这种情况下，须查明出租者和房东之间的合同协定及合同履行情况，并与房东沟通协商后将情况载于新合约内，否则易引起纠纷甚至上当受骗。

（2）车流情况　开汽车美容店，“车流”就是“钱流”，考察车流情况可以使投资者对今后的经营状况有一个大致的把握，并且通过车流量的调查，还能为今后的营销方向提供科学的依据。考察车流情况主要包括以下内容：

1）汽车美容店附近是否有企事业单位、社区，包括住宅楼群、商业楼群、公司、其他店家（这些店家极有可能成为常客）。

2）附近居民的结构特性，包括年龄、性别、职业等以及消费习惯。

（3）同业的情况　主要是经营业绩的情况、商品的价格水平。考察同一地段同类汽车用品、汽车美容店的经营业绩，可以初步测算出租用此店面可能产生的利润状况；而考察其商品价格水平，是为了据此确定自己的商品价位。这些都是必须要了解的情况。

（4）房东的背景（防诈骗）　发现理想的店面后，应打听到真正的房东（即产权所有者），对其背景情况有一个基本了解，认为可靠后再进行接触。一般最好直接与真正的房东商谈，当房东表示已将承包权出租，不愿再插手时，再与现在的店主谈判也不迟。另外，一旦商谈成功，也要注意必须正式签订协议，并到房产所有者那里更改租赁人姓名等信息后才算妥当。

【任务实施】

一、门店选址的程序

1. 选择区域与方位

选择店铺店址，首先要找出目标市场、找准服务对象；其次根据目标市场、服务对象所在的区域和消费场所、消费习惯等来确定店址设置的区域；最后要根据企业的经营规模和档次来测算企业投资回收率，在此基础上认真加以选择，确定方位。

2. 制图——寻求最佳位置

在确定店址后，应绘制出该区域的简图，并标出该地区现有的商业网点，包括竞争对手和互补店铺，以及商圈店铺整体结构、客流集中地段、客流量和客流走向、交通路线等，以保证店址决策的正确性。

3. 市场调查

在门店店址基本区域方位确定后，必须进行周密的市场调查，论证选址决策的准确性。在市场调查过程中，应注意将调查对象分类统计，并对调查时间和内容进行必要的抽样调查，以保证调查资料的可靠性。

4. 具体实施方案的制订和落实

确定店址的具体位置后，需要抓紧时机投资兴建门店。在启动过程前，需要拟订切实可行的实施方案并依此加以贯彻落实。

二、门店商圈的调查与分析

1. 了解优良立地的基本条件

优良的立地条件是一个门店成功持续经营的关键所在。良好的立地主要包括以下三方面的条件：

1）门店具有未来性、可持续经营10年以上的潜力。

2）门店的店址具有足够的集客能力。

3）门店的卖场及停车场容易进出。

2. 确定立地条件的三要素

1）具有足够户数、人口数的支持。

2）具有良好的道路和便利的交通。

3）卖场的面积设施、布置等相关设施具有吸引客户的良好能力。

3. 降低估算营业额误差、提高估算的精度

一个门店能够实现多少营业额，是门店开发者应该了解的基本信息。门店的商圈调查能够使营业额的估算误差降低，对于提高管理者决策水平具有重要作用。

三、门店选址分析的资料来源

为了能为连锁门店选址提供准确、有效的依据，资料来源的选择非常重要。门店调查资料的来源见表4-4。

表4-4 门店调查资料的来源

资料类别	资料来源
城市布局、发展规划资料	城市政府、住宅局或城建管理部门
人口数、户数资料	城市政府、户籍管理部门或居委会
竞争分布图	实地调查、行业协会、工商部门
竞争店销售业绩	实地调查、行业协会、工商部门
商业业态与格局的未来变化	城市政府、行业协会

四、门店商圈调查分析的内容

门店商圈调查分析的内容非常多，包括人口、消费、交通、竞争等诸多因素。商圈潜力调查就是调查该地区内消费者生活状态的资料，了解商圈范围内有多少人口、多大的潜在消费额、人们的消费行为等，以确定其发展前景如何。一个门店的生存和发展，依赖于商圈范围内有供其吸收的充足购买力，若没有理想的购买力，门店将难以为继。

1. 商圈人口的调查与分析

划定商圈后，首先要进行商圈范围内的人口调查。对于此项调查一般可以通过户籍管理部门或居委会、住宅局或城建管理部门得到较为准确的数字。

人口调查项目具体如下：

1）人口数量。

2）人口密度。

3）人口职业构成。

4）家庭规模。

5）男女性别比例。

6）人口年龄比例。

7）教育结构。

8）小区规模。

在商圈人口的调查过程中要注意三点：①门店所要求的商圈人口数量及规模、地点、竞争情况有所不同，店铺规模越大要求的人口越多；②空间障碍因素，例如河流、沟壑会阻止部分顾客；③竞争店因素，竞争店会瓜分市场占有率。

在商圈人口的调查过程中，要注意分析有没有人口增长的潜力，在一个人口逐渐增长的新区开店较易成功，而在一个人口逐渐减少的老区开店较易失败。

2. 商圈客流量的调查与分析

客流量的大小是门店成功的关键因素。客流包括现有客流和潜在客流，除固定商圈内居民以外，流动的消费者也是门店一个重要的客户来源。随着交通的便利和生活方式的改变，流动人口的消费比例有所增加，如果所选择的店址交通便利、人员来往频繁，就会给门店带来可观的经济收益，所以商圈客流量的调查不容忽视。

分析客流目的、速度、滞留时间。不同地区的客流规模可能相同，但其客流目的、速度、滞留时间各不相同。

（1）分析街道两侧的客流规模　由于交通条件、公共设施等影响，街道两侧的客流规模也有所不同，可选择客流较多的一侧。

（2）分析街道特点　选择开店地点还要分析街道特点与客流的关系，可选择交叉路口客流集中、能见度高、交通方便的地点。

3. 潜在消费额的调查与分析

潜在消费额是在对人口调查的基础上，进一步调查消费者的收入水平和消费水平测算出来的。收入水平主要是指居民平均收入在全国或城市中处于什么水平。由收入水平的资料可以知道消费的可能性，并将每人或每一家庭的收入与其他地区比较，以作更进一步的分析。消费水平资料是消费地区消费活动的直接指标，也是商店最重要的指标。由此可以了解每个人或每一家庭的消费情形，并针对消费内容依商品类别分别预测各种商品的消费额，作为企业决定商品结构的最重要的参考资料。

一个店铺究竟需要多大的潜在消费额，应根据店铺规划及利润目标来确定。其最低标准是：商圈潜在消费额必须大于店铺的规划销售额，并且这些潜在消费额应剔除店铺不经营的商品部分。

4. 车主消费倾向的调查与分析

（1）消费者行为的调查与分析　包括客户的购买动机与购买习惯，购买的时间与次数，购买地点和购买所用的交通工具。对于消费者购买行为的调查，可以通过消费者购买商品时的活动范围与购买某种商品经常到哪个商店购买等活动来获取信息，由此也可获悉消费者购物活动的范围、选择商品的标准与习惯等。

(2) 消费意愿的调查与分析　包括了解顾客感兴趣的商品与服务，对未来门店有何期望，希望在该地建何种规模和类型的汽车美容店。

【小贴士】

大学生创业门店的选址与定位原则：

1) 经营范围：汽车美容、装饰、养护。

2) 店面规模：三个工作空间（$180m^2$）。

3) 区域保障：$3km^2$内私家车保有量不低于2000辆，门前车流量不低于200辆/h。

4) 店址选择：高档住宅聚集区。

5) 经营模式：品牌加盟。

【思考与练习】

每位同学从下面给出的指导性题目中选择1~2个，或自选题目，完成市场调查方案设计书的制作。

1) 大学生手机消费状况调查。

2) 大学生对学校后勤服务满意度调查。

3) 大学生求职意愿及需求市场调查分析。

4) 居民对社区汽车服务需求调查。

项目2

汽车美容店经营管理

任务1　汽车美容店店面经营

【学习目标】

知识目标：

1. 了解门店部门设置。
2. 了解门店部门的功能与职责。
3. 了解企业文化内涵。

能力目标：

1. 会设计企业经营理念。
2. 会制定管理规范文件。

【知识准备】

一、创业店基本信息

1）店面服务标识。

【案例】店面招牌设计示例如图4-7所示。

图4-7　店面招牌设计示例

2）注册资金：××万元（人民币）。

3）公司法人代表：×××。

4）股东姓名：×××、××、××。

5）出资方式：货币出资。

6）公司地址：××市××区××××。

7）联系电话：×××-×××××××××。

8）传真：×××-×××××××××。

9）网店地址：http：//×××××××××××××。

10）企业性质：有限责任公司。

二、门店部门设置

公司的组织结构应与其战略相适应。考虑到公司成立初期的规模和发展战略，拟采用直线职能制组织形式，实行董事会领导下的总经理负责制。

公司组织结构设置如图4-8所示。

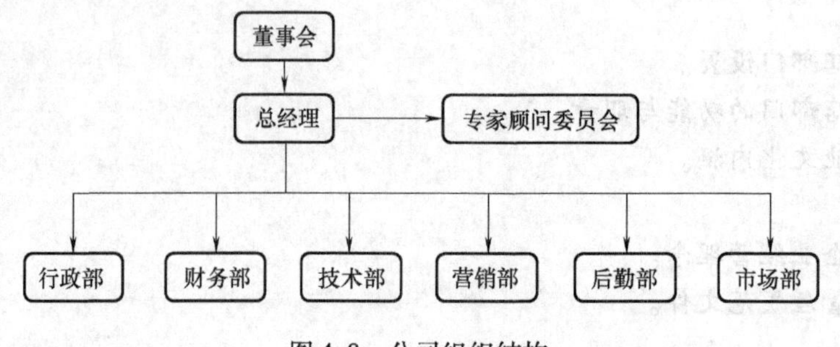

图4-8 公司组织结构

三、经营理念

任何一个企业都有自己的经营理念，并以其为核心发展才能成就美好的未来。

【案例】

龟爵士汽车美容加盟公司

车、人、家的经营理念一直跟随着龟爵士汽车美容加盟公司一同发展。“车·人·家”是皇家龟爵士汽车美容加盟国际集团发展的核心理念：皇家龟爵士养护的是车，服务的是人。使用皇家龟爵士产品使客户充分体会到皇室奢华与尊崇的高品质享受，感受皇家服务的同时更让客户感受到家的温馨与体贴。

经营理念分析：

1）龟爵士汽车美容连锁的经营理念比较人性化，强调的是与客户的感情。能够吸引一些小有成就对生活品质有一定要求的车主。同时，品味创造永恒的经营理念让人感觉是一种比较有品位的品牌，因此也比较符合中高端客户的要求。

2）龟爵士的经营理念牢牢地把人跟车紧密联系在一起，服务车即服务人，给车美容即给人添光，牢牢抓住消费者的心，也会让人潜意识地多去关注车身美容，从而拉动消费。但它缺乏对消费人群的分类。

四、管理机制

1. 资金管理

1）经费全权由财务总监保管，财务部门可进行规划，对经费的使用必须经过董事会审核批准。

2）财务总监制作财务报表登记公司财务状况，资金使用情况登记在财务报表上，对相关成员公开。

3）经费使用范围：公司业务开展所需支出（包括材料、设备等成本费）。

2. 薪资管理

（1）定岗定薪的依据

1）基本素质（学历、仪表、言谈举止、文字表达能力等）。

2）工作经历、岗位经验、工作能力。

3）专业技能、技术等级、岗位技能。

（2）工资和绩效

1）员工工资标准按照薪资方案核定与调整。

2）公司发薪日为每月15日（特殊情况另定），遇节假日顺延。

3. 人员管理（见图4-9）

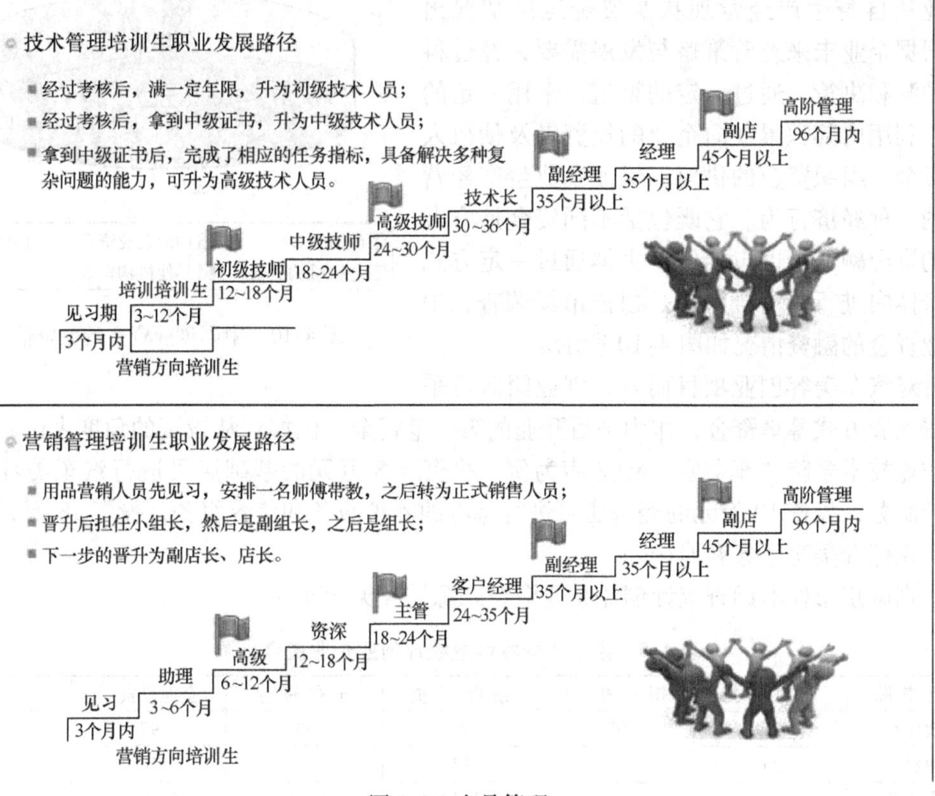

图4-9　人员管理

任务2 汽车美容店运营管理

【学习目标】

知识目标：

1. 了解资金的筹措及调配计划。
2. 了解店面资金的来源与运用。
3. 了解资本运营与退出方法。

能力目标：

1. 能够对汽车美容店经营项目进行策划。
2. 会制订企业发展规划。
3. 会进行经营损益分析。

一、创业资金的筹措及调配计划

创业融资是创业筹备阶段和企业初创阶段资金融通的过程，有广义和狭义之分。

广义融资是指资金在持有者之间流动，以余补缺的一种经济行为，包括资金的融入（来源）和融出（运用）。

狭义融资是指资金的融入（来源），具体是指企业从自身生产经营现状及资金运用情况出发，根据企业未来经营策略与发展需要，经过科学的预测和决策，通过一定的渠道，采用一定的方式，利用内部积累或向企业的投资者及债权人筹集资金，组织资金的供应，保证企业生产经营需要的一种经济行为。它既包括不同资金持有者之间的资金融通，也包括经济主体通过一定方式在自身体内进行的资金融通。根据市场调查，中国创业资金的融资情况如图4-10所示。

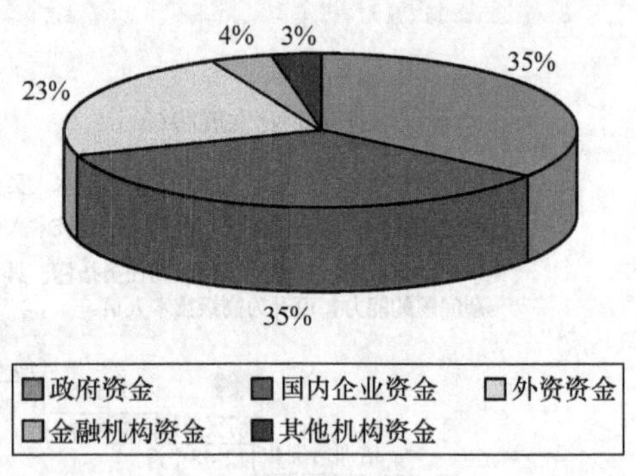

图4-10 中国创业资金的融资情况

针对汽车美容创业项目而言，创业团队可采取集资入股方式筹集资金，作为项目开业的第一笔资金。例如：从投资的角度来讲，以南京交通职业技术学院“车美堂”创业店为例，投资6.8万元的基础店可进行汽车美容养护最基础的服务，投资10万元的经济店可进行基本的养护服务和美容服务，投资18万元的标准店可提供标准美容服务和养护。

根据南京市样本调查统计创业企业资金来源情况见表4-5。

表4-5 南京市样本调查统计创业企业资金来源

资金来源	亲朋支持	银行借贷	创业投资	自有资金	企业投资者	其他
有效样本	97	97	97	97	97	97
频次	29	5	13	13	50	4
所占比例	29.9%	5.2%	13.4%	13.4%	51.5%	4.1%

二、汽车美容店项目策划分析

1. 汽车美容店经营项目定位

【案例】

社区汽车美容服务中心

社区汽车美容服务中心是以满足中、高档社区车主需求为导向，通过完善服务流程和延伸价值增值链来满足社区车主的现实需求和潜在需求的。将车主需求设计植入服务流程，使客户的需求效用达到最大化；在需求分析的基础上，对汽车服务产业的盈利模式进行系统分析；对客户需求效用和汽车服务盈利模式进行具体化处理，加强对消费者心理与消费需求的分析，坚持以人为本的服务理念。细分客户，突出差异性，将区别于其他竞争对手的独特优势转化为服务能力上的优势。建立差异化服务体系，加强与上、下游关联单位的合作，对服务资源进行全面整合和优化配置，不断推出个性化服务；这些服务不仅局限于为消费者提供方便，而是加入快乐消费、安全消费和文化消费等内容，给予车主一种可以无限延伸的生活，一种能彰显个性的特色生活。

2. 创业项目的方案策划

经营战略：除了常规的汽车美容、洗车、贴膜、补胎养护外，还有汽车代驾、租赁、新车导购、二手车置换等多方面服务。全力提供全面的精品服务。

3. 开店策划

不论是自主创业还是加盟开店，其开店策划内容见表4-6和表4-7。

表4-6 新店开店策划内容

店面图样设计	1. 店面效果图出具 2. 店面平面图出具 3. 洗车车位布置图及水电布线图设计 4. 施工车位及休息区布置图及水电布线图设计
店面服务系统策划	1. 洗车会员卡的设计及制作 2. 施工人员工作服及销售工作服设计 3. 店面宣传册内容及封面设计 4. 各管理层名片设计 5. 汽车美容施工项目牌设计 6. 店面宣传单及宣传内容设计 7. 店面门头设计及LOGO设计 8. 车主钥匙袋设计（高端汽车美容会所选项）
店面施工项目定位及策划	1. 店面施工项目确定 2. 洗车档次划分及洗车定价 3. 汽车美容项目价格制订 4. 精品项目价格制订 5. 会员卡体系制订及会员级别设计 6. 接车单设计 7. 车主满意度调查表 8. 接车车辆漆面检查表 9. 店面服务网站制作及设计（汽车美容会所备选） 10. 店面服务定位及服务理念的策划（适用于高端汽车美容会所）

（续）

店面内部管理系统制定	1. 建立汽车美容店店面健全组织结构图 2. 建立员工编制及招聘计划 3. 建立各职级的工作说明及工作职责 4. 建立员工工资及提成制度（根据所购产品及项目利润进行测算） 5. 建立并根据店面大小提供汽车美容管理手册 6. 建立并根据店面大小提供汽车美容细工手册 7. 建立并根据店面大小提供汽车美容技术手册 8. 建立汽车美容会员档案 9. 建立汽车美容店店面健全组织结构图（适用于汽车美容会所）

表4-7 加盟店店面策划中期内容

店面产品采购协助指导	1. 汽车美容产品数量及店面实际需要的产品 2. 汽车装饰用品数量及店面实际需要的用品（避免浪费多余资金） 3. 汽车美容产品品牌指导采购 4. 洗车设备数量及店面实际需要的设备
店面人员招聘	1. 总部官网协助招聘 2. 协助店面对应聘人员进行面试 3. 协助店面前期招聘的准备工作及渠道指导 4. 对不同工作岗位的人员进行考核，主要以笔试和实际考核为主
店面装修协助	1. 协助当地装修工程队进行店面装修 2. 指导装修队对水、电、气图布排 3. 指导、协助装修队安装洗车设备（适用于精细洗车店面） 4. 指导装修队对洗车排水系统布置 5. 协助装修队对美容车间装修提供专业性建议 6. 协助装修队对休息区及精品区装修提供专业性建议
店面整体实际运营封闭培训	1. 精细洗车流程培训 2. 洗车员工站姿、坐姿，洗车标准姿势及礼仪培训（适用于高端汽车美容会所） 3. 店面开业前美容施工流程与礼仪封闭培训 4. 店面开业后美容施工指导 5. 汽车美容店店面开业促销方式培训
店面试营业及开业驻店指导	1. 汽车美容店店面营业时间确定 2. 店面广告宣传方案制订 3. 市场开发宣传方案制订 4. 开业后的店面管理方案确定 5. 汽车美容产品的宣传造势 6. 汽车美容店面主题推广造势 7. 协助汽车美容店店面进行客户开发 8. 对汽车美容店店面产品进行细致化分析以及适度包促销 9. 协助汽车美容店老板对当车主的消费进行调查以及宣传本店主打项目 10. 指导、协助店长对店面的管理进行优化和细致的分析

（续）

店面运营后期3~6个月店面优化指导	1. 对汽车美容店的洗车流程进行优化（前3个月最为关键） 2. 对已开业的汽车美容店实际经营情况进行分析并提出解决方案 3. 对已开业的汽车美容店进行洗车流程的管理及监督指导，确保洗车质量和洗车工序始终如一 4. 对已开业的汽车美容店进行操作技能指导，使美容质量稳步提升 5. 对已开业的汽车美容店产品进行优化，为不易推销的产品制订一套促销方案 6. 对汽车美容店洗车工的综合礼仪进行评估及再优化 7. 对汽车美容店装饰工的综合礼仪进行评估及再优化 8. 对汽车美容店店长的业务和开发能力进行评估及指导 9. 对当前汽车美容市场的竞争对手进行分析，制订出一套符合当前汽车美容店的推广方案 10. 汽车美容管理培训机构为所有的合作伙伴提供终身咨询和管理服务

三、企业发展规划

汽车美容店以服务起家，因此应以服务立身，以服务制胜。企业的发展规划如下：

1. 初期：初步发展（0~1年）

总体要求：完成公司注册、店面装饰、设备组装调试、相应的水电设备安装，完成人员的招聘与培训，完善中心的服务流程；开展营销活动，市场初步导入，引导用户接受并逐步赢得客户信任，拥有一定数量的稳定客户群。

纵深方向：树立品牌形象，与各大汽车品牌的4S店建立战略伙伴关系，拓展公司的业务范围。

2. 中期：进一步发展（1~2年）

总体要求：完善公司的业务流程与服务；完善车主信息管理；完善企业内部管理机制，形成良好的内部竞争机制；开展丰富的车友俱乐部活动；针对成熟项目增加设备，扩大服务规模。

纵深方向：创立自己品牌的汽车精品网店、直销网络和代理销售网络相结合，基本覆盖重要目标市场；建立本公司在行业内的专业、务实、高效的形象，成为专业市场中有代表性的品牌之一。开办企业刊物，塑造企业文化，提升品牌价值。

3. 成熟期：进入稳定阶段（2~3年）

总体要求：建立完善、高效的市场网络核心服务产品；拥有一定规模的品牌会员，依靠俱乐部会员扩大品牌影响力；加速项目结构的进一步升级；加强广告、宣传投入，提升企业形象，积极与大型房地产公司、物业管理公司形成合作关系，与本市各大品牌进行广泛合作，成为行业内有重要影响的行业力量之一。

纵深方向：扩大公司规模，实现连锁式经营，辐射各城区设立服务连锁店，风险资本退出之后在公司内部逐步推行员工持股，通过直接投资和资本运作成为本地区汽车美容行业的领导者之一。

4. 长期：进一步拓展（3~5年）

总体要求：公司在组织架构和营销流程上进行有针对性的改造，以适应下一步战略和二次创业的要求。有选择地涉足其他相关行业，为下一步发展重点实现产品的链状化、经营的多元化和技术的一体化，以成为国内汽车服务领域的佼佼者。与国内同行业市场领导者在技术、市场、资本运作等方面进行合作与竞争。

5. 竞争策略

强化产业链占位、巩固开发链模式，提升品牌美誉度，扩展服务链价值。

例如：办理“会员卡”给车主生活产生了增值权益，用有形的顾客组织使企业更好地为用户服务，实现与用户的零距离及保持长久的联系，如图4-11～图4-14所示。

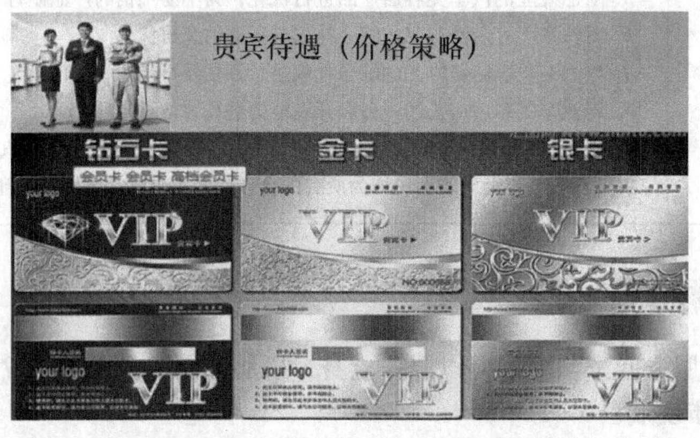

图4-11 汽车社区服务店会员卡

图4-12 汽车社区店汽友俱乐部服务活动

图4-13 汽车社区店宣传策略

图4-14 汽车社区店广告策略

6. 营销策略

1）差异化营销，提高客户对店铺环境的满意程度。

2）建立客户关系管理系统，培育客户忠诚度。

3）建立客户数据库。

四、汽车美容店经营损益分析

1. 资金来源、运用

公司初期需要外借资金作为流动资金。同时考虑到合理的负债比例，公司的资产负债比为1:3。资金主要用于购买固定资产，租赁房屋以及生产中所需的直接原材料、直接人工及其他各类期间费用等。

2. 运营成本和费用估算

1）水费、电费及网费分别按其年耗量乘以相应价格测算，并考虑一定的损耗。水费按××元/t计，电费按×××元/度计，网费按××元/年计。

2）员工工资。

3）设备按期限10年残值率3%计提折旧，车辆及办公设备均按期限5年计提折旧，车辆残值率为3%，办公设备残值不计。

4）本店经营面积为×××m^2，租金为×××××元/月。20m^2左右用于办公、接待，10m^2用于物品存放等，30m^2用于工人操作修车、打蜡等，一次可接待2辆车。40m^2用于精品展示区和客户休息区。

【案例】汽车美容店月度经营预算（见表4-8）。

表4-8 汽车美容店月度经营预算

项　目	预　算
1. 店面租金	5000元/月
2. 员工开支（10人）	10000元/月
3. 产品消耗	8000元/月
4. 水电消耗	1000元/月
5. 宣传费用	1800元/月
6. 其他开支	1000元/月
总计	26800元/月
年总计	321600元/年

3. 店面运营费用分析

汽车美容店可大可小，小则一个几平方米的汽车饰品店，或者一个十多平方米的洗车和简单护养的小店，大则上千平方米的豪华汽车美容装饰店，都能够各司其职运行良好。

常见的店铺投资类型如下，创业者可根据自己的资金预算开店。

（1）小型店　面积为150m^2内。初期投资包括：设备5万元，备货3万元，店面装修5万元，周转资金3万元，总计16万元（转让费根据各地情况有所不同，请根据当地市场增加，房租费用在后面列出，计算初期投资的时候也要计算在内）。预计营业额：前6个月

2000元/天，共计36万元；后6个月3000元/天，共计54万元；全年合计90万元。按照50%的利润计算，全年毛利为45万元。

全年基本费用开支：10人的人均月工资为1500元，全年共计18万元；店面租金全年共计7.2万元，水电费1万元，税金1.8万元，装修设备折旧费1万元，广告宣传费1万元，全年开支合计约30万元。第一年纯收益：45万元－30万元＝15万元。

（2）中型店　面积为150～400m²。初期投资分析：设备7万元，备货5万元，店面装修7万元，周转资金5万元，共计24万元（转让费根据各地情况有所不同，请根据当地市场增加，房租费用在后面列出，计算初期投资的时候也要计算在内）。预计营业额：前6个月3000元/天，共计54万元；后6个月5000元/天，共计90万元；全年合计144万元。同样按照50%的利润计算，全年毛利为72万元。

全年基本开支：15人的人均月工资为1500元，全年共计22.5万元；店面租金全年共计12万元，水电费2.4万元，税金2.4万元，装修设备折旧费1.7万元，广告宣传费2万元，全年开支合计约43万元。第一年纯收益：72万元－43万元＝29万元。

（3）品牌连锁店　面积为400m²以上。初期投资分析：设备10万元，备货10万元，店面装修10万元，周转资金10万元，共计40万元（转让费根据各地情况有所不同，请根据当地市场增加，房租费用在后面列出，计算初期投资的时候也要计算在内）。预计营业额：前6个月5000元/天，共计90万元；后6个月8000元/天，共计144万元；全年合计234万元。毛利为117万元。

全年基本开支：20人的人均月工资为1500元，全年共计30万元；店面租金全年合计18万元，水电费3.6万元，税金3万元，装修设备折旧费2.4万元，广告宣传费3万元，全年合计开支约60万元。第一年纯收益：117万元－60万元＝57万元。

基本说来，汽车美容店一年可收回成本（转让费除外，后期转让可以全数收回，有些店铺无转让费），随着时间的推移和知名度的提高，收益也将逐渐增加，属于中型投资、高回报的创业项目。

4. 经营损益

表4-9为汽车美容项目利润分析。

表4-9　汽车美容项目利润分析　　（单位：元）

一、汽车美容服务项目毛利参考分析

	洗车	抛光封釉	漆面上蜡	内室桑拿	光触媒
收费	10	680	120	280	180
成本	0.35	50	20	22	30
毛利	9.65	630	100	258	150
月次/次	1200	30	60	25	12
月利	11580	18900	6000	6450	1800
年利	138960	22680	72000	77400	21600
月利合计	44730				
年利合计	332640				

（续）

二、汽车装饰养护毛利参考分析					
	底盘装甲	贴膜	汽车改装	发动机养护	精品
收费	900	600	2800	180	150
成本	140	180	1100	40	70
毛利	760	420	1700	140	80
月次/次	9	30	12	90	90
月利	6840	12600	20400	12600	7200
年利	82080	151200	244800	151200	86400
月利合计	59640				
年利合计	715680				

注：总体服务纯利润参考分析：月利 79870 元，年利 9524400 元。

五、经营风险分析

1. 经营风险

经营风险是指由于生产经营上的原因导致息税前利润（EBIT）变动的风险，即未来息税前利润的不确定性。对于一家刚起步的汽车美容店，还未得到广大客户的认可，并且还要面对行业内的竞争，竞争对手以更低的价格来吸引客户时，可能会影响客户源，造成客户流失。

2. 财务风险

财务风险是指企业由于筹资原因产生的资本成本负担而导致的普通收益变动的风险。引起企业财务风险的主要原因是资产报酬的不利变化和资本成本的固定负担。由于财务杠杆的作用，当企业的息税前利润下降时，企业仍然需要支付固定的利息费用，只有合理利用杠杆原理，才能在固定成本不变的情况下将利润发挥到最大化，降低财务风险。

财务盈利能力分析的内容包括：计算财务内部收益率、财务净现值、投资回收期和投资利润率等指标。其中财务内部收益率是项目的主要盈利性指标。

3. 风险评估技术和方法：故障树分析法（FTA）

故障树是指在项目风险定性分析过程中，通过对可能造成项目失败的各种因素进行分析，画出逻辑图，从而确定可能导致项目失败原因的各种可能组合方式的一种树状结构图。故障分析是以故障树为模型，对项目可能发生的风险进行定性分析的过程。故障树分析包括顶事件、中间事件和底事件（图4-15）。

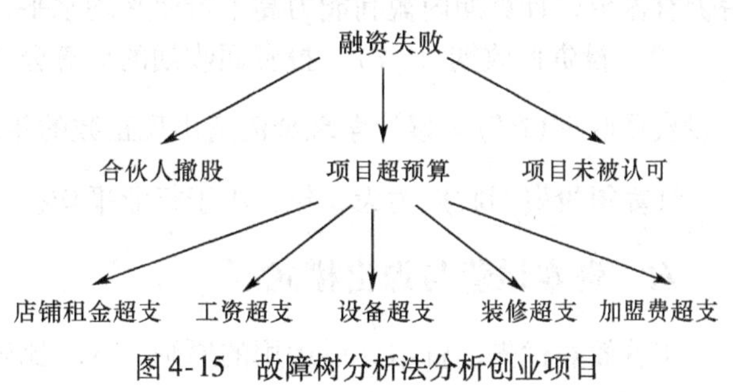

图4-15 故障树分析法分析创业项目的融资失败原因

在项目管理中，机会是指能给项目的结果带来增值的时机；风险是指可以引起项目不能按计划完成的时机。风险规避包括：分析风险规避措施，确认什么时候采取冒险行为、什么时候采取风险规避措施，承担所选的规避措施带来的残余风险。企业采取某项风险规避措施所带来的收益必须大于由此所带来的残余风险，只有这样，采取风险规避措施才是合理的。

风险规避措施的合理性为：收益大于残余风险。

【案例】

社区汽车美容中心创业风险分析

风险总是与机遇同在，但由于市场和公共政策等的不确定性以及企业内部客观存在的不稳定因素，公司在发展过程中肯定会遇到一系列的挑战和风险。为了对可能出现的风险及时预见并化险为夷，引入现代企业风险评估系统，对风险进行量化分析，将各种风险降低（减轻）、抵消、分散或转移，保证企业的良性发展。表4-10为美容店创业分析表。

表4-10 美容店创业分析表

序号	风险和问题	解决方案
1	资金问题	融资顺利完成再开始创业
2	员工问题	招聘具有相关技术的员工
3	市场渠道问题	深入社区，了解社区居民的需求
4	服务质量问题	制定严格的工作制度，建立完善的服务反馈系统
5	市场接受度（群众是否接受）问题	创业前做好相关市场调查，做到信息基本准确
6	设备问题	联系多家厂家，进行比较后再进货
7	工资问题	资金落实后再开始实施计划
8	同行业竞争	提高服务质量，打响品牌，保持同行业竞争优势

4. 投资分析

投资决策需要使用各种指标进行计算判断常用的有投资净现值、内含报酬率、投资回收期、盈亏平衡分析、投资回报分析、项目敏感性分析等。

（1）投资净现值（*NPV*）

$$NPV = \sum_{i=1}^{n} (CI - CO)t(1+i) - t$$

银行短期借款（1年期）利率为6%，长期借款利率为6.42%。考虑到目前资金成本较低，以及资金的机会成本和投资风险性等因素，取i值为10%，假设项目期限暂按5年计算，此时，*NPV*为44.82万元，远大于零，项目净效益抵付了以行业基准收益率计算的盈利后仍有盈余，计算期内盈利能力高于行业平均水平，因此，项目在财务上可行。

（2）投资回收期（*PT*） 投资回收期的计算公式为

$$投资回收期(PT) = 累计净现金流量出现正数的年份 - 1 + \frac{上年累计净现金流量的绝对值}{当年净现金流量}$$

计算得投资回收期约为3年，小于行业平均投资回收期（*PC*），投资方案可行。

六、资本运营与退出模式

本着效益优先、资本灵活运用的原则，寻求比较适合于汽车服务的运作模式，可以考虑以下方式：

1. 孵化器模式

采用孵化器模式，积极激励公司各成员的创造性和工作态度。

2. 股东模式

通过其他相关人士的入股来启动初始资金。

3. 资本提出模式

考虑到风险投资的特性，当风险资本运营到一定的阶段，可以考虑采用资产重组模式及风险隔离。

4. 资产重组模式

最优化原理：通过资产重组使基础资产的收益达到最佳水平，从而使以汽车服务为基础的产业为汽车美容、钣喷等项目的发展打下基础。

均衡原理：资产重组应将资产的原始所有人、策略投资者以及将来的股份持有人的利益进行协调，以保持原有的均衡不被破坏。

成本最低原理：在资产重组的过程中，必须坚持“低成本”的战略，也就是说必须降低资产重组的操作成本。

优化配置原理：按照“边际收益递减”原理，在某种资产连续追加的过程中，边际投入所能带来的边际收益总是递减的；当边际收益与边际成本趋于一致时，资产投入的效益就达到最优化状态。

七、大学生创业风险评估及问题

1）面对同类行业的竞争，有公司管理制度的不完善、技术方面的不成熟、财务、市场、资金撤出和政策等。

2）减轻风险的方法：

① 加强员工素质。

② 加强会员管理机制。

③ 技术方面不断完善。

④ 加强财务统计和分析。

⑤ 把应收账款作为经营管理人员业绩的内容，并与工资、资金挂钩。

【思考与练习】

设计一份汽车美容店创业策划书。

模块5

汽车钣金修复

项目1

车身主要附件的拆装

碰撞损坏的汽车可能需要进行多种维修作业，维修步骤取决于损坏的类型和位置，对于损伤较大的车身附件将其更换是常见做法。本项目将学习车身主要附件的拆装作业，这些作业是车身修复中的常见作业。

请记住：在工作中获得经验是成为一名合格技师的唯一途径，只有通过实践才能胜任拆卸和更换车身部件的工作。

任务1 认识轿车车身结构

【学习目标】

知识目标：

1. 熟悉非承载式车身和承载式车身的结构特点及各自的优、缺点。
2. 熟悉轿车车身的组成和分类。
3. 熟悉承载式车身的结构及主要车身零部件，知道现代轿车防碰撞车身结构的特点。

能力目标：

1. 能够描述轿车车身主要板件的名称及作用。
2. 能够精确地辨别出所有受损的部件，并能从各种修理方法中选择正确的修理方法。

【知识准备】

一、车身的承载类型

按承载形式的不同，可将车身分为非承载式、半承载式和承载式三大类。

1. 非承载式车身

货车（除微型货车外）与在货车的三类或二类底盘基础上改装成的大客车和专用汽车以及大部分高档轿车（出于对舒适性的要求），都装有单独的车架，此时车身通过多个橡胶垫安装在车架上（见图5-1）。当汽车在崎岖不平的路面上行驶时，车架产生的变形由橡胶垫的挠性所吸收，载荷主要由车架承受。因此，这种车身结构应是不承载的。但实际上，由于车架并非绝对刚性的，所以车身仍在一定程度上承受着由车架弯曲和扭转变形所引起的载荷。非承载式也称为有车架式。相当一部分类型的客车、货车和传统轿车，均采用有车架的非承载式车身结构。

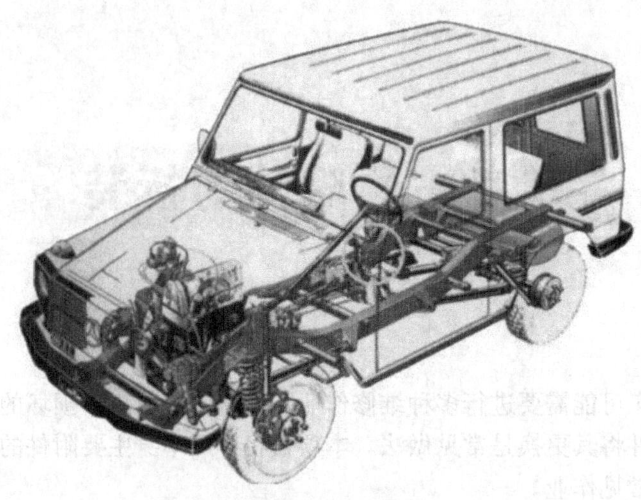

图 5-1 典型的非承载式车身

2. 半承载式车身

半承载式车身的结构与非承载式车身的结构基本相同，也属于有车架式。它们之间的区别在于半承载式车身与车架的连接不是柔性连接而是刚性连接，即车架与车身通过焊接或螺栓固定。

由于是刚性连接，所以车身只是部分地参与承载，车架是主承载体。

3. 承载式车身

承载式车身的一个突出特征是没有独立的车架，车身由底板、骨架、内蒙皮、外蒙皮、车顶等组焊成刚性框架结构，整个车身构件全部参与承载，所以称为承载式车身。由于无车架，因此也称为无车架式车身（见图 5-2）。

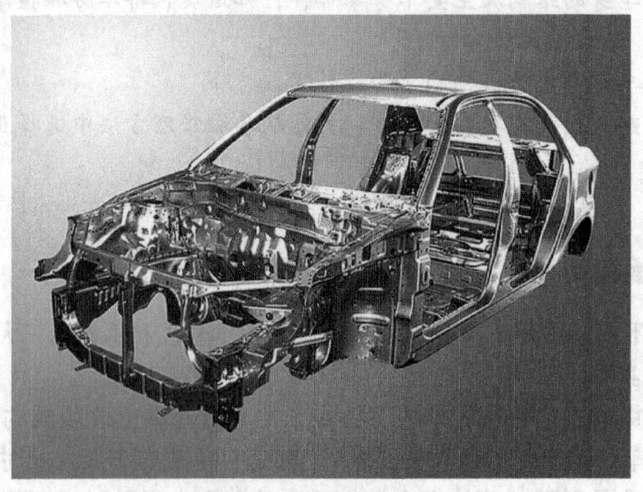

图 5-2 典型的承载式车身

对于承载式车身而言，由于整个车身参与承载，强度条件好，有利于减轻自重并使结构优化。

二、轿车车身的组成

轿车车身由车身本体（俗称白车身）、车身外装件、车身内装件和车身电气附件四部分组成。

1. 车身本体

车身本体是轿车承载的主体，它由梁、支柱、加强板等车身结构件和车身覆盖件组合而成，并包括翼子板、车门、发动机罩和行李箱盖等，它是车身内、外装饰件和电气附件的装载基体。

梁和支柱等车身结构件焊接成框架结构，使车身形成一个整体式结构，具有一定的强度和合适的刚度，起主体承载作用。

车身覆盖件是指车身上各种具有不同曲面形状及大小尺寸的薄板，如图5-3所示。车身覆盖件覆盖安装在车身本体上，使车身成为完整封闭体；同时，通过它来满足室内乘员乘坐的要求。车身覆盖件能够体现轿车的外形，并增强轿车车身的强度和刚度。

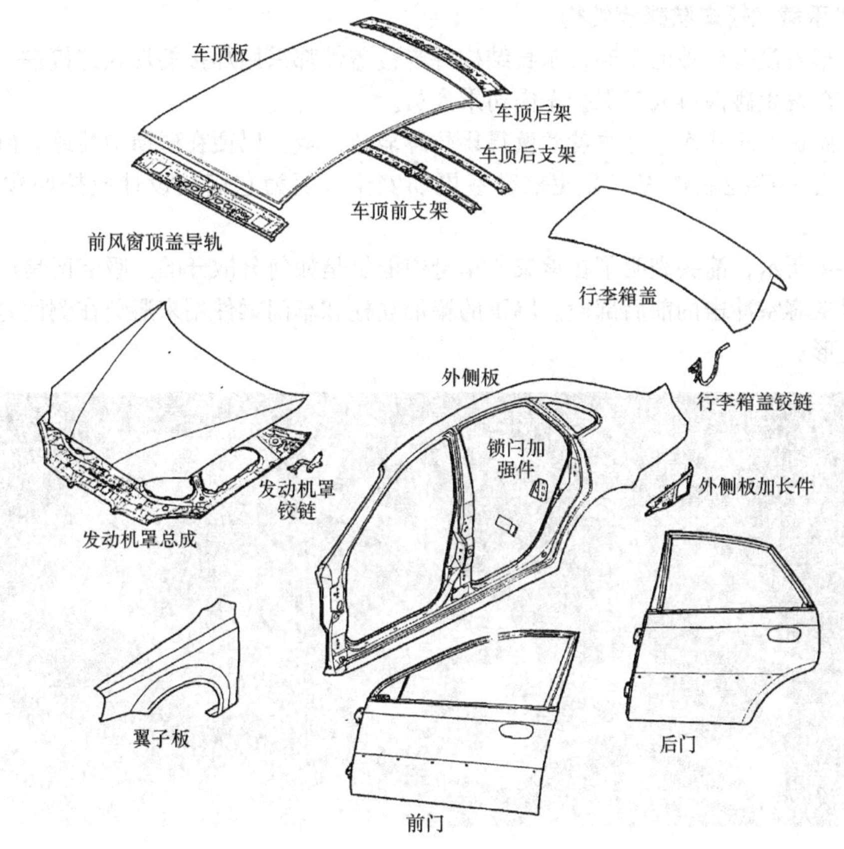

图5-3 轿车车身的主要覆盖件

2. 车身外装件

车身外装件是指车身外部起保护或装饰作用的一些部件，以及具有某种功能的车外附件。主要外装件有：前、后保险杠，各种车身外部装饰条，密封条，车外后视镜，散热器罩，车门机构及附件等。

3. 车身内装件

车身内装件是指车内对人体起保护作用的或起内装饰作用的部件，以及具有某种功能的车内附件。主要内装件有：仪表板，座椅及安全带、安全气囊，遮阳板，车内后视镜，车门、地板及轿车内饰等。

4. 车身电气附件

车身电气附件是指除用于轿车底盘以外的所有电气及电子装置，例如：各种仪表及开关；前照灯、尾灯、指示灯、雾灯、照明灯；音响及收视装置、设备；空调装置；刮水器；洗涤器；除霜装置；以及只有某些功能的电气、电子装置，如全球定位系统（GPS）、集成安全系统（ISS）等。

三、承载式轿车结构

现代轿车主要采用承载式车身，下面以前置发动机前轮驱动（FF）轿车车身结构为例，介绍现代轿车的车身结构。

1. 现代承载式轿车防碰撞结构

承载式车身没有单独的车架，车身结构件与覆盖件都采用焊接的形式连接在一起，这种设计有助于在发生碰撞事故时保护车内司乘人员。

碰撞吸能区是承载式车身中特意做得比较薄弱的区域，以便在碰撞中溃缩。碰撞吸能区对连带损坏有一些控制作用，并使乘客室更加安全，因为它们被设计成按照预定的方式溃缩。

如图5-4所示，箭头表明了在承载式车身中能量是如何分散开的。吸能区是用于在高速碰撞中减缓乘客室冲击的前后部段。厚重的箱形立柱和车门梁件用来避免在侧面碰撞中乘客室被侵入变形。

图5-4 现代承载式轿车吸能示意图

2. FF车辆前车身结构

前车身主要由翼子板、前侧梁、前围板、散热器支架、发动机罩和前保险杠等部件组成，这些部件除发动机罩、前翼子板和保险杠采用螺栓联接外，其他部件多采用焊接以加强车身的强度。

前轮驱动和后轮驱动汽车的前悬架几乎是相同的，两种汽车都使用滑柱式独立前悬架，前车身的精度对前轮定位有直接影响，在完成前车身修理后，一定要检查前轮的定位。

副梁式前车身结构如图5-5所示。

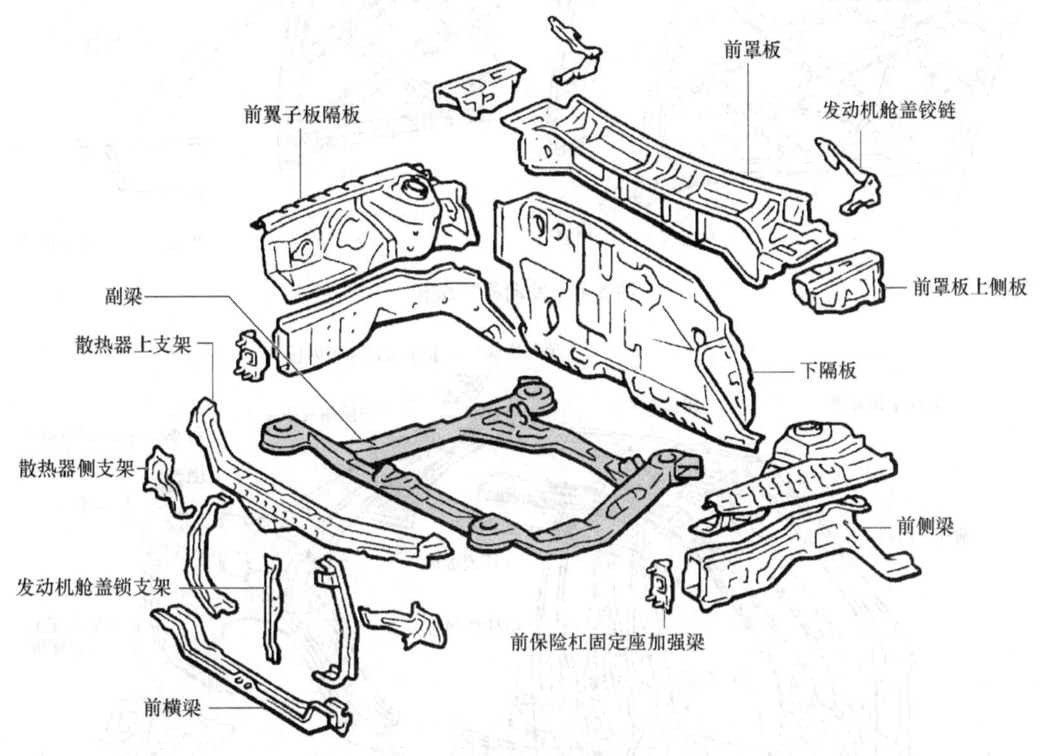

图5-5　副梁式前车身结构

发动机罩由内、外板组合而成（见图5-6）。外板为空间曲面板，其外表形状与整车造型协调一致，体现轿车的外形特征。内板由薄钢板经整体拉伸后成形，内板筋条网格布置，凸筋的布局既增加美感、提高刚度，又考虑它们在发动机罩上的位置避让，诸如铰链、锁机构等零件的需要。

内、外板组合后用环氧树脂胶粘接，粘接时需在咬合模中进行两次咬合。第一次咬合，将外板翻边45°；第二次咬合，将翻边咬死。也有的内、外板用定位焊连接。

为了吸振和减少噪声，在内板筋条翻边处与外板内表面留有2～5mm间隙，将吸振、隔声填料充入其中。

前翼子板是轿车前部的大型覆盖件之一，其表面形状与车身侧面造型协调一致，是车身侧面外表的一部分。前翼子板一般由0.6～0.8mm厚的高强度钢板拉伸成形。前翼子板前板大多用螺钉与车身壳体连接，后端通过中间板和前围支柱连接，前端和散热器框延长部分及灯具相连接，侧面与挡泥板连接。

3. FF车辆侧车身结构

图5-7所示是目前承载式轿车侧车身结构。侧车身与前车身和车顶钢板结合而形成乘坐空间。在行驶中这些钢板分散来自下车身的负荷到车辆上侧，并且防止左、右两侧弯曲。此外，侧车身也提供了车门支撑，以及车辆倾覆时维持乘坐空间的完整性。因此，为增加刚

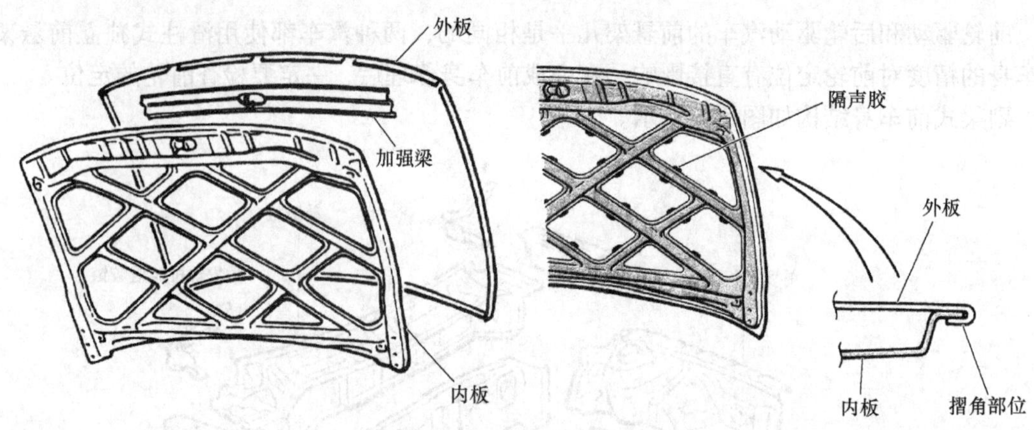

图5-6 发动机罩结构

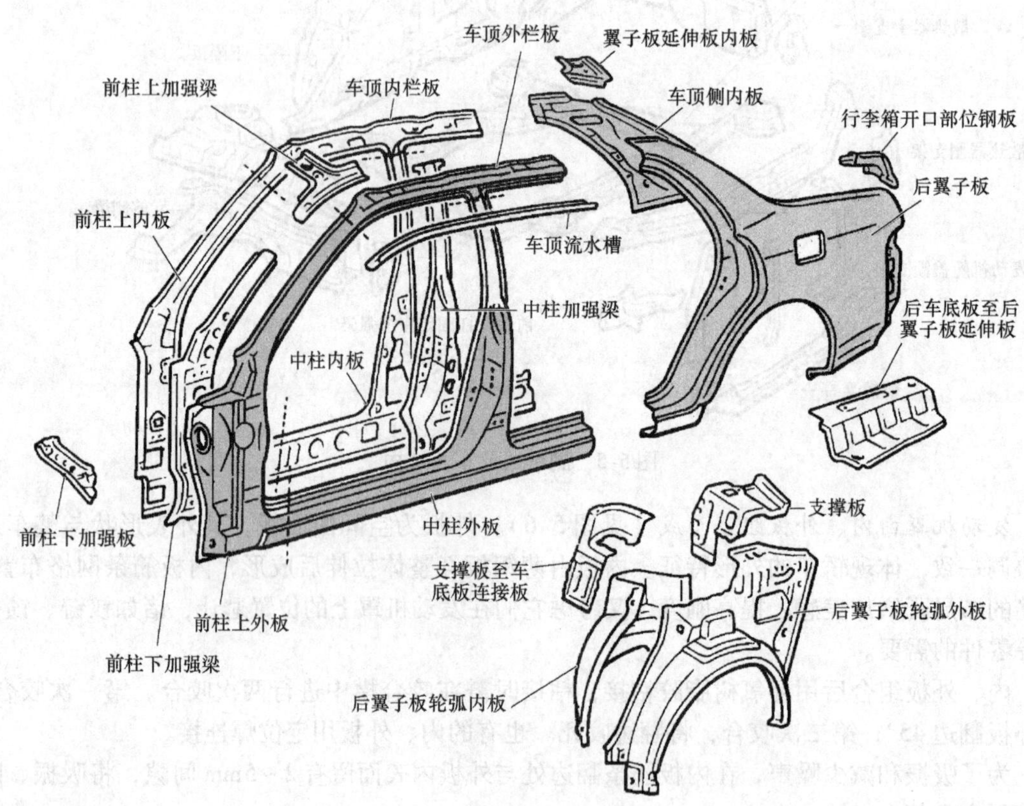

图5-7 侧车身结构

性，将外板、加强梁和内板组合成一个箱形结构。

轿车顶盖是轮廓尺寸较大的大型覆盖件，其作用不只是遮风避雨，提高零件的刚性也是至关重要的，车辆倾覆时可起到保护驾乘人员的作用。

车门（见图5-8）包含了外板、内板、加强梁、侧防撞钢梁和门框。其中，内板、加强梁和侧防撞钢梁以定位焊结合在一起，而内板和外板通常是以摺边连接。另外，车门窗框通常由定位焊和铜焊结合而成，车门形式大致分为窗框车门、冲压成形车门和无窗框车门三种。

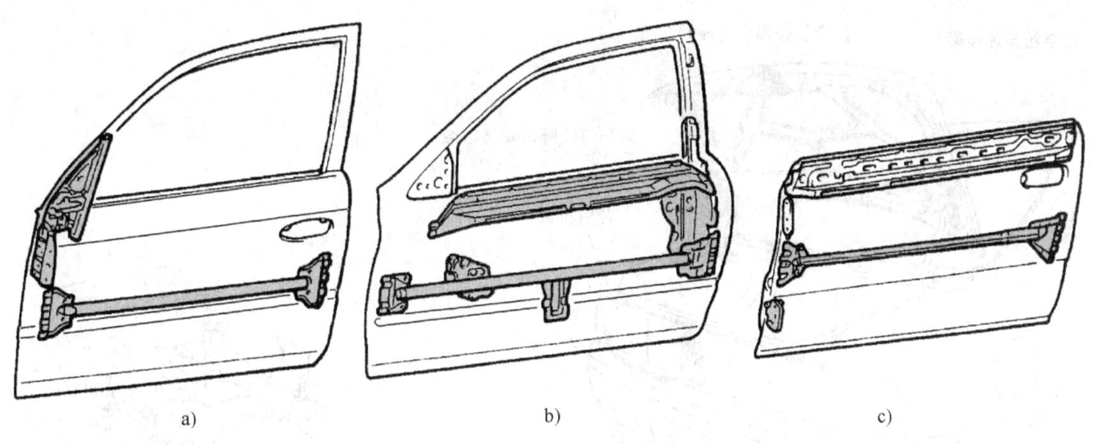

a) b) c)

图5-8 轿车车门

a）窗框车门 b）冲压成形车门 c）无窗框车门

4. FF车辆后车身结构

轿车车身后部是指乘客室后侧用于放置行李、物品的部位（见图5-9）。三厢式轿车有与乘客室分开的行李箱（见图5-9a），而两厢式轿车的行李箱则与乘客室相通合为一体(见图5-9b)。后车身主要包括后翼子板、后窗柱、后门槛、后侧梁及其后部覆盖件。

行李箱盖由上、下外板及内板组成，安装形式如图5-10所示。内板形状复杂，有纵向、横向、交叉和环状筋条，以增加其刚度。

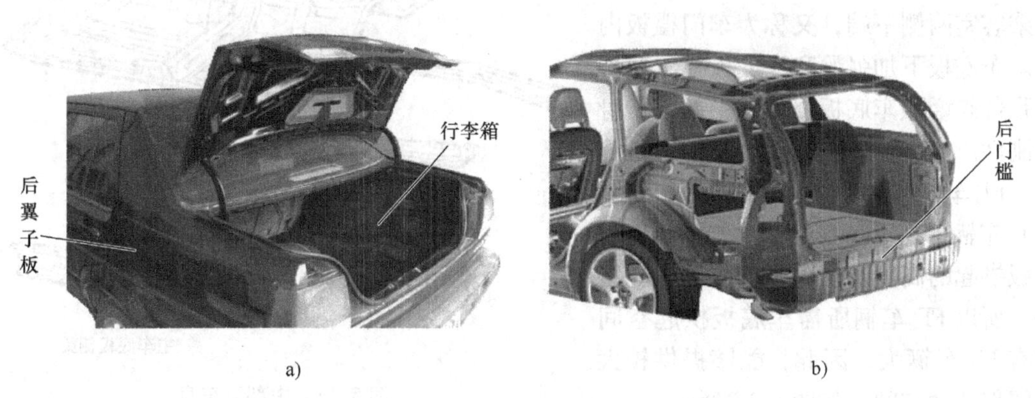

a) b)

图5-9 轿车车身后部

a）三厢式轿车车身后部 b）两厢式轿车车身后部

后翼子板是车身后部侧面的外表，它与后侧围内板连接或后舱加连接（两厢式）。

5. FF车辆下车身结构

（1）前下车身 前下车身由前侧梁、前横梁、转向机齿轮箱支撑梁（有的车型没有）等加强梁构成，以确保足够的强度和刚度。前侧梁与车底板加强梁及主车底板侧梁相连接，以利于撞击时能将撞击力分散至车身的各个部位，如图5-11所示。

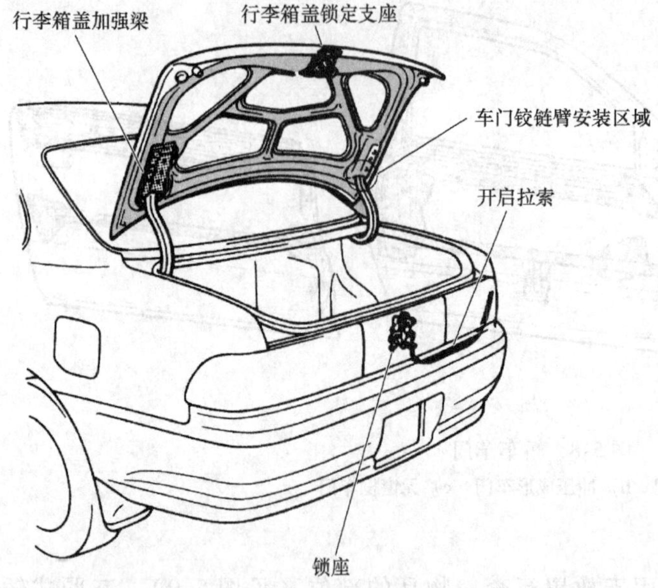

图5-10 车上安装形式

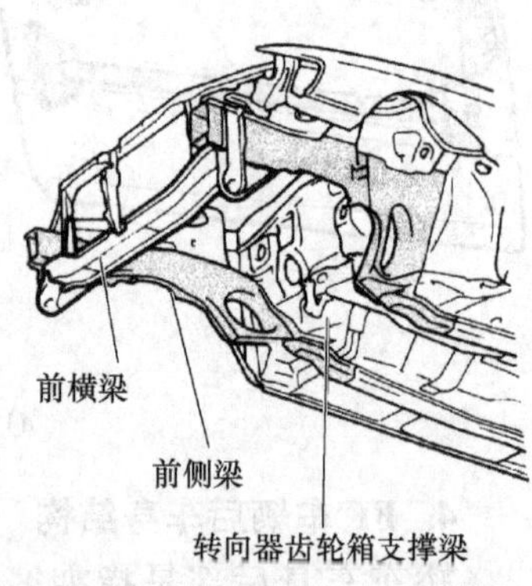

图5-11 FF车辆前下车身结构

（2）中部下车身 中部下车身（见图5-12）由主车底板侧梁、前车底板下加强梁、车底板横梁、前车底板组成。主车底板侧梁使用高强度钢板，位于乘客室两侧下端，又称为车门槛板内板。车底板下加强梁和车底板横梁使用加强件来增强车底板强度和中部下车身的刚性。

FF车辆和FR（前置发动机后轮驱动）车辆中部下车身的最大差别在于车底板拱起的高度。因为没有后轮驱动组件，所以FF车辆所需车底板拱起空间没有FR车辆大，因此，能够提供较大的腿部活动空间，如图5-13所示。

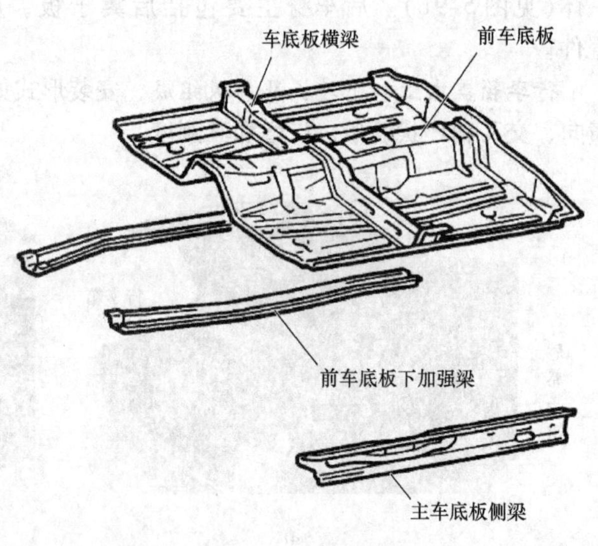

图5-12 中部下车身

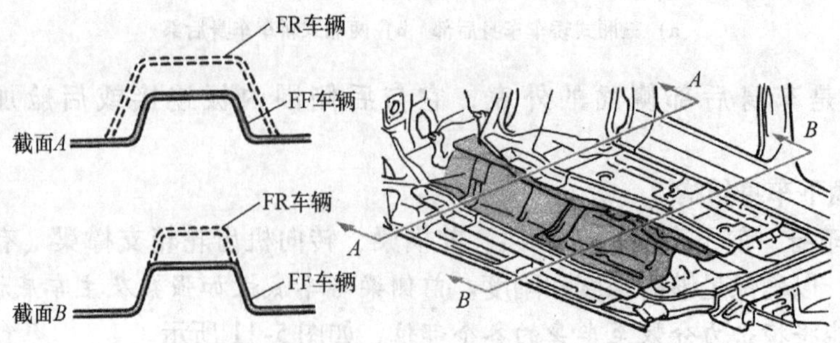

图5-13 FF车辆和FR车辆底部拱起结构的比较

（3）后下车身 后下车身由后车底板侧梁、后车底板横梁、后车底板组成，如图5-14所示。因为FF车辆的燃油箱放置于后座下方，所以可降低后车底板，提供既宽敞又深的行李箱空间。当发生后方撞击事故时，大部分的撞击力就可由后行李箱空间吸收。因此，后车底板侧梁的后段都经过波纹加工，以提高吸收撞击的效果（见图5-15）。后车底板侧梁的后段和后车底板侧梁是分开的，以提高车身维修时的更换作业。

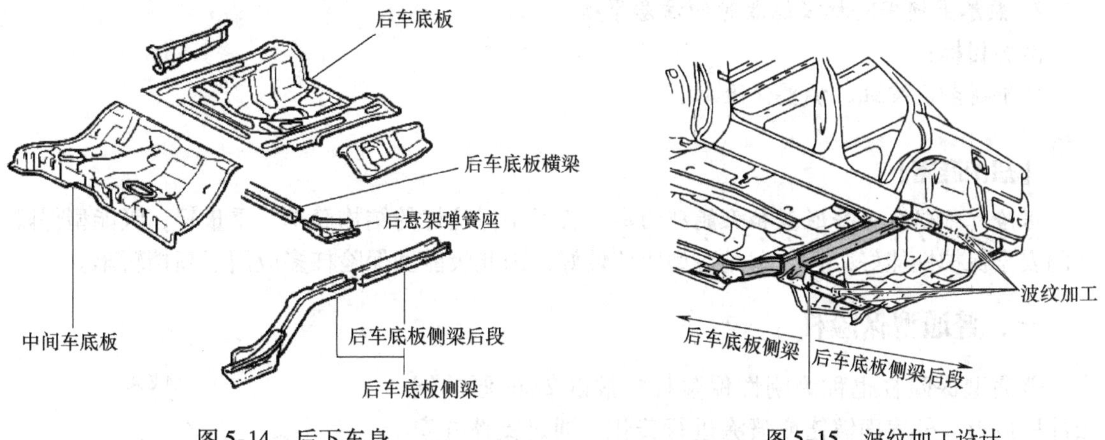

图5-14 后下车身

图5-15 波纹加工设计

【任务实施】

设备、工具和材料准备：

承载式轿车车身一个、非承载式轿车车身一个、举升机及必要的拆装工具、与车辆对应的车身修理手册。

任务实施步骤及要求：

1. 非承载式轿车车身结构认识

1）写出该非承载式车身的结构特征。

2）查找车身修理手册，写出所有板件的名称。

3）查看各板件之间的连接关系。

2. 承载式轿车车身结构认识

1）写出与非承载式车身相比，该结构有何不同。

2）查找车身修理手册，写出所有板件的名称。

3）指出所有车身结构件和车身覆盖件。

4）查看各板件之间的连接关系。

5）指出该车身防碰撞的措施有哪些。

6）指出该车身在发生追尾碰撞事故中保护燃油箱的措施。

任务2 拆装与调整汽车保险杠

汽车保险杠的主要功能是当车辆前、后端与其他物体相撞时对车身进行保护。另外，保险杠还作为车身外部装饰件，起到美化轿车外形的作用。

汽车保险杠属于易损件，汽车保险杠的拆装与调整是车身修复作业中的常见作业。

【学习目标】

知识目标：

1. 知道汽车保险杠的作用、类型与结构。
2. 熟悉更换保险杠吸能器时的注意事项。

能力目标：

能够拆卸、安装、调整保险杠。

【知识准备】

保险杠可以分为普通型和吸能型两类。普通型保险杠的结构简单、重量轻，吸能型保险杠的安全保护性能好，且与车身造型协调性好，因此吸能型保险杠多应用于高档轿车。

一、普通型保险杠

普通型保险杠也称为刚性保险杠，常以2mm厚的钢板冲压成形，外表面镀铬或喷涂进行美化，通过支撑柱安装在车身框架上。刚性保险杠的所谓刚性仅相对于吸能型保险杠而言，因为碰撞时保险杠要首先变形来吸收碰撞能量，所以杠身并不能被制造得十分坚固。有些刚性保险杠出于安全性考虑，在钢制支架外侧还设计有合成树脂材料制成的保险杠面罩，如图5-16所示。

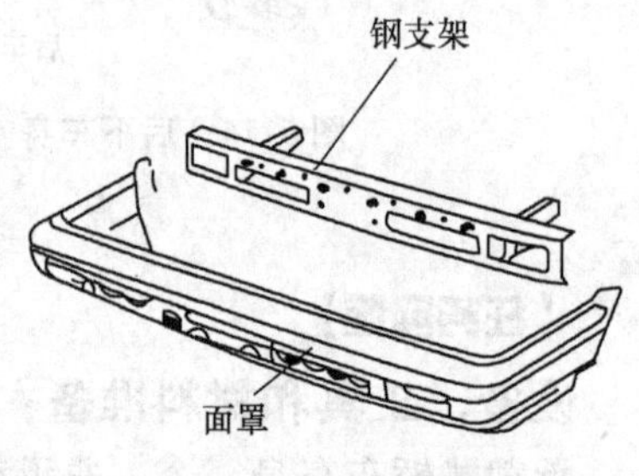

图5-16 保险杠面罩

二、吸能型保险杠

吸能型保险杠的设计结构在发生碰撞时吸收碰撞能量的能力比较强一些，可以有效地降低碰撞时车身的变形量。吸能型保险杠按照其吸收能量的方式，主要分为直接吸能型保险杠和吸能单元保险杠。

1. 直接吸能型保险杠

图5-17a所示为最典型的直接吸能型保险杠，该种形式的吸能保险杠结构简单，无须独立的吸能单元，只是在保险杠的面板与隔板之间填充吸能能力强的合成泡沫或发泡橡胶。图5-17b所示为硬橡胶和加强筋组合的吸能型保险杠。

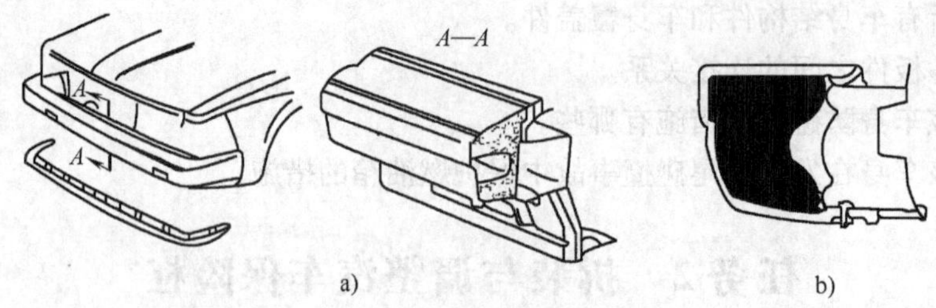

图5-17 直接吸能型保险杠
a）直接吸能型保险杠 b）硬橡胶和加强筋组合的吸能型保险杠

2. 吸能单元保险杠

这种吸能保险杠的特点是在保险杠挡杆的后端装有吸能装置（吸能单元）来吸收碰撞时的动能。现代轿车采用的压溃箱形式的吸能单元如图5-18所示。

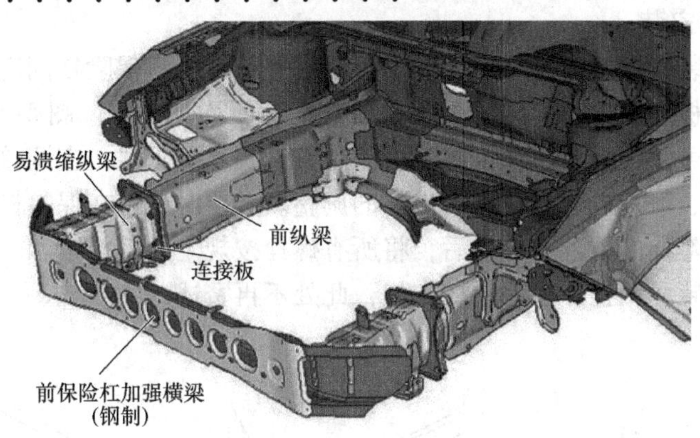

图5-18　现代轿车保险杠吸能装置采用压溃箱的形式

【任务实施】

设备、工具和材料准备：

带保险杠的承载式轿车车身一个、移动式千斤顶、各种扳手、对应车型的车身修理手册和安全防护用品（包括工作帽、工作服、安全鞋、棉手套、护耳器）。

技术标准及要求：

1）调整好保险杠的位置度，使其到翼子板和前格栅的距离相等，顶部间隙必须平齐。

2）所有螺栓按规定力矩拧紧。

任务实施步骤及要求：

如果不确定保险杠的固定方式和零部件拆卸的顺序，请参考具体厂商和车型的维修信息。常见保险杠的基本拆装步骤如下：

1. 前保险杠的拆卸

1）将车辆置于平坦的地面上并制动。

2）撑起发动机罩。

3）拔掉前部所有灯的线束。

4）有些保险杠拆除前，必须先拆卸下前照灯、防护板、风窗清洗器软管等部件。

5）按照装配连接图拆卸前保险杠上、下边固定螺栓。有些车保险杠质量很大，拆卸最后一个固定螺栓前，需将保险杠支撑在移动式千斤顶上。

6）当拆下最后的紧固件时，应找个助手将保险杠固定在千斤顶上。如果保险杠要被修理或重新使用，那么在千斤顶地承座上放上一块木块或厚泡沫橡胶垫，以防损坏漆面。

7）将保险杆和千斤顶从车辆上移开。

8）对装有吸能器的保险杠，必须先拧下与托架的连接螺栓；对于液压或气压式吸能器，应注意以下事项：

① 不要使其受热或弯曲。如果要在吸能器附近切割或焊接，应该先把它拆下来。

② 如果吸能器由于冲击而跳开，应在从车上拆下保险杠之前释放气压。具体方法是在气缸的前端钻孔，然后拆下保险杠和吸能器。

③ 在操纵、钻孔或拆卸跳开的吸能器时，必须注意安全，并戴上可靠的护目镜。

2. 前保险杠的安装

前保险杠的安装顺序与拆卸顺序大致相反。只是用螺栓将保险杠固定后，必须对其进行调整：使其到翼子板和前格栅的距离相等，顶部间隙应均匀一致。图 5-19 列出了某车型特定间隙的测量点，可供选择测量部位时参考。不符合技术要求时，应调整装配螺栓，装配托架允许保险杠作上、下、左、右及进、出量的调整。必要时，可在保险杠和装配托架之间加设垫片，以调整保险杠的位置度。最后，将所有螺栓按规定力矩拧紧。

后保险杠的拆装和调整与前保险杠类似，此处不再赘述。

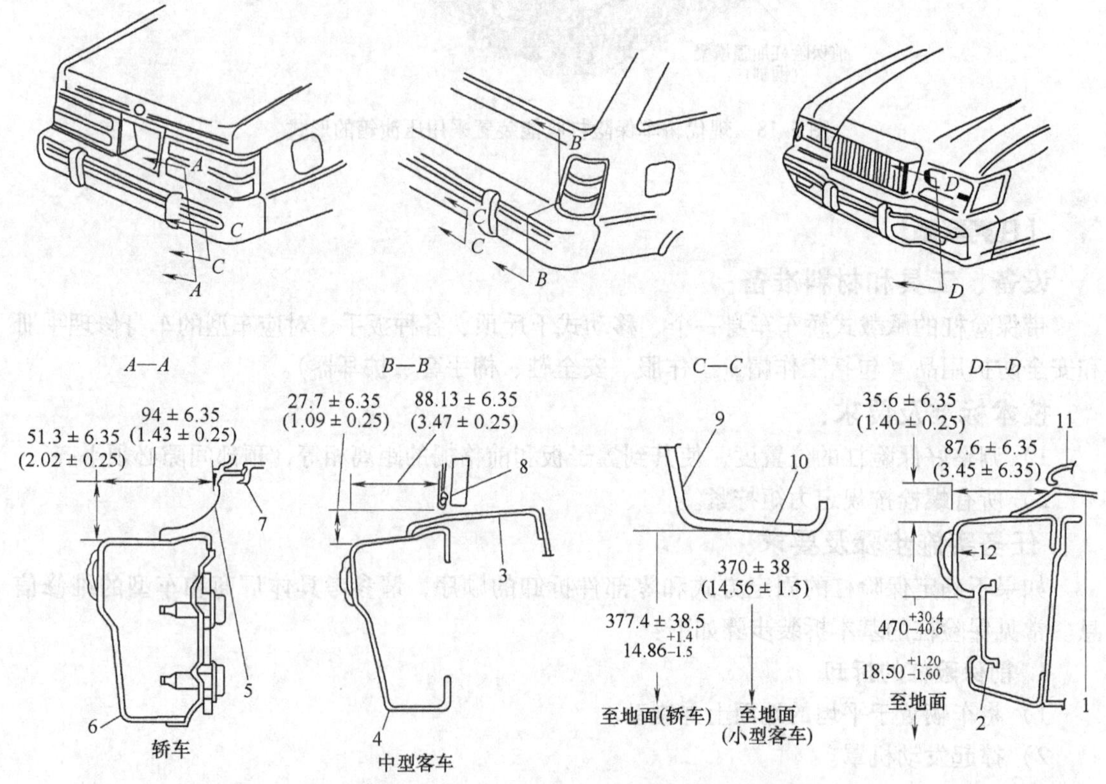

图 5-19 某车型保险杠检查与调整部位

1—前保险杠挡板 2—防雾灯 3、5—后保险杠挡板 4、6、9—后保险杠 7—后灯透镜 8—后灯透镜升降门 10—U 形拉槽 11—装饰条 12—前保险杠

任务3 拆装与调整发动机罩、前翼子板和行李箱盖

发动机罩、前翼子板、行李箱盖属于车身覆盖件，且属于易损件，因此它们都采用螺栓等紧固件联接。对它们的拆装和调整是车身修复作业中的常见作业。

【学习目标】

知识目标：

熟悉发动机罩、前翼子板、行李箱盖的拆装与调整的注意事项。

能力目标：

1. 能够拆卸、安装发动机罩。
2. 能够进行发动机罩与铰链、发动机罩高度以及发动机罩锁扣的调整。
3. 能够拆卸、安装、调整前翼子板。
4. 能够拆卸、安装、调整行李箱盖。

【任务实施】

设备、工具和材料准备：

两厢式和三厢式承载式轿车车身各一个、各种扳手、对应车型的车身修理手册和安全防护用品（包括工作帽、工作服、安全鞋、棉手套、护耳器）。

技术标准及要求：

车身装上外部板件后，要确保部件之间的间隙均匀。如图5-20所示，所有板件周围的间隙必须符合规范，所有板件的表面应平齐。

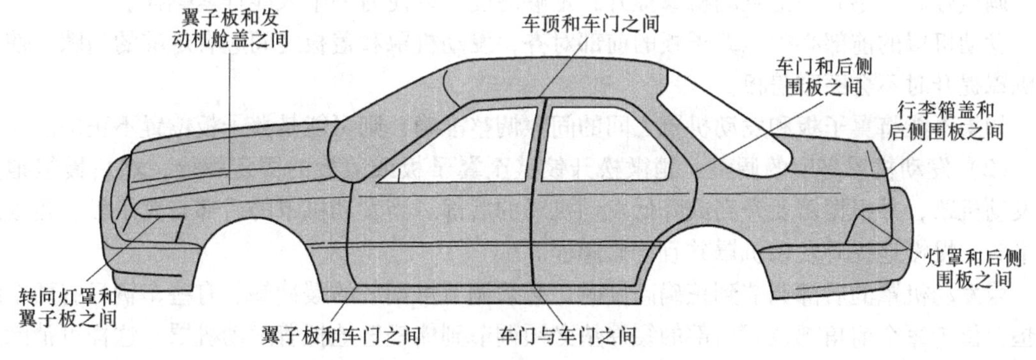

图5-20　车身外板件的间隙

任务实施步骤及要求：

一、发动机罩的拆卸、安装与调整

1. 发动机罩的拆卸与安装

1）开启发动机罩并用发动机罩支撑杆将其撑住。

2）将前风窗玻璃的清洗器喷嘴及软管线束拆离发动机盖。

3）拆除发动机罩铰链螺栓。在修理过程中，如果发动机罩损坏不严重并可继续使用，则将铰链的位置做好标记。将铰链侧面接触发动机罩的位置周围画出定位标志，有时还需将铰链在车身上的安装位置做上标记。在重新安装时，可以利用这些标记大致调整铰链和发动机罩。另外，为了避免发动机罩滑落损伤其他零部件，应找个助手固定住发动机罩。

注意：拆卸发动机罩螺栓时，一定要牢牢地支撑住发动机罩。

4）按拆卸的相反顺序装上新的或修好的发动机罩。同样，安装螺栓时，找个助手固定住发动机罩。装上铰链和发动机罩之间的螺栓，但不完全拧紧，再调整发动机罩的位置。

2. 发动机罩的调整

图5-21所示为定位不当的发动机罩。为了使发动机罩与翼子板和盖板相对中，应使发动机罩作上下、前后方向的移动调整。发动机罩应与翼子板边对边地对正，其间隙约为4mm。发动机罩的前边应与翼子板的前边对齐，其后边与盖板间应有足够的间隙，以便于清洗盖板。

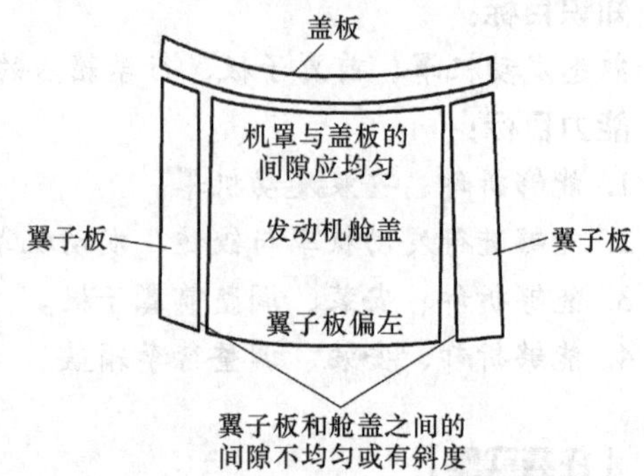

图5-21 定位不当的发动机罩

一般汽车发动机罩的铰链上开了槽孔，允许铰链在盖板或翼子板上升降，并允许发动机罩在铰链上前后移动。发动机罩的前部由发动机罩锁扣固定在适当位置。发动机罩锁扣使发动机罩的前部固定并与两侧的翼子板对中。为了对中，通常在锁扣上开有槽孔。

（1）发动机罩铰链的调节　将发动机罩固定到铰链上的螺栓稍微松开一些，然后关上发动机罩，用手移动发动机罩，直到所有侧面周围的间隙相等。

调整好后，小心地把发动机罩提升到足够高度，以便另一个人能拧紧螺栓。

发动机罩的前部必须与翼子板的前部对齐，发动机罩和盖板之间应有足够的间隙，使发动机罩提升时不会磨蹭盖板。

如果不能将翼子板和发动机罩之间的间隙调整准确，则可能是翼子板位置不正确。

（2）发动机罩高度的调整　稍微松开铰链至翼子板或盖板的固定螺栓，然后慢慢地关闭发动机罩，并根据需要升高或降低发动机罩的后部。当发动机罩的后部与翼子板和盖板成水平时，慢慢地提升发动机罩并且拧紧螺栓。

当发动机罩的后部调节到正确高度时，必须调节可调节的缓冲垫。有些车辆只有两个缓冲垫，位于每个前角部位。后部的缓冲垫必须调节到能轻轻地抵着发动机罩，这样可消除发动机罩的移动和振动。前部缓冲垫控制发动机罩前部的高度。转动缓冲垫，直至发动机罩的前部与翼子板的顶部齐平。调整完毕后，一定要重新拧紧在缓冲垫上的锁紧螺钉。

在铰链、可调缓冲垫和发动机罩锁扣处对发动机罩进行调整，可以向上下、左右和前后调整发动机罩，使发动机罩在垂直和水平方向上与翼子板和前围板对齐。发动机罩的调整工作可参见图5-22所示。调整发动机罩的基本方法如图5-23所示。

（3）发动机罩锁扣的调整　发动机罩锁扣的主要零部件如图5-24所示，该机构用来锁住发动机罩。发动机罩开启机构通常在锁扣和乘客室内的开启手柄之间使用一个长的钢拉索，它可能会在严重碰撞中损坏。

拉索发动机罩开启装置包括四个主要组成部件：

1）发动机罩开启手柄，在乘客室内，扳动它可以将拉索从发动机罩锁扣中向外拉。通常安装在乘客室左下侧，在仪表板下面。

2）发动机罩开启拉索是一根在塑料壳体内部滑动的钢缆。一端与开启手柄相连，另一端与发动机罩锁扣相连。

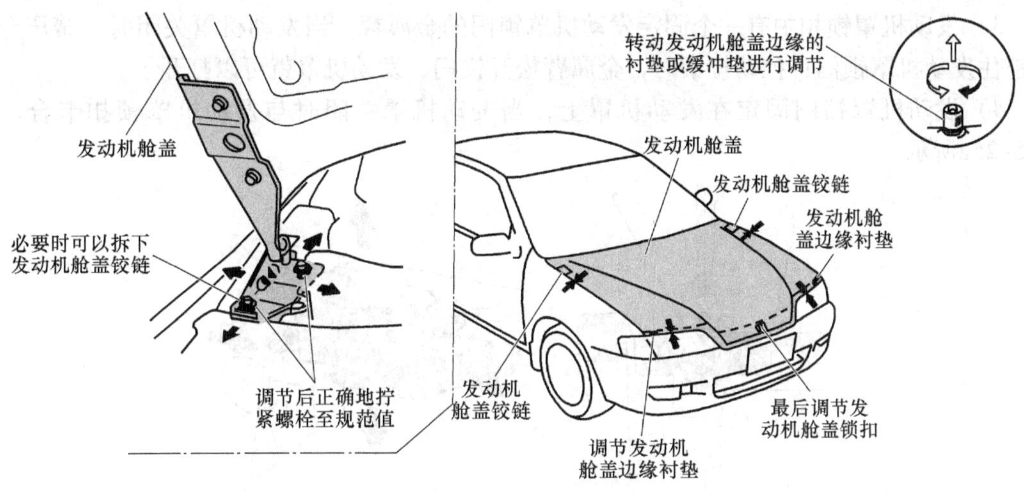

图5-22 发动机罩的调整

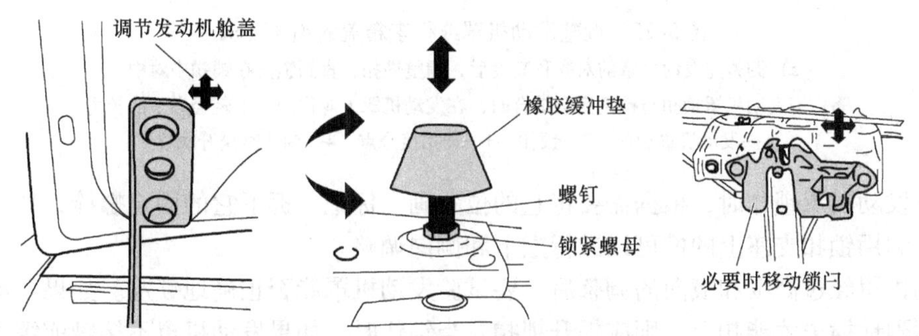

图5-23 调整发动机罩的基本方法

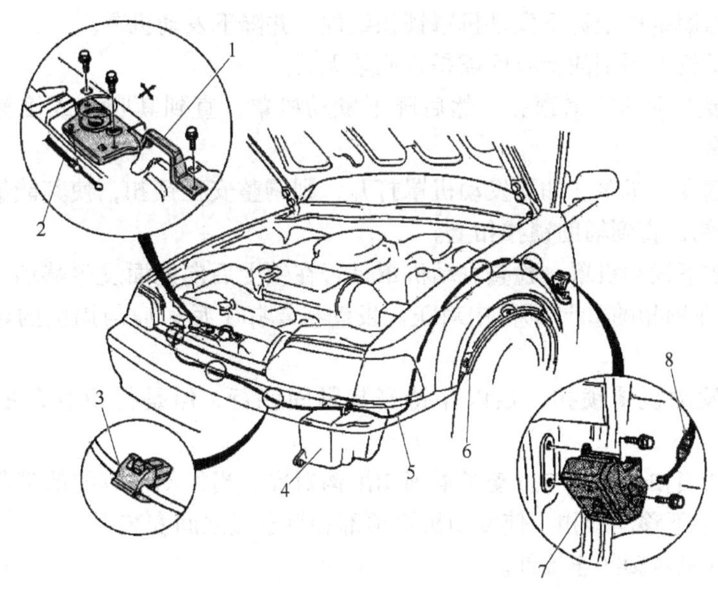

图5-24 发动机罩锁扣的主要零部件

1—发动机罩锁闩 2—发动机罩开启拉索 3—卡夹 4—清洗器水壶

5—开启拉索 6—翼子板内板 7—发动罩开启手柄 8—开启拉索

3）发动机罩锁扣中有一个固定发动机罩锁闩的金属臂。当发动机罩关闭时，簧压金属臂锁住发动机罩锁闩；拉动拉索时，金属臂松开锁闩，发动机罩就可以打开了。

4）发动机罩锁闩固定在发动机罩上，当发动机罩关闭时与发动机罩锁扣卡合，如图5-25a所示。

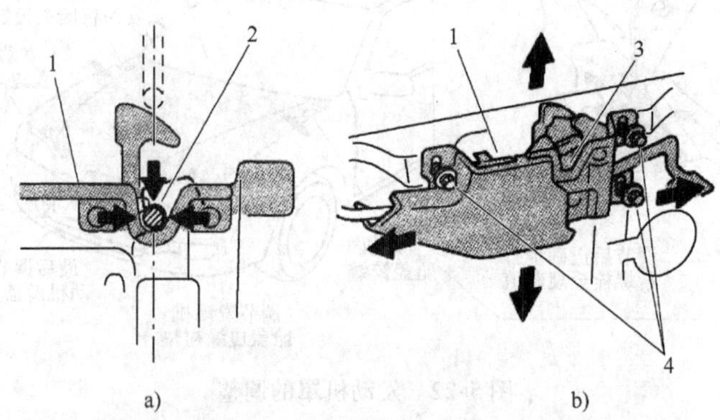

图5-25 调整发动机罩或行李箱盖的锁扣要求

a）调整完发动机罩的对齐和高度后，调整锁扣，直到锁闩在锁扣中对中

b）当发动机罩锁扣与锁闩完全结合时，在发动机罩上应作用一个轻轻向下的拉力

1—发动机罩锁闩 2—锁扣 3—锁扣接合点 4—调节时松开螺栓

拆下发动机罩锁扣时，根据需要将它的位置画上标记。拆下它的固定螺栓，然后断开所有拉线。利用锁扣支座上的槽可以进行上下和侧向调整。

发动机罩经过高度和横向的调整后，要试验发动机罩能否正确地锁定。如果发动机罩与锁扣需猛烈地撞击才能扣上，则应提升锁扣。当锁住时，如果发动机罩不接触前缓冲器，则应降低锁扣。具体步骤如下：

1）从散热器固定框上拆下发动机罩锁扣组件，并降下发动机罩。

2）检查发动机罩周围的所有间隙是否调整无误。

3）重新安装上发动机罩锁扣，然后降下发动机罩，直到其咬合或接触到第一道锁扣（辅助锁扣或安全）。

4）试着抬起发动机罩。如果发动机罩打开，则调整安全锁扣，使其能够扣上。有时可以移动或弯曲挂钩，直到辅助锁扣扣上。

5）慢慢地放下发动机罩。检查发动机罩是否在锁上后向侧面发生移动。固定在发动机罩上的锁门应该在锁扣的U形部位中对正。发动机罩扣上后，应与周围的金属板平齐并且安装紧固。

6）稍松开发动机罩锁扣，足以保持安装紧固就行，但是得留有余地，使锁扣可以移动。

7）左右移动锁扣，使其与发动机罩锁扣吊钩对准。当发动机罩的前部作用了向上的压力时，根据需要上下移动锁扣，使发动机罩顶部和翼子板之间安装平齐。

8）拧紧发动机罩锁扣连接件。

9）打开发动机罩，然后重新检查它的工作。

10）关闭发动机罩，确保它仍然和翼子板高度相同。如有必要，再次调整缓冲垫，消除发动机罩前部的松动，确保安装紧固。

11）拧紧缓冲垫上的连接件。

12）查看侧面的缓冲垫位置是否正确并且状态良好。

13）确定安全锁扣工作正常。

发动机罩锁扣调整决定了发动机罩锁闩与锁扣机械装置的接合情况。基本上在发动机罩对正且调整到正确高度的情况下，调整锁扣正常关闭，一边慢慢地放下发动机罩，一边查看锁闩是否自动在锁扣中对正。当锁扣接合后，发动机罩不应左右偏转。如果发动机罩在关闭后向一旁偏移，则应根据需要左右移动锁扣。

发动机罩应轻轻地压在橡胶缓冲垫上，这可以防止发动机罩上下跳振。应注意：如果必须猛地用力放下发动机罩才能接合锁扣，那么需要升高锁扣；如果发动机罩在锁上后上下移动，则要降低锁扣。

调整完毕后，拧紧锁扣螺栓，确保锁扣正常地打开发动机罩。另外，一定要查看汽车维修手册中的发动机罩调整程序。

二、前翼子板的拆卸、安装与调整

1. 前翼子板的拆卸与安装

翼子板用螺栓连接到散热器支架、发动机室内部的挡泥板件以及门后和汽车底下的盖板上。

1）找到并拆下所有将翼子板固定到车身上的螺栓（见图5-26），并拆下装在翼子板上的灯的所有线束。

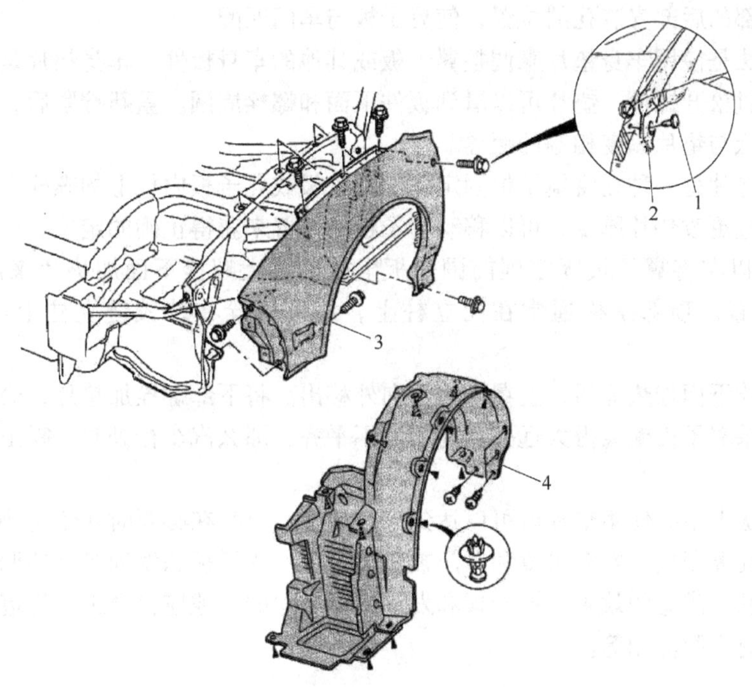

图5-26　前翼子板的连接图

1—夹子　2—密封条　3—前翼子板　4—翼子板内板

如果旧的翼子板有厂家安装的垫片或隔垫，则在分解时记下它们的位置。如果没有严重的车身或车架损坏，那么将翼子板垫片重新装回原位会有助于在维修后更快地重新对齐翼子板。

2）在所有螺栓都拆下后，小心地抬出翼子板。将所有必需的零件（装饰件、车身卡夹等）从旧的翼子板转移到新的翼子板上。

在修理过程中，通常要将翼子板送到表面整修工位进行安装前的喷漆处理。在喷漆处理期间，翼子板的所有末端、拐角、边缘和后部都应打磨、上底漆和喷漆。翼子板表面通常要在其装到汽车上以前进行喷漆。当翼子板被螺栓固定到汽车上后，这些区域将很难或不可能进行喷漆了。

3）按拆卸的相反顺序装上更换的翼子板。如果车门或前围板未受损伤，那么在安装翼子板时，将它们的边缘包上蒙带。安装翼子板时，用手拧上所有的翼子板螺栓，但不要拧紧。使螺栓保持足够松的状态，以便进行调整。

2. 前翼子板的调整

翼子板上的螺栓被松开后，可以移动翼子板进行调整。

从车门后部开始调整和拧紧翼子板螺栓，然后是车门顶部。将翼子板到车门之间的间隙以及翼子板和发动机罩之间的间隙调整正确，然后朝着汽车前部拧紧翼子板螺栓。

在螺栓上移动翼子板，使它与其他车身部件正确地对准。前后移动翼子板，直到翼子板、车门和前围板获得正确的间隙。还要内外调整翼子板，使其与车门平齐并与发动机罩平行。只有在翼子板已经对准后才能拧紧固定螺栓，必须确定翼子板的曲率与前门边缘的形状匹配。有时，在翼子板的中后部安装一个固定螺栓，当曲率正确后，可以将其拧紧。否则需要调整上、下部的后部安装孔的位置，使翼子板与车门匹配。

另一种方法是使用车身垫片来调整翼子板或其他的车身板件。车身垫片是一片薄薄的U形金属片。通过松开螺栓，垫片可以滑到板件下面和螺栓周围。重新拧紧后，被连接的板件位置升高或降低与垫片厚度相等的距离。

翼子板加垫片是一种在将翼子板固定到前围盖板或翼子板内板上的螺栓下面使用衬垫的调整方法。通过更改垫片厚度，可以移动翼子板的位置来获得正确的定位。

有时，可以在将翼子板固定到前围盖板上的两颗大螺栓下面加垫片来调整翼子板与车门的相对位置。顶部螺栓通常在门立柱上，底部螺栓在装铰链立柱上或汽车下面的门槛上。

将顶部螺栓下面加垫片后，上翼子板会向外移出。将下部螺栓加垫片，会向外移出下部分翼子板。如果翼子板偏离得太远并且与车门不平齐，那么汽车行驶时，露出的车门边缘会导致风噪。

许多翼子板上不必使用垫片就可以达到完全调整，只有在必要时才使用垫片。

这些调整使翼子板、发动机罩和车门被正确定位。翼子板和发动机罩的调整常常必须同时进行，以便获得满意的效果。翼子板和发动机罩之间的间隙应符合工厂规范。调整后，翼子板周围的所有间隙应相等。

三、行李箱盖的拆卸、安装与调整

在结构上，行李箱盖与发动机罩非常相似。两个铰链将行李箱盖连接到后部车身板件上，后缘用锁扣固定。

两厢轿车一般使用的是后背舱门，如图5-27所示；三厢轿车一般使用行李箱盖。

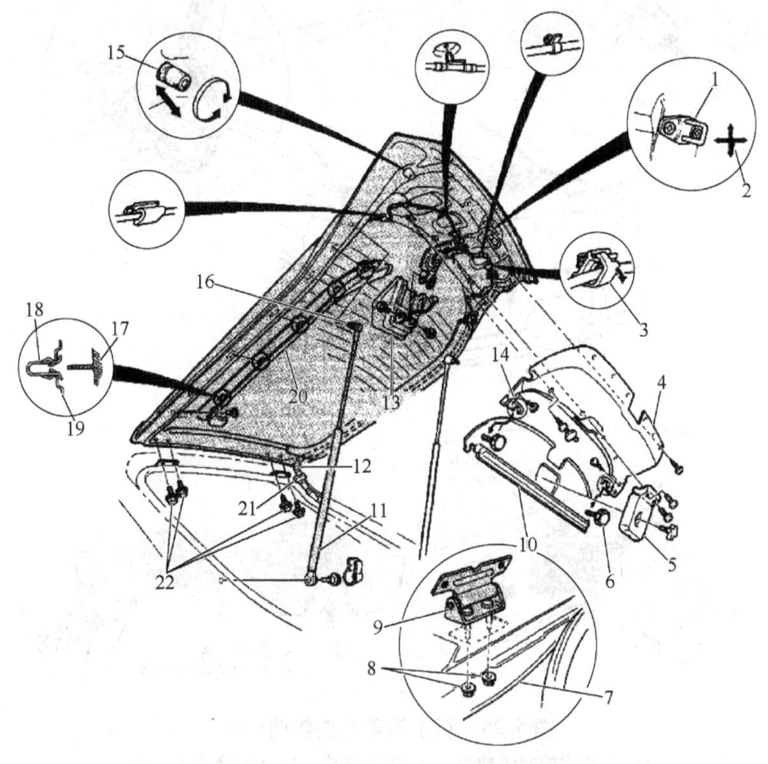

图5-27　后背舱门及其连接调整件

1—锁扣　2—锁闩调节（通过移动锁扣调节背门与门框的配合）　3—夹子　4—背门内衬　5—盖子　6—固定螺栓　7—车顶内衬　8—铰链固定螺母　9—铰链　10—后护板　11—背门支撑　12—线束拆卸方向　13—高位制动灯　14—支架　15—背门边缘衬垫（根据需要转动以使背门与车身后部和侧面平齐）　16—支撑杆固定螺栓　17—装饰件　18—夹子　19—背门　20—车架装饰　21—锁圈　22—背门固定螺栓

密封条是一根橡胶条，用来防止活动部件（行李箱盖、后背舱盖或车门）和车身之间的连接处渗漏。为了防止漏气和漏水，行李箱盖在关闭时必须均匀地与密封条紧密接触。必须将锁扣调整到使它能够将行李箱盖或后背舱盖紧紧闭合在密封条上。

行李箱盖和后背舱盖通常没有外部或内部把手，而是通过钥匙（对于电动门锁，使用的是仪表板开关）和门锁机构进行操纵。

锁芯中有一个扣合钥匙的转臂机构，因此可以通过转动钥匙打开锁扣。当钥匙插入车门或行李箱盖时，它就接合锁芯，锁芯再将转动传到锁门上。

行李箱盖扭杆是一根弹簧钢杆，用来帮助升起行李箱盖。它们水平地穿过车身，与固定支架相连。一些扭杆支架有调整槽，在这些槽内移动扭杆就可以改变它们的张力（见图5-28）。拆卸这些扭杆时一定要小心，因为它们处于压力之下，会从槽中飞出来。

许多铰链都是滑入行李箱盖板的箱形部位的。不要丢失任何小隔垫或其他零件，将它们在托盘中摆好或放在塑料袋内。

行李箱盖或后背舱门的拆卸和更换与发动机罩类似，此处不再赘述。

行李箱盖或后背舱门的调整如下：行李箱盖必须均匀地放置在相邻的板件之间。铰链上

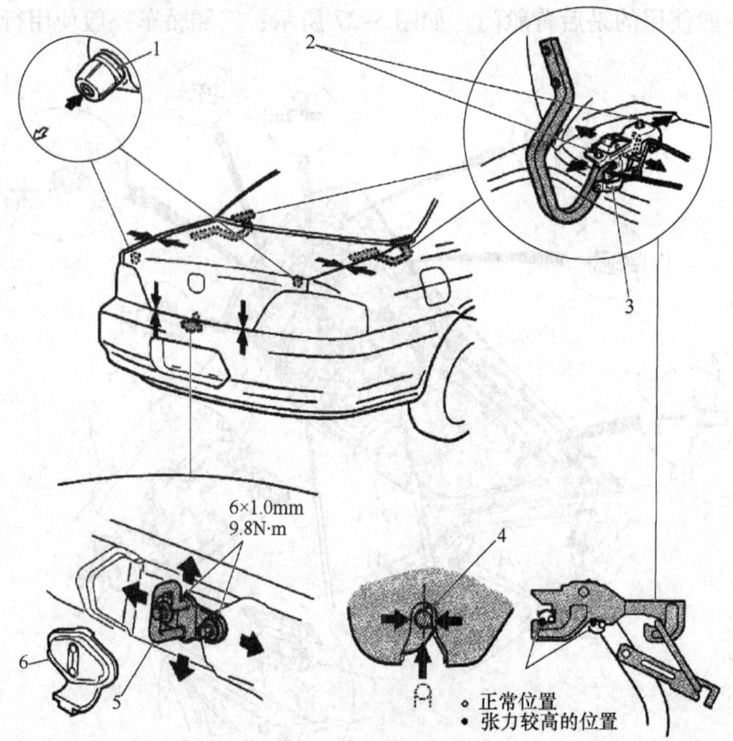

图5-28 行李箱盖的连接调整件

1—可调式橡胶缓冲垫 2—铰链螺栓 3—行李箱铰链总成
4—检查锁扣是否正确接合 5—将锁扣调到锁门的中间位置 6—罩盖

的槽孔和行李箱盖上的固定板允许将行李箱盖前后、左右移动。为了前后调整行李箱盖，将两根铰链上的连接件都稍微松开一些。根据需要关闭并调整行李箱盖，然后慢慢地抬起行李箱盖并拧紧连接件。

有时，必须在螺栓和行李箱盖之间使用垫片来升高或降低前缘。如果必须升高前缘，则在铰链和行李箱盖之间的前部螺栓部位增加垫片。为了降低行李箱盖的前缘，可在铰链的后部增加垫片。

具有后背舱门的车辆，由于它们的尺寸较大，很难进行调整。许多这种类型的后背舱门差不多是水平设计的，这样做更易于水和沙尘的渗漏。有些形式采用可调节的铰链，而另一些则用焊接的铰链。后背舱门也有的采用充气式车门举升组件，或者在盖的每一个上角都装有弹簧。门的举升支座上的某些余隙也可以利用，以便对后背舱门进行调节。

【思考与练习】

一、选择题

1. 在传统的车身结构中，采用（　　）来调整和紧固车身、车架零部件，防止摩擦发出尖锐的声音。

A. 铆钉和螺钉　　B. 螺栓和装饰件　　C. 铆钉和橡胶垫圈　　D. 螺栓和橡胶垫圈

2. 整体式车身的强度来自（　　）。

A. 部件的重量　　B. 部件的刚度和厚度　　C. 部件的形状和设计　　D. 以上所有选项

3.（　　）不是无架式整体车身的优点。

A. 增加乘客室的安全性　　B. 使碰撞损坏局限在某些部件上
C. 较高的燃油效率　　D. 减少汽车总质量

4. 非承载式车身承载面高的原因是（　　）。
A. 车轮大　　B. 车厢高
C. 底盘与车身间有钢板弹簧　　D. 底盘和车身间有车架

5. 车身的（　　）刚性较大。
A. 前部　　B. 中部　　C. 后部　　D. 上部

6. （　　）不是整体式车辆结构的优点。
A. 乘客室安全性增大　　B. 车辆自重降低
C. 较高的燃油效率　　D. 部件的碰撞损伤局部化

7. 后侧梁上的撞击吸收区域的作用是（　　）。
A. 减轻对后悬架的损伤　　B. 减轻对燃油箱的损伤
C. 减轻对行李箱的损伤　　D. 碰撞发生时，增加减速度

8. 下列关于整体式车身特征的叙述，（　　）是错误的。
A. 整体式车身很轻，但其一体式的结构使它具备足够的强度可以抗弯曲和扭曲
B. 整体式车身是由冲压成各种形状的薄钢板定位焊在一起组合而成的
C. 因为广泛使用了薄钢板，所以修理车身时有必要采取措施防生锈
D. 由于不同种类的钢板组合在一起，一旦受损，整体式车身在修理中不需要额外的工时

9. 保险杠通过（　　）与车身紧固。
A. 胶水　　B. 焊接　　C. 铆钉　　D. 螺栓

10. 保险杠面罩常用的材料是（　　）。
A. 钢板　　B. FRP　　C. PP　　D. ABS

11. 发动机罩两侧有时冲压有两条前后通长的凸起棱线，其主要目的是（　　）。
A. 引导气流　　B. 加强机罩整体刚度
C. 美观　　D. 作为管线的通道

12. 下列叙述中，（　　）不正确。
A. 发动机罩内、外板在周边采用翻边咬合工艺
B. 内板冲压为网格状可以提高整体刚度
C. 内板筋条与外板间填充有机填料
D. 内、外板边缘处采用定位焊连接

13. 技师甲说：我可以一个人拆下发动机罩。技师乙说：拆卸或安装发动机罩时找个帮手更明智。谁正确？（　　）
A. 技师甲　　B. 技师乙
C. 技师甲和乙都正确　　D. 技师甲和乙都不正确

14. 技师甲说：一定要在拆卸发动机罩之前做好标记。技师乙说：当前部受到严重损坏时，不必这样做。谁正确？（　　）
A. 技师甲　　B. 技师乙
C. 技师甲和乙都正确　　D. 技师甲和乙都不正确

15. 技师甲说：在铰链上，可调缓冲垫和发动机罩锁扣处对发动机罩进行调整。技师乙说：在前围板处对发动机罩进行调整。谁正确？（　　）
A. 技师甲　　B. 技师乙
C. 技师甲和乙都正确　　D. 技师甲和乙都不正确

16. 汽车的发动机罩可以自由开闭，是因为它通过（　　）与车身相连。

A. 螺栓　　B. 铆钉　　C. 车门槛板　　D. 铰链

二、思考题

1. 怎样判断轿车是承载式车身还是非承载式车身？承载式车身一般包括哪些结构件和覆盖件？它们是怎么连接的？

2. 承载式车身的防撞吸能区的作用是什么？它位于车身什么部位？其结构特点是什么？

3. 发生碰撞时，不同类型的保险杠是怎样吸收碰撞能量的？

4. 发动机罩的拆卸、安装、调整过程中应注意哪些问题？

5. 后背舱门一般是怎样进行调整的？

项目 2

车身轻微损坏的修理

目前事故车按照受损情况可分为两种形式：轻微损坏的车辆（即小事故车）和严重损坏的车辆（大事故车）。

轻微损坏的车辆，其损坏主要是指车身外板件的变形，所进行的修理工作主要是对外板或外部安装件进行整形。

严重损坏的车辆，除了车身的外部板件的变形外，车身的结构件也发生了弯曲、扭曲等变形，非车身零部件也会有损伤，一般需要上矫正平台才能完成修理工作。对这种两种损坏车辆的修理，正是汽车车身维修人员最典型的工作，修理的大致工艺流程如图 5-29 所示。本项目主要学习车身轻微损坏的修理，车身严重损坏的修理参见本模块项目 3。

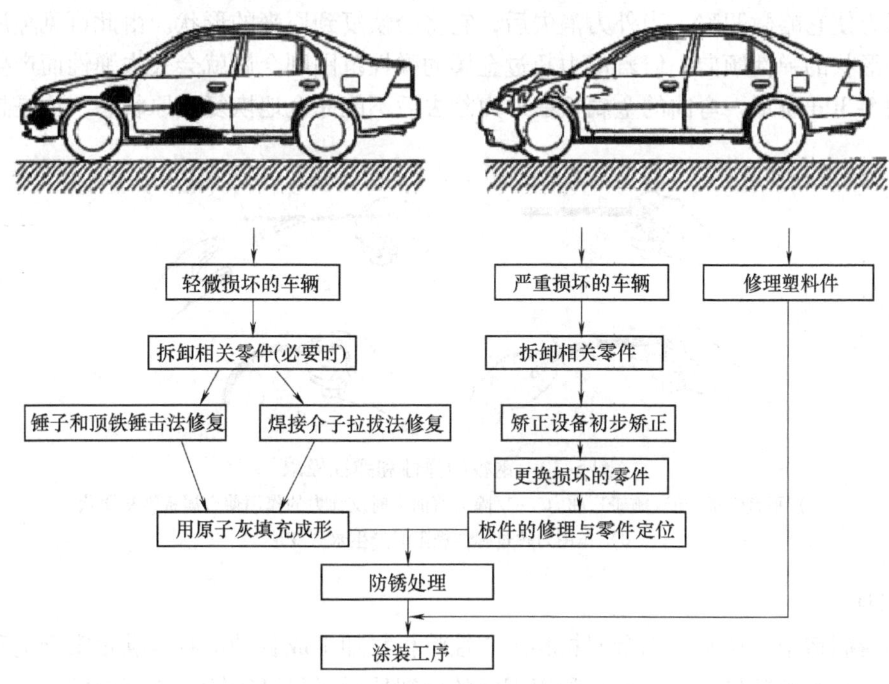

图 5-29　车身修理的大致工艺流程

任务 1　修理钢质前翼子板

车身钢板目前常用的修理方法大致有三种：锤子和顶铁配合的锤击法、焊接介子拉拔法和收缩法。对于板件内侧可触及的部位应选择锤击法进行修理。前翼子板是目前汽车上最典型使用锤击法修复的板件，本任务以钢质前翼子板修理为例来学习锤击法修复钢板的方法。

【学习目标】

知识目标：

1. 知道车身钢板的种类、特性、损坏的类型和常用的修理方法。
2. 熟悉车身钢板修理的工艺流程。
3. 熟悉车身钢板修理的常用方法及应用场合。

能力目标：

能够用锤子和顶铁配合修理钢板。

【知识准备】

一、金属材料的特性

对车身维修有较大影响的主要是钢材的力学性能，即弹性、塑性和加工硬化。

1. 弹性

弹性变形是金属受到外力后能够恢复到原来形状的能力。例如，对发动机罩缓慢地施加一定的压力使它略微凹陷，当外力消失后，它将会恢复到原来的形状。由此可见金属具有恢复到原来形状的弹性倾向。但若应力超过金属的弹性范围则金属就会失去弹性而产生永久变形。如图5-30d所示，弯曲的金属板在外力除去后不能完全地恢复至原状态，这是超过了弹性极限。

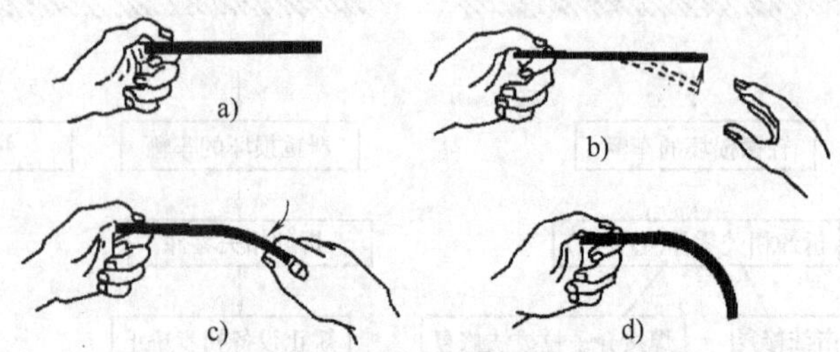

图5-30 钢板的弹性和弹性极限

a）平直钢板 b）施予弯曲力 c）除去弯曲力时反弹力的作用使金属板恢复原状
d）作用力超过弹性极限时产生永久变形

2. 塑性

在车身制造中，通常利用金属材料的塑性将板材加工成各种形状以满足安全上和结构上的要求。在车身修理过程中，也是利用钢板的可塑性对板材进行矫正或复位的。

塑性可分为延性和展性两种：延性可使金属拉成细丝；展性可使金属展成薄片。即在超过弹性极限的外力作用下屈服而产生永久变形。

当车辆在碰撞过程中受到损伤时，有些部位所承受的应力超过其弹性极限而产生了永久的塑性变形，但其周围的大部分金属只是处于弹性变形状态，由于受到塑性变形的限制而无法回弹。因此，钣金修理的重点应放在塑性变形部位。

3. 加工硬化

金属受到大于其弹性极限的力的作用而产生塑性变形后，虽然外力去除了，但由于金属晶粒的变形会在其内部产生很大的残留应力。残留应力会使金属塑性变形部位的硬度提高，屈服强度（刚度）加大。这种由于金属晶格畸变而造成的刚度增加现象称为加工硬化。

加工硬化作用的实例是将平钢板折曲，再将其折回时则留下当初折曲部分的形状，也会在其最初折曲部位的两端产生两处新的曲折。这就是钢板折曲处形成的加工硬化，其结果是使加工硬化部位的强度高于折曲处以外的部分，如图5-31所示。

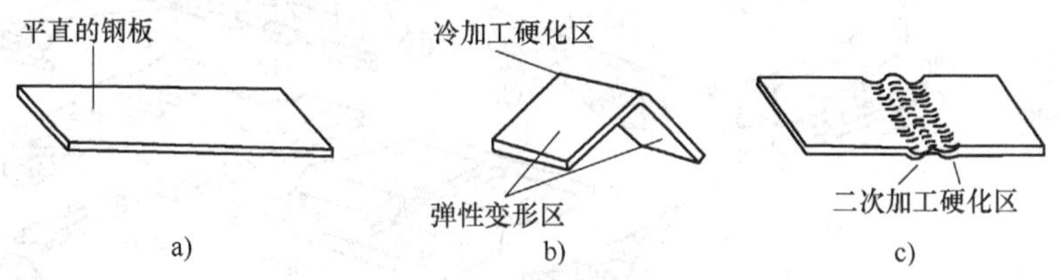

图5-31　加工硬化

a）将平钢板折曲　b）进一步将平钢板折曲

c）将折曲后的钢板向反向折曲时，留下了当初折曲部分的形状，即加工硬化的部分

加工硬化一方面提高了金属变形部位的刚度，车身板件和构件多以冲压的方式给金属板冲成一定的形状来加强其刚度；但另一方面也使金属的抗拉强度降低，尤其是如果反复加工塑性变形部位，会加速金属的疲劳而产生断裂。在车身钣金维修中，必须强调加工硬化作用的重要性，因为它实际上就是造成金属损毁的原因。

二、车身用钢板

车身使用的钢板根据制造方法的不同可以分为冷轧钢板和热轧钢板两类，由于制造过程不同，两类钢板在力学性能上存在很大的差异。热轧钢板是将钢锭加温至800℃以上的高温情况下扎延后制成的钢板，厚度较大，车用热轧钢板的厚度通常为1.5～8mm。热轧钢板的表面质量不是很好，其冷加工性能与冷轧板相比要稍差一些，常使用在外观不需要很美观的部分，主要用于车身上较厚板件的制作，如车架、骨架和梁等构件。

冷轧钢板是热轧钢板再经酸洗处理后在常温下轧延变薄，并进行表面调质处理后的钢板。由于冷轧钢板是在常温下轧制而成的，所以它的厚度精度高，表面质量优越，抗拉强度和冷加工性能均较热轧钢板优良，所以大都使用在汽车车身、机械零件、电器等表面需要平滑美观的构件上。在悬架周围特别容易受到腐蚀的部位，通常采用经过表面处理的冷轧钢板作为防锈钢板。

1. 高强度钢板

高强度钢泛指机械强度高于普通低碳钢的各种类型钢材，并非特指某一种材料。高强度钢的特点是具有高于普通低碳钢板几倍甚至十几倍的抗拉强度，但其质量并没有因此而增加。现代汽车制造追求车身总体质量轻量化、车身总体强度提高以增加安全性，同时还要兼顾防腐性能，因此高强度钢板作为理想材料得到了较为广泛的应用。图5-32所示为某车型车身使用高强度钢板的情况。

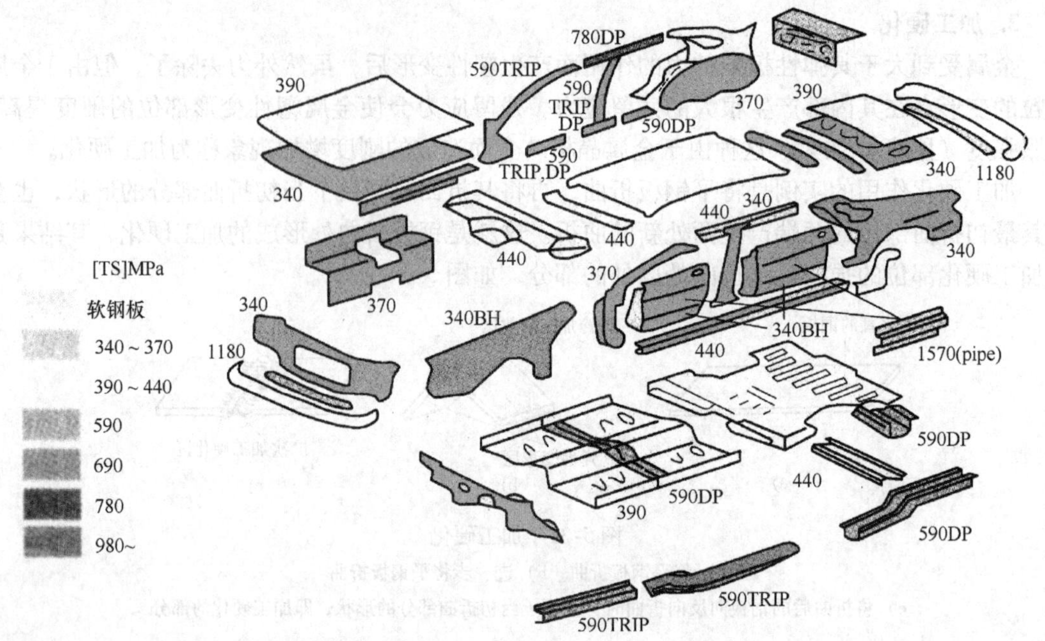

图 5-32 某车型车身使用高强度钢板的情况

高强度钢板的应用给车身的维修也带来了一定的困难。当高强度钢材料受到撞击产生变形时，由于其强度和硬度非常高，通过简单的矫正工艺很难使其恢复原状。在进行普通低碳钢钢板的矫正时，往往采用加热的方法使金属软化以便于整形操作，或进行热收缩操作、释放拉应力和焊接等。而使用高强度钢材以后，这种加热则需要严格的控制，有些钢材甚至根本不能使用加热的方法进行矫正，否则会严重影响构件的强度，给车身造成结构上的伤害。因此，在对高强度钢进行矫正时需要采用科学合理的方法，通过机械拉伸，有控制地加热局部或整体更换等方法进行修复。

2. 表面处理钢板

表面处理钢板即在普通钢板表面进行处理以提高其耐腐蚀的能力，常用于车身上容易发生腐蚀的部位，如悬架周围、车门的门槛下部、油箱和排气系统等。

目前，车身最常用的表面处理钢板是镀锌板。镀锌板依靠表面活性较强的金属锌作为保护层，先产生氧化物而保护内部的钢板，因此镀锌层在进行车身维修时应尽量保持其完好，不得将锌层磨去，尤其是用于内部的锌层，由于无法再次进行防腐处理，必须保证完好。

三、车身金属板损伤的类型

作为车身维修人员，必须要分辨车身损伤的类型，采取适当的维修工艺和方法。下面从车身构件的基本损伤类型和维修指导思想两方面来做介绍。车身碰撞后的损伤可以分为直接损伤和间接损伤两个类型。

1. 直接损伤和间接损伤

直接损伤通常以断裂、擦伤或划痕的形式出现，用眼睛即可看到。直接损伤是引起碰撞的物体与金属板上受到损坏的部位直接接触而造成的，如图 5-33 所示。在所有的损伤中，直接损伤通常只占 10% ~15% ，但是如果碰撞产生了一条很长的擦伤或折痕，它将在总的损伤中占80%。当今汽车上使用的金属往往太薄，难以重新加工，矫正修理需花费很多时间，所以一般不对受到直接损伤的部位进行修理。修理直接损伤通常使用塑料填充剂，有时还需要使用铅性填充剂。

间接损伤是由直接损伤引起的，通常在所有的损伤中，大部分都是间接损伤。大多数碰撞都会同时造成这两种损伤。各种构件所受到的间接损伤没有什么区别。它总是产生同样的弯曲、同样的压缩力。对间接损伤的修理方法也是相同的，只是由于受损伤部位的尺寸、硬度和位置的不同，所用的修理工具有所不同。

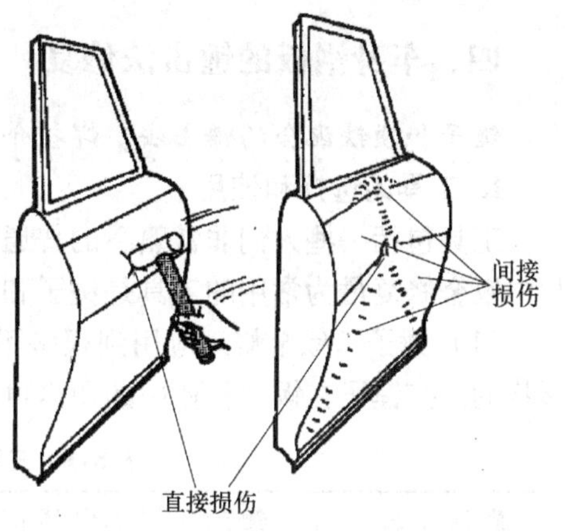

图5-33 直接损伤和间接损伤

2. 金属板件损伤的“压缩”与“拉伸”

人们经常用“压缩”和“拉伸”来形容金属受损以后的状况，也可用“高点”“低点”来描述。金属被推上去的部位称为“压缩区”，被拉下的部位称为“拉伸区”。在图5-34中，*A*点处与*B*点处高于原轮廓，被称为“压缩区”或“高点”；*P*点处低于原轮廓，被称为“拉伸区”或“低点”。

先要确定受损部位受到的是拉伸还是压缩，然后才可确定修理的方法和使用的工具。决不可用锤子敲打拉伸区，也不可用顶铁敲打压缩区的内侧。要根据压力的方向来决定需要施加的力。当损伤部位存在压缩区时，不可使用塑料填充剂。

如图5-34所示的板件，作用力的作用点*P*位于高隆起和低隆起交汇的区域，形成了一个很大的凹陷卷曲折损区域。由于高隆起部位抵抗变形的能力远高于低隆起部位，所以它产生的变形量要小得多，而低隆起部位抵抗变形的能力差，所以变形量大且面积也很大。在对这类损伤进行修复时，*PB*段是修理的重点区域，因为这一段加工硬化程度高，对整个折损的限制力也大，当这一段得到恢复时，*PA*段的大部分变形已经得到恢复，只要对*A*点周围区域进行简单的修整即可使整个板件的轮廓得到恢复。如果认为*PA*段是整个损伤中区域较大的部位而首先进行整理，那么在整理到*PB*段时，由于进入到高隆起区域，维修造成的二次变形会使已经得到修整的低隆起部位又产生新的变形损伤。

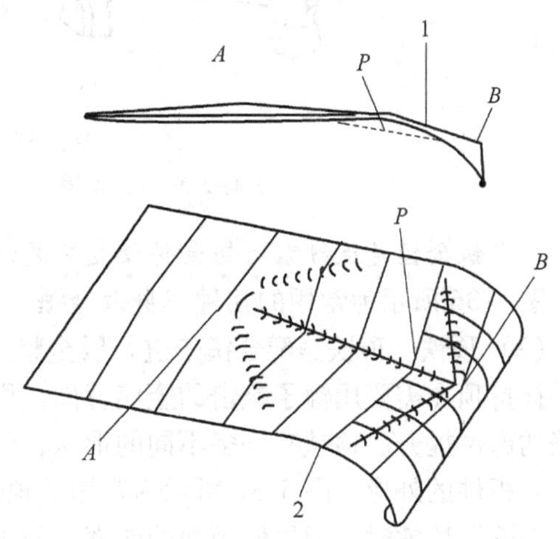

图5-34 复合隆起板件损伤后的修整

P—作用力的作用点

A—低隆起区域的凹陷卷曲尖端

B—高隆起区域的凹陷卷曲尖端

1—碰撞力的方向 2—高隆起和低隆起的交汇处

四、车身钢板的锤击法修复

锤子和顶铁配合的锤击法、焊接介子拉拔法、收缩法的适用区域见表5-1。

1. 工具的选择和使用

工具包括一些人们非常熟悉的普通金属加工工具和专门用于汽车车身修理的专用工具，其中钣金修复最为常用的工具是锤子和顶铁以及专用于特殊场合的各种匙形铁等。

(1) 锤子　钣金修理应用到很多不同的锤子，不少是专门为金属成形作业而制成特殊形状的。按锤子在钣金作业中的用途可将其分为初整形锤、车身钣金锤和精修锤等。

表5-1　三种钢板修理方法及适用区域

修理方法	锤子和顶铁配合的锤击法	焊接介子拉拔法	收缩法
适用损伤区域	内侧可触及部位	内侧不可触及部位	刚性减弱部位
范例	前翼子板、后翼子板后段、后下围板、车顶钢板中段、发动机盖和行李箱盖	后翼子板轮弧部位，前、后车门，车门槛板，前柱、中柱、后柱，车顶钢板的前侧、后侧及两侧，发动机盖和行李箱盖	延展的钢板、过度使用对位敲击作业的钢板

初整形锤的质量比较大，主要用于矫正弯曲的基础构件、修平重规格部件和在未开始使用车身锤和顶铁作业之前的粗成形工作，如图5-35所示。

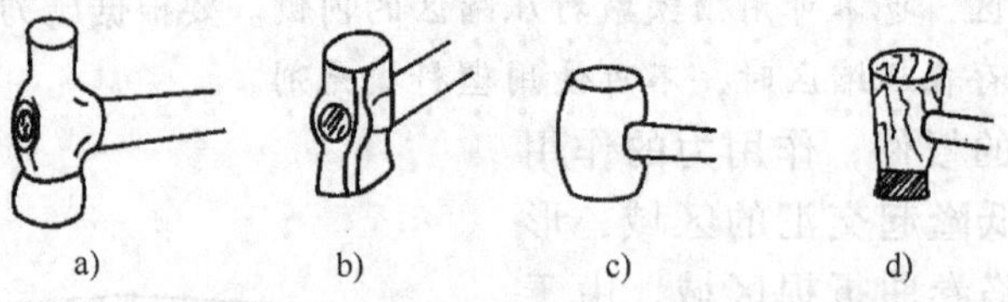

图5-35　初整形锤

a) 球头锤　b) 铁锤　c) 橡胶锤　d) 带有铁箍的木锤

车身钣金锤是连续敲打钣金件使复恢复形状的基本工具，用于初步整形之后的精整形阶段。图5-36所示为常用的几种车身钣金锤。

(2) 顶铁　顶铁是配合锤子进行钣金整形的常用工具，它的作用相当于一个小的铁砧，用手握持顶在需要用锤子敲击的金属背面。用锤子和顶铁一起作业可使高起的部位下降、使凹陷的部位提升。顶铁有许多不同的形状，各个面的曲率也不同，分别用于特定的凹陷形式和车身板件的外形。图5-37所示为常用的顶铁。

在选用顶铁时，顶铁使用面的曲率与面板外形的配合非常重要，假如在高隆起的表面使用了低曲率的顶铁，在加工中会造成更大的凹陷。所以在选用顶铁时要把握一定的原则，即使用隆起弧面略高于需要修整的板件隆起弧面的顶铁，随着板件的修整其外观逐渐得到恢复，要不断调整和更换不同隆起弧面的顶铁。

2. 锤子和顶铁敲击的技巧

使用锤子与顶铁修理钢板有两种基本技巧：一种是对位敲击（又称实敲或正托法），另一种是错位敲击（又称虚敲或偏托法）。在修理作业中，有经验的钣金维修人员会根据钢板的损伤情况交替使用上述两种敲击技巧，如图5-38和图5-39所示。

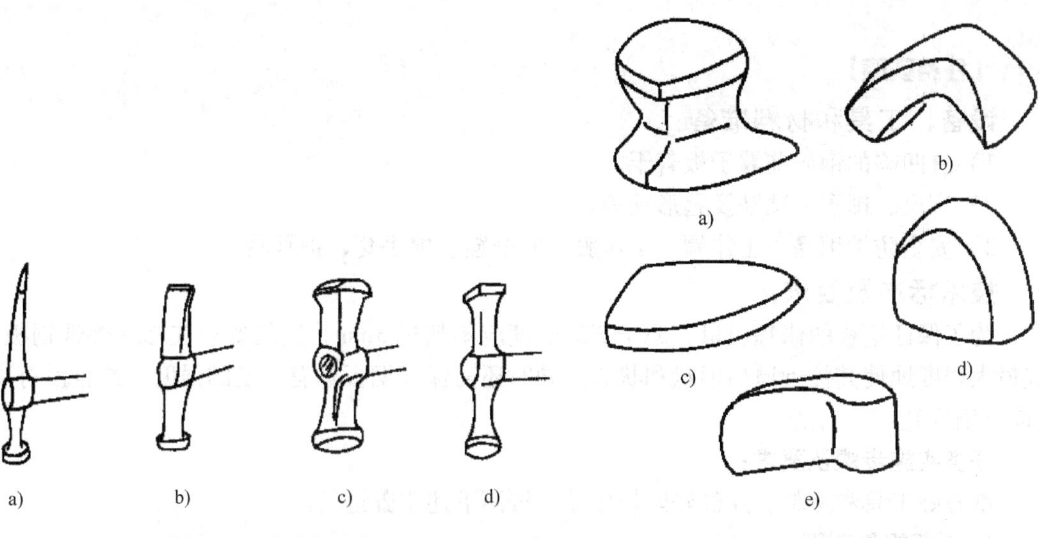

图 5-36 车身钣金锤

a）尖头锤（撬镐） b）扁头锤 c）弧面锤 d）普通钣金锤

图 5-37 常用的顶铁

a）万能顶铁 b）护板顶铁 c）足尖形顶铁 d）足跟形顶铁 e）楔形顶铁

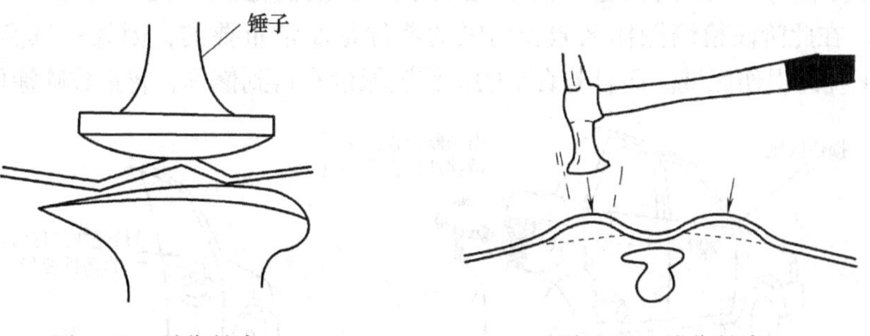

图 5-38 对位敲击

图 5-39 错位敲击

3. 锤子和顶铁作业修复钢板的基本方法

根据前面的分析，钢板损伤有弹性变形和塑性变形，塑性变形才是真正的损伤，如果不注意区分，对弹性变形进行了锤击等作业，会造成钢板新的损伤，影响钢板的修理质量。所以应先修理尖利曲面塑性变形，再修理微小曲面塑性变形。修理大面积凹陷的基本步骤如图 5-40所示，最后小凹陷采用对位敲击成形。

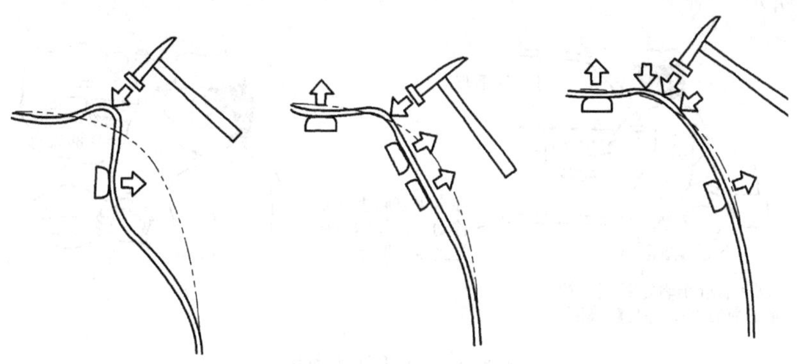

图 5-40 修理大面积凹陷的基本步骤

【任务实施】

设备、工具和材料准备：

1）有凹陷的钢质前翼子板若干。

2）直尺、锤子、顶铁及匙形铁等。

3）安全防护用品：工作帽、工作服、安全鞋、棉手套、护耳器。

技术标准及要求：

为了保证钢板的修理质量，原子灰的厚度应不超过3mm，这就要求在修理外部钢板时，应最大程度地使其接近原始形状和状态。同时还需保证钢板具有一定的强度，并且没有高点（即压缩区）。

任务实施步骤及要求：

准备好工具和材料，穿戴好防护用品，按照下述步骤进行。

1. 判断损伤范围

判断损伤范围的方法一般可分为三种：目视判断、用手触摸判断和用直尺判断。

（1）目视判断 利用钢板上折射的光线来判断损伤范围和变形的程度，判断方法如图5-41所示。在此阶段检测操作区域和周围的零件是非常重要的，因为一旦实施修理之后，将很难判断正确的损伤区域。而且若真正的损伤区域没有得到修理，将造成喷涂面不平整。

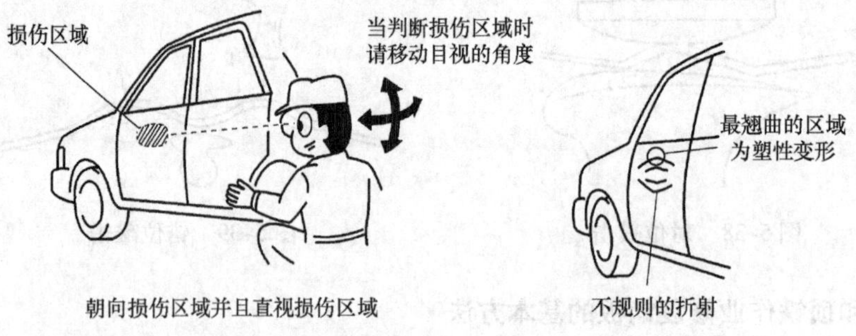

图5-41 目视判断

（2）用手触摸判断 从各个方向触摸损伤区域，手上不要施加任何力量，并且要专注手的感觉。为了正确判断小的凹陷，手掌必须覆盖大的面积，也包括未受损的区域。判断方法如图5-42所示。

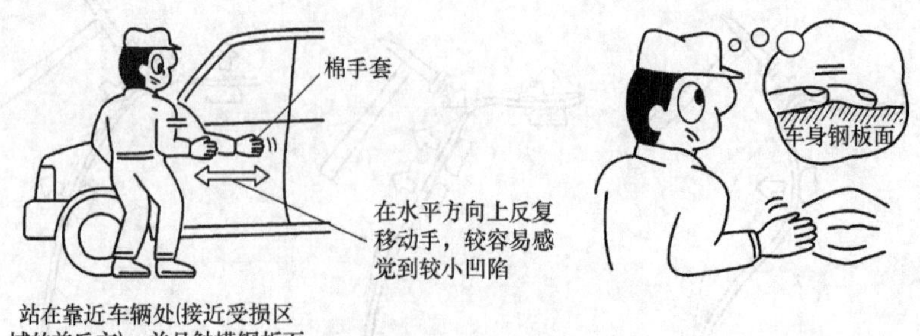

图5-42 用手触摸判断

（3）用直尺判断　先将直尺置于未受损的钢板面，检测直尺与钢板面的间隙；再将直尺置于受损的区域，以判断受损与未受损区域间隙间的差异。判断方法如图5-43所示。相对于其他方法而言，该方法更能定量地判断损伤区域的损伤程度。

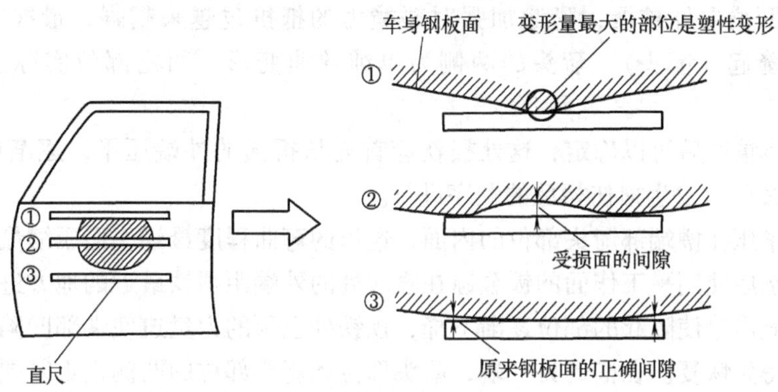

图5-43　用直尺判断

综合运用这三种损伤判断方法，判断出前翼子板的损伤范围，并用彩色水笔画出损伤与未损伤的分界线。

2. 用锤子和顶铁进行锤击修复

选择合适的锤子和顶铁，并交替使用错位敲击和对位敲击，对车身钢板的变形区域进行整形。

图5-44所示为前翼子板的典型凹陷卷曲折损，可以使用锤子和顶铁进行整形修复。在进行修复时，应首先分析板件损伤的受力情况和折损发生的先后顺序，辩证地进行矫正修

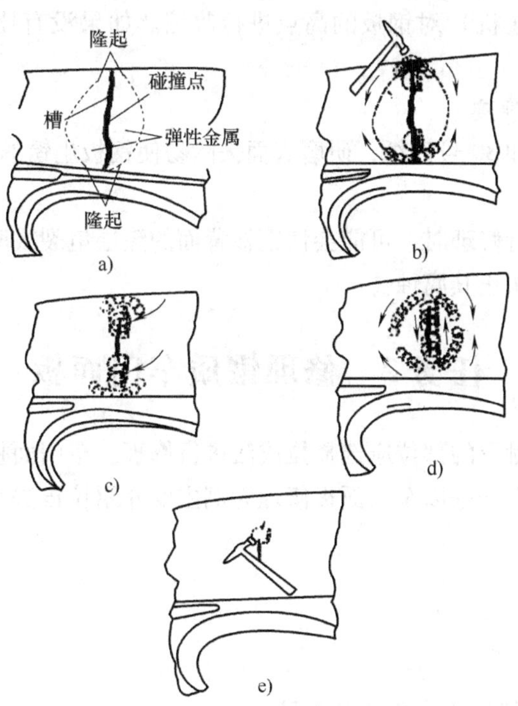

图5-44　前翼子板典型损伤的锤击法修复步骤

a）典型凹陷卷曲折损　b）顶铁紧压，错位敲击　c）顶铁敲击促使回弹　d）、e）顶铁与锤子的对位敲击

复，一般情况下应按照与折损发生的顺序相反的顺序进行修整矫正。

图5-44中所示的损伤，撞击点位于板件中部，由于板件属于隆起加强表面，所以碰撞力沿隆起方向传递，在碰撞点两侧形成一道凹槽，这个凹槽是除碰撞点以外最大的变形区域。随着凹槽向外扩展，隆起加强对碰撞力的抵抗也越来越强，最终在凹槽的两端形成新的压缩隆起（箭头），箭头的两侧为单纯卷曲变形，凹槽部位实际上是弹性变形区域。

分析了具体情况后可以确定，这处损伤应首先从折损的外端压平，逐渐向中心处（碰撞点）接近，按照与发生损伤相反的顺序进行。

先将顶铁紧压在槽端部箭头部位的内面，这里的弯曲程度最轻，但压缩最严重且加工硬化程度最高，然后使用平工作面的钣金锤在隆起处的外端距顶铁最近的地方进行轻度到中度的错位敲击。敲击迫使隆起的部位逐渐下降，顶铁处上顶的力量迫使端部凹陷的金属向上抬升，形状逐渐得到恢复。在槽的另一端，箭头部位和箭头部位的两侧也重复同样的过程，如图5-44b所示。

随着隆起处和槽内变形应力的释放，周围的弹性金属必然会返回到它们原来的位置。同时也可以用顶铁在槽的内面向上敲击促使回弹，如图5-44c所示。当折损处的形状基本恢复以后，再用铁锤与顶铁进行对位敲击的方法加以整平（注意不要引起过多的金属延展），操作顺序可参考图5-44d、e。

3. 钢板收缩

用手触摸已经整形的部位，判断哪些地方是高点、哪些部位钢板整形后变薄了，然后使用车身外形修复机（介子机）对钢板的高点进行收缩。如果没有比较明显的高点，此步骤可省略。

4. 磨除焊接和缩火痕迹

使用单作用打磨机和80号砂纸，研磨表面去除易使钢板生锈的缩火痕迹。

5. 背面防锈处理

使用锤子和顶铁进行修理时，可能会使钢板背面的漆层龟裂或脱落，因此必须在钢板的背面喷涂防锈的底漆，防止其腐蚀。

任务2 修理钢质车门面板

对于板件内侧不可触及的部位应选择拉拔法进行修理。车门面板是目前汽车上最典型使用拉拔法修复的板件，本任务以车门面板修理为例主要介绍拉拔法修复钢板的方法。

【学习目标】

知识目标：

1. 熟悉拉拔法原理。
2. 了解拉拔法修复钢板的基本工艺流程。

能力目标：

能够用焊接介子拉拔法修理钢板。

【知识准备】

一、拉拔法修复钢板

1. 拉拔法的原理

由于现代车身的结构日趋复杂，许多车身板都由于受到焊接在一起的内部板件和车窗等结构的限制而难以触及它们的内部；或是因为损伤比较轻微且只局限于金属外板，内板没有损坏，如果拆卸内板或拆卸相关构件，车身维修的工作量会加大很多，生产效率大大降低。因此，车身维修中使用另一种方法专门用于上述的情况，即将凹陷的金属用拉拔的方法抬高，在拉拔的同时，用钣金锤对高点进行敲击。这种方法类似于锤子和顶铁的错位敲击，如图5-45所示。

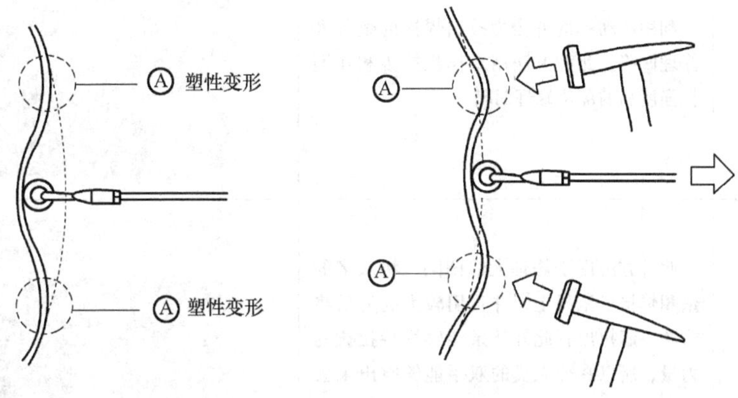

图5-45　拉拔法修复钢板的原理

2. 拉拔的方法

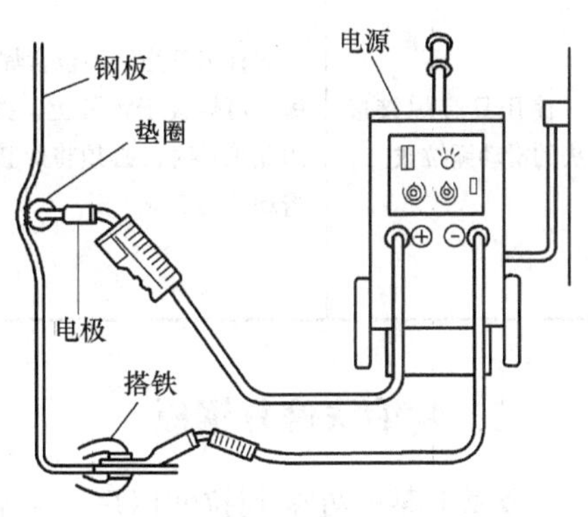

图5-46　垫圈焊接

用焊接垫圈采用惯性锤拉拽是很好的矫正方法，不论车身结构如何，都可以通过定位焊将垫圈等拉拽介质固定于其上，应用非常广泛。图5-46所示的垫圈焊接为电阻焊的一种，其原理是利用夹于电极上的垫圈和钢板接触，再通以大电流，使其产生电阻热而将垫圈焊接于钢板上。在图5-46所示的回路中，电阻最大的部位位于垫圈和钢板的接触部位。当电流通过电阻最大部位时，因为高电阻消耗电能而产生高热能。

现在有很多车身维修设备制造厂商专门针对车身板件的拉拔操作设计、开发、制造了多功能的车身整形机，俗称介子机，集焊接介子（供拉拽用的介质）、拉拽操作、单面定位焊、电加热收火等功能于一体，给车身的整形带来了方便。介子机可以焊接的拉拔介子有很多，常用的有普通垫圈、小螺钉和销钉等，可以根据惯性锤的头部结构进行更换。车身整形机的详细使用及注意事项请参见相应设备的说明书。

目前拉拔的方法可以分为四种，见表5-2。

表5-2 拉拔的方法

方 法	说 明	图 例
使用手拉拔器拉拔	使用手拉拔器拉拔焊接垫圈，然后用锤子敲击钢板凸起部位。此种方法适用于修理小的凹陷部位	
使用滑动锤拉拔	利用滑动锤的冲击力拉出焊接的垫圈来修理凹陷。此种方法用来作粗拉拔和在钢板强度高的部位修理凹陷	
使用拉塔拉拔	此种方法用于修理大的凹陷，将众多的垫圈焊接于钢板上，并且用较大的力量将垫圈一起拉出；此外链条能够维持拉拔的力量，所以修理人员的双手能够空出来去执行其他作业，如敲击作业	
使用具有焊接极头的滑动锤拉拔	此种工具为一种包含焊接极头的滑动锤，极头可焊接于钢板上，并将钢板拉出。使用此工具时，必须将焊接机的正极头接于滑动锤的后侧	

二、收缩法修复钢板

金属上某一处受到拉伸以后，金属的晶粒将互相远离，金属板变薄并发生加工硬化。可以采用收缩的方法将金属分子拉回到其原来的位置上，使金属恢复到应有的形状和厚度。收缩的目的是移动受拉伸的金属，但不影响周围的未受损伤的弹性金属。

在进行任何收缩以前，必须尽量将损伤部位矫正到原来的形状。然后车身修理人员才可以准确地判断出损伤的部位是否存在受到拉伸的金属。如果存在，就要进行收缩。

目前常用热收缩法，该方法是利用金属热胀冷缩这一性质来达到收缩目的的，如图5-47所示。加热时，钢棒试图膨胀（见图5-47a)，但是由于它的两端都无法膨胀，在钢棒内部便产生了一个很大的压力载荷；当温度进一步升高时，钢棒达到赤热状态并开始变软，压力载荷集中在赤热部位并随着赤热部位直径的增大而释放（见图5-47b）；如果钢棒被骤然冷却，便会产生收缩。同时，由于赤热部位直径的增大，会使钢棒的长度缩短（见图5-47c）。

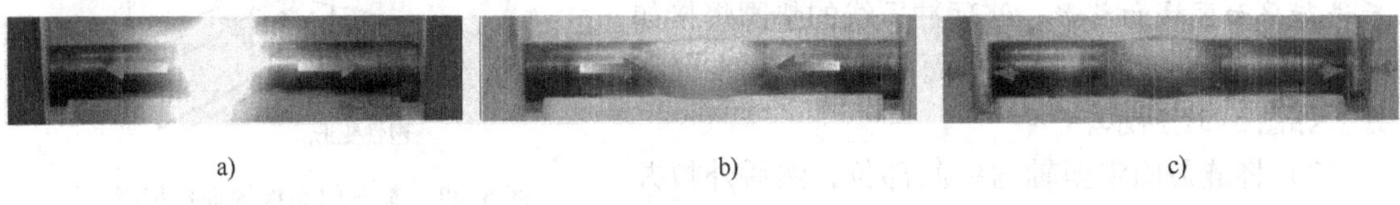

a)　　b)　　c)

图5-47　热收缩法收缩原理

a）对两端受到刚性限制的金属棒加热　b）压缩力使加热变软的金属收缩

c）加热去除后原加热部位断面增大，钢棒长度缩短

现在常用电加热缩火，其工作原理也是利用导电介质与钢板接触时产生的电阻热来加热钢板。电加热采用的导电介质有铜极和炭棒两种，铜极有一个圆球头，端部接触面积较小，直径通常为5～8mm，适合于较小的点的收缩操作；炭棒的直径以8～10mm居多，使用时需要将端部磨削成较尖锐的圆头，在钢板上画圆来控制加热的面积。两种导电介质导电的性能都很优良，产生的电阻热都集中在钢板上，加热集中且快速，收缩效果良好。更主要的是这两种介质都不会因为与钢板发生接触而粘连。

冷却方式有风冷和水冷两种。前者的冷却速度稍慢，故收缩量比水冷要小一些；后者为急冷，金属的收缩量相对较大。对加热部位的急剧冷却，还会在四周形成更大的向心拉力。这种在加热金属周围产生的缩颈现象，使板料的收缩量更大、效果更明显。冷却方式需要依变形程度和膨胀状态的不同而定。但无论采取哪一种冷却方式，加热时间要短，以减少对周围金属的热影响。

【任务实施】

设备、工具和材料准备：

1）车门面板有凹陷的车门若干。

2）直尺、锤子、车身整形机（介子机）、单作用打磨机、车身防锈剂。

3）安全防护用品：工作帽、工作服、安全鞋、护目镜、口罩、棉手套、皮手套。

技术标准及要求：

为了保证钢板的修理质量，原子灰的厚度应不超过3mm，这就要求在对外部钢板修复时，应最大程度地使其接近原始形状和状态。同时，还需保证钢板具有一定的强度，并且没有高点（即压缩区）。

任务实施步骤及要求：

准备好工具和材料，穿戴好防护用品，按照下述步骤进行。

1. 判断损伤范围

综合运用三种损伤判断方法，判断出车门面板的损伤范围，并用彩色水笔画出损伤与未损伤的分界线。某车门面板的损伤情况如图5-48所示。

2. 从工作面磨除旧漆膜

用打磨机磨除损伤区域的涂层，如图5-49所示。推荐使用单作用打磨机，60号砂纸。

3. 焊接垫圈拉出法修理

1）在车门面板损伤部位焊接一排垫圈，并用轴穿起。如果轴无法穿过，则重新焊接垫圈并使其排成一条直线。有冲压线的应首先修理冲压线，然后进行平面区域的整形。修理冲压线的垫圈焊接如图5-50所示，无冲压线的平面应将垫圈焊在最凹处，如图5-51所示。

2）将链条固定至轴的中间部位，然后外拉并保持，如图5-52所示。注意不要用力过猛。

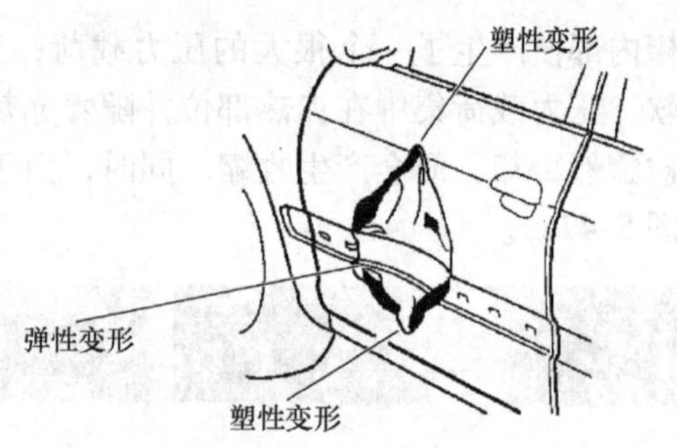

图5-48 某车门面板的损伤情况

图5-49 磨除损伤区域的涂层

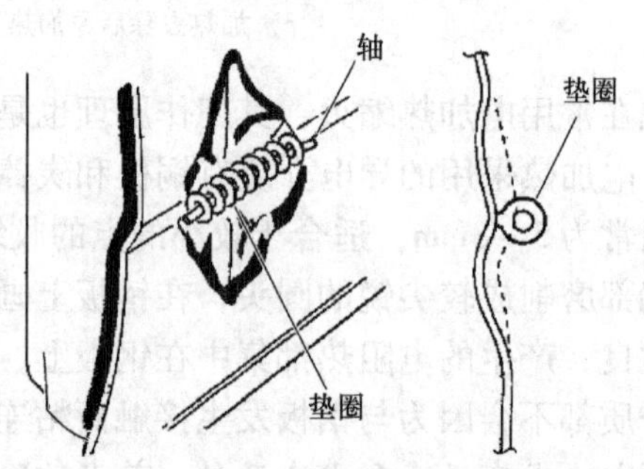

图5-50 修理冲压线的垫圈焊接

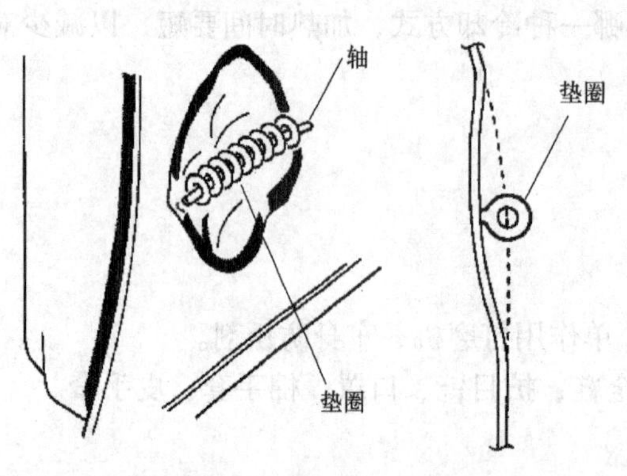

图5-51 修整平面的垫圈焊接

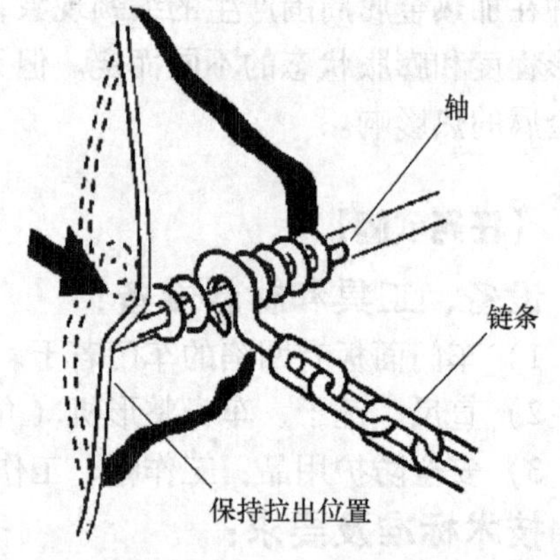

图5-52 拉拔

3）通过轻轻敲击，修整冲压线和焊接垫圈周围，如图5-53和图5-54所示。

4. 钢板收缩

（1）寻找缩火点 通常钢板延展都会引起局部的凸起，而凸起的面积等于钢板延展的面积。图5-55所示为两种判断延展区域的方法。综合运用两种方法，找寻延展区域的凸点。

（2）点缩火 首先，使用电极头对准最高点并轻轻地压下，使钢板轻微变形，如图5-56所示。接着按下开关，钢板将会产生一些反作用力，此时要求将电极头以一定的力量靠住钢板面1~2s，如图5-57所示。然后，使用空气枪迅速地冷却缩火区域，冷却的时间保持5～6s，如图5-58所示。

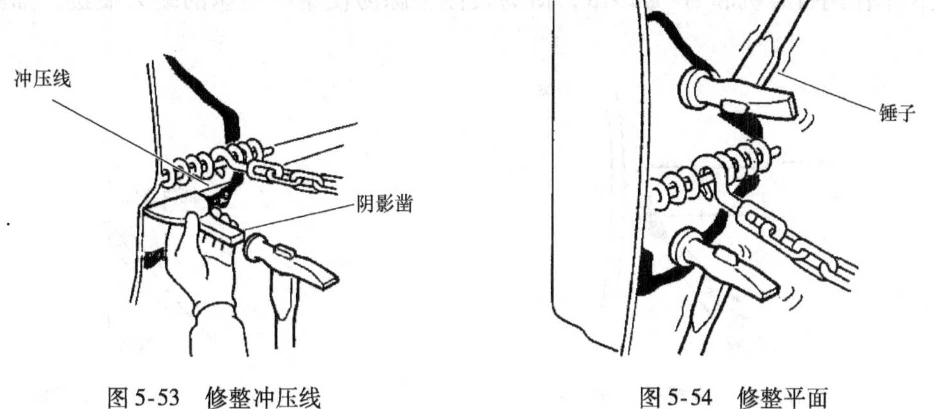

图5-53 修整冲压线　　图5-54 修整平面

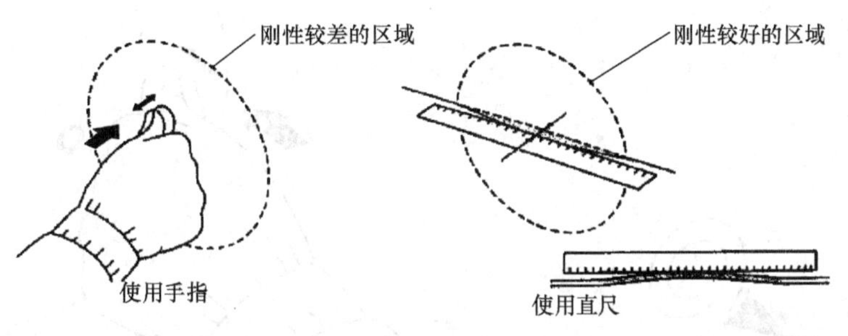

图5-55 判断钢板延展区域的方法

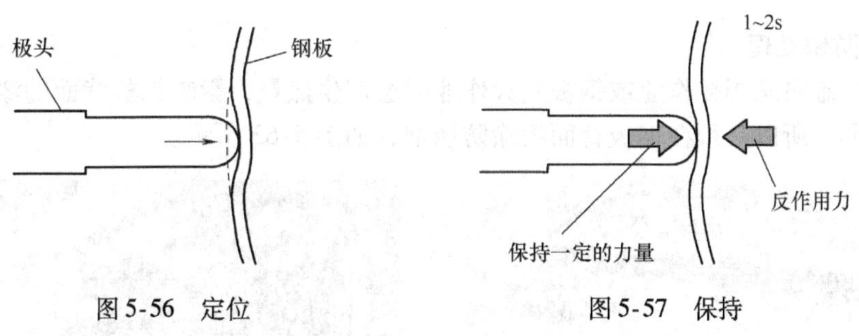

图5-56 定位　　图5-57 保持

(3) 连续缩火　如果延展区域较大，应使用连续缩火。

准备好炭棒极头，倾斜并轻轻地接触钢板面，按下开关，极头将逐渐红热，如图5-59所示。以直径20mm的间隙，将极头由外侧往内侧以螺旋方向运行，并且逐渐增大运行速度。松开开关，并将极头从钢板面移开，使用空气枪迅速地冷却缩火区域，如图5-60所示。

(4) 检查钢板刚性　在钢板冷却完毕后，检查钢板刚性，如图5-61所示。若钢板仍缺乏刚性，则寻找另一凸出的点，并且重复实施缩火作业。

5. 磨除焊接和缩火痕迹

使用单作用打磨机和80号砂纸，研磨表面去除易使钢板生锈的缩火痕迹，如图5-62所示。

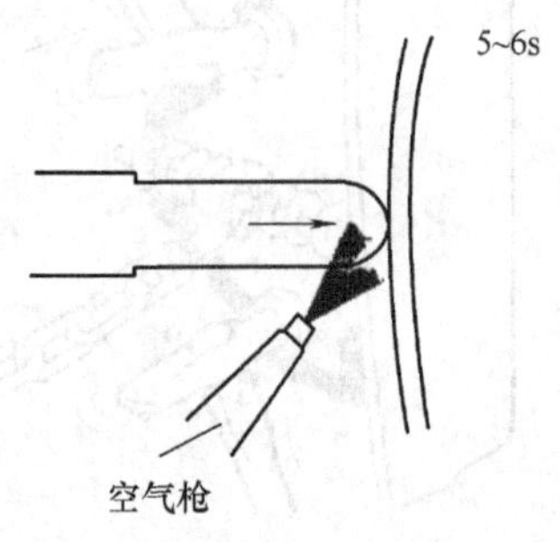

图5-58 冷却（点缩火）

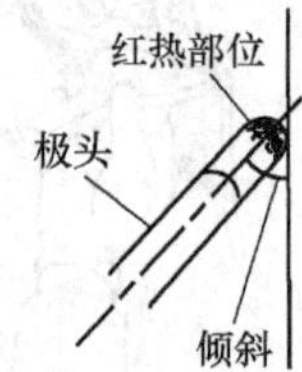

图5-59 连续缩火产生热能

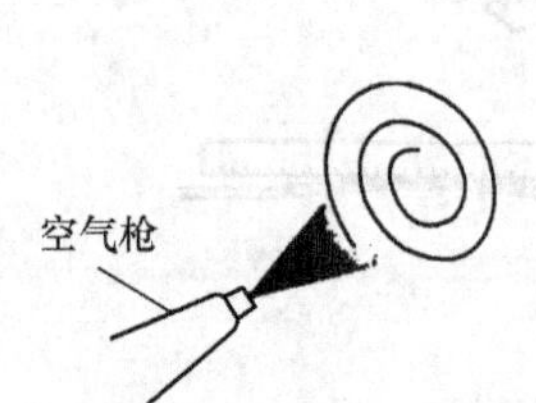

图5-60 冷却（连续缩火）

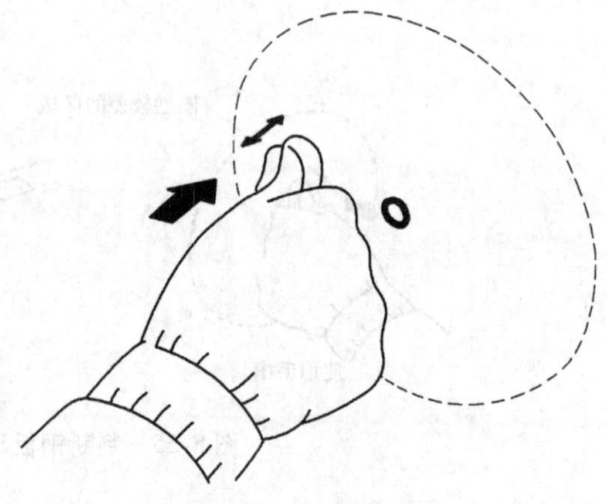

图5-61 检查钢板刚性

6. 背面防锈处理

由于在实施垫圈焊接作业或钢板缩火作业时会产生热量，影响钢板背面的漆层而导致容易生锈的情形，所以必须在钢板背面喷涂防锈剂，如图5-63所示。

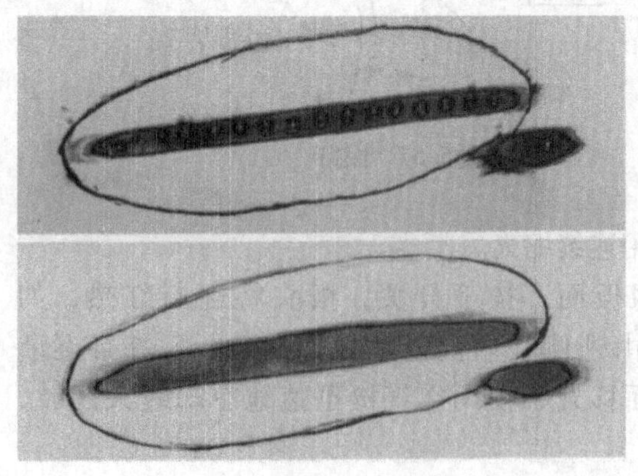

图5-62 磨除缩火痕迹

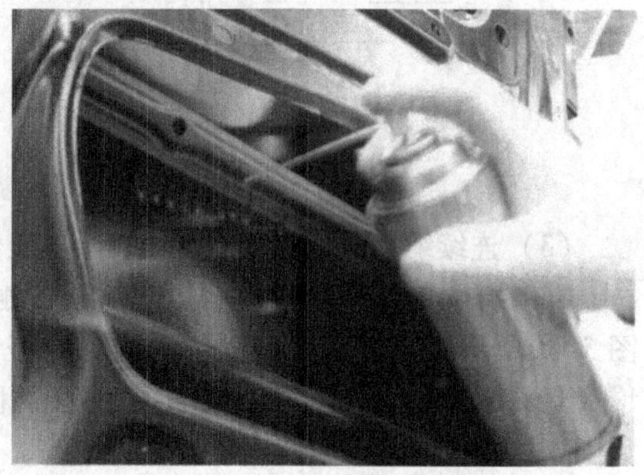

图5-63 车门面板背面防腐

【思考与练习】

一、选择题

1. 采用锤子和顶铁车身修理方式修理（　　）最好。

A. 后翼子板　B. 前门中心部分　C. 前翼子板　D. 前、中、后车身立柱

2. 用锤子和顶铁修理钢板时，首先使用木锤的原因是（　　）。

A. 防止钢板收缩　B. 防止钢板拉伸

C. 防止钢板划伤　D. 防止工作时发出噪声

3. 加工硬化通常出现在（　　）。

A. 汽车制造厂冲压成形板件的弯曲部位　B. 车身板件的受折损部位

C. 板件整形时过度敲击的部位　D. 以下所有选项

4. 由（　　）做成的部件必须更换，不能修理。

A. 高强度低合金钢　B. 高抗拉强度钢

C. 超高强度钢　D. 以上所有选项

5. （　　）不是热轧钢的用处和特性。

A. 用于较厚的部件，如车架支柱和横梁　B. 具有黑色氮化表面外观

C. 高精度的厚度尺寸　D. 比冷轧钢的加工性差

6. 用垫圈焊接机的铜极进行点缩火操作时，（　　）是正确的冷却方法。

A. 自然冷却　B. 为防止生锈，用油冷却

C. 用空气快速冷却缩火部位5~6s　D. 用水冷却缩火部位

7. 缩火的目的是（　　）。

A. 使钢板表面更光滑　B. 提高钢板的钢性

C. 减少钢板的抗拉强度　D. 拉伸钢板

8. 对于硬度降低的钢板，（　　）是最适用的。

A. 施涂厚层原子灰

B. 在保持最小延伸的情况下，损伤部位使用顶铁实敲技术

C. 使用垫圈焊接机，用铜极对损伤部位进行缩火处理

D. 在钢板背面施涂原子灰

9. （　　）使用了与垫圈焊接修理方法一样的原理。

A. 顶铁实敲技术　B. 点缩火技术

C. 硬化处理　D. 顶铁虚敲技术

10. 垫圈焊接修理方法修理车身（　　）最有效。

A. 从里面可以触及的部位　B. 从里面不可以触及的部位

C. 大梁　D. 塑料部件

11. 低抗拉强度钢板进行缩火处理时，（　　）的热变形最小。

A. 用垫圈焊机的铜极进行点缩火　B. 用氧-乙炔焊机加热，用空气冷却

C. 用垫圈焊机的碳极进行连续缩火　D. 用喷枪加热，用水冷却

二、思考题

1. 怎样判断钢板的损伤类型？
2. 修理钢板时，先修理弹性变形还是塑性变形？为什么？
3. 锤子和顶铁配合修复钢板的基本程序是什么？
4. 拉拔法和锤击法修复钢板有何异同？
5. 采用拉拔法修复钢板时，在拉拔过程中应注意哪些问题？

6. 采用拉拔法修复钢板的合理程序是什么？
7. 为什么损伤严重的钢板要进行收缩作业？
8. 为什么加热法能够收缩钢板？
9. 采用电热法收缩钢板的合理程序是什么？

项目 3 车身严重损坏的修理

严重损坏的车辆，除了车身的外部板件的变形外，车身的结构件也发生了弯曲、扭曲等变形，非车身零部件也会有损伤，一般需要上矫正平台，才能完成修理工作。严重损坏车辆的修理工艺流程如图 5-64 所示。

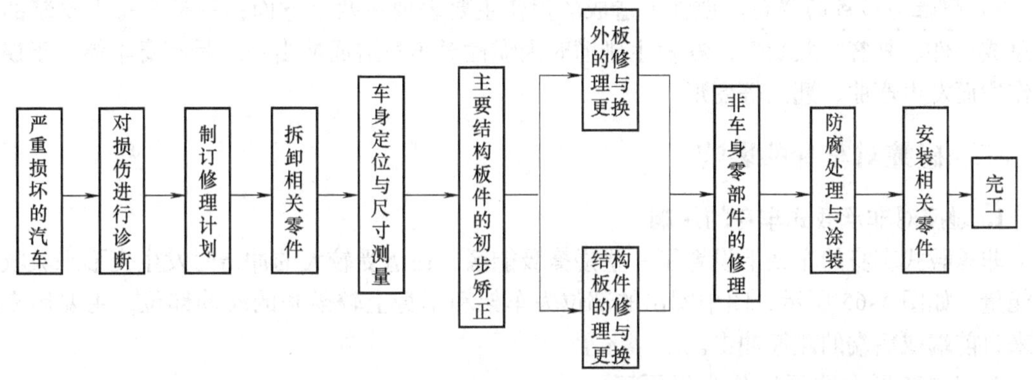

图 5-64　严重损坏车辆的修理工艺流程

任务 1　评估车身损伤

要彻底修复好一辆汽车，就要对其碰撞受损情况做出准确的诊断。就是要确切地评价出车辆受损的严重程度、范围及受损部件。完成这些之后，才能制订修复计划。一辆没有经过准确诊断的车辆会在修理中发现新的损伤情况，这样，修复的方法和工序必将随之改变，最后的修理结果同样可能不会令人满意，这就需要进一步的修理。因此，优秀的车身技师往往把大量的精力放在损伤评估上。

损伤评估是严重损坏的车辆进行维修的首要工作，是大事故车辆修理的常见作业项目。

【学习目标】

知识目标：

1. 熟悉车架的损伤类型，并说明每种损伤类型的判断方法。
2. 熟悉承载式车身碰撞后的变形倾向以及损伤类型。

能力目标：

能够完成检查车身损伤的工作。

【知识准备】

一、车身碰撞的受力分析

车辆碰撞后的损伤状况是非常复杂的，引起损伤的最根本原因是受力。只有对车辆在发生碰撞时的受力情况进行科学、正确的分析，才能准确地把握车辆的损伤形式、部位，确定出具体损伤的发生原因，这一点不但对车辆损伤的判定具有重要的意义，对修复工作同样也具有指导性的意义。

车辆在发生碰撞时的受力状况是非常复杂的，归纳起来主要有以下几个方面：

1）直接碰撞部位所受到的撞击力。这是车辆碰撞损伤的主要原因。

2）如果被撞击物体是非固定体，且其遭受撞击部位位于该物体质心的下方，则在撞击发生时该物体会被抛起，以下落的方式将车身砸伤。

3）惯性力造成的损伤。惯性力造成的损伤主要表现在两个方面：一是车身上安装的较重总成部件、乘客、载货等，在发生碰撞时因惯性对车身造成冲击；二是车身本体由于惯性力作用而发生弯曲、翘曲等变形。

二、碰撞对车身的影响

1. 碰撞对非承载式车身的影响

非承载式车身的车架上设置了一些碰撞吸能区，在遭受较大的冲击时发生变形来吸收碰撞能量。如图5-65所示，图中圈出的部位为车架和车身上较柔和的缓冲部位，主要用来缓冲来自前端或后端的碰撞冲击。

车架的变形大致可以分为以下五个类型：

（1）左右弯曲　如图5-66所示，来自一侧的碰撞冲击经常会引起汽车车架的左右弯曲。左右弯曲通常会发生在车架的前部或后部，一般可以通过观察钢梁的内侧及对应钢梁的外侧是否有皱曲来确定。此外，通过车门长边上的裂缝和短边上的皱褶、车辆一侧明显的碰撞损伤、车身和车顶盖的错位、发动机罩和行李箱盖与相应的开口部位不匹配（或不能正常开启）等也可初步断定左右弯曲的变形。

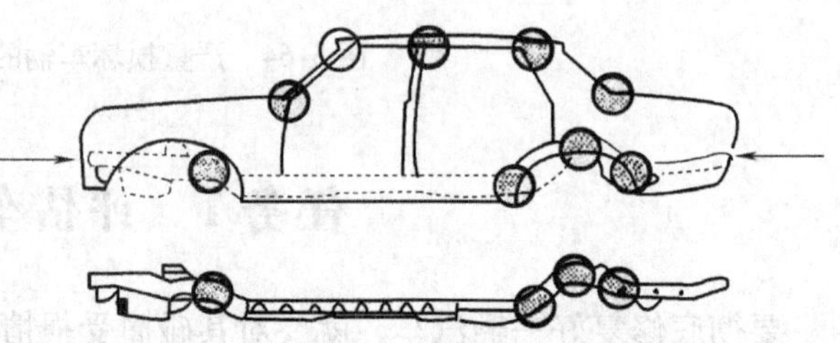

图5-65　车架和车身上的碰撞吸能区

（2）上下弯曲　如图5-67所示，从车辆的外表观察，通常有前部或后部低于正常车辆的现象，整个车身在结构上也有前倾或后倾的现象。上下弯曲一般由来自前方或后方的直接碰撞所引起，可能发生在汽车的一侧，也可能发生在两侧。判别上下弯曲变形可以查看翼子板与车门之间的缝隙是否在顶部变窄、在下部变宽；也可以查看车门在撞击后是否下垂。

上下弯曲是碰撞中最常见的一种损伤，它出现在交通事故的大多数车辆上。严重的上下弯曲变形能够破坏上车身的准直，即使在车架上看不出皱折和扭曲。

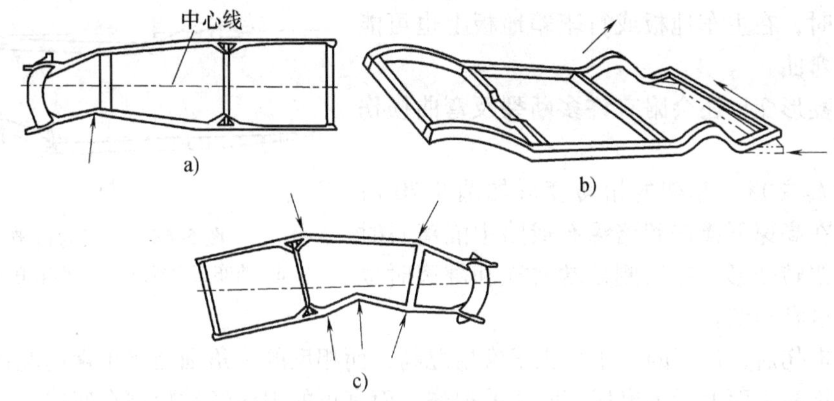

图5-66　车架的左右弯曲

a）由前端碰撞引起的车架前部左右弯曲　b）由后端碰撞引起的车架后部左右弯曲

c）车架外部受到的双重左右弯曲

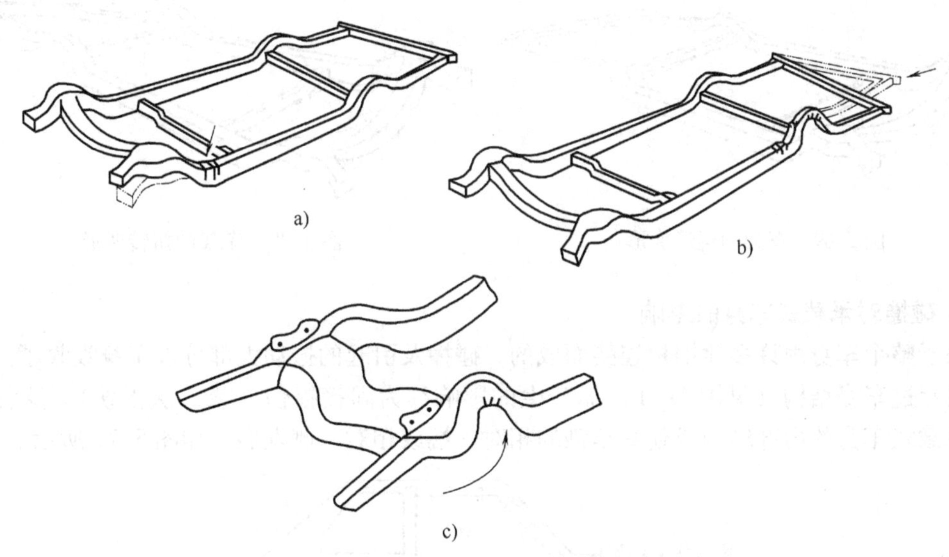

图5-67　车架的上下弯曲

a）左前端上下弯曲　b）后尾端上下弯曲　c）车架上下弯曲

（3）折皱损伤　车辆在有折皱损伤时，车上的某些部件或车架的尺寸会低于原车的技术尺寸。断裂损伤通常表现为发动机盖的前移或后窗的后移。有时车门可能吻合得很好，看上去也没有受到任何干扰，但皱折或其他严重的变形有可能发生在车身或车架的拐角处，而且侧梁还会在车轮挡板圆顶处向上提升，引起车身的损坏。受到断裂损伤后，保险杠一般会有一个非常微小的位移，多为来自前方或后方的直接碰撞引起的。具体损伤情况如图5-68箭头所指处。

（4）菱形变形　车架的一角或偏心点受到来自前方或后方的撞击时，其一侧整体向前或向后移动，引起车架或车身的歪斜，使其形成一个接近平行四边形的形状，称为“车架的菱形变形”，如图5-69所示。

菱形变形会对整个车架造成影响，而不仅是汽车一侧的钢梁。从外观上可以看到发动机盖和行李箱发生错位，在接近后车轮罩的相互垂直的钢板上或在垂直钢板接头的顶部可能出现褶皱，同时，在主车地板或行李箱地板上也可能出现褶皱或弯曲。

通常，菱形变形还会附有许多断裂及弯曲损伤的组合损伤。

（5）扭转变形 车架的扭转变形如图5-70所示。当汽车在高速下撞击到路缘石或路中隔离石时就可能发生扭转变形。在后侧角端碰撞和翻滚时也经常会出现这种损伤。

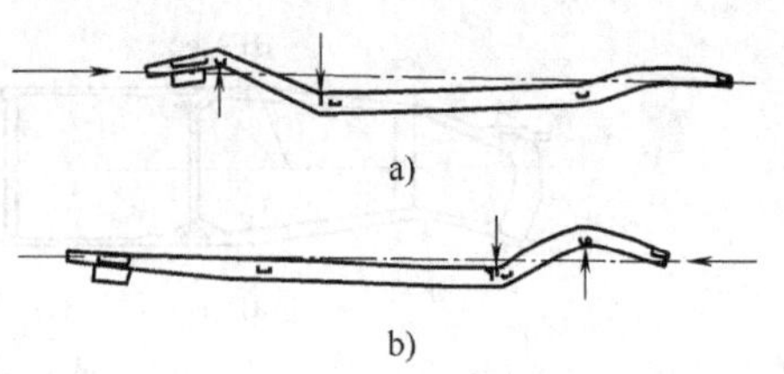

图5-68 车架的折皱

a）汽车正面碰撞 b）汽车追尾碰撞

受到此损伤后，汽车的一角会比正常情况高，而相反的一角则会比正常情况低。细心的检查可能在钢板表面上看不出任何明显的损伤，而真正的损伤经常隐藏在底层。

在碰撞力的作用下，汽车的一角会向前移，而邻近的一角下垂得很接近地面，这时就应对汽车进行扭转损伤检查。

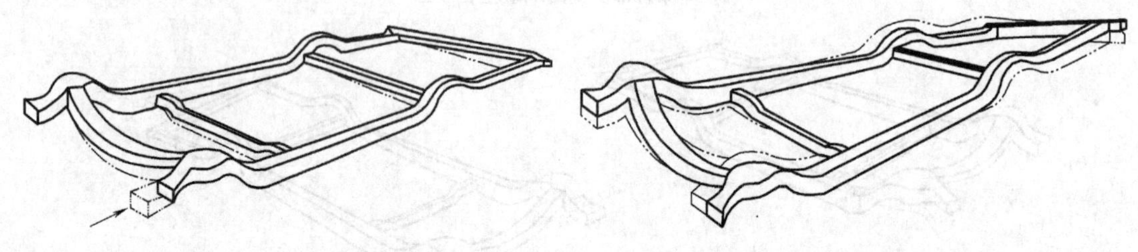

图5-69 车架的菱形变形　　图5-70 车架的扭转变形

2. 碰撞对承载式车身的影响

由于整个车身由许多薄钢板连接而成的，碰撞及引起的振动大部分被车身吸收了。碰撞冲击波穿过车身结构（见图5-71）而产生的影响称为间接损伤（或二次损伤）。这种损伤朝着承载式车身的内部结构或朝着车辆的相对一端或相对一侧发展，如图5-72所示。

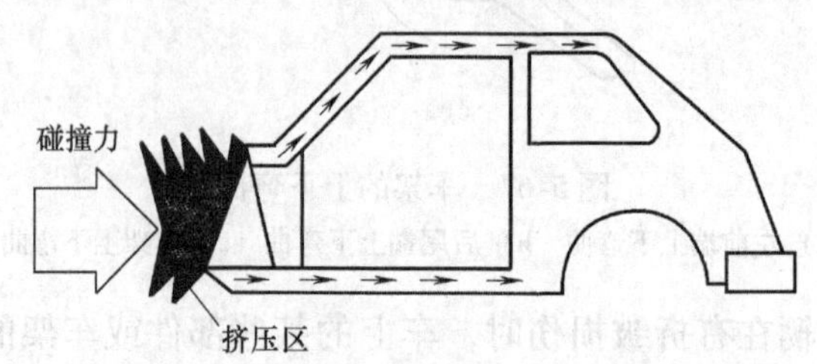

图5-71 碰撞能量沿车身结构件传递

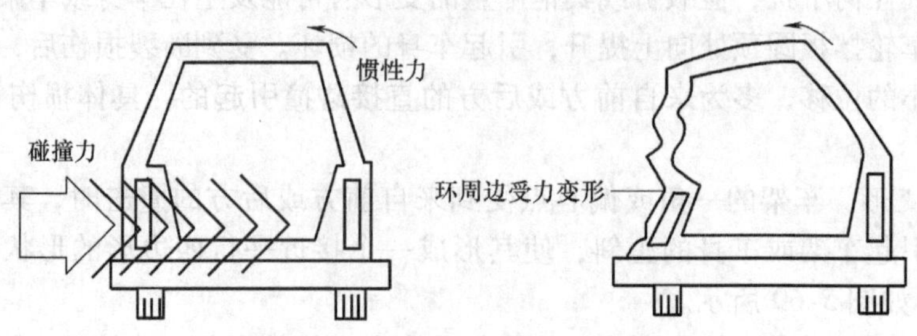

图5-72 碰撞对车身一侧的影响

承载式车身的碰撞损伤情况大致可以分为以下几种：

（1）前端碰撞　正面碰撞程度较轻时，一般会使车前部保险杠及其连接支架受到损坏，并首先波及散热器及散热器支架、前翼子板和发动机罩等。有时由于前翼子板内板受到碰撞力的作用而变形，前轮悬架也会受到影响。

正面碰撞程度较严重时，其损伤的范围会扩大很多——前翼子板后移，造成前门开启困难；发动机罩严重变形并伴随铰链翘曲，有时可触及前围板、上罩板；散热器和散热器支架严重变形，波及风扇和空调散热器等其他机件；前侧梁发生弯曲或裂伤，导致前悬架严重变形等。

严重的前端撞击会使前保险杠、前翼子板、散热器支架、发动机罩、前翼子板内板、前侧梁等主要结构件和板件产生严重的损伤和变形，通常大部分已达到不可直接修复的程度（可采取更换的方法）。碰撞力沿车身传递的结果，会造成A柱、B柱等产生不同程度的变形和损伤，如前门下垂、门隙增大、主车地板及顶板拱曲变形等。车辆的许多机械总成和构件也会有很大程度的损伤，如发动机及变速器支撑错位甚至损伤，前驱车辆动力传动和转向机构损伤等。

（2）后端碰撞　车辆受损的程度取决于碰撞的面积、碰撞时的车速、碰撞的对象和车辆的总质量等。如果碰撞较轻微，可能导致后保险杠、后地板（或行李箱地板）、行李箱盖、后翼子板等变形，相互垂直的车身板件扭曲；如果碰撞比较严重，后顶盖的侧板会塌陷至顶板底面，四门车的B、C支柱可能弯曲，车辆的顶板弯曲等。

（3）侧面碰撞　确定车辆侧面碰撞损伤时，分析汽车的结构十分重要。车辆为两门车还是四门车，普通顶还是硬顶车，车门有无侧向防撞杆，车辆的中心立柱（B柱）的结构和主车地板的结构等都会对车辆的侧向防撞性能造成不同的影响。因为车辆发生侧向碰撞时，碰撞力必须被强度很高的构件抵抗住，并被分散到车身整个侧板才能有效地保护成员空间，因此，这部分车身构件一般都设计、制造得非常坚固，没有碰撞吸能区。为了提高车辆的侧向防撞能力，现代车辆一般都在车门内侧配有防撞杆，B柱采用三层加强结构等，硬顶车辆已经比较少了。

发生侧向碰撞时，对于严重的碰撞，车门、前部构件（前翼子板、翼子板内板和前侧梁等）、中心立柱以至于主车地板侧梁、地板和顶板等，都会有不同程度的变形。当前翼子板或后顶盖侧板受到垂直方向上较大的碰撞时，振动波会传递到车辆的另外一侧，使车辆整体产生弯曲。当前翼子板中心位置受到碰撞时，前轮会被推进去，振动波也会传到前侧梁，甚至通过副梁传递到另一侧车轮，造成另一侧车轮定位失准，发动机支撑、转向系统等也会因此而发生损伤。

（4）顶部碰撞　由于物体坠落而使汽车顶部受损时，受损的不仅是车顶钢板，而车顶侧梁、后顶盖侧板以及车窗等可能同时受损。

如果车辆倾翻之后，车身支柱和车顶钢板已经弯曲，那么相反一侧的支柱同样也会损坏。汽车损坏的程度可通过车窗、车门的变形来确定。有时，在车辆倾翻后，车身的前部和后部部件也可能被撞伤。

承载式车身的损伤类型和损伤顺序一般为：左右弯曲变形、上下弯曲变形、折叠损伤、增宽损伤和扭转变形等。

1）左右弯曲变形。从一侧来的碰撞冲击经常会引起车身的左右弯曲或一侧弯曲。左右的弯曲通常发生在汽车的前部或后部，一般可通过观察车辆一侧明显的碰撞损伤、车门等板件与周围板件的缝隙及高度的变化、车身和车顶的错位等来判断。

2）上下弯曲变形。上下弯曲是碰撞中最为常见的一种损伤，一般由前方或后方的直接碰撞而引起，可能发生在汽车的一侧也可能是两侧，基本现象是车身有倾斜或离地间隙不一致。可以通过查看车门的缝隙是否在顶部变窄、下部变宽以及车门在撞击后是否有下垂等来判断。

3）折叠损伤。当碰撞过程持续进行时，在碰撞点上会产生显著的挤压。这样碰撞的能量被结构的变形吸收（以保护乘坐室），离中心点较远的部位可能会产生皱折、断裂或松动。

折叠损伤通过测量其长度是否超出配合公差来判断，它与传统车架式车身的断裂损伤相似。

4）增宽损伤。对承载式车身而言，正面碰撞时传到乘客室的碰撞力会使侧面结构弯曲远离乘客（而不是向内侧挤压），同时侧梁变形，车门的缝隙增宽。通常可以通过测量门隙的变化和门高的变化来加以判断。

5）扭转变形。当车辆高速撞击到路沿或道路的中央隔离墩时，可能导致扭转变形。发生扭转变形以后，车辆的一角通常较正常位置高或低些，而另一侧的情况与撞击一侧相反。即使最初的碰撞直接作用于中心点，但再次的冲击还是能够产生扭转力，从而引起车身的扭转损伤。整体式车身的扭转变形与非承载式车身车架的扭转变形相似，通常是最后的碰撞结果可以通过测量其高度或宽度的尺寸变化来判断。

发生在非承载式车身和承载式车身上的损伤类型是极为相近的，尽管后者可能更为复杂。但要注意：剧烈的碰撞在整体式车身不会引起菱形变形。与非承载式车身车架的调整方法一样，采用先进后出的原则，首先矫正最后发生的损伤，这也是修复承载式车身损伤的最佳方法。间接损伤通过精确的测量才能确定。

【任务实施】

设备、工具和材料准备：

1）前部碰撞变形的承载式轿车。

2）车身举升器、钢卷尺及必要的拆装工具。

3）安全防护用品：工作帽、工作服、安全鞋、棉手套、护耳器。

4）对应车型的维修手册。

技术标准及要求：

应全面、准确地确定车辆的所有碰撞损伤。

任务实施步骤及要求：

对大事故车辆的损伤诊断，首先应通过目测判断车身及其他机械零部件损伤的大致情况，对车身的前部和下部等精确度要求较高的部位必须通过精确的测量，才能评价其损伤程度。损伤检查一定要注意合理的顺序，这样才能不致有遗漏。下面主要以正面碰撞为例来介绍损伤检查的基本步骤。

1. 了解碰撞情况

了解碰撞事故发生情况有助于全面、准确、迅速地检查所有损伤。具体内容请参见前文的相关知识。

2. 确定损伤部位

观察整个车辆，从碰撞点开始，环绕车辆一圈（见图5-73），并统计撞击处数，评价其幅度，确定其损伤顺序。

3. 检查外部损伤和变形

从车辆的前部、后部和侧部观察车辆，并从侧面检查横向和垂直弯曲、扭曲、变形的线条，以及车身上的隆起和凹陷，如图5-74所示。同时，检查外板变形或其他与碰撞部位相关联的部位。

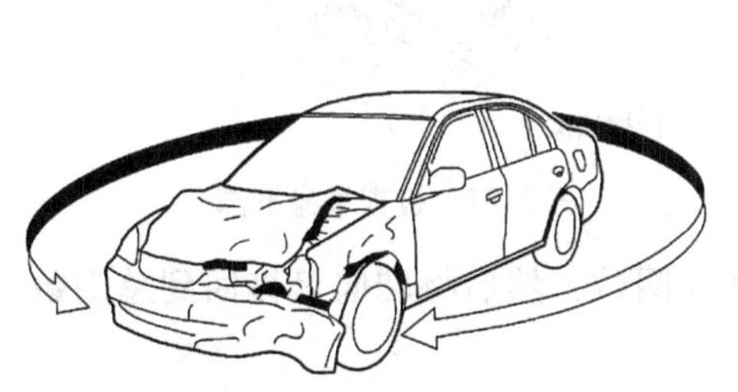

图5-73　环绕车辆一圈

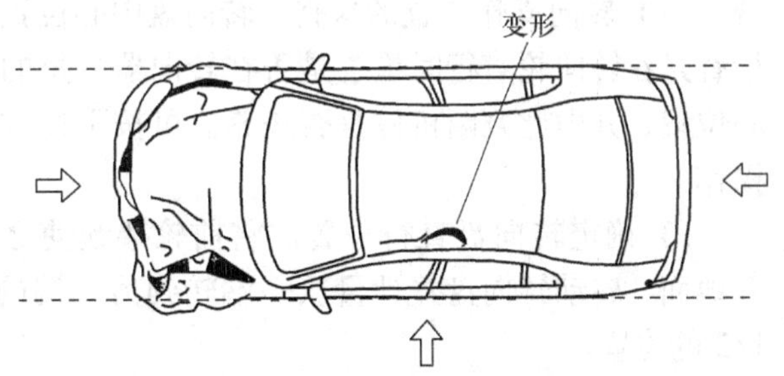

图5-74　检查外部损伤和变形

4. 检查外部车身板件的定位情况

仔细检查所有带铰链的部件（如发动机盖、车门、行李箱盖或后背舱门）的装配间隙和配合状况是否正常（见图5-75），开启与关闭是否正常。通过这些检查，除了可以判断覆盖件的变形情况外，还可以判断安装这些覆盖件的结构件的变形情况。例如：车门是通过铰链安装在车身门柱上的，通过开、关门和观察门边缘与车身二者间的曲面是否吻合及装配情况等，即可确定车门或支柱是否受到损伤（见图5-76）。

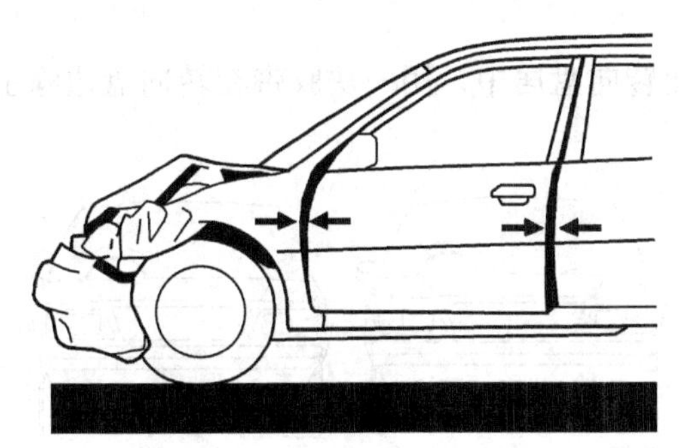

图5-75　检查外部车身板件的定位情况

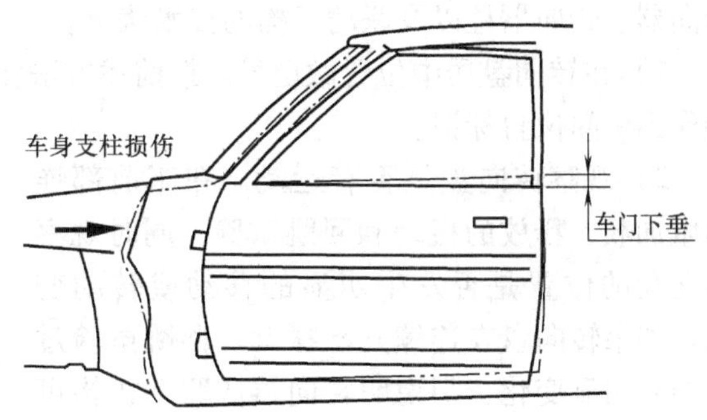

图5-76　车门和支柱的检查

5. 检查发动机室

检查发动机支撑以及变速器支座的变形情况，辅助系统与底盘以及线束与底盘间的接触情况。检查车身各部分的变形情况以及焊缝密封胶的剥落情况。

6. 检查乘客室和行李箱

检查乘客室或行李箱内撞击力造成的间接零件损伤。检查转向柱、仪表板、内板、座椅、座椅安全带以及其他内饰件上因驾驶人或货物而导致的损伤。

7. 检查车身下部

检查发动机机油、变速器油、制动液或散热器冷却液的泄漏情况。检查车身底部各部分的变形以及焊缝密封胶的剥落情况，如图5-77所示。

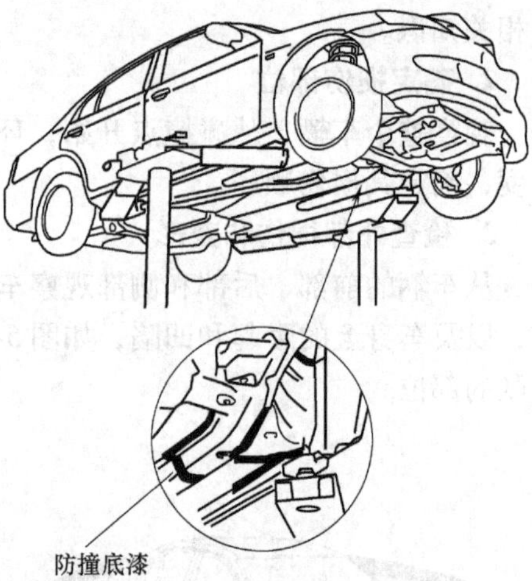

防撞底漆

图5-77 检查车身下部

8. 检查前轮转向装置性能

转向性能检查结果可以用于分析车身、转向和悬架装置的故障，为测量和鉴别行驶装置的性能提供帮助。

(1) 转向操作装置的检查 转向盘中心位置的检查是在转向轮直行时检查是否在转向器分量的中心位置，并由此判断机件是否正常。可按下述方法操作：

1) 确定转向盘直行位置。将前轮架起使之离开地面，转动转向盘并计量从一端转到另一端的总转动圈数，然后将转向盘移回到总圈数1/2的位置。

2) 检查前轮是否处于直线行驶位置。观察转向前轮所处位置，并依此作出相应分析：

① 如果转向盘在中心位置，并且两前轮均指向正前方，且车轮能够随转向盘的转动而自由摆动，则说明整个转向系统基本无损坏。

② 如果转向盘居中而车轮有明显偏离，或其中某一车轮偏离直线行驶方向，则说明转向操作系统有一定程度的损坏。

③ 如果转向盘处于中间位置，而两前轮却没有指向正前方，并且不能随转向盘的转动而转动，则说明转向操作系统损坏严重。

(2) 转向器性能的检查 按下汽车前部或后部，给悬架加载然后迅速释放，同时观察转向器、转向器柱以及联动机构的技术状况。

1) 在转向盘居中位置做记号。按前述方法使转向盘居中，用一块胶带在转向盘边缘上端作出中间位置标记。

2) 观察转向盘是否有运动。在车前部连续做加载、释放的振动和回跳试验，同时观察转向盘的位置是否发生明显的移动或转动变化。如果转向盘在连续几次振动、回跳试验过程中有明显变化，则说明转向器或联动机构可能损坏，如图5-78所示。对此，需做进一步检查：将转向盘放在极左和极右位置的中点，然后检查轮胎是否指向正前方，如果有一个没有指向正前方，则说明有损坏；从一个极限位置向另一个方向转动转向盘时，从车身前部观察，如果车身有轻微抬起和落下，则表明确有机械损坏。

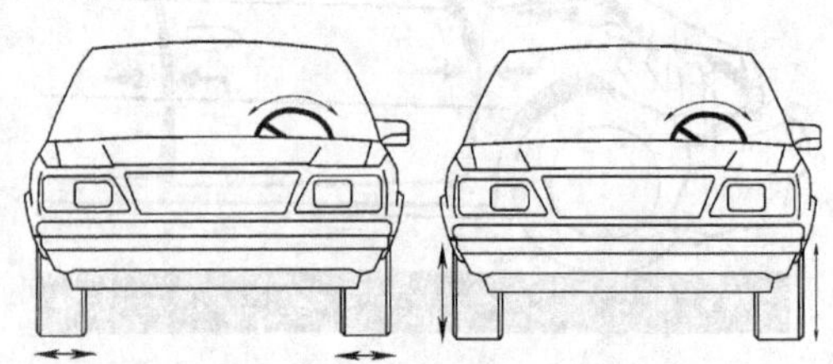

图5-78 两种快速检查方法

(3) 四轮定位检查 如果经初步诊断前轮转向装置工作正常，有条件时还应进行前轮定位检查，以确认碰撞是否对前轮定位参数产生了不良影响。

9. 检查功能

机械零部件检查后确定完好时，应进行功能检查，主要项目有：①起动发动机，检查是否有异常的振动噪声或接触噪声；②操作离合器、制动器、驻车制动杆以及变速杆，检查车辆功能是否正常；③检查电气系统的功能，其中包括灯光和附件的开关功能。

10. 测量主要尺寸

检查评估汽车的损伤程度，用测量法检测是必不可少的手段之一，按维修手册给出的技术参数、测量车架、车身各指定部位点对点的距离，将测量结果与已知数据进行比较，可以查出损伤范围和方向，有助于对损伤程度进行分析。

11. 完成损伤检查报告

完成所有检查后，应认真完成损伤检查报告。

任务2　矫正车身变形

车身严重损坏的车辆经过损伤评估后，接下来的作业就是车身变形的矫正。车身变形的矫正是大事故车辆修理的常见作业项目。

【学习目标】

知识目标：

1. 了解车身矫正的作用。
2. 熟悉不同类型的矫正设备是如何装配和使用的。
3. 掌握车身固定和拉伸的基本方法。

能力目标：

能够初步完成承载式车身变形的矫正工作。

【知识准备】

车身的变形矫正就是使用较大的矫正力对已经变形的车身壳体或构件采用拉、压等方法使其恢复形状和尺寸。

为了保证车身矫正工作的精度要求，专用的车身矫正工作台往往配有车身三维尺寸测量系统，在进行车身牵拉矫正时控制各部位的尺寸，直到矫正完成。图5-79所示为目前常用的配备车身三维尺寸测量系统的车身矫正器。

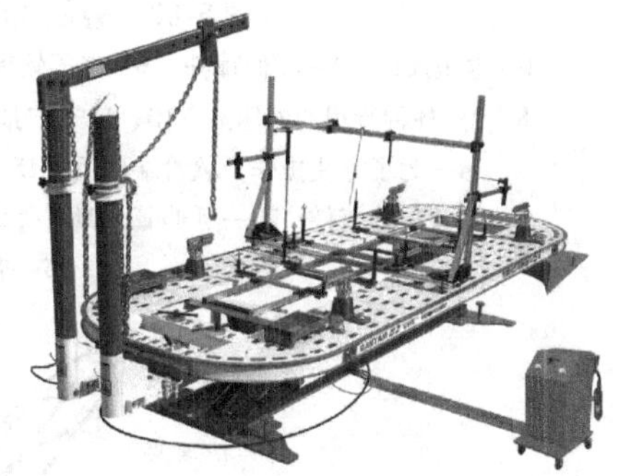

图5-79　目前常用的配备车身三维尺寸测量系统的车身矫正器

一、车身矫正设备

1. 轻便式液压顶杆系统

液压千斤顶配备大量附件后，成为车身矫正最通用的一种工具（见图5-80），可以用来完成包括推压、拉伸、夹紧和扩张加强的钢板、车身上的部件以及对车架的局部修理；可修理车门、前挡泥板、前翼子板、前裙板、发动机罩和后翼子板等，特别适用于更换新零件时对车身的调整。图5-81概括了这种轻便式液压顶杆系统在车身矫正中的应用。

水平方向

垂直方向

A 系统的核心部件——轻便式泵、高压软管和液压顶杆、楔口器或扩口器

B 泵的放置和操作

C 螺纹接头

D 快速连接管接头

E 快速连接管

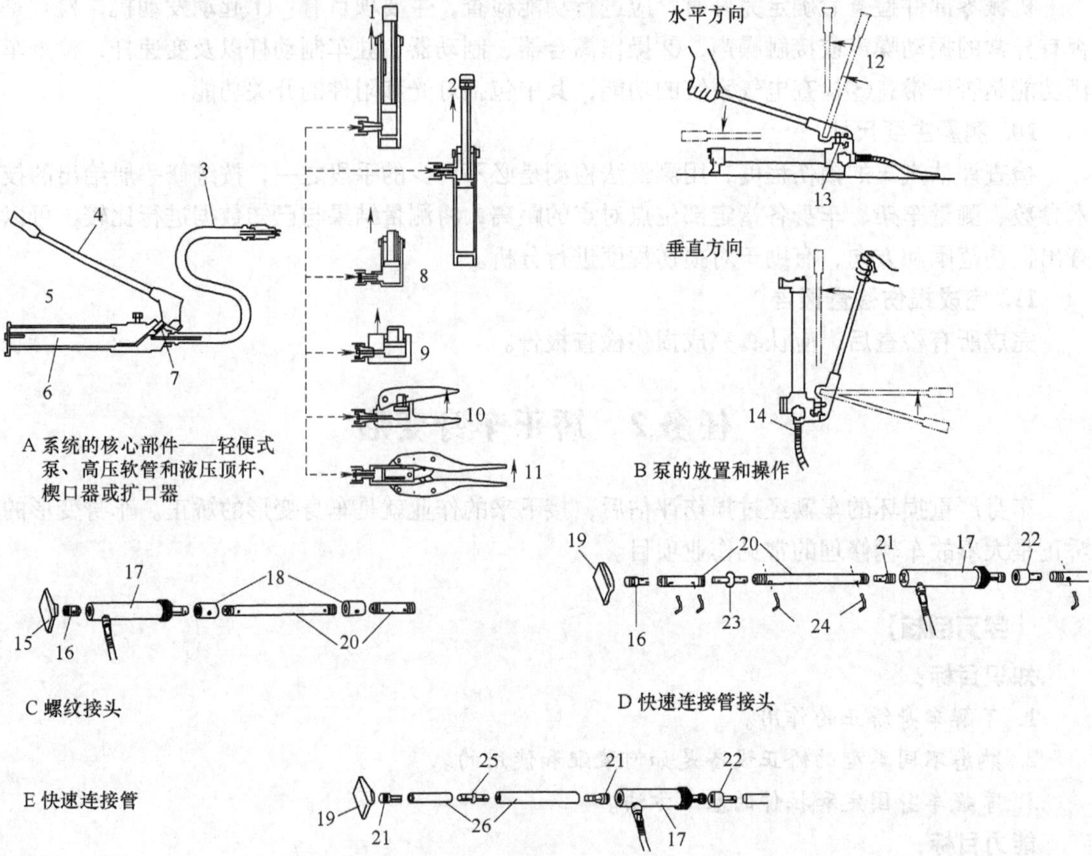

图5-80 轻便式液压顶杆系统的主要部件及连接方式

1—推压顶杆 2—拉伸顶杆 3—高压软管 4—液压泵操纵杆 5—液压泵 6—液压储油罐 7—泵活塞 8、9—各种行程的液压缸 10、11—扩张液压缸 12—视线控制位置 13—为了方便操作，泵活塞向下 14—为了方便操作，软管端向下 15—连接件 16—外螺纹接头 17—液压缸 18—内螺纹接头 19—连接件 20—延伸管 21—外螺纹转接器 22—内螺纹转接器 23—管接头 24—锁销 25—管转接器 26—快速连接管

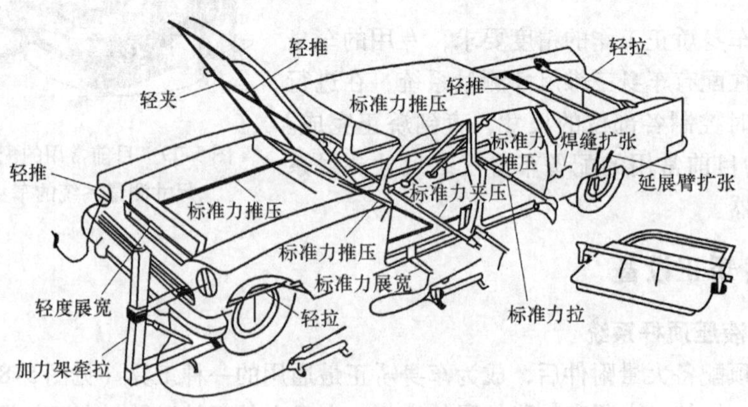

图5-81 轻便式液压顶杆系统在车身矫正中的应用

2. 地框式矫正系统

地框式矫正系统（也称为无底板矫正系统）是一种简易的车身矫正系统，如图5-82所示，俗称“地八卦”。通用的地框式矫正系统适用于车身损伤较小的情况。使用时，将车身用支撑架固定于地面上，并用铁链与预埋的框架进行锚固，拉伸用的液力顶杆或加力塔架等也固定于预埋的地框中，这样地面就相当于一个巨大的车身矫正台架了。矫正完毕后，将车身和液压顶杆等工具设备移开，地面仍是平整的，可以用于其他的操作，因此比较节省空间。

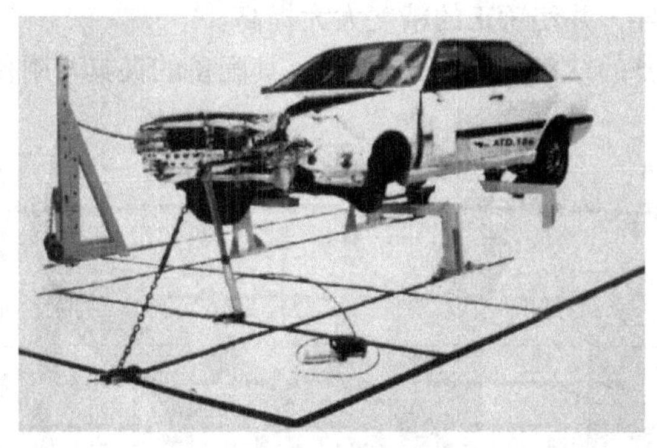

图5-82　地框式矫正系统

地框式矫正系统的建设成本低，使用比较灵活，拉伸操作的工具设备简单，并可以实现多点固定和多向拉伸，因此操作简单，其最大的优点是节省空间，在我国很多的车身修理车间被广泛应用。但地框式矫正系统也有一些缺点，如车身的位置相对过低而且不能上下移动，因此限制了某些操作；车身的固定使用支撑架，需要进行多点牵拉固定（见图5-83），稳定性相对差一些。但总体来讲，地框式矫正系统使用性能较好，尤其是对于较大的车辆更加经济和方便（见图5-84）。

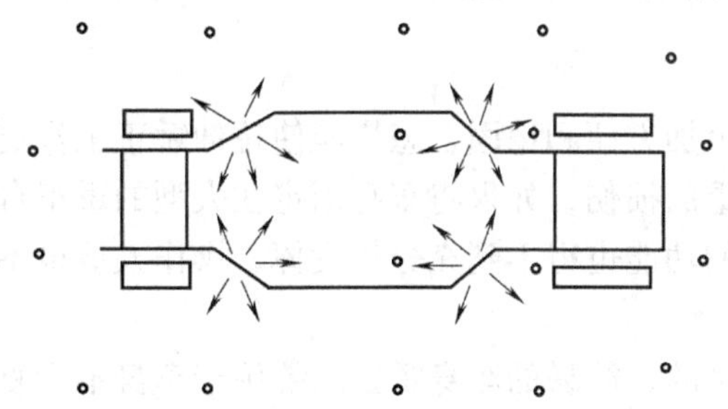

图5-83　用支撑加固定车身要考虑到拉伸时的受力均衡

图5-84　对大型车辆采用地框式矫正系统

3. 台架式矫正系统

台架式矫正系统是应用比较广泛的一种车身矫正系统，可分为具有工作平台的平台式车身矫正器和没有平台的组合框架式车身矫正器两大类型。虽然根据生产厂家的不同设计，其结构也有较大的差异，但总体的功能是大致相同的。

与其他类型的车身矫正设备相比，台架式矫正系统的主要特点是：

1）具有供车辆固定的可以进行升降的专用平台或矫正架，利于车辆的上下和车身各部位的修整工作。车辆正确固定后无须再次调整水平，台架的工作面即为水平标准面。

2）配备可以围绕工作平台进行360°位置安装的拉塔，能实现对车辆全方位的拉伸操作。

3）配有专门用于车身固定和拉伸使用的夹持工具，车身固定工作简单，拉伸容易实现。

4）通常配有与工作台相配合使用的测量系统，可以快速、方便、准确地测量车身的变形，对矫正操作做出指导，并使矫正的精度大大提高。

平台式车身矫正设备的结构如图5-79所示，其配备的夹具与附件如图5-85所示。

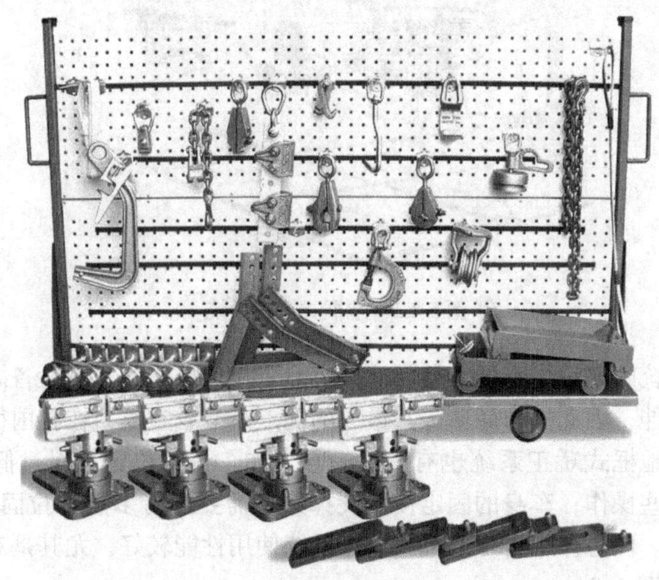

图5-85 平台式车身矫正设备配备的夹具与附件

4. 小型快速矫正系统

对于车身矫正设备来说，怎样使车身的固定更加方便和稳固，怎样能使拉伸矫正工作更加容易进行是一个重要的课题。尤其对于不太严重的损伤，如果将车身固定在大型的矫正台架上是比较麻烦的，需要做很多辅助工作，设备的功能也得不到充分的发挥，操作人员也不愿进行这样的操作。

针对这种情况，很多厂家开发制造了一些小型的、简易的车身矫正系统用于车身不太复杂的拉伸矫正工作，其最大的特点是灵活、方便，在对车身需要矫正的部位进行固定的同时，又能实现拉伸操作，而且使用简便，不占空间，因此一经推出就受到广泛的关注和欢迎。

图5-86所示的小型快速矫正系统利用类似于地框式支撑架的支撑装置来固定车身，拉塔支座与车身支撑架相连接起到固定的作用。这种设备的拉塔可以摆动，但由于必须依靠车身的支撑架来进行拉塔的固定，因此限制了它的灵活性。

小型快速矫正系统的适应能力较强，几乎可用于车身的各个方位，并可以与多种其他矫正系统和设备共同配合使用，来达到更好的使用效果，因此应用非常广泛。

图5-86 与车身支撑架配合使用的小型快速矫正系统

5. 车身矫正专用夹具

每一种类型的车身矫正系统都会配备比较齐全的拉伸工具和夹具，主要有拉伸工具、拉钩、夹具和各种专用工具等。各个车身矫正设备制造厂家一般都配有各种钣金工具的推荐使用图表，供工作人员在修理操作中参考使用。图5-87显示了在拉伸承载式车身上修复损伤时，各种夹钳是如何固定到各个不同的部位上的。但这并不限制车身修理人员创造性地使用这些工具和设备，只要运用合理、搭配得当，用于其他相应的位置同样可以起到很好的矫正作用。

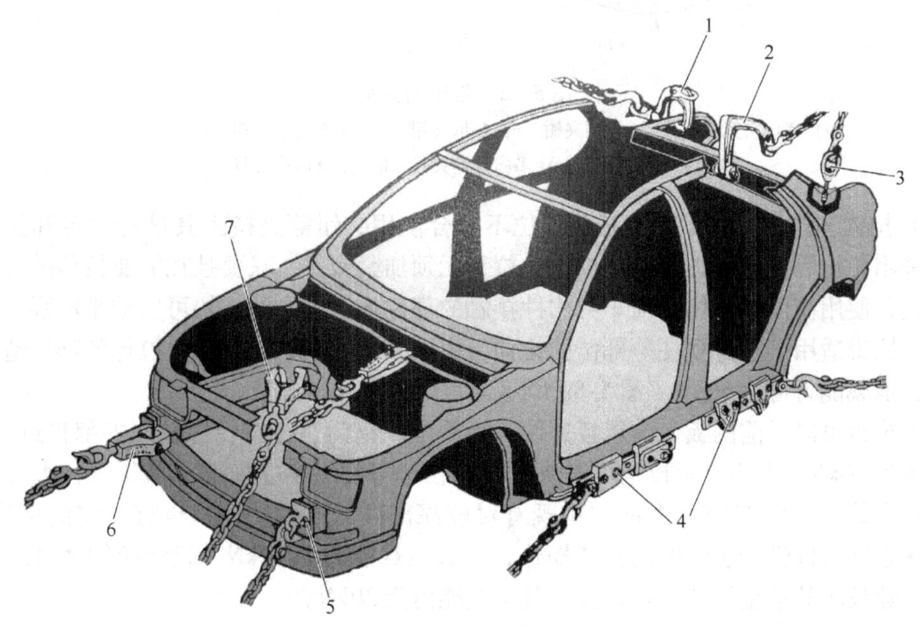

图5-87 车身矫正工具推荐使用位置

1—剪式夹钳 2—大力拉钩 3—带螺纹的拉伸板 4—车身裙边夹钳
5—拉伸板 6—深槽自紧夹钳 7—宽爪夹钳

下面就常见的几种工具、夹具的使用位置和功能及承载能力等作简单介绍。

(1) 夹钳 用于拉伸矫正的夹钳可夹持住车身的拉拔点，使链条的拉力作用于需要进行拉伸的部位。夹钳根据车身不同部位的结构特点并结合拉伸的需要有不同的设计，在使用时可以灵活选用。

夹钳的不同设计用途主要体现在钳口的宽度和钳身的厚度上，但使用的部位基本上都是车身具有焊接翻边等天然的可供夹持的部位。钳口比较扁平、钳身较薄的轻型夹钳适用于车身比较轻薄部位的拉伸夹持，它们体积小，使用比较灵活，承载能力多在30kN左右。钳身厚重的夹钳，其承载能力也相应大一些，可达50～60kN，基本上钳身越厚重、钳口越宽大的夹钳承载能力越高，多用于车身底部裙边、车身梁柱等需要较大拉力的场合。图5-88所示为常见的夹钳。

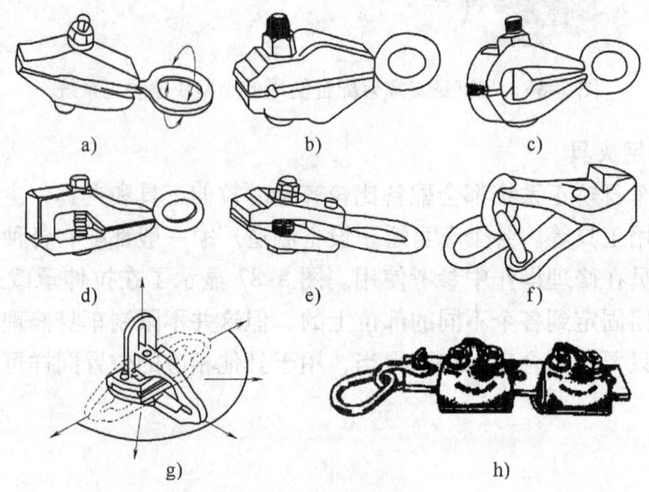

图5-88 常用的夹钳

a) 扁口自紧夹钳 b) 重型夹钳 c) C形夹钳 d) 深槽自紧夹钳 e) 小型夹钳 f) 剪口夹钳 g) 多向拉伸夹具 h) 车身裙边夹具

(2) 拉钩和拉带 在车身的某些部位不适合使用夹钳等夹持工具进行固定和拉伸，此时可以采用拉钩和拉带等进行拉伸操作。拉钩无须加紧操作，只要挂在需要拉伸的部位就能进行拉拔，使用简便。在拉钩与车身构件接触的部位垫上较大的木块可以减小压强，保护车身构件。拉带适用于车身立柱等部位的拉伸，由于其比较柔软，不会对拉伸的部位造成额外的损伤，承载能力可达50kN。图5-89所示为常用的拉钩和拉带。

大力拉钩可以对前围板、前罩板、仪表板周围、车门、行李箱等较深的部位进行拉伸，最大负荷为50kN。大型直角拉钩可以快速安装在车身的纵梁、横梁等部位进行大力的拉伸操作，其承载能力为70kN。多向拉钩既有对较深部位的拉拔功能，也有一定的夹持能力，在夹持状态下可以进行多角度的拉伸操作，最大承载能力为50kN。轻型拉钩适合对车身上的孔或缝隙较小的箱型板件进行拉伸，其承载能力为20kN。

(3) 链条和链条连接工具 在拉伸操作中，链条和链条的连接占有非常重要的地位，不仅涉及拉伸效果，更主要的是安全问题。

拉伸用的链条是专用链条，其最大承载能力为80kN，一般普通的链条不能用于车身的拉伸矫正。为了更方便地将链条与夹具固定或调整链条的长度，在车身矫正工具设备中还专

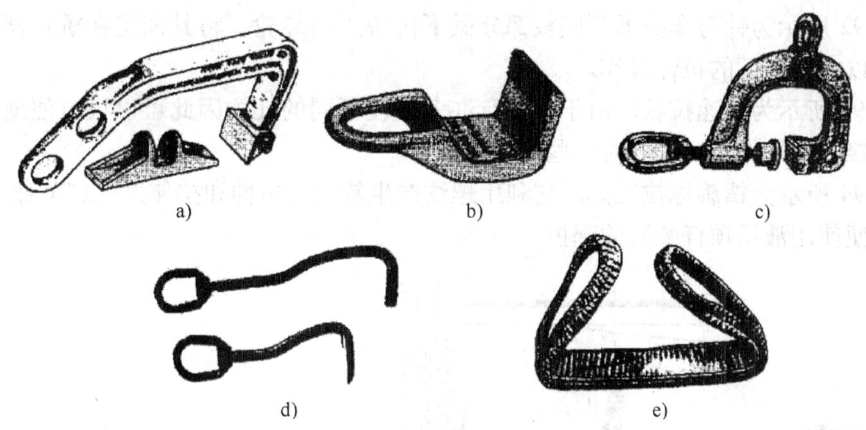

图 5-89　常用的拉钩和拉带

a）大力拉钩　b）直角拉钩　c）多向可夹紧拉钩　d）轻型拉钩　e）尼龙拉带

门制造了链条连接拉钩、链条连接器等专用工具，如图 5-90 所示。

链条连接拉钩可以将链条快速地与夹持工具进行连接和拆卸，使用方便。对于不同型号的链条可以配备不同规格的连接拉钩，最大的承载能力为 50kN。

链条连接器可以将两条较短的链条进行连接，使其达到要求的长度，也可以将较长的链条缩短到要求的有效长度。

（4）其他工具　除以上介绍的常用工具外，还有许多专门用于特定场合的专用工具和其他的常用工具。

图 5-91 所示为减振器支座专用的拉伸工具。它可以很方便地安装在车辆的减振器支座上，并能够全方位地对碰撞后的减振器支座进行矫正，有效地保证减振器支座中心孔的对中，保证车辆悬架系统的正确安装。

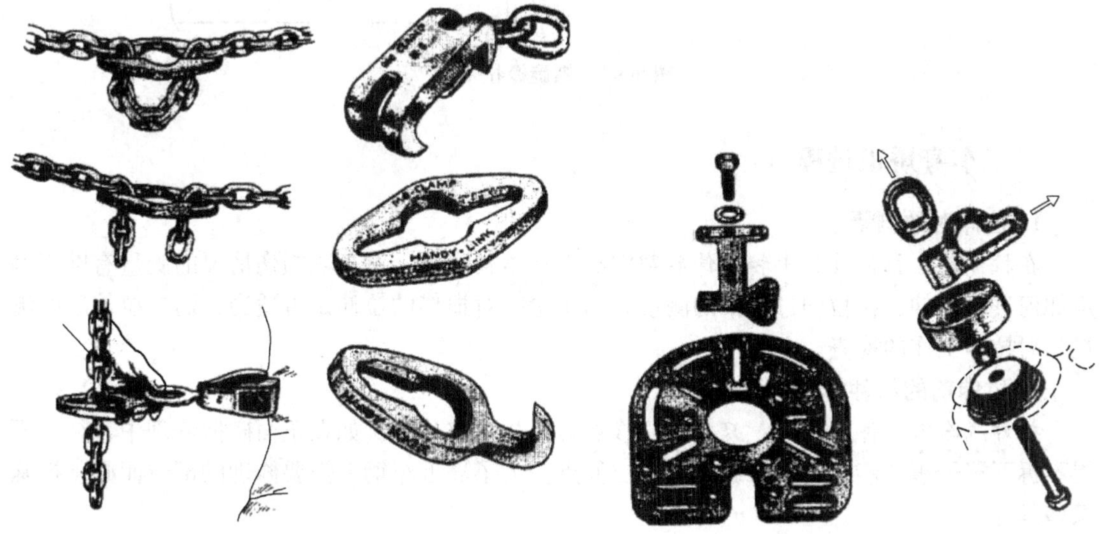

图 5-90　链条固定和连接工具及其应用

图 5-91　减振器支座专用的拉伸工具

图5-92所示为针对车身下部底板部分做下拉矫正的导轮。将其固定在矫正器的工作平台上，可以实现向下的拉伸操作。

图5-93所示为快速拉板。由于板上有许多直径不同的孔，因此可以很方便地将其固定在车身连接的螺栓部位，实现对这些部位的拉伸。

图5-94所示为螺旋撑拉工具。它利用螺纹产生较大的拉伸和拉伸力，对车身进行矫正，用于不方便使用液压顶杆装置的部位。

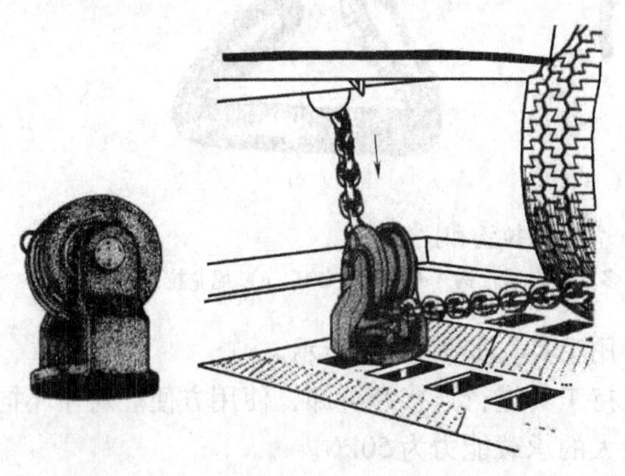

图5-92 下拉导轮

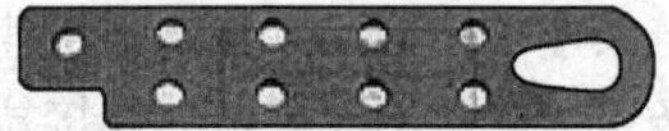

图5-93 快速拉板

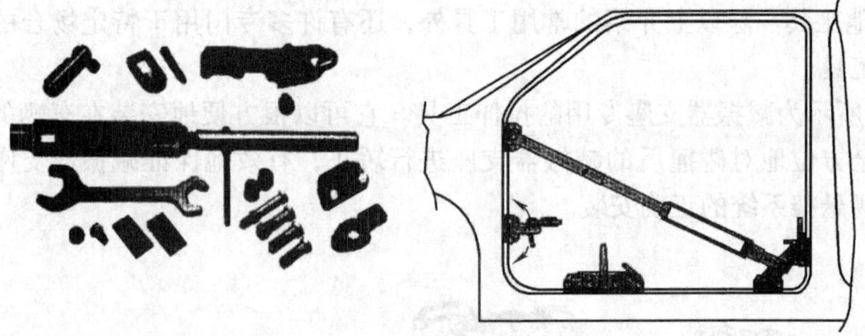

图5-94 螺旋撑拉工具

二、车身矫正过程

1. 拉伸时的测量

在拉伸前、拉伸过程中和拉伸后都需要进行车辆测量。对车辆损伤情况的测量有助于确定如何进行拉伸，在拉伸过程中的测量有助于检查对损伤的拉伸是否适当，而在拉伸后的测量是对拉伸工作的检查。

2. 拉伸前的部件拆卸

拆卸汽车零部件的原则：只拆妨碍修理的车辆零部件。例如在正面碰撞修理中，往往不得不拆下翼子板才能接近车架纵梁上的拉伸点。为了靠近车辆上需要修理的部位而必须拆除某些部件。

根据车辆的结构和损伤的位置和程度，有时在进行修理之前拆卸某些部件会比较方便。仔细分析车辆情况和损伤情况，以确定必须拆卸的部件。最好在将车辆放置到矫正架上之前就拆下某些部件以便于更好地紧固。

如果损伤的结构件可能要用于拉伸，那么就不要拆下它。在很多情况下，需要在损伤的焊接件上进行拉伸，尽管这些部件将要被更换掉。通过对严重损伤的部件进行拉伸，往往能帮助矫正其他不需要更换的结构件。如果首先拆下了已损伤的结构件，就可能使拉伸和矫正相邻部位或板件变得更加困难。

3. 制订拉伸工序

制订拉伸工序时，应遵循下列程序：

1）确定拉伸的方向。

2）按与碰撞损伤相反的顺序修理碰撞时出现的损伤（先内后外）。

3）按照与引起损伤相反的方向来设计拉伸顺序。

4）找到安装拉伸夹钳的正确位置。

5）估算修复损伤所需的拉伸量。

6）确定必须拆下哪些零部件才能进行拉伸。

应尽量在实际拉伸车辆损伤之前拟订好修理计划。计划中应当分别给出原厂和实际的尺寸、固定位置和拉伸位置。

4. 车身的固定与拉伸

对于承载式车身，固定时必须用多点固定的方式。一般需要四个固定点。对于前部受损的车辆，定位夹具应该安放在车辆的中部或后部；对于后部受损的车辆，定位夹具应该放在车辆的中部和前部。根据拉力及其方向的不同，有时要增加辅助固定点，如图 5-95 所示。

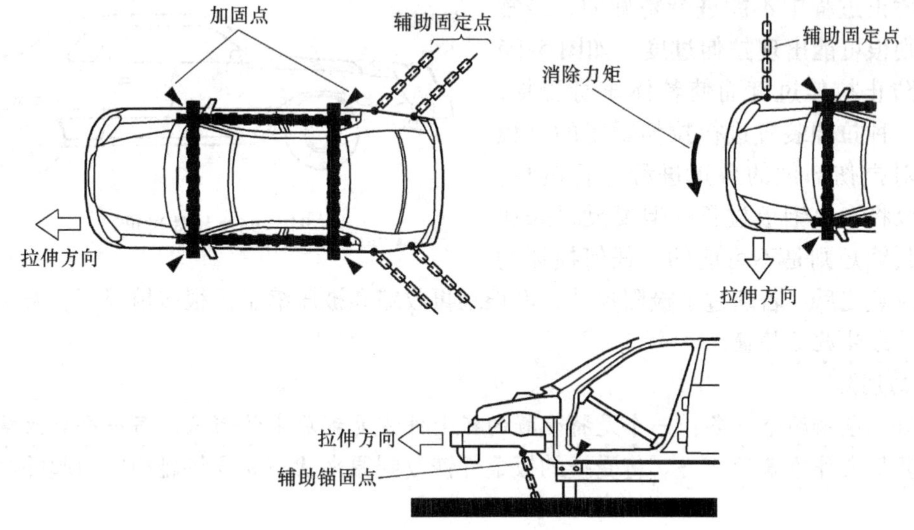

图 5-95 车身的固定与拉伸

在准备进行拉伸操作时，要注意正确使用矫正设备。每种设备都有些差异，所以一定要了解所用矫正设备的使用方法和安全防护措施。

在拉伸过程中，应当监测矫正的进程。由于金属板有弹性或可塑性，车身结构在被拉回到规定的尺寸后，会在一定程度上恢复到损伤的状态。因此，提前估算回弹量是很重要的。这就是受控制的过拉伸非常重要的原因。

拉链在顶杆的作用力下，一旦松弛部分被拉紧，车身构件的金属就开始移动。一定要不断地检查尺寸，以防拉伸量过大。

为了使损伤部位保持在适当的位置，可能需要做一些工作。可以在拉伸后松开拉力，观察一下板件在拉力释放后的移动量再重新进行拉伸和释放，这样慢慢地将部件或面板移动到规定的尺寸。每重复一次，板件就会向预期的位置移动一些。敲打邻近区域的金属有助于释放应力并保持板件按照需要进行移动。

每次拉伸时仅拉伸一点，然后释放拉力，进行测量。一般情况下，在矫正承载式车身/车架的损伤时应当按照从中心到两侧的顺序进行，并要满足以下顺序：长度方向的损伤矫正、宽度方向的损伤矫正、高度方向的损伤矫正。

执行拉伸操作要像徒手作业一样，即假定唯一可用的工具是手，怎样才能使金属恢复其造型，每一次能矫正几个区域，向哪个方向矫正都是有效拉伸的关键所在。

5. 矫正过程的拉伸或顶压原则

1）“先重后轻”。即优先矫正损伤最大的部位。

2）“先强后弱”。即同一部位的变形应先由强度大的构件开始矫正。

3）“先中间后两边”。即从中间部位开始操作。

4）“先长度后宽度”。即长度和宽度两个方向同时存在变形时，优先矫正车身长度方向的变形。

5）“先低后高”。即由车身底部开始矫正，而车身顶部的变形放到最后进行。

6. 拉伸过度

如果矫正过程中不能进行精确的、经常的测量，则很可能出现拉伸过度，如图5-96所示。为防止拉伸过度而使整体车身受损，在用任何一种拉伸装置进行拉伸矫正的过程中，都要对损伤部位的矫正进程进行测量。切记，可以将一块钢板拉长，但要反过来通过推压使其缩短则是不可能的。任何损坏的钢板，在拉直之后，若超过了极限尺寸，就很难再收缩和被压缩了。很多情况下，解决拉伸过度唯一的方法就是替换。

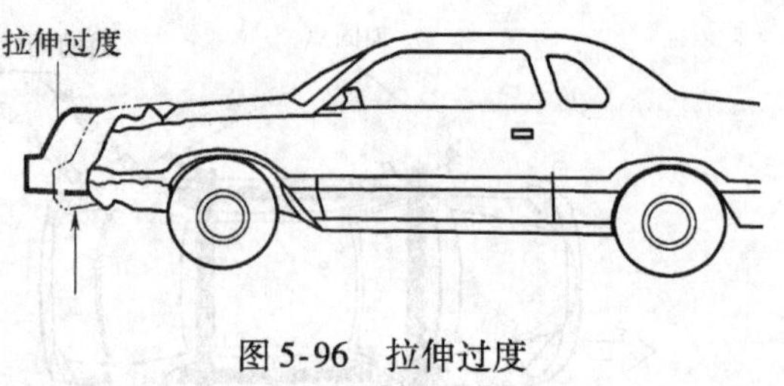

图5-96 拉伸过度

7. 应力消除

车身矫正包括两个任务：一个是将受损的钣金件恢复到原来的形状，另一个更为重要的任务是恢复钣金件原来的状态。将受损的钣金件恢复到原来状态需要将碰撞中引起的金属应力消除掉。

金属具有“记忆”特性或称弹性性能，它“知道”自己原来的初始状态，只有消除由事故引起的板件应力，它才会恢复到原来的状态。

平直钣金件（见图5-97a）的金属晶粒和原子层都处在相对松弛的位置。钣金件弯曲时（见图5-97b），这些晶粒就会产生轻微的变形，从而产生应力。如果钣金件有足够的弹性，一旦压力消除后，晶粒可以立即恢复到原来的状态；如果钣金件在碰撞中弯曲程度严重，则在弯曲的钣金件的外层，晶粒在剧烈张力的作用下产生严重的变形，而内层则在压力的作用下产生同样的变形（见图5-97c）。这些力引起晶粒变形，改变晶粒结构，而这种结构比受损前更坚硬（加工硬化）且缺少弹性，同时应力被固定在金属内部。

如果试图在不消除应力的情况下把钣金件拉伸恢复到原来的形状，金属将出现图5-97d所示的撕裂或变薄。这个形状接近原始形状，但是晶粒结构中仍保留着变形并且有新的变形区域产生。

若应力未被消除，金属疲劳和破裂迟早要发生在这些薄弱区域，或者一旦发生再次碰撞，即使很小的力也将引起同样或更大的危害从而造成严重的后果。

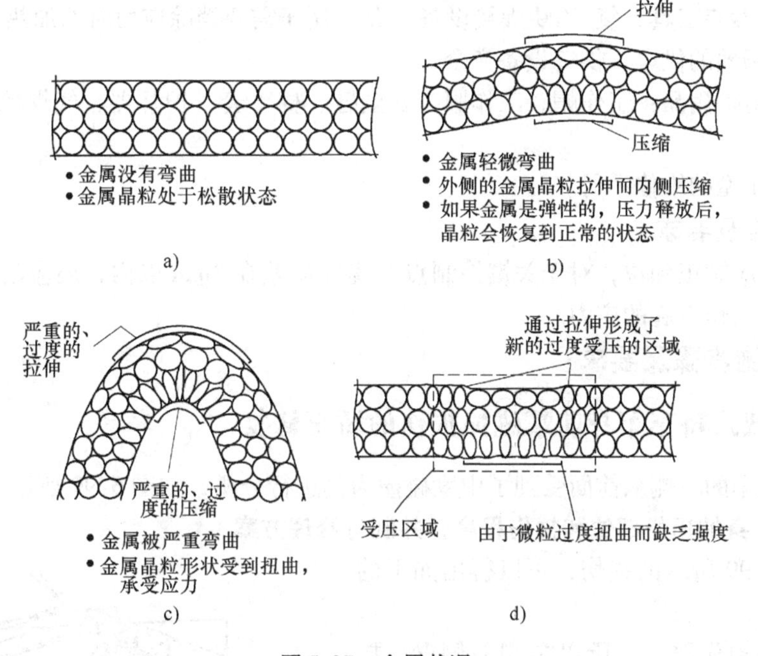

图5-97 金属状况

a）平直 b）轻微弯曲 c）过度弯曲 d）整平后（未消除应力）

消除应力通常在两个时刻进行：拉伸金属板件时和拉伸金属板件之后。对于严重变形的板件，由于其应力非常大，如果强行拉伸会造成板件的撕裂。而矫正之后的板件消除应力是为了使金属稳定地保持原来的状态。

图5-98 有控制的加热消除应力

消除应力有两种方法：弹性敲击和有控制的加热。对于受损严重的板件，弹性敲击可能作用不大，此时可以对金属有控制的加热（见图5-98），激活金属的晶粒，使其重新松弛，恢复原来的状态。有控制的加热是指加热的温度和时间不超过厂家的规定值，因为过度的加热会破坏晶粒结构，导致金属变软，强度降低，尤其是对于承载式车身的高强度钢和结构件。

【任务实施】

设备、工具和材料准备：

1）供矫正用的承载式轿车（或车身）、车架。

2）轻便型液压矫正设备两套，车身矫正器一台，并配套拉伸工具和量具、机械式米桥三维测量系统一套及配套车身尺寸图和测量附件（或车身电子测量系统一套），测距尺、钢卷尺、必要的拆装工具、氧-乙炔焊接设备一套（用于需要消除应力时的加热）。

3）操作场地的供电、供气设备齐全。

4）安全防护用品：工作帽、工作服、安全鞋、棉手套、护耳器、气焊保护镜、焊接手套等。

5）对应车型的维修手册。

技术标准及要求：

车身外形应矫正到位，对于关键控制点要确保误差在3mm以内，还应消除所有由于碰撞变形和修理工作引起的应力。

任务实施步骤及要求：

一、承载式轿车车身前端碰撞损伤的矫正修复

以一辆汽车的一侧从前面受到了中度碰撞为例进行分析，如图5-99所示。

1. 确定车身的损伤部位和损伤程度，并制订修理方案

对于图5-99所示的损伤，可以得出如下的大致修理方案：

左侧板件损伤严重，所以左侧前侧梁、挡泥板及散热器支架应更换。右侧变形较轻，应矫正恢复原形。

2. 固定车身

具体内容参见前文的相关知识。

3. 进行矫正作业

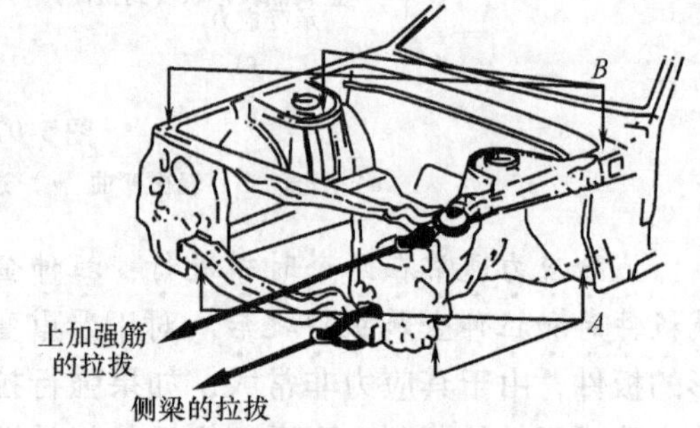

图5-99 汽车的一侧从前面受到了中度碰撞的损伤及拉伸图

1）确定拉伸方向，然后连接好相关矫正设备，慢慢拉伸。进行拉伸操作时，对安装更换零件的连接部位进行整形，同时对维修侧的前侧梁、挡泥板进行整形。

如果维修侧的前侧梁向内倾斜，则向前拉伸，如图5-99和图5-100所示。

如果维修侧的前侧梁向外倾斜，则沿侧前方向拉伸，如图5-101所示。

2）测量尺寸，并确定拉伸位置。对于这样的损伤，推荐的测量尺寸见图5-99中的A、B，进行对角测量。

3）如果侧前侧梁变弯，则应进行如下操作：

通过拉伸操作使对角线尺寸和车身底部尺寸基本合格之后，切割前下部横梁和侧隔板，夹住前侧纵梁的弯曲部位，然后同时沿前方和内侧方向施加拉力（或从外侧施加推力），拉动弯曲部位进行整形。

整形之后，通过横向推拉前侧车架，将对角线和车身底部的实际尺寸修整为标准尺寸。此外，还需修整挡泥板和减振器支座，并检查它们在车身上部尺寸中是否处于正确的位置，如图5-102所示。

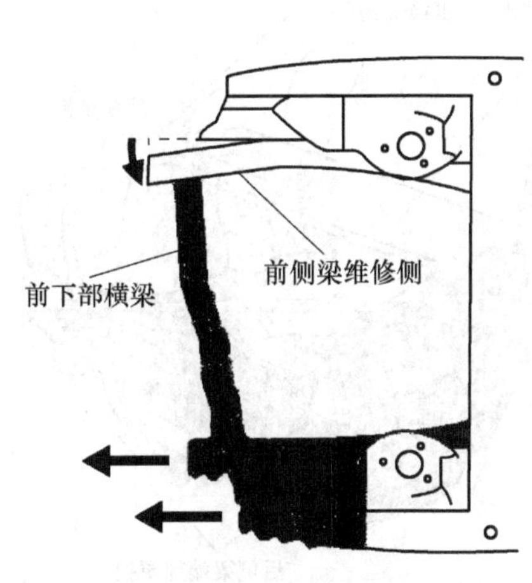

图5-100　向前拉伸

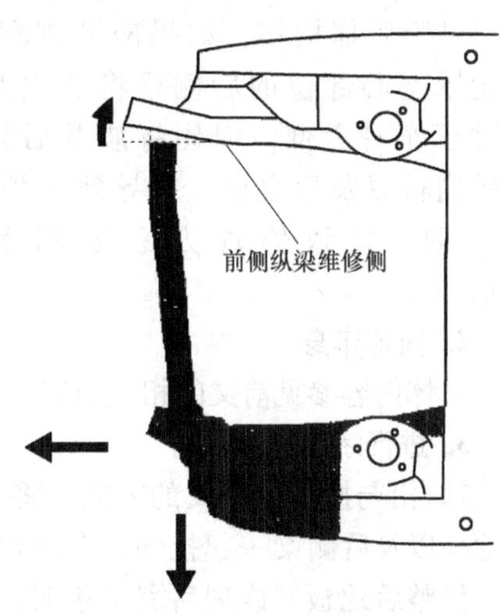

图5-101　沿侧前方向拉伸

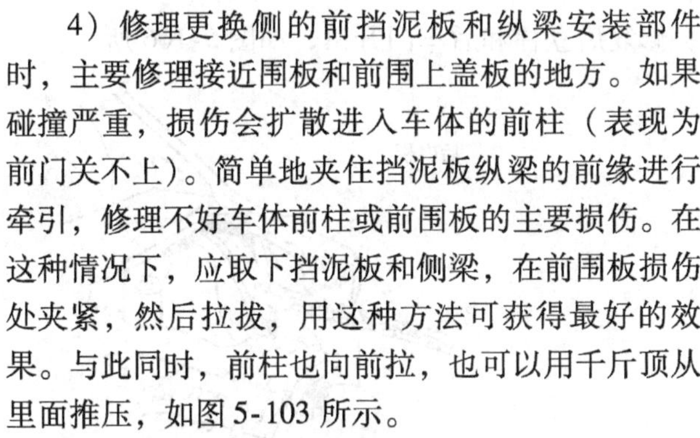

4）修理更换侧的前挡泥板和纵梁安装部件时，主要修理接近围板和前围上盖板的地方。如果碰撞严重，损伤会扩散进入车体的前柱（表现为前门关不上）。简单地夹住挡泥板纵梁的前缘进行牵引，修理不好车体前柱或前围板的主要损伤。在这种情况下，应取下挡泥板和侧梁，在前围板损伤处夹紧，然后拉拔，用这种方法可获得最好的效果。与此同时，前柱也向前拉，也可以用千斤顶从里面推压，如图5-103所示。

5）根据损伤情况进行应力消除工作。

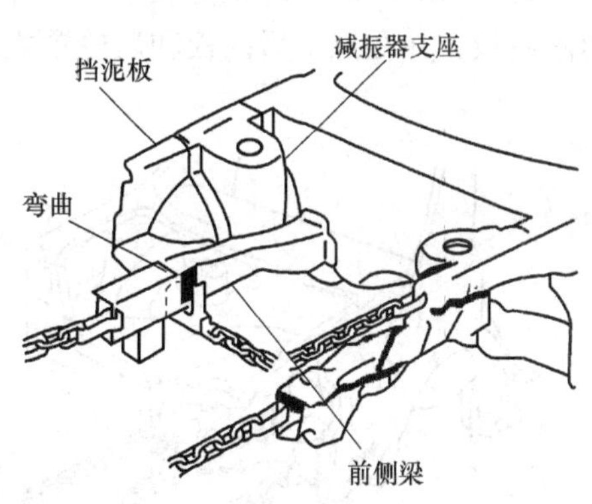

图5-102　修整弯曲的前侧梁

4. 板件更换作业

维修板件矫正到位并消除应力后，更换左侧前侧梁、挡泥板及散热器支架。

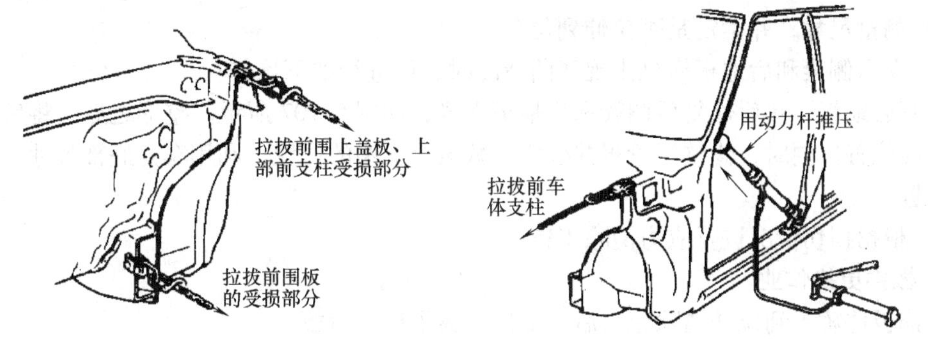

图5-103　修整前围板和前柱

二、承载式轿车车身后端碰撞损伤的矫正修复

1. 确定车身的损伤部位和损伤程度，并制订修理方案

对于后部损伤，如果碰撞剧烈，则后轮罩空心部位的后侧梁将发生弯曲；而对于车身上部，损伤将波及后轮罩、后部内板以及后立柱，并导致车顶板发生扭曲。大致修理方案如图5-104所示。

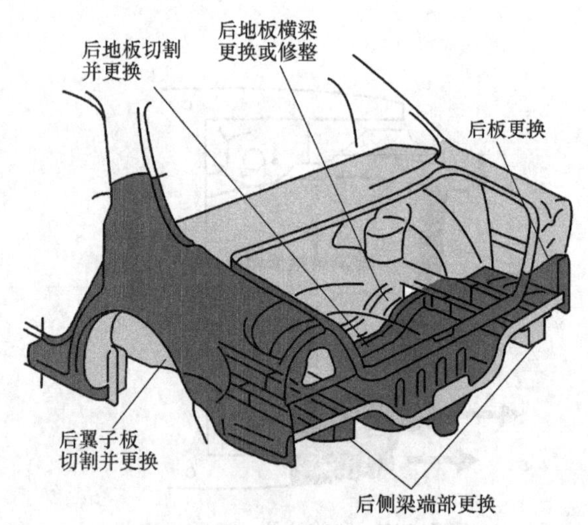

图5-104 后部损伤的修理方案

2. 固定车身

具体内容参见前文的相关知识。

3. 进行矫正作业

1）沿与撞击力相反的方向，将后板、后地板以及后侧梁一起拉伸。在拉伸过程中，修整后地板。修理后翼子板时，不得直接将其拉出，如图5-105所示。

2）如果不能将其充分拉伸到位，则切割后板，并在拉出后内板和后轮罩之后，修复后立柱和后车门开口，如图5-106所示。

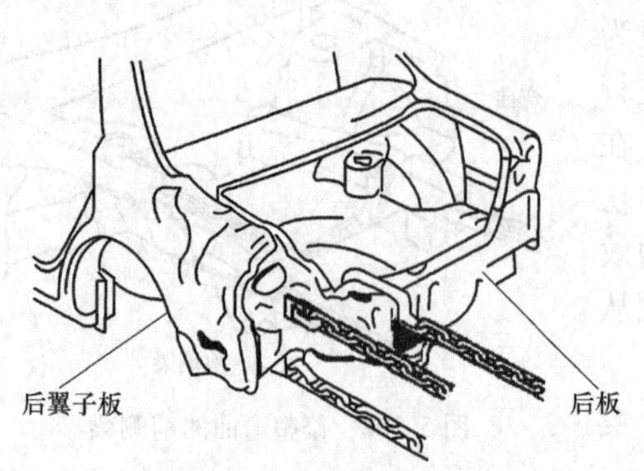

图5-105 后部损伤的拉伸

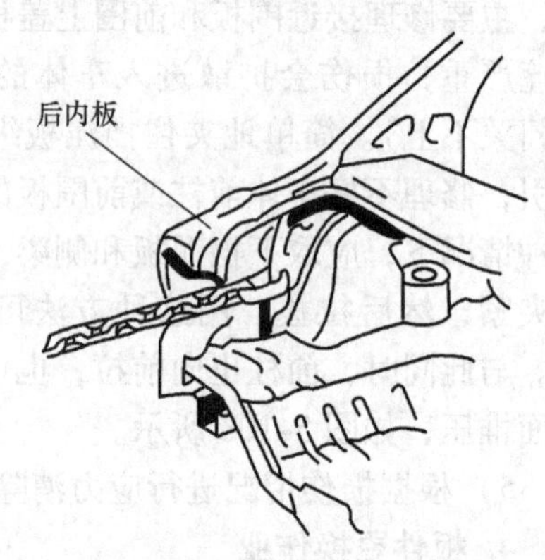

图5-106 拉出后内板

3）测量尺寸，并确定是否拉伸到位。

4）在后侧梁和后地板横梁出现弯曲情况时，可进行如下操作：

切割后地板，然后修复后侧梁和后地板横梁，如图5-107所示。整形之后，将后侧梁定位至标准位置。同时，修整后轮罩并确定后减振器支座的位置。利用车身底部尺寸，确定后侧梁位置。

5）根据损伤情况进行应力消除工作。

4. 板件更换作业

维修板件矫正到位并消除应力后，更换后翼子板、后板。

三、承载式轿车车身侧面碰撞损伤的矫正修复

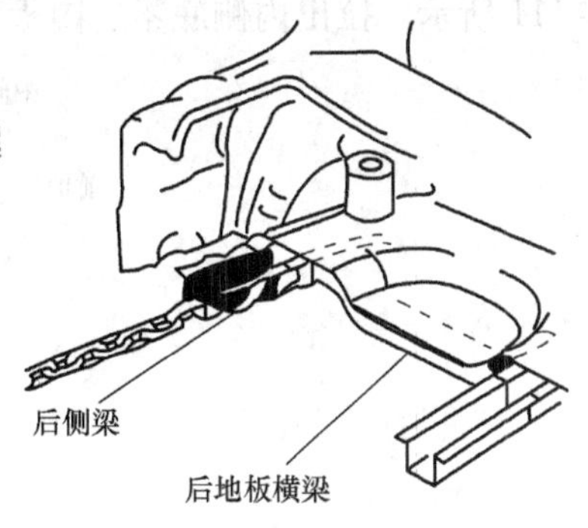

图5-107　修整后侧梁和后地板横梁

1. 确定车身的损伤部位和损伤程度，并制订修理方案

图5-108说明了侧面中部受到碰撞时，撞击力是如何导致地板变形和侧底梁及中间立柱弯曲的。整个车身会呈现“香蕉”状的变形，并且轴距缩小。如果撞击力很大，则扭曲变形将延伸至相对一侧的侧表面。

对于这样的损伤，大致修理方案如图5-109所示。

2. 固定车身

具体内容参见前文的相关知识。

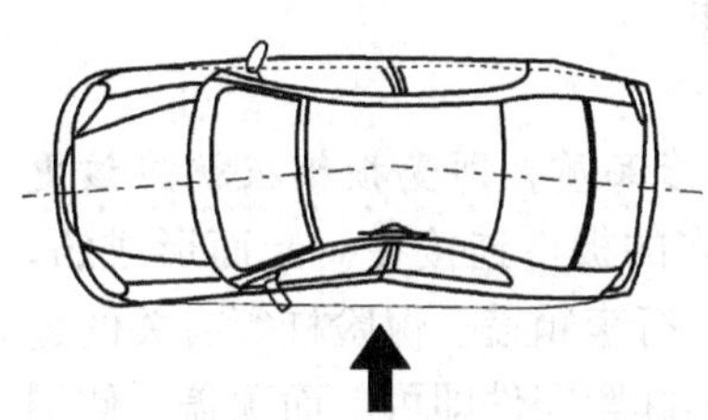
图5-108　侧面碰撞损伤

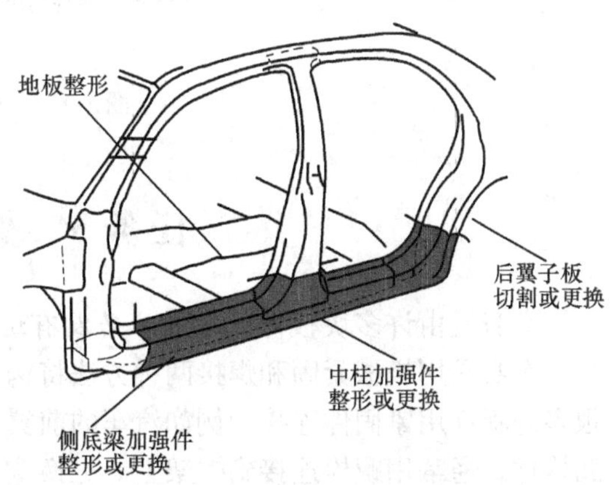

图5-109　侧面碰撞损伤的修理方案

3. 进行矫正作业

1）对于这样的损伤，最有效的方法就是同时沿三个方向拉伸。在沿与碰撞力相反的方向拉出侧底梁和中柱的同时，沿前、后方向拉动侧底梁。在拉伸过程中，对地板板件和车门开口部位进行整形处理。另外，要做好辅助固定工作，如图5-110所示。

2）测量尺寸，并确定是否拉伸到位。

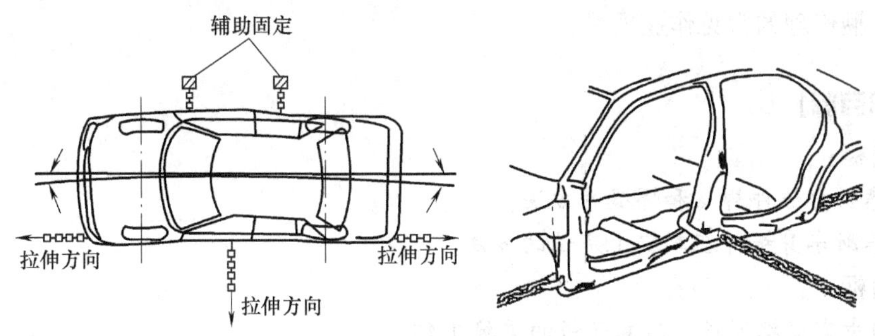

图5-110　侧面碰撞损伤的拉伸

4. 板件更换作业

根据实际需要切割侧加强件，如前立柱加强件、中间立柱加强件、侧底梁加强件，如图

5-111 所示。拉出内侧底梁、内板和地板横梁，然后进行整形，通过测量确定其位置。

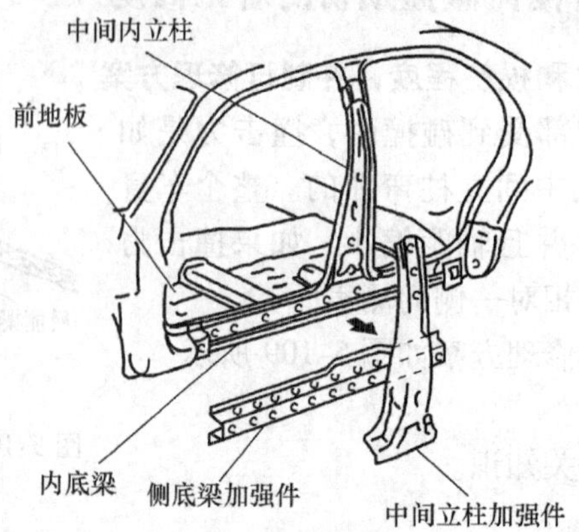

图 5-111 侧面板件的更换

任务3 更换车身板件

车身是由许多块板件组成的。若没有适当技术可确保维修品质，则受损钢板就应该更换。车身是用机械紧固和焊接两种方法将构成车身的为数众多的板件连接在一起而形成的。很多外板件用紧固件连接，例如汽车的前翼子板、发动机罩、行李箱盖、保险杠等有关的金属构件，通常用螺栓连接到框架上。更换这些板件时，只要拆卸紧固件即可。而顶盖、侧围等板件是焊接的，更换这些板件时会比较麻烦。

在焊接板件的更换工作中有两种方式，即一个板件总成的整体更换和一个零件的局部更换，后者也称为分割更换。

车身钣金件主要有车身结构件和车身覆盖件两类，车身结构件对车身整体性能影响较大，车身覆盖件主要体现外部形状。因此，对车身结构件的修理与更换，一定要慎重，一定要确保修理质量。

经过矫正工作，将车身恢复到原始位置后，应更换无法修复的板件。车身板件更换作业是大事故车辆修理的常见作业项目。

【学习目标】

知识目标：

1. 熟悉拆分板件焊点和焊缝的方法。
2. 熟悉新车身板件在车辆上定位的方法。

能力目标：

能够初步完成挡泥板、后翼子板的更换工作。

【知识准备】

一、车身板件的更换工作

对损坏的板件是进行修理还是更换，经常存在不同的意见。如有可能，结构件应进行修理而不是更换。但对于严重损坏的板件，将其更换是唯一实用、有效的方法。

常用的规则是，如果一个零件只是弯曲变形，应该进行修理；如果是严重的弯折，即当一个金属板件的弯曲半径小于3.2mm或弯曲角度超过90°时，则一定要将其更换，如图5-112所示。这说明金属板件被弯曲得幅度过大，当对其进行矫正时板件就会产生裂纹。图5-113概括地说明了更换螺栓连接板件和焊接板件的一般步骤。

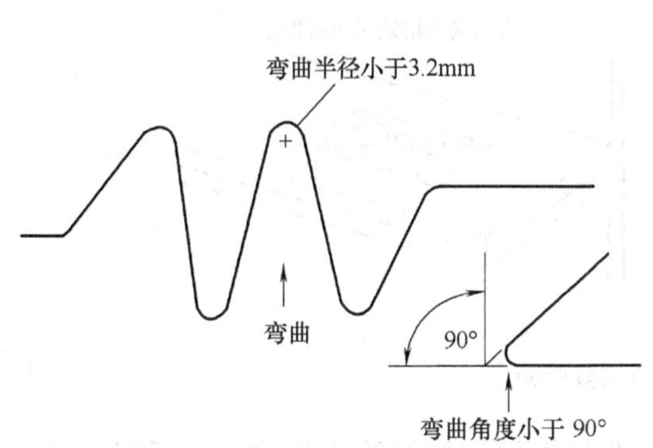

图5-112　弯曲与过度弯曲的板件

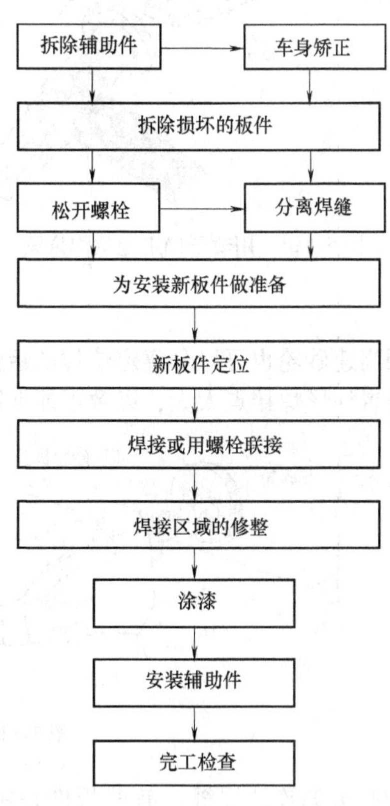

图5-113　车身板件更换的一般步骤

二、结构件的整体更换

1. 结构件的拆卸方法

车身结构件在制造厂里主要用定位焊连接在一起，因此拆卸结构件的主要作业就是分离定位焊和连续焊缝。

（1）分离定位焊　分离定位焊的第一步应是确定定位焊的位置。可以用氧-乙炔或丙烷焰焊炬、钢丝刷、砂轮等去除底漆、保护层或其他覆盖物。如果清除油漆以后，定位焊的位置仍不可见，可在两块板件之间用錾子錾开，这样可使定位焊轮廓线显现，如图5-114

所示。

确定定位焊的位置以后，使用图5-115所示的定位焊切割器，钻除焊接点。分离时要小心，不要切割焊缝下面的板件，并且一定要准确地切掉焊接点，以避免产生过大的孔。

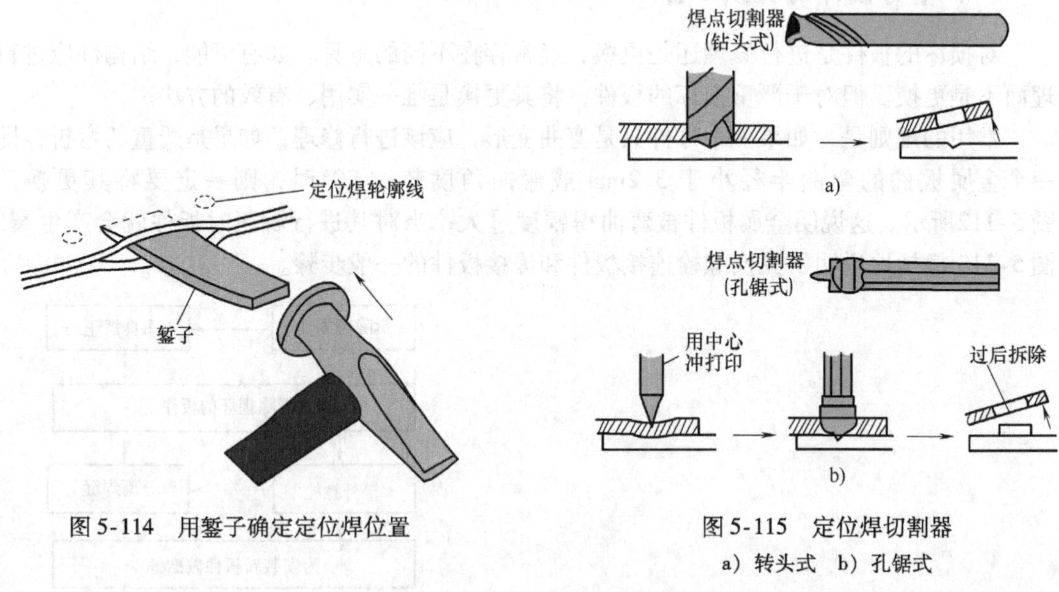

图5-114 用錾子确定定位焊位置

图5-115 定位焊切割器
a）转头式 b）孔锯式

用高速砂轮也可以分离定位焊的板件，只在用钻头够不到焊接点，或更换的板件是在上部，或者柱形焊接点太大，以致不能钻除时，才采用这种方法，如图5-116所示。

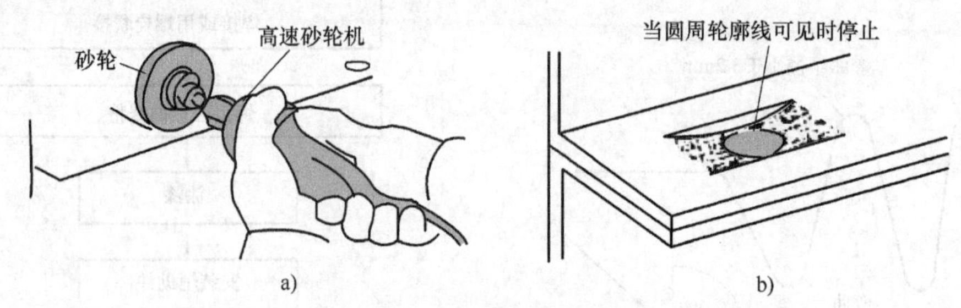

图5-116 用砂轮机清除焊点

（2）分离连续焊缝 有些板件是用连续的惰性气体保护焊焊缝连接的。由于焊缝长，因此要用砂轮或高速砂轮机来分离板件。如图5-117所示，割透焊缝而不割进或割透板件。握紧砂轮以45°角进入搭接焊缝，磨透焊缝以后，用锤子和錾子来分离板件。

2. 板件的准备与安装

板件的准备与安装主要包括车上板件和新板件的准备工作、板件的定位工作、板件连接处的焊接工作。这些内容请参见后续的操作步骤。

三、结构件的分割更换

受损的整体式车身部件，一般在生产时的接缝处进行更换。但当许多必须分离的接缝处于车辆未受损的区域内部时，这样做是不现实的。在这样的修理中，如对梁、立柱和车门槛

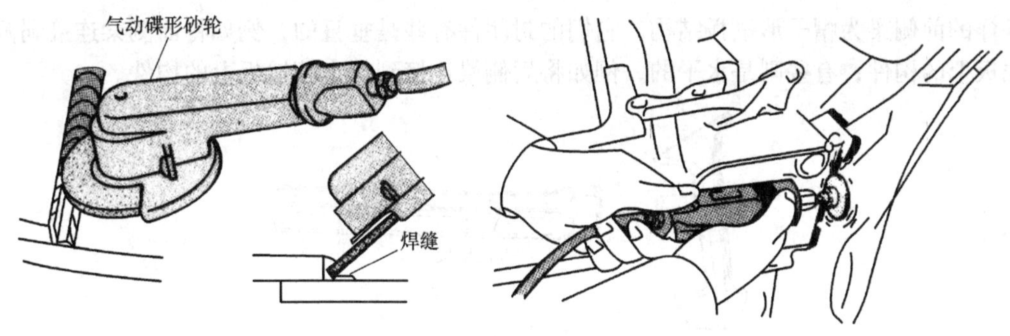

图 5-117　分离连续焊缝

板、地板进行分割，可使修理费用降低。分割结构件使修理区域的强度像撞击以前一样，同时保持了防撞挤压区。这样，结构件再次具有了吸收碰撞的能力。

1. 分割部位的选择

根据研究，可进行分割作业的结构件主要有：车门槛板、后侧围板、地板、前侧梁、后侧梁、行李箱地板、B 柱以及 A 柱，如图 5-118 所示。

为了保证分割不危害车辆结构的完整性，对切割部位、切口走向、切换范围等都有一定要求，应视车身构件的结构强度、定位焊方式、断面形状等因素而定。为此，在进行车身构件的切换作业时，一定要按汽车维修手册中推荐的方案选定切割位置。

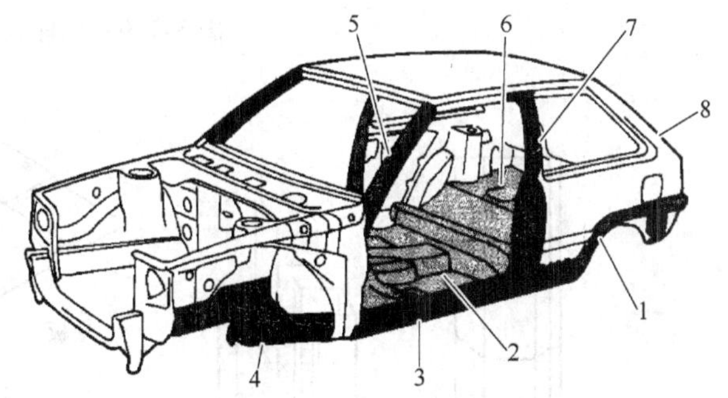

图 5-118　车身可分割板件

1—后侧梁　2—地板　3—车门槛板　4—前侧梁　5—A 柱　6—行李箱地板　7—B 柱　8—后侧围板

2. 分割连接的基本类型

正确的结构件分割工艺和分割技术涉及三种基本的连接类型。第一种是用插入物对接（见图 5-119），主要用于封闭截面构件，例如车门槛板、A 柱、B 柱以及车身梁。插入物使这些构件容易装配和正确地对中连接，并且使焊接过程比较容易。插入物也是一个立体的、无间断连接的部件的基础。

第二种基本类型是没有插入物的对接，也就是通常所说的偏置对接（见图 5-120a）。这种类型的焊接连接用于 A 柱、B 柱及前侧梁。

第三种基本类型是搭接（见图 5-120b）。搭接用于后侧梁、地板、行李箱地板及 B 柱。

被分割构件的形状和结构可能要求采用组合的连接类型。例如，分割 B 柱，可能要求在外件上用偏置对接，而在内件上用搭接。

3. 切割车身梁

实际上车身的前侧梁和后侧梁都是封闭截面构件，但封闭截面有两种不同形式。一种是自封闭截面，它是一种箱形截面结构，如图 5-120 中的前侧梁。另一种是开口的，看起来像有边的帽子，靠与其他构件连接而形成封闭截面，如图 5-121 所示。

修理封闭截面梁采用的工艺是用插入件对接，如图 5-119 所示。大多数的后侧梁以及各种各样的前侧梁为帽子形槽板结构。它们的封闭件有些是垂直的，例如将前侧梁连接到侧面挡泥板上的构件；有些则是水平的，例如将后侧梁连接到行李箱地板上的构件。

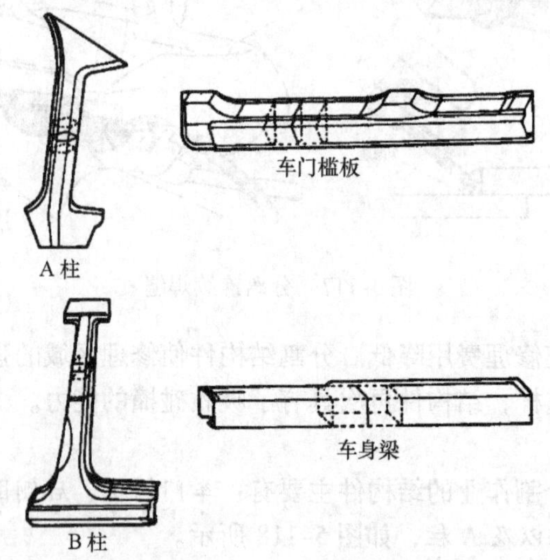

图 5-119 用插入物对接

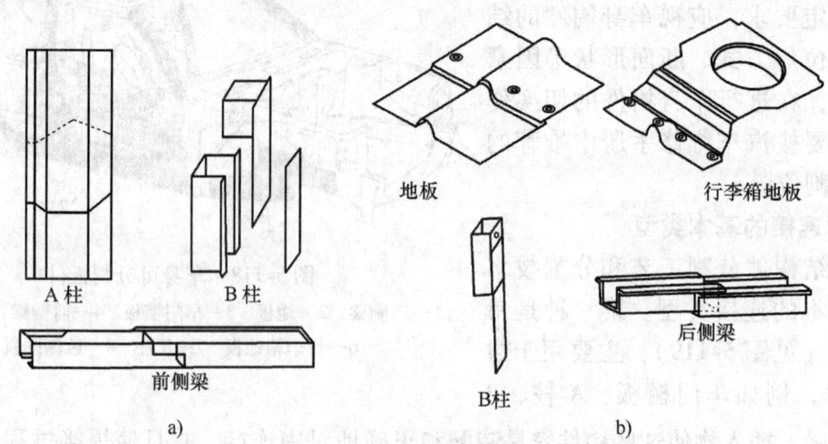

图 5-120 偏置对接和搭接

a）没有插入物的偏置对接 b）搭接

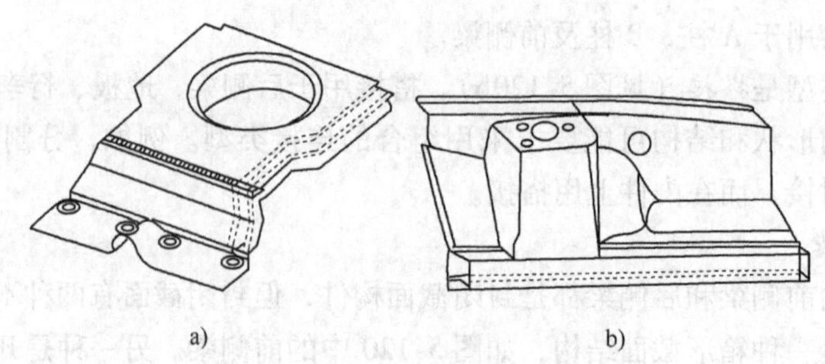

图 5-121 典型的帽子形槽板构件

a）前侧梁 b）后侧梁

在大多数情况下，当切割开口式（帽子形槽板）梁时，其焊接工艺是在搭接区域中用塞焊并沿着搭接的边缘连续搭接焊，如图5-122所示。切割前侧梁或后侧梁时，一定要记住它们都肯定有防撞挤压区，进行切割时必须避开这些区域。也要记住，切割要避开任何孔和加强件。

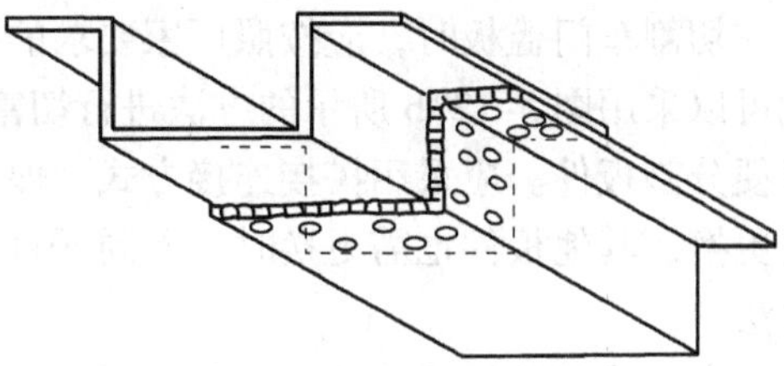

图5-122 连接开口式侧梁

4. 分割车门槛板

车门槛板有两件、五件和四件式结构，图5-123a所示为不同形式的车身槛板。

从图中可以看到，有些车门槛板装有加强件，这些加强件可以是间断的，也可以是连续的。根据损伤情况的不同，可以选择车门槛板与B柱一起进行修理，也可以对车门槛板进行单独修理。根据车门槛板结构的不同，所采用的修理方法也不相同。例如，采用纵向切割用插入件对接，或仅对车门槛板的外件进行切割，用搭接或偏置对接的方法装上修理件。

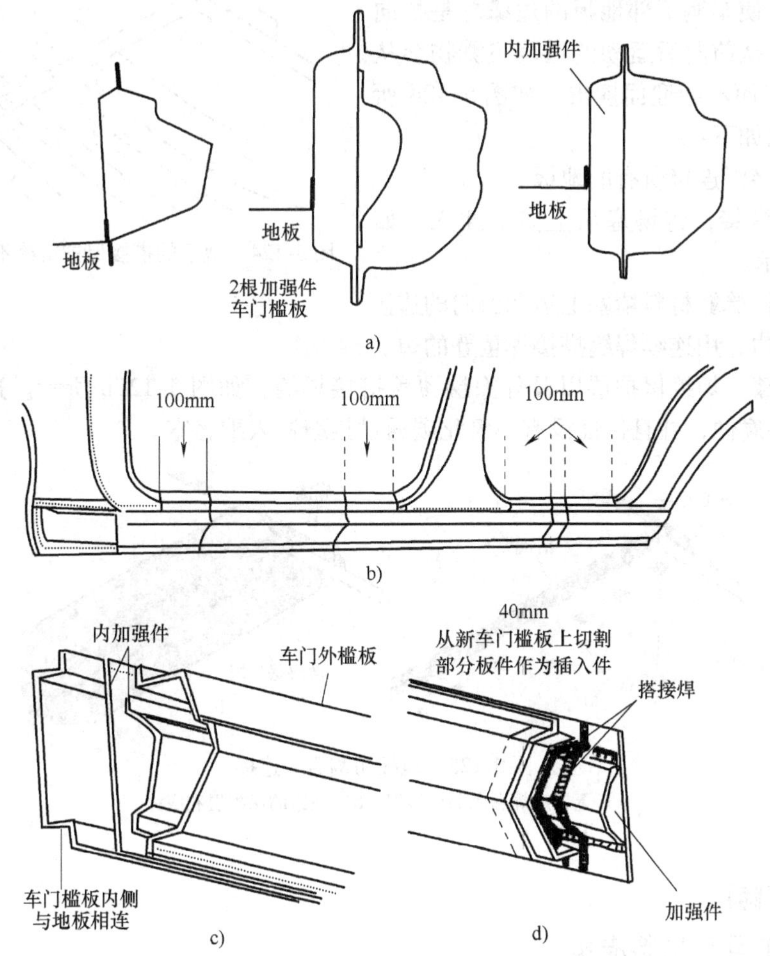

图5-123 车门槛板断面图与分割要点

a）几种常见车门槛板的断面图 b）车门槛板的切割部位 c）车门槛板的切割剖面图 d）加强车门槛板的切割方法

切割车门槛板时，应按照厂家要求的操作过程进行。只要选择的切割区远离车身立柱，就可以采用图5-123b所示的方法进行切割。切割车门槛板总成前，应仔细地选择切割部位，以便分割板件。应采用搭接连接方式，保持元件修理工作的连续。如果不只是车门外槛板需要更换，其他板件也需更换时，不同元件的切割方法如图5-123c所示，即采用交错切割的方法。

车门槛板的修理应从内向外进行。更换板件从车门内槛板与地板连接处开始，然后安装内板件的加强件，再安装其他元件，如车门外槛板。车门槛板的嵌入件可以采用新的板件制作，也可以使用完好的旧板件。采用对接焊接，按图5-123d所示交错进行，使热量迅速散出。

5. 分割地板

切割地板时，不要切穿任何加强件，例如座椅安全带的固定装置。要注意使后部地板搭接在前板上，使车辆下部地板的边缘总是指向后方。这样，从前向后运动的道路飞溅物会从底部边缘流出而不会迎面撞击，如图5-124所示。具体步骤如下：

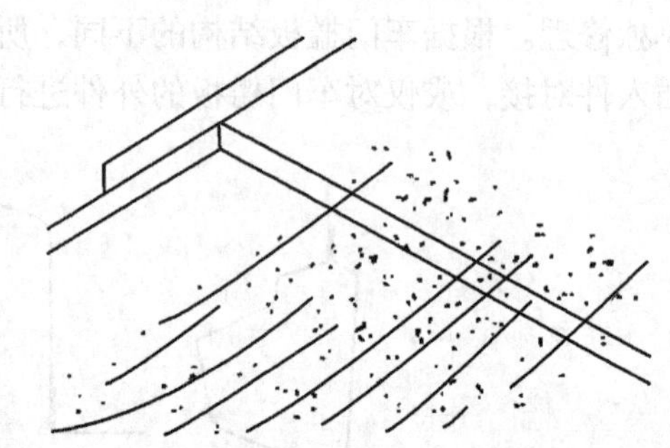

图5-124 地板的搭接保护接缝不受气流影响

1）用搭接焊连接所有的地板。

2）塞焊搭接，将铆塞从上向下插入，如图5-125a所示。

3）用弹性捻缝材料堵塞上边和前向的边。

4）在下边，用连续焊缝搭接焊重叠的边。

5）用底漆、焊缝保护层以及外涂层覆盖搭接焊缝，如图5-125b所示。这样有助于防止连接缝受到腐蚀，并且保证没有一氧化碳通过接缝进入乘客室。

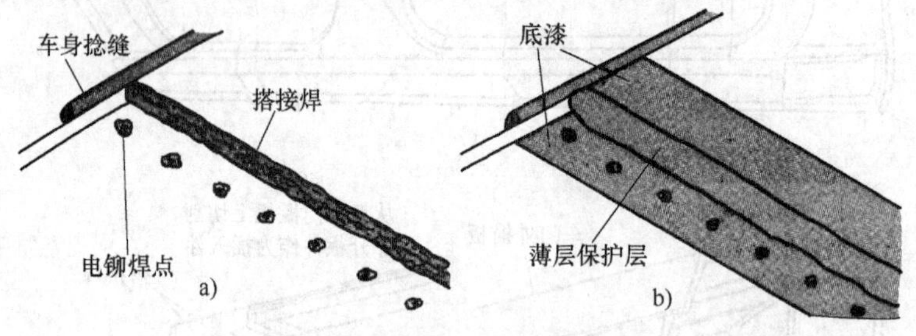

图5-125 地板切割后的连接

a）上部塞焊和底部搭接焊 b）底边的保护层和底漆

【任务实施】

设备、工具和材料准备：

1）承载式轿车车身以及挡泥板、后翼子板等配件。

2）各种常见的车身维修工具。

3）操作场地的供电、供气设备齐全。

4）安全防护用品：工作帽、工作服、安全鞋、棉手套、护耳器以及焊接、切割的防护用品。

5）对应车型的维修手册。

技术标准及要求：

1）板件定位应准确。

2）焊接处符合焊接规范。

任务实施步骤及要求：

一、承载式轿车车身一侧前挡泥板的更换

一辆承载式轿车的一侧从前面受到了中度碰撞，经过矫正作业后，更换左侧前侧梁、挡泥板及散热器支架。此处将叙述更换这些板件的步骤。

1. 拆卸挡泥板

主要作业是分离定位焊和焊缝，具体内容参见本项目的相关知识。

2. 准备工作

拆卸损坏的板件后，待修理的车辆要做好准备以安装新的板件。工作步骤如下：

1）从定位焊区域磨掉焊缝的痕迹。用钢丝刷从连接表面上清除掉油泥、锈斑、油漆、保护层及镀锌层等。不要磨削结构钢板的边缘，否则将磨掉金属，使截面变薄并削弱连接强度。此外，要清除板件连接表面后面的油漆和底漆，因为这些部位在安装时要进行定位焊。

2）相配合的凸缘上的凹坑和凸起要用锤子和顶铁敲平。

3）油漆和腐蚀物已从连接面上清除，基体金属已经暴露的区域应涂上可焊透的底漆。对于连接的表面或在以后加工过程中不可能涂漆的区域，要采用防锈底漆。

新板件的准备如图5-126所示。

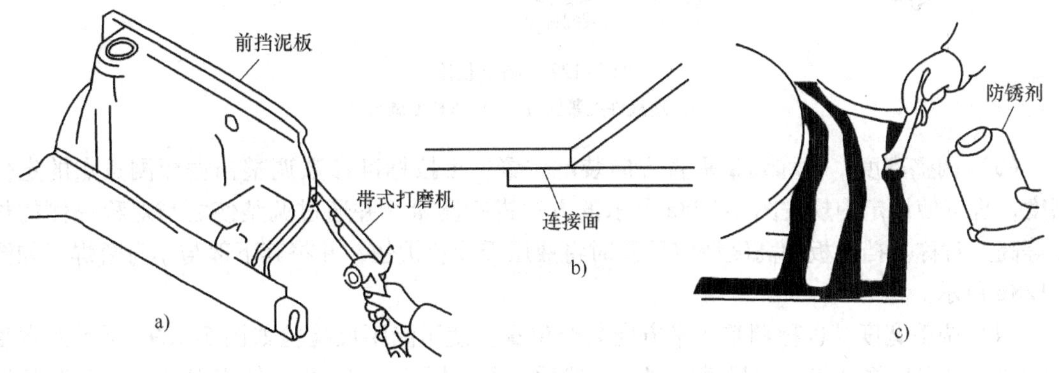

图5-126　新板件的准备

a）打磨　b）使焊接面无绝缘层　c）涂防锈剂

1）用圆盘打磨机清除定位焊区域两边的油漆，不要磨削到板件，并且不能使板件过热变成蓝色或开始变形。

2）对清除油漆层的焊接表面，要施用可焊透的底漆（作为防锈处理）。涂抹焊透底漆时要小心，以防从连接表面上渗出。

3）为了塞焊，要用冲孔机或钻头钻孔。一定要参照每类车辆的车身修理说明书来确定

塞焊孔的数量。通常孔的数量比在工厂总装线上的定位焊数要多。要确保塞焊孔的直径合适。

4）如果新钢板切割成与现有的钢板搭接，要采用气动锯或切割砂轮，或者其他工具，将新钢板粗切到需要的尺寸。钢板的搭接宽度应为20～30mm。如果搭接部分太大，装配时板件的配合调整比较困难。

3. 挡泥板定位

（1）安装挡泥板　将挡泥板按图5-127a所示的方法装配到位，并注意对正有关的安装标记；如果新件上没有做出装配标记，则可比照旧件拆解后留下的痕迹安装；随后用万能夹钳等夹具将挡泥板固定。如果挡泥板的前端不便使用万能夹钳，为使其结构稳定可与其他相邻构件暂焊（如前横梁）。

（2）调整长度　也称调整纵向装配位置。按维修手册或对比法确定安装长度，调整测距尺，按图5-127b所示的方法，沿纵向测量、调整挡泥板的装配长度。

注意：测量的起止点应以基准孔或构件的装配孔为准，而不能以挡泥板的前端面为依据；纵向长度尺寸定位后应于上部选2～3点暂焊（因为测量点在上面）。

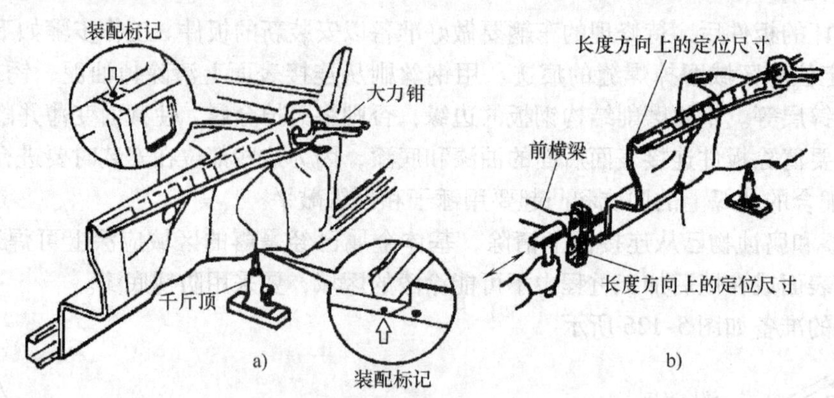

图5-127　调整长度
a）新板件夹紧就位　b）作长度调整

（3）调整高度　也称调整垂直方向装配位置。可按标准参数调整挡泥板测量点的定位高度，也可使用定中规按图5-128a所示的方法进行测量，并通过调整使之与对称一侧的构件等高并对称。挡泥板的高度调定后及时将液压千斤顶锁住，并将其下部与车身暂焊，如图5-128b所示。

（4）调整宽度　也称调整水平方向装配位置。使用测距尺检验如图5-129a所示的宽度参数值，调定后将其与前横梁横向固定。然后重新按图5-129b所示的方案校准高度和长度方向上的参数。如果不符合要求，应继续进行微量调整，直至合格为止。确认无误后，装上悬架横梁并加以可靠固定（如螺栓连接、塞焊等）。

（5）安装散热器支架　将散热器支架安装并固定，然后用测距尺按标准参数值检查图5-130所示的尺寸，必要时进行调整并用万能夹钳将其固定。

（6）安装翼子板　将翼子板装于挡泥板上并按定位标记固定，参照图5-131a所示的方法，检查其后端面与车门边缘的间隙，应符合要求并上下一致。如果间隙不等，则说明挡泥板的装配高度有问题。

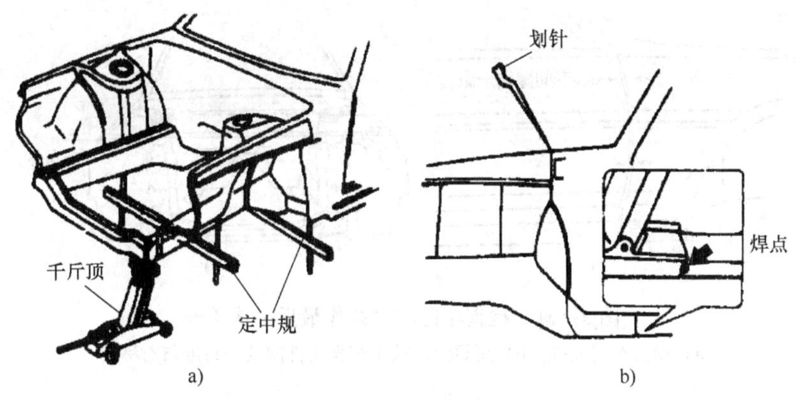

图5-128 调整高度

a）高度方向的测量与调整 b）高度方向确定后，在下部暂焊

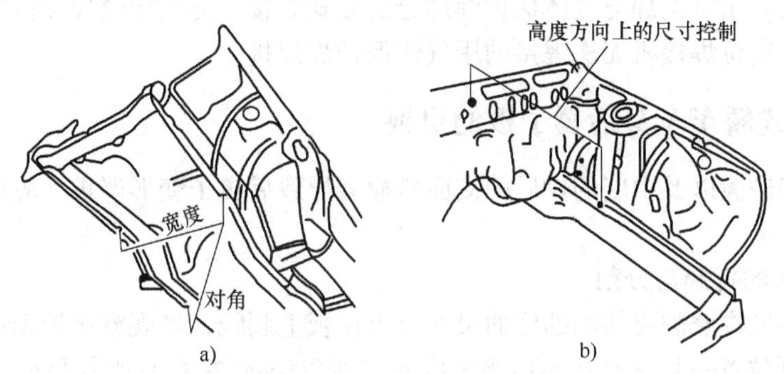

图5-129 宽度方向上的调整

a）对角线及宽度尺寸测量 b）校对高度尺寸

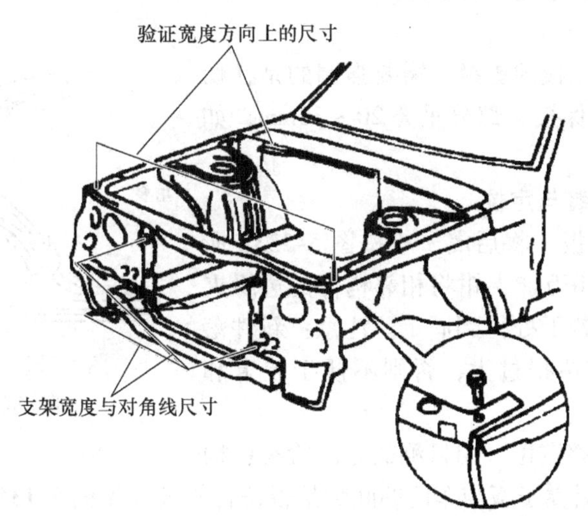

图5-130 检验支架宽度与对角线尺寸，同时验证翼子板宽度

（7）参数验证 正式焊接前，应按图5-131b所示方法对全部定位参数作一次综合验证，并以目测的方式观察前车身的装配情况，检视各构件之间的平行与对称状态有无异常现象；否则，应查明原因并予以修正。至此，即可转入定位焊作业阶段。

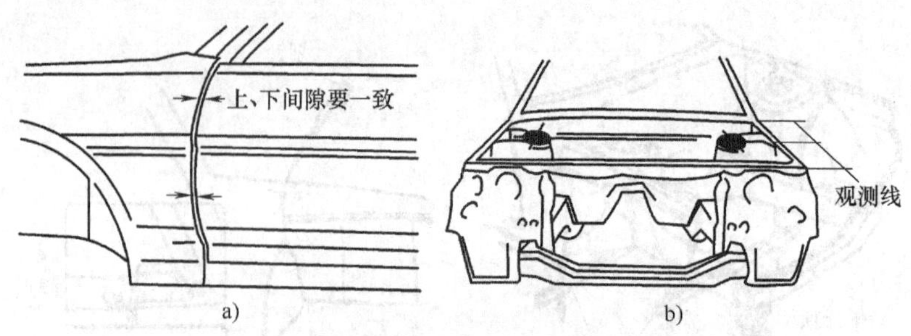

图5-131 检查车门间隙并作最后一次检查
a）检查车门间隙 b）用目测法检验车身构件间的平行度与对称度

4. 焊接作业

挡泥板实现正确定位后，即可转入焊接作业。与构件的定位一样，焊接也与整体质量密切相关。挡泥板采用定位焊与气体保护焊结合的方式焊接，能用定位焊接机焊接的尽量用定位焊接机焊接。定位焊接机无法焊接的用气体保护焊焊接。

二、承载式轿车车身后翼子板的更换

严重的后端碰撞以及中度的偏后的侧面碰撞会导致后翼子变形严重，应更换。下面介绍其具体步骤：

1. 后翼子板的拆卸与分割

首先，用卷尺按照需要切割部位的尺寸要求在板上画线，经观察比较无误后，用气动锯进行切割（切割位置一般选择在车顶侧板接近车顶200mm左右的地方和车门槛板靠近轮眉100mm左右的地方）。切割的断口要比新件安装时的对缝略多20mm左右的余量。然后，用电焊切割器去除焊点，移走旧翼子板。

2. 准备工作

主要工作同前挡泥板的更换，需要强调的是在切割新件与旧件时要确保接头部分重叠20～30mm，如图5-132所示。

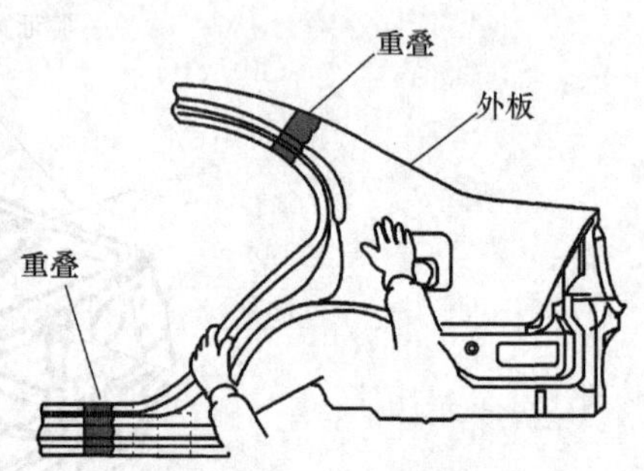

图5-132 新件与旧件接头部分重叠20～30mm

3. 后翼子板的安装与定位

（1）安装后翼子板 将后翼子板按图5-133b所示的方法安装到位，用万能夹钳将相邻构件的边缘夹紧，以使后翼子板在若干处得到固定。注意：新件落料时的边缘余量不宜留得过大，否则不便于装卡和固定。

（2）用适配法调整定位 用目测的方法检查：构件的形线是否对齐，后翼子板与车门的间隙是否符合要求（见图5-134a），并用自攻螺钉将其临时固定（见图5-134b）。在行李箱盖处于关闭状态下，检视后翼子板与其的间隙和高度是否合适，并用对比法测量、验证窗口的对角线（见图5-135a），确认无误后也用自攻螺钉临时固定（见图5-135b）。最后，装上车身后部的灯具，以验证其适配情况及高度是否与另一侧对称（见图5-136）。

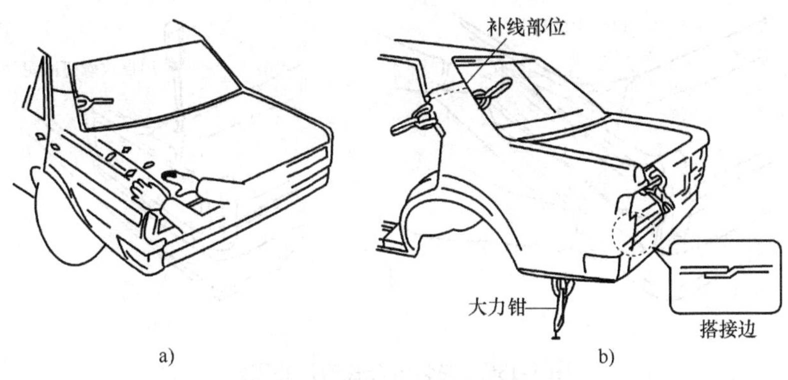

图 5-133　后翼子板的安装与定位
a）定位目标　b）暂装后翼子板

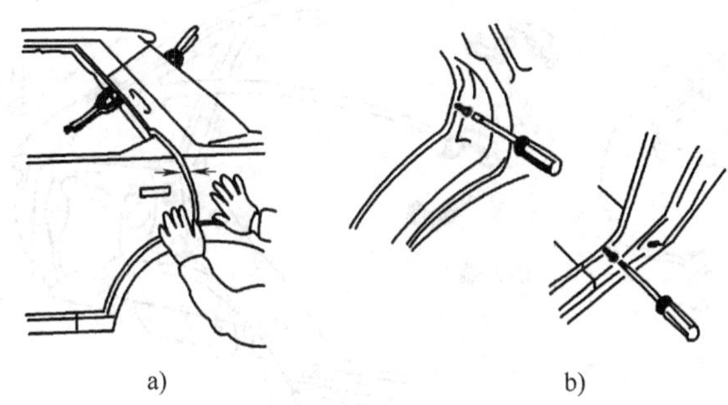

图 5-134　调整后翼子板与车门的适配度并加以固定
a）目测检查　b）用自攻螺钉固定

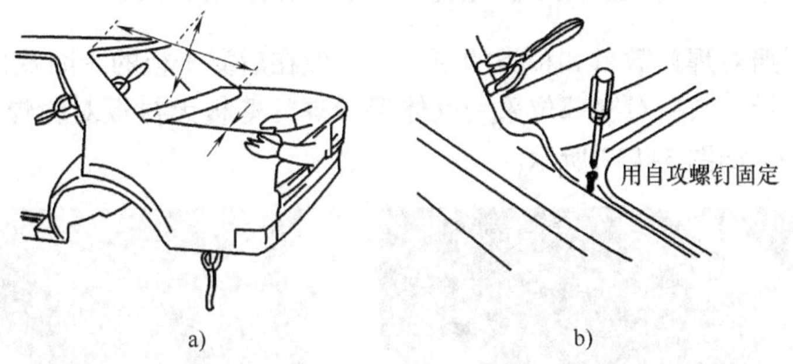

图 5-135　调整后翼子板与行李箱盖及后窗的适配度并加以固定
a）检测后翼子板与行李箱盖及后窗的适配度　b）用自攻螺钉固定

（3）临时固定　每进行一项适配作业，都应在构件边缘的适当部位钻孔，而后用自攻螺钉将其临时固定。因为用夹具钉固定有时不够可靠，适配度的调整也不够方便。

（4）整体适配状况的检视　全部装配完毕后，再进行一次整体适配状况的检视，查看各部间隙、线形以及对称度等，还要检查新件及与之关联的构件有否整体弯曲或扭曲等变形现象。在确认构件的安装与适配无疑时，再进入定位焊作业阶段。

4. 新后翼子板的分割

为使切割线与新件的切口相吻合，可以由新件上割下的断头为基准在车身一侧画线切割，切割方法如图 5-137 所示。

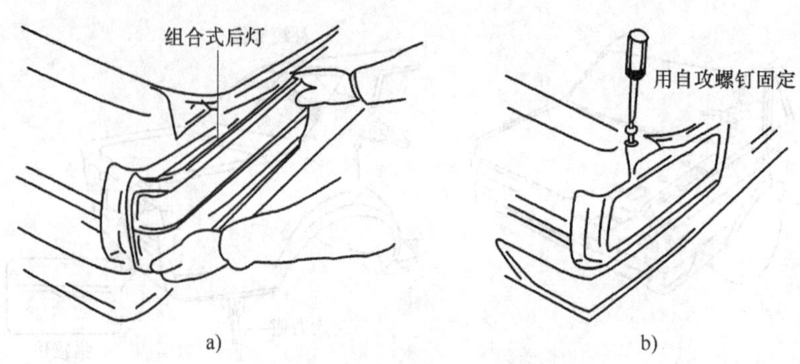

图 5-136 安装组合式后灯并固定

a）安装组合式后灯 b）用自攻螺钉固定

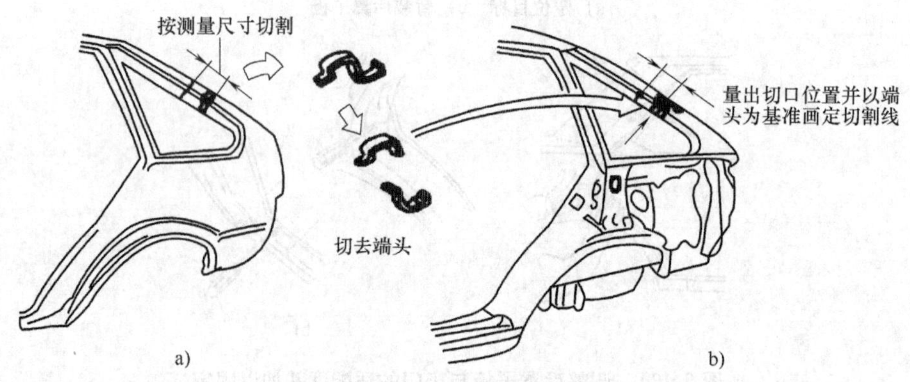

图 5-137 比照新件切口画定切割线

a）按测量尺寸割下端头 b）比照新件端头划定切割线

要参考维修手册对焊接数目和种类的指示。一般在后翼子板的一圈及接缝处先进行定位焊，如图 5-138 所示。然后对缝部位采用气体保护焊的薄板无衬板对缝焊接技术进行焊接，焊后应将焊缝磨平，如图 5-139 所示。

图 5-138 定位焊

图 5-139 对缝部位的焊接与处理

【思考与练习】

一、选择题

1. 一辆汽车发生碰撞时，(　　) 变大会使汽车的损伤减轻。

A. 汽车的质量　　B. 汽车的行驶速度　　C. 碰撞时间　　D. 汽车的重量

2. 查看一辆事故车辆时发现前翼子板与车门之间的缝隙在顶部变窄、在下部变宽，则此车架或车身最有可能发生的变形是（　　）。

A. 上下弯曲　　B. 菱形变形　　C. 左右弯曲　　D. 扭转变形

3. 如果观察到车架式发动机罩及行李箱盖发生错位，车架可能发生了（　　）。

A. 上下弯曲　　B. 菱形变形　　C. 左右弯曲　　D. 扭转变形

4. (　　) 在承载式车身中不会出现。

A. 上下弯曲　　B. 菱形变形　　C. 左右弯曲　　D. 扭转变形

5. 车身中，(　　) 在碰撞中不吸收能量，只传递能量。

A. 前纵梁　　B. 后纵梁　　C. 挡泥板　　D. 车门槛板

6. 侧面中部发生严重碰撞，(　　)。

A. 损伤主要集中在中部　　B. 整个车身会变形

C. 损伤主要集中在中部和前部　　D. 损伤主要集中在中部和后部

7. 在车身维修设备发展历程中，最早出现的矫正系统是（　　）。

A. 地框式矫正系统　　B. 平台式矫正系统

C. 通用框架式矫正系统　　D. 带专用定位夹具的框架式矫正系统

8. 对中立柱进行拉伸时，推荐使用（　　）。

A. 大力拉钩　　B. 尼龙带

C. 只要能夹紧的钣金工具都可以　　D. 轻型拉钩

9. 对行李箱等较深的部位进行拉伸时，推荐使用（　　）。

A. 大力拉钩　　B. 尼龙带

C. 只要能夹紧的钣金工具都可以　　D. 轻型拉钩

10. 以下关于车身矫正中固定描述错误的是（　　）。

A. 辅助固定增加了安装设备的时间，因此会降低矫正效率

B. 辅助固定可以有效地防止二次损伤

C. 对于前部受损的车辆，定位夹具应该安放在车辆的中部或后部

D. 对于后部受损的车辆，定位夹具应该安放在车辆的中部和前部

11. 以下关于基本车身矫正方法的描述中，正确的是（　　）。

A. 正确的车身矫正顺序是：外侧钢板→内侧钢板→大梁

B. 在车身矫正中，最重要的部分是基本车身固定和辅助车身固定

C. 在拉拔之前没有必要测量车身尺寸

D. 只要固定车身上两个顶点就足够

12. 正确的拉伸矫正顺序是（　　）。

A. 宽度、长度、高度　　B. 高度、宽度、长度

C. 长度、宽度、高度　　D. 长度、高度、宽度

13. 在拉伸矫正车身的过程中是否需要消除应力？(　　)

A. 是　　B. 否　　C. 看情况　　D. 无所谓

14. 车身板件在拉伸时破了一个大裂口，要（　　）。

A. 对接焊起来　　B. 在后面加衬板焊起来

C. 在正面加衬板焊起来　　　　D. 更换新的

15. 分离定位焊时，(　　) 不推荐使用。

A. 等离子弧切割机　　　　B. 定位焊专用切割器

C. 气动钻　　　　D. 砂轮机

二、思考题

1. 碰撞力在车身上怎样传递？
2. 车架的损伤类型有哪些？试简述每种损伤类型的判断方法。
3. 碰撞承载式车身与非承载式车身的影响有何异同？
4. 怎样才能全面、准确、迅速地确定汽车所有碰撞损伤？
5. 矫正时，车身固定应注意哪些问题？
6. 矫正时，应怎样较好地设计矫正力的方向？
7. 在车身矫正作业中，为什么要消除应力？应如何消除？
8. 车身测量在矫正作业中起到什么样的作用？
9. 如何在更换车身板件时保证其相对尺寸正确？
10. 切割车身结构件时应注意哪些问题？
11. 在车身板件进行焊接作业时应注意哪些问题？

参 考 文 献

[1] 关志伟，陈翔. 汽车装饰与美容［M］. 北京：人民交通出版社，2009.
[2] 姚时俊，杨明. 汽车装饰［M］. 北京：人民交通出版社，2003.
[3] 张宗瑞，田金兰. 非金属材料［M］. 北京：中国铁道出版社，1997.
[4] 张德金. 汽车装饰美容实用手册［M］. 北京：机械工业出版社，2004.
[5] 陆刚，肖艳. 汽车的美容养护与装饰实例解读［M］. 北京：人民邮电出版社，2006.
[6] 鲁植雄. 汽车美容［M］. 北京：人民交通出版社，2006.
[7] 王大全. 汽车外壳美容与维修［M］. 北京：化学工业出版社，2005.
[8] 刑忠义. 汽车美容实务［M］. 北京：电子工业出版社，2006.
[9] 徐华东. 汽车喷涂与装饰工艺［M］. 北京：人民交通出版社，2002.
[10] 周燕. 汽车美容与装饰［M］. 北京：机械工业出版社，2007.
[11] 李仲兴. 汽车装饰与美容［M］. 北京：北京大学出版社，2006.
[12] 李东江. 汽车美容与装饰300问［M］. 北京：北京理工大学出版社，2004.
[13] 林皓琪. 汽车美容装潢工（中级）［M］. 北京：中国劳动社会保障出版社，2004.
[14] 沈广三，等. 汽车美容实务［M］. 北京：人民交通出版社，2005.
[15] 王锡春. 汽车涂料工艺技术［M］. 北京：化学工业出版社，2005.